赵明电影创作文稿影印汇编

（下）

主　编　黄望莉
副主编　罗子盈

上海大学出版社
·上　海·

对《绿洲凯歌》二稿讨论的意见归纳（海燕电影制片厂文学部）*

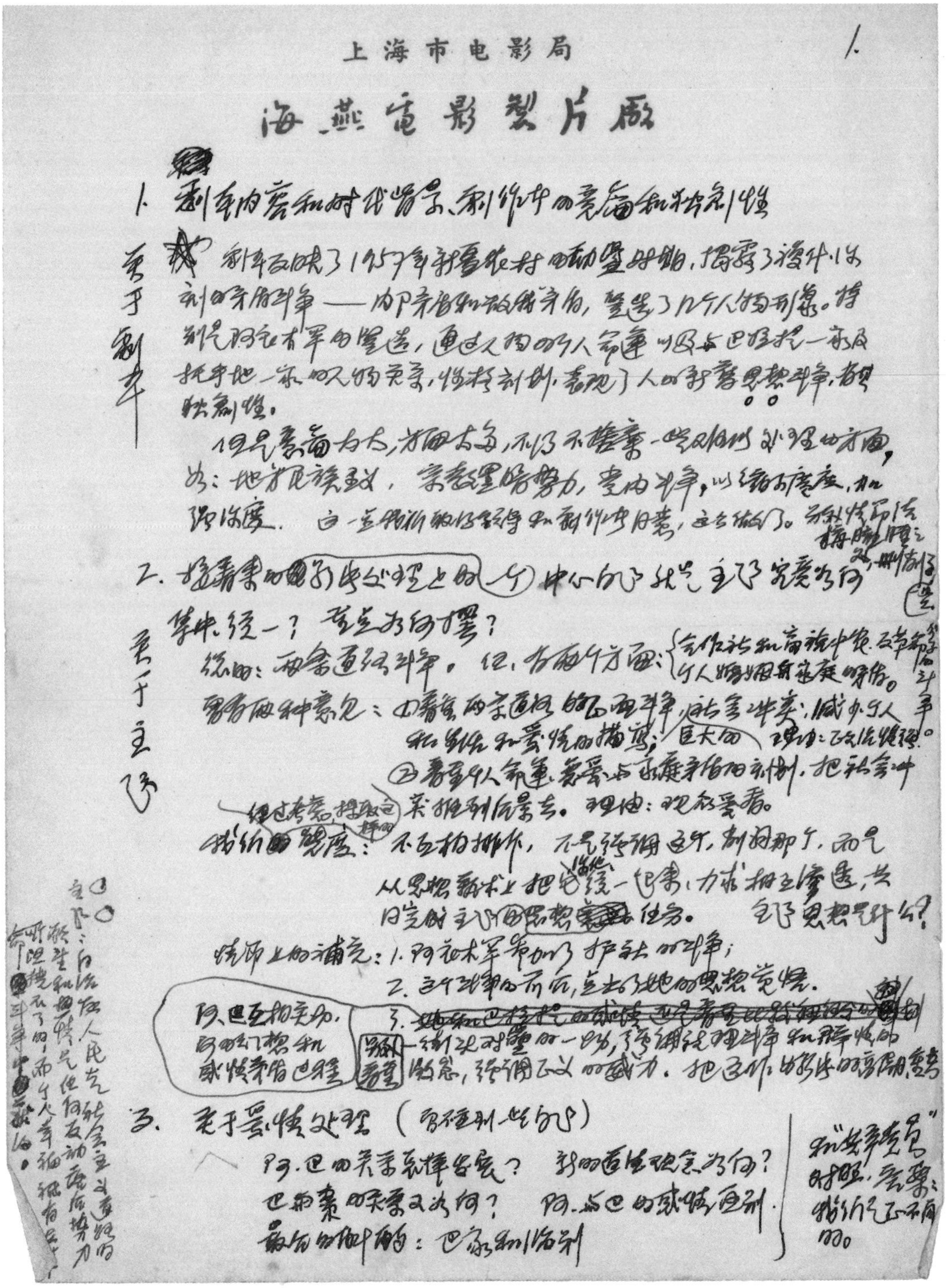
上海市电影局

海燕电影製片廠

上海市电影局

2.

海燕电影制片厂

4. 关于~~[illegible]~~影片风格（样式）和手法

原则：

要有民族色彩（特点），但要避免……；

要有强烈冲突，但要符合抒情格调；

要有新颖独特的处理，但要纯真、朴实。

特别要注意不……（③）

① 特点是什么？①独特意境，②民歌气氛，③宗教风习。

影片应该是热情洋溢，富有浓厚的生活气息和宗教色彩，有鲜明的民族艺术特色的。但不能把展览主义，要……情调，这是要掌握个分寸的。主要是人物性格，再……

② 风格的基础：剧本是一首叙事诗、战歌，但（思想）……诗的抒情成分很浓，所以采取轻柔的色调和节奏，造成一种基调，然后（一般）随着情节的展开，再逐步……色彩和强烈的……。使战歌的成分和抒情诗的成分统一起来。这里面有个……

如：处理斗争以后的静场，两大斗争当中的……，武打场面的处理，和大会场面的处理等。

（把……时……表现手法……）

③ 武打场面曾经过一段反复推敲。为了避免一般化和风格不统一，所以采取现在的处理，大会……（包括……）……。

5. 几点体会

（1）人……艺术的……
1）革命斗争是作品的灵魂；
……艺术……要和这结合……，
……样式……

这就是思想性艺术性的……，不……，不……，不……。

现在影片还存在不少缺点：① 个人命运和社会斗争的结合还不够紧，还有……的地方；② 对中农……阶级……表现得不明确。③ 对广大农民群众的描写很不足。④ 节奏有些拖沓……；……

（④ ……编导……创作……基础，也……）

上海市电影局

海燕电影制片厂

2. 个人的命运和社会的命运相结合，巨大的社会斗争和个别人生活遭遇是分不开的。影片通过生产队长阳秋本的个人遭遇，反映农村阶级斗争中的人的精神成长。

阳秋本是怎么样的一个人？她是怎么样成长的？

她是一个普通的农村妇女，从个人生活的愿望出发，参加了社会斗争，掌握了自己的命运。但她究竟还不是一个"觉"人，[illegible]。最后她带着几分惆怅的心情离开自己心爱的人和美好的[illegible]，[illegible]她的前途何[illegible]……[illegible]

所有"个体向幸福的……"，"这是一个美好的春天"，[illegible]确信。

"绿川"剧作创造了这样一个妇女形象，它可以[illegible]……人的思想性格的成长和发展是社会的产物。

"什么原[illegible]什么纸"，什么的社会出什么人。[illegible]

[illegible]

[illegible]

[illegible]

[illegible]

上海市电影局

海燕电影制片厂

4. 关于民族特色

新疆维吾尔族的特点 1. 进；2. 3.

影片真实地表现了维吾尔族的特色，热情洋溢，有浓厚的维吾尔族人民的习俗和宗教信仰，加上富有民间艺术特色的影片中的音乐、舞蹈、结婚和宗教仪式等，都是比较突出的。

5. 这部影片的上映，正当全国各族人民为我们的祖国成立十周年而纪念欢乐节日之际，新疆维吾尔族人民也正在党的总路线的光辉照耀下，在社会主义建设的道路中昂首阔步地前进。各族人民正在建设自己的幸福生活，维吾尔族人民以及各族人民的歌声汇成了一曲全民的大合唱，经久不绝。让我们为这"歌声"的到来欢呼吧！"绿洲凯歌"就是我们的……一个。

最后，……

关于这部影片的创作意图方面说明两点：①力求忠实于维族人民生活的真实，表现出前进中的维族农村面貌，要有民族特点，但避免猎奇式的展览和表面生活。②我们是艺术的新人，这部影片是……，因此在编制上……，我们力求避免生硬概念化……，保持艺术上的新鲜感，但又不失去纯真和朴实。

导演对《绿洲凯歌》剧本的分析 *

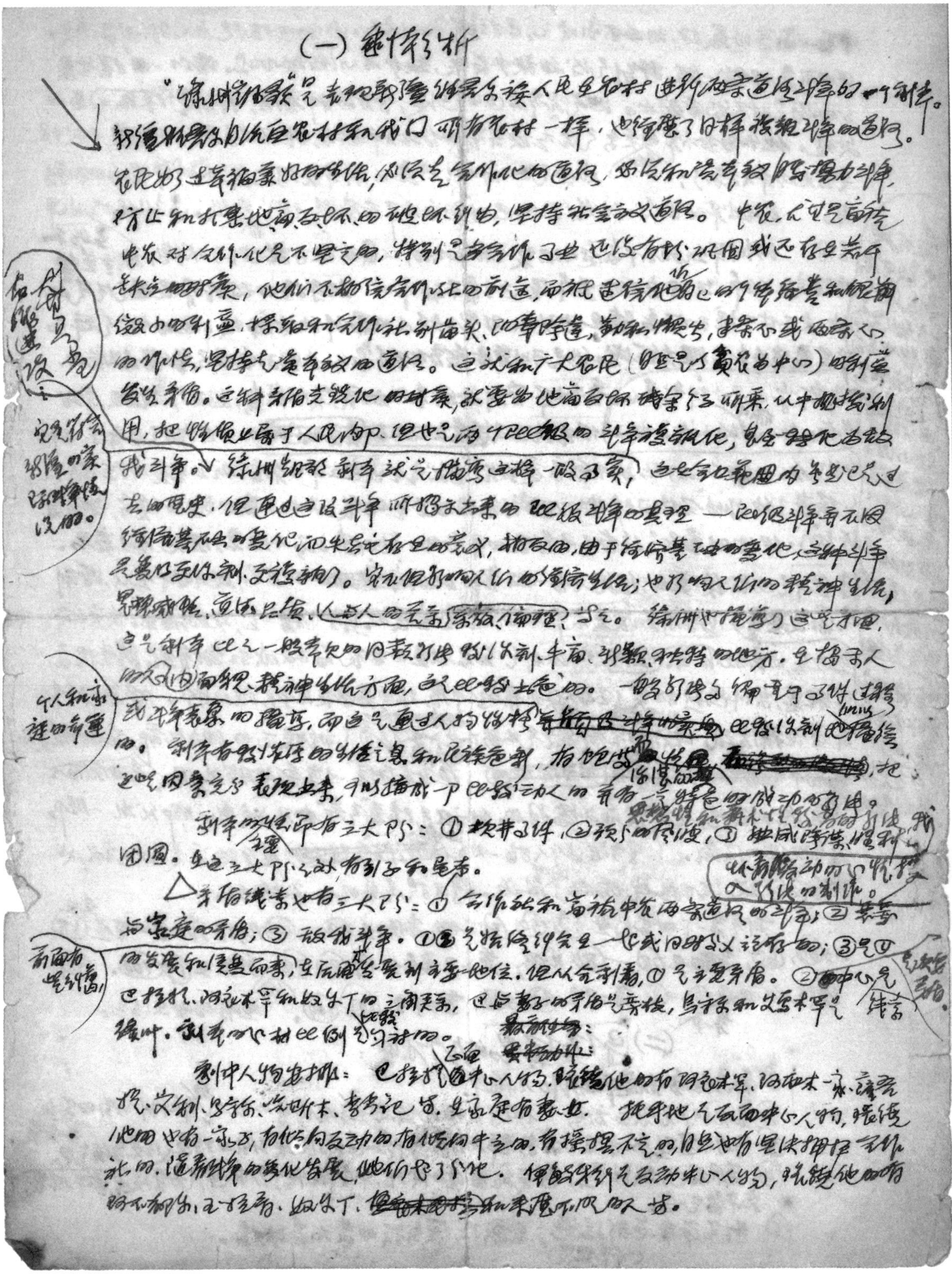

(一) 剧情分析

"绿洲凯歌"是表现新疆维吾尔族人民在农村进行社会主义斗争的一个剧作。新疆维吾尔自治区农村和我们所有农村一样，也经历了同样複雜斗争的过程。

中间一家写得最好，阿西木家次之，巴拉提家又次之。这和巴拉提这人物刻画有关。巴的形象也较一般，特别是性格缺乏发展，缺少内心的激动和冲突。增加一场揭发[illegible]子的戏是对人物有帮助的。他是否要出这出戏，会有两种看法，我们是采取不当面的处理。他和阿郎木罕的关系是否应该否定，也有两种看法，我们采取了不否定的处理。是否太为单人稿了；我还是不确的？这要从剧本实际出发，不能单凭主观臆断。阿郎木罕对巴是一往情深的，巴对阿郎木罕有感情，但也有界限。这就说明水平不同。阿郎木罕和幼年丧家庭的关系是有变化的，从最初就已埋下了伏线，[illegible]……处理这人物的要掌握这个贯串动作。[illegible]她来不甘于自己[illegible]，对男子敢人的[illegible]……他是可以争取教育的对象。[illegible]……

[illegible]

剧本第一部的高点是㉙、㉚、㉛三场，高潮是㊴→㊷几场；第二部的高点是㊺→⑥⓪、⑥⑤，高潮是⑦⑧—⑧①几场；第三部高点是⑨①、⑨⑥、⑨⑨，高潮是⑨⑨、⑩⓪。全剧揭示场面是⑤—⑦，第二部是㊸→㊻，第三部是⑩③、⑩④、⑩②。[illegible]场面是㊿。

（二）导演构思的设想：

① 故事任务和思想主题不偏废

② 表现形式的方法……

③ 形象的造型和性格……

④ 运用技巧……

⑤ 剧情节奏、色彩结构；[illegible]把握[illegible]的艺术含蓄……

《绿洲凯歌》分场提纲（部分）

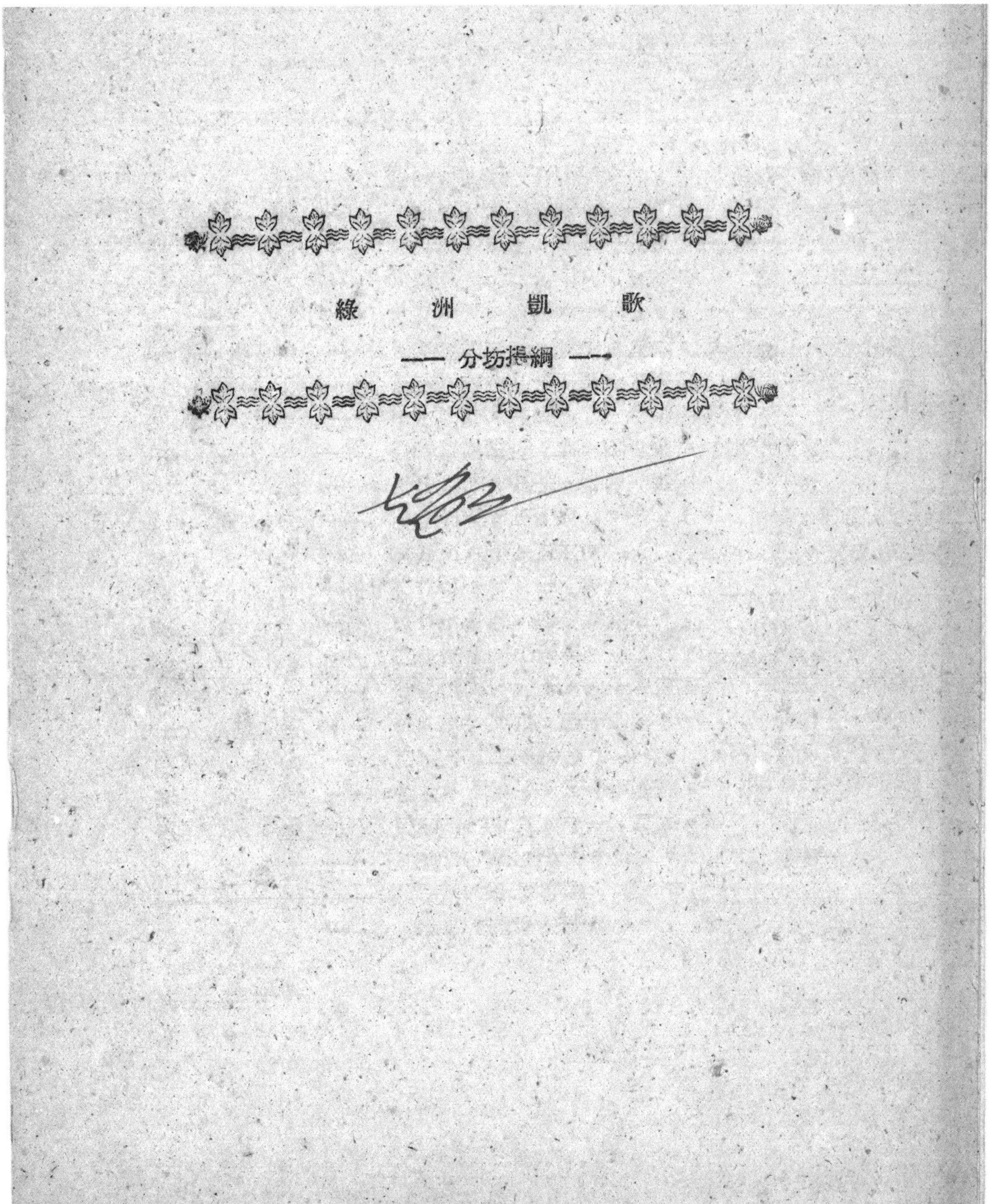
綠　洲　凱　歌

—— 分场提綱 ——

人 物 表

巴拉提 —— 綠洲农业生产合作社主任，三十余岁。
阿西木 —— 飼养員，六十余岁。
阿衣木罕 —— 阿西木的大女儿，生产队长，廿八、九岁。
艾夏木罕 —— 阿西木的小女儿十八、九岁。
托乎地 —— 富裕中农，阿衣木罕的公公，五十余岁。
尼牙孜罕 —— 托乎地的妻子，五十岁左右。
[illegible]尔丁 —— 托乎地的小儿子，三十岁左右。
艾来木罕 —— 托乎地的大儿媳妇，三十余岁。
尼莎罕 —— 合作社副主任，女，四十余岁。
肉孜 —— 托乎地的大儿子，卅四、五岁。
李登云 —— 区委书記，三十余岁。
哈斯木 —— 铁匠，六十岁左右。
艾利 —— 合作社干部，三十岁左右。
薩吾提 —— 合作社干部，四十岁左右。
烏守尔 —— 二十来岁的小青年。
伊敏牙行 —— 暗藏反革命分子，四十岁左右。
玉拉音 —— 被管制的地主，五十余岁。
阿不都尔老子 —— 二流子，二十余岁。
麦熱汗 —— 巴拉提的妻子，三十岁左右。
古尔罕 —— 巴拉提的女儿，十一、二岁。
熱衣木毛拉 —— 宗教下层人士，六十余岁。
~~尼牙孜 —— 区长，四十岁左右。~~
穆少提 —— 县委副书記，三十余岁。

司迺克牙行
来历不明的人
农业社員男女群众

乡坊提綱

①·綠洲般的村落，巴拉提歌唱：“天上的鴻雁低低地飞啊……”

②·歌声中，巴拉提走过白楊参天、渠水相伴的大道。

③·街头，礼拜寺剛做完祈禱，巴拉提走过礼拜寺門口，和热衣木毛拉托乎地相遇。

④·巴拉提走进一所寬闊幽深的大院，这是合作社。他和阿西木老汉在馬廐里談合作社美好生活光景。地主玉拉音灰溜溜地走过。阿衣木罕出来，想不干生产队长，巴拉提劝慰她。艾夏木罕說：“当初我姊々嫁了巴拉提哥多好！”

⑤·巴拉提和阿衣木罕走过渠岸小路。阿衣木罕想“展翅飞翔”，改变自己的生活。

⑥·她回忆起过去和巴拉提如何相爱的情景，……阿衣木罕在古柳渠旁洗衣服。巴拉提偷々地向水渠里投进一块石头，水花濺湿了阿衣木罕的衣衫。阿衣木罕追打巴拉提。巴逃入园中，返身拥抱阿衣木罕。落英繽紛。

⑦·阿衣木罕觸景生情，不堪回首。巴拉提縱馬馳去。

⑧·阿衣木罕回到托乎地家院落，遭遇到公婆的冷淡。

⑨·她走进臥室，又受到丈夫奴尔丁的奚落。

⑩·托乎地授錢給奴尔丁，要他出去做买卖。

⑪·尼沙罕来找阿衣罕。尼牙孜罕和麦来木罕冷嘲热諷，不許阿衣木罕出去干活。托乎地故意支开她們，打发奴尔丁出門。

⑫·挖坎井的地方。巴拉提会見李书記。李书記一面帮着干活，一面問生产情况。大家对于前途都很乐观，尤其是艾利，象看到丰收果实似的，述說不完他內心的喜悅。哈斯木坎匠飽經世故，对挖井工程有些担忧。薩吾提认为人心不齐，有些老中农和二流子不来挖井，簡直使他不能容忍。李书記指示他們要耐心說服群众，了解群众的思想情况；并告訴巴拉提：

~1~

邻村的水利工程正在施工，要巴拉提随时和他联系。李书記走。巴拉提、薩吾提和烏守尔下井工作。哈斯木为順利进行挖井祈禱。他們捞出了第一筐土。

⑬·集市鎮的“巴扎”集市。奴尔丁、伊敏牙行和阿不都尔秃子在一群妇女中輕浮地挤过。阿不都尔順手牵羊，偷了两瓶酒。他們一同走进飯館。集市僻静角落，司迪克牙行領着脚戶和毛驴，来到飯館附近的隐蔽处。

⑭·天黑了，伊敏牙行、奴尔丁、阿不都尔和司迪克从飯館出来。他們交代了毛驴和貨物，分头走去。

⑮·巴拉提家的早晨。枣熱汗醒来，巴拉提正要出去。枣熱汗怨巴拉提成天往外跑，不顧家务事。巴拉提說明原委，亲亲儿女，走出去。枣熱汗忙把干粮塞給他。

⑯·果园里，阿衣木罕和姑娘們在愉快地劳动。姑娘們都听阿衣木罕的話，按照她的分配，有节奏地工作。烏守尔来到艾良木罕身边，被姑娘們哄跑。艾良木罕羞嗔参半……

⑰·托乎地家菜园。麦来木罕諷諷阿衣木罕，怨罵肉孜。巴拉提来叫人。托乎地虛与委蛇，暗中咒罵。

⑱·巴拉提走进果园，发現水流稀少，和阿衣木罕同去察看水源。

⑲·池塘边，枣熱汗遇見巴拉提和阿衣木罕，引起疑心。阿衣木罕熱情地关怀她。

⑳·坎井暗道出口处，巴拉提和阿衣木罕查出水枯的原因，巴拉提急向坎井走去。

㉑·坎井上，人們垂头丧气，坎井塌了。巴拉提和大家研究如何修理。哈斯木坎匠說要熱衣木毛拉求神帮助。年輕人不信。伊敏牙行别有用心地注視着。

㉒·伊敏牙行到經文学校，鼓动熱衣木毛拉出来干預坎井事件。

23.合作社委員和生产队长开会。热衣木毛拉闯进来，說要贈經宰羊，求圣人显圣。有几个老年人符合他；也有人反对他。众說紛紜，莫衷一是。

24.会后，巴拉提仍要哈斯木灰匠想办法修坝，哈斯木信心不高。巴拉提发愁，阿西木和阿衣木罕安慰他。

25.夜，巴拉提送阿衣木罕回家。

26.奴尔丁做买卖归来。

27.麦来木罕向奴尔丁进讒言，誣蔑阿衣木罕和巴拉提有隐私。奴尔丁怒打阿衣木罕。阿衣木罕忍受屈辱，被迫抱經宣誓。

28.清晨的渠岸小路。麦来木罕借粮給枣热汗，乘机挑撥是非，毁謗巴拉提和阿衣木罕。枣热汗深感痛苦。

29.合作社果园。烏守尔追求艾旦木罕，艾旦木罕半推半就。阿衣木罕来找阿西木，阿西木不在家。阿衣木罕要艾旦木罕去告訴巴拉提：說托乎地家买卖粮食。艾旦木罕要阿衣木罕自己去，阿衣木罕有难色。烏守尔自告奋勇，去告訴了。

30.托乎地家。巴拉提来制止农民"借"粮，并責問托乎地如何私卖粮食。托乎地和奴尔丁狡賴，并誣称巴拉提有不可告人的"丑事"。阿衣木罕羞憤。麦来木罕更进一步指称：枣热汗也"借"了她家粮食。巴拉提气憤而走。

31.巴拉提回家責問枣热汗，夫妻发生爭执。枣热汗嫉视阿衣木罕，对巴拉提有誤解。巴拉提怒打妻子。枣热汗負气出走。

32.巴拉提在田野小路上疾走。古尔罕追赶父亲。

33.巴拉提来到邻村工地，会見李书記，要求調換工作。李书記說服他并安慰古尔罕。

34.在区委会房子里，李书記要巴拉提坚持岗位，警惕敌人，决定先召开党支部会议，再开扩大現场会议，研究解决問題。

～3～

35·坎井现场会议。李书記想起地道战的經驗，提出挖隐蔽洞的办法，同时以愚公移山的精神鼓励大家战胜自然。

36·热衣木毛拉、托乎地、伊敏牙行等人在墓地里冷眼旁观。地主玉拉音也混到他們一堆来。

37·坎井暗道里，巴拉提和李书記等挖坑洞。

38·坎井上，哈斯木坎匠等严密伺候。

39·巴拉提和李书記等挖通暗道，水流激湍。他們躲进隐蔽洞，看水势汹涌。

40·坎井上一片欢腾。李书記、巴拉提等从坎井里出来，人群欢呼。

41·墓地里，热衣木毛拉等一群，灰溜溜地走掉。

42·水，汹涌澎湃。穿过渠道和水輪，在一股々激流中，看到麦子、棉花和果树的成长。

43·到处堆起金黄麦粟的田野的道路上，巴拉提歌唱："……經过春天的辛苦，就知道盛夏的丰饒……"

44·巴拉提走过显示着大丰收預兆的棉田、瓜地、果园和葡萄园，走进家門。

45·巴拉提家門庭冷落。阿衣木罕来探望巴拉提，看到古尔罕想念母亲，劝巴拉提接库热汗回来。

46·巴拉提探望库热汗，有意接她回家。库热汗余憤未消，不愿遽返。巴拉提不满她的狭隘，亲了亲小孩子，悵然离去。

47·合作社夏季預分。阿西木一家分得很多粮食。

48·烏守尔在果园里纏着艾夏木罕，要求和她結婚。艾夏木罕給他肯定的暗示。

49·預分中，托乎地不满合作社給他家分配的数目，艾和嘲諷他。托乎地和麦来木罕都恼羞成怒。

~4~

(50)·街上，托乎地和落后中农发牢騷，伊敏牙行和玉拉音看在眼里。

(51)·阿西木家宾客盈門，喜气洋溢。热衣木毛拉为新郎新娘念經文。婚礼按照民族的古老形式在进行。艾夏木罕不肯按照规矩行事，引起哄堂大笑。

(52)·热烈、多采的新婚晚会。饒有情趣的麦西利甫舞。艾利邀請姑娘們伴舞，唱着古老的情歌。托乎地和他的老伴冷々落々地站在一边，悄然离去。尼莎罕邀請巴拉提；巴拉提邀請阿衣木罕；歌舞晚会倍增热烈。麦来木罕訊諷阿衣木罕。阿衣木罕离场。巴拉提不安地随去。

(53)·果园一角。巴拉提安慰阿衣木罕，勉励她坚强些。阿衣木罕談起奴尔丁，不免恨々。

(54)·奴尔丁在集市镇摆售烂葡萄，被卫生人員驅走。

(55)·奴尔丁等走在崎嶇的山道上。脚户說："天雨路滑，毛驴难行"。奴尔丁說："摔死了赔偿！"

(56)·暴风雨袭击山谷，毛驴和果子落进万丈深渊。

(57)·托乎地家脚户討債。麦来木罕怨天尤人。

(58)·奴尔丁找阿衣木罕泄憤，狂加毆打。阿衣木罕反抗出走，一去不复回头。

(59)·夜禱声中，阿衣木罕走过寂静的街道。

(60)·阿衣木罕向阿西木家人哭訴。奴尔丁追来，意图动武。阿西木阻擋，巴拉提、薩吾提等制止暴行。阿西木要阿衣木罕和奴尔丁从此一刀两段。

(61)·玉拉音的小土屋里，伊敏牙行送密信，勾結地主准备暴乱，乘合作社基础不穩，进行顛复活动。

(62)·托乎地在院子里納悶，伊敏牙行煽动他并連落后农民，自收果子。奴尔丁躍々欲試。

(63)·合作社大車向果园进发。

~5~

64.托乎地正和几个农民在家密商，闻訊急忙赶出去。

65.果园附近，托乎地一家人抗拒合作社收果子。薩吾提、艾利等准备强收。努尔丁耍无賴，砍断果枝。巴拉提等赶来，平熄了糾紛，并警告托乎地：不得損害公共财产，違反法令。

66.合作社干部会議，討論措施。有的主張强收，有的主張各半收。巴拉提認为都不是办法。最后决定由巴拉提去請示区委，社干部繼續商議。

67.托乎地等心有不甘，仍欲退社自收，被烏守尔听見。

68.烏守尔报告合作社。艾利建議边收边談，保护社的利益。大家因情势紧張，来不及等巴拉提回来就作了紧急决定。

69.合作社院子里，虚假的談判在艾利主持下进行。

70.托乎地的果园里，薩吾提領着一群小学生在搶收果子。

71.在另一处果园里，尼莎罕和阿衣木罕、艾夏木罕等也在搶收。

72.談判相持不下，有人傳来收果子的风声，人群一哄而散。

73.托乎地家果子已被收光，托乎地見状跺脚。

74.区委会。巴拉提等候李书記。工作人員告訴巴拉提說："村子群众鬧事。"巴拉提急々赶回。

75.街上，群众鬧成一片。托乎地号召大家到区上告状。伊敏牙行推波助瀾。巴拉提赶到，見鬧事群众已蜂涌前去，責备薩吾提、艾利等魯莽坏事。

76.托乎地告状。区长尼牙孜指責社干部的錯誤。巴拉提承認方式不好，但搶收果子仍屬必要。区长認为巴拉提脫离群众，目无領导。巴拉提不服，拂袖而去。区长大为震怒。

77.墓地伙巴斯里，伊敏牙行和玉拉音密商，阴謀騷乱。

78.街上，伊敏牙行指使努尔丁、阿不都尔秃子等煽动群众退社。热衣木毛拉也被他們哄起来，假借經文，迷惑群众鬧事。

～6～

79.群众大闹合作社。麦来木罕和阿西木争夺馬匹。合作社的馬被拉走。阿衣木罕保护粮仓，被奴尔丁击伤。奴尔丁打破粮仓，群众冲进，和烏守尔、艾夏木罕等发生格斗。

80.田野中的大路上，巴拉提和社干部匆匆而来。群众告警，巴拉提和在田間工作的社員們以及在坎井上工作的哈斯木坎匠等赶紧奔回庄上。

81.街上，巴拉提等和闹事群众相遇，擋住动乱的人流。群众反扑，巴拉提力竭声嘶地說服，并告誡群众不要受坏人利用。阿衣木罕等带伤赶来帮助說服群众。群众終于动摇，并决心跟着巴拉提走。敌人和坏分子孤立了。

82.暮色蒼茫，晚鴉归林。

83.托乎地家愁悶焦燥。托乎地和儿子商量善后，肉孜主張送回馬匹，奴尔丁死不答允。尼牙孜罕說：胳膊拧不过大腿。麦来木罕失掉主意。

84.夜，托乎地撫摸馬匹，不知如何是好。尼牙孜罕劝托乎地睡覺，托乎地放心不下。

85.早晨，托乎地推門出来，馬匹已不知去向。

86.合作社大院，阿西木收拾庭院，忽見托乎地的馬自己跑来。托乎地远远窺探，不敢近前。阿西木罵他"人不如馬"。薩吾提、艾利亲找巴拉提，商量善后处理。巴拉提說："县委副书記和区委李书記等就要来。"要他們稍安毋躁。

87.县委副书記穆义提和区长尼牙孜同来合作社，和干部与群众見面。李书記陈述他对闹社問題的看法。区长和他意見不一致，認为闹事原因在于合作社干部严重失責。穆义提指出区长的錯誤；并分析形势，对闹社背景作精确的估計。最后，穆义提慰勉大家安生产，提高警惕。阿西木为阿衣木罕申請离婚事請示穆义提。穆說可以提出。

88.某县城大礼拜寺門口，伊敏牙行机警走入。

王玉胡给赵明、陈岗的信 *

1 页

赵明
陈岗同志：

近日内读了二遍修改本，随手记下一些零碎意见。其中有的是一两个字或半句对话，有的是细小的情节，写起来很琐碎，兹将其中几点写下来供你们参考。

一、"古柳渠旁"一场，巴拉提与阿娜尔罕对话部分，感到有些问题。[illegible]"阿娜尔罕主动地笑着问巴拉提：'你还记得这个地方？'、巴拉提伸手指着'想起这一设计，感到把阿娜尔罕应该是很深沉的感情"轻浮化"了，而巴拉提似乎整个想来一些，也有些不合情理。随后到回忆之后的对话也有同感。阿娜尔罕又是笑着向巴拉提说：'十年一晃就过去了，现在想来真有些好笑'，这样看来，她真的感到好笑了。这恐怕不太符合阿娜尔罕的感情。这样一来，巴拉提即问：'好笑吗？'也就没有任何感情的根据。两个人好像是去打哈哈，或者随意的说笑，我们感不到也听不到他们心声的跳动。（形象化的）接着讲到命运，也有同感，因为阿娜尔罕是笑着问巴拉提：'好笑吗？'……'是啊……'

我感到这些话与人物的内心活动不大对，应该

2 頁

重考虑一下，[illegible]是否制约着小说的戏剧性这些地方。我意应该恢复原来的对话。说巴拉提感到好笑，阿依木罕不应该感到好笑，她感到的是终生的遗憾，她什么时候也不会忘记这一段生活，尤其是她现在处境，所以当巴拉提说完了好笑，她不用嘲讽而是明说了那充满着惨痛的回忆：“好笑吗？……”这三个字里应包含着阿依木罕对巴拉提（巴拉提只顾一时高兴的感情）的责备、以及对自己命运无可奈何的叹息。原来的对话较好的体现出两个人对待自己这段生活的不同态度以及他们的性格、感情上的差别：巴拉提是开朗的、大咧咧的；阿依木罕却是深沉的、文静的，而且在当时的处境和心情下应该带着一点大家都容易忽略的哀怨。

说明了一点，固然注意到人物性格、感情，特别是内心感情的地方，我不能一一举例，但这是认为一点，希望作者除了考虑这一段情节之外，在其他各个这样的情节方面不妨再多费一番思索。那些仅是交代事件过程的对话，为时间紧促，倒可再压缩一点。

二、“[illegible]”一场，巴拉提[illegible]关于[illegible]那一段话有点干，是否可以换成这样的话题：巴拉提问她为什么不是真的走亲戚去了？

20×15=300　　中國作家协会新疆維吾尔自治区分会

页

阿吉木草说有知道，他们来了之都喝着她，把她当个人人。还拉拉着再对对手托手地再说一二句评语，指明只能[illegible]个人发财，不但个人得不到发展，社会也会吃亏。总之，生活化一些，而且在人物关系描写上，要通过[illegible]起一些感情上的波纹。

不一定要提到劳动力的问题，也不必过早地提到社会问题就是怕"跟社会离心"。这样都会把社会问题和家庭生活简单化，如果能解决了这些问题就了不起，而剧本的结局也正是这[illegible]剧本宣布着一半"这问题"："解放和增加问题"的倾向，最好避免这些。

阿吉木草向袁世阿草说明他们的去向，不提劳动力问题也可以，只说开会去也就行了。

三、"渠堤上"一场，阿吉木汗说："这样吧，你回村去……""请再给我说说"："这样吧，等一会咱们一起回村去……"这样可以使人感到阿吉木汗终始是跟尼沙在一起，并不只是为了结婚。至于后面走村只是保留他，我看不关紧要，阿比也不会提出这样的要求：一定要就把阿吉木汗在村里去说。

20×15=300　中國作家协会新疆维吾尔自治区分会

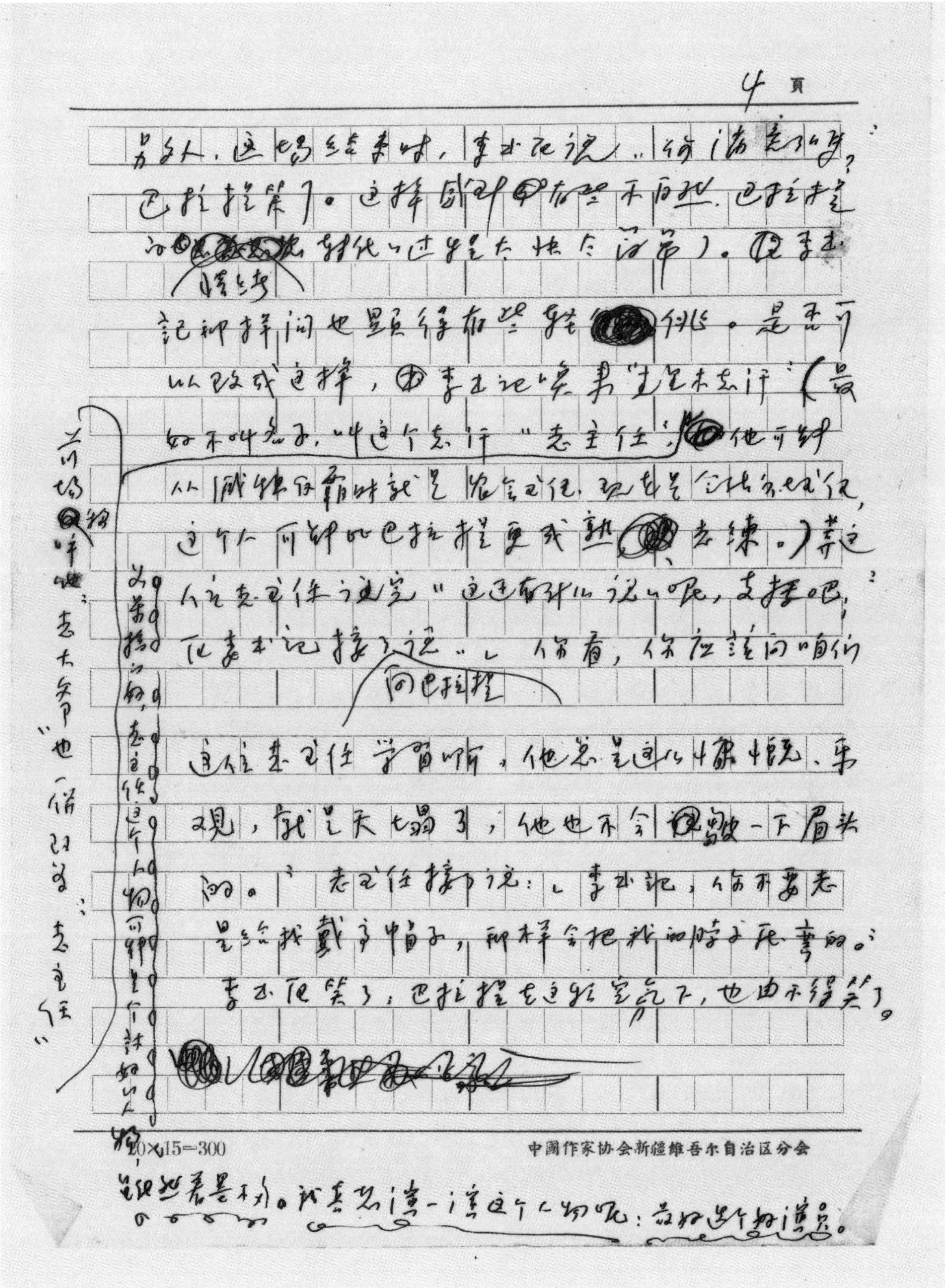

4 頁

另外，这场会结束时，李书记说：'你满意了吧？'

巴拉提笑了。这样的好消息不满意吗？巴拉提

的[illegible]转换过程太快太简单了。李书

记那样问也显得有些轻佻。是否可

以改成这样，李书记说：'来来去去（最

好不叫名子，叫这个名称"老主任"）他可能

从做镇长时就是老主任，现在是公社党委，

这个人可能比巴拉提更成熟老练。）让这

个老主任说："这还有什么说的呢，支持吧。"

巴拉提接了说：'你看，你应该向咱们

这位老主任学习啊，他总是这么慷慨、乐

观，就是天塌了，他也不会皱一下眉头

的。"老主任接着说："李书记，你不要老

是给我戴高帽子，那样会把我的脖子压弯的。"

李书记笑了，巴拉提在这样宽宏大度下，也由不得笑了。

20×15=300　　中國作家协会新疆維吾尔自治区分会

跟他着喜相。我喜欢演一演这个人物呢：就好这样好演员。

5，页

四、"使巴黎行墓地"一场：伊敏来行说的："这件了窃鬼不是姓姜呆子进城了吗？巴拉特又恰好不在家，这正是个好机会，人家说：'公牛肉向供着异器'……"这段话最好改正是说巴拉特说，以今后他是背信的草节者，比伊敏来行更高明一点，以后这谋士和外争之手。最后那句话："两只眼睛也会打起架来"叫伊敏来行说——这比较好。

6 頁

那我们说是否也缺少了这一点。~~[illegible]~~

~~要……[illegible]把这也不当讲什么当道：之后加~~

~~这选择一些说："我们神圣的[illegible]上说过，~~

~~个人和财产是合法的，~~

原稿不在手头，想不起是怎样的对话了。加些不加~~[illegible]~~？怎样加法，请你们斟酌吧。

六、《小村里结婚》（即巴拉拉在公社饭馆相遇一场）：这场看了感到不够流畅，即层次显得混乱一点。其中最主要的是感到巴拉拉这个人缺乏应有的力量和激情。阿西木老汉的话是生动些了，相形之下，巴拉拉的言语显得单薄、苍白、无力。这些缺点原剧本

20×15=300　　中國作家協会新疆維吾尔自治区分会

7 頁

就是有的。现在也一时想不到什么好点子，只好先来请你们是否去费点心思，安排一下，因为这是一场大戏，是高潮，也是巴拉提性格的发展的重点。我初步想到的，如花茶感情 一个是如何使巴拉提语言更生动一点，一个是突出巴拉提举手一挥的动作。当闹事的群众在政府的追查下低了头和发生动摇的时候，巴拉提再拿过红旗，站在一个较高的地方，向群众大声呼吁。根据原有台词，是这样安排：

一个群众呼吁……送他们到公安局去！

巴拉提……制止说：

20×15=300　　中國作家协会新疆維吾尔自治区分会

8 页

乡亲们！阿西木大叔的话你们都听见了吧，难道合作社没给你们带来好的过吗？（阿西木的台词中有这句话，可考虑去掉还是让巴拉提讲说，只当作巴拉提的中心情感激动、抑不住的情绪）我说你们摸摸良心吧，还有你……你……一下……

这样质问之后说：如果没有共产党的领导我们能翻了身，没有减租反霸，没有土改，你们能有今天吗？你过去可也一样受地主剥削你还记得吗？

众人低下头。

巴拉提拿过红旗，走出了门坎，喊道：乡亲们，这……

没有把这个都搞清楚，那些人在……回来去跑出去问，把他们去吧！

20×15=300　中国作家协会新疆维吾尔自治区分会

唱完……——：

红旗迎风招展……

9 頁

这些是当时想到，单独保存在我这里，再一定修改。写了这些，无论请你再考虑考虑，如何把这场戏安排得更好一些。特别是如何[illegible]在这场戏中突出巴拉提的形象。

我刚看完样片，是坐在该影院写这封信的，很乱了，仅供你们参考。（回去再说，明天去，人带走）

内景、塔地基部分，以及其他一些需要注意的地方，这里不谈了。等你们回来再面谈吧。

通过信件很难说清楚的事，[illegible]来想到了伊宁[illegible]一道的[illegible]，[illegible]因为正帮助当地搞[illegible]，别等待大纲，恕不赘了。

我们去她们那里，祝你们成功

20×15=300

中國作家协会新疆維吾尔自治区分会

王玉胡 七月廿八日。

看《绿洲凯歌》样片后各方意见 *

1. 周扬、民委、陈荒煤的意见 *

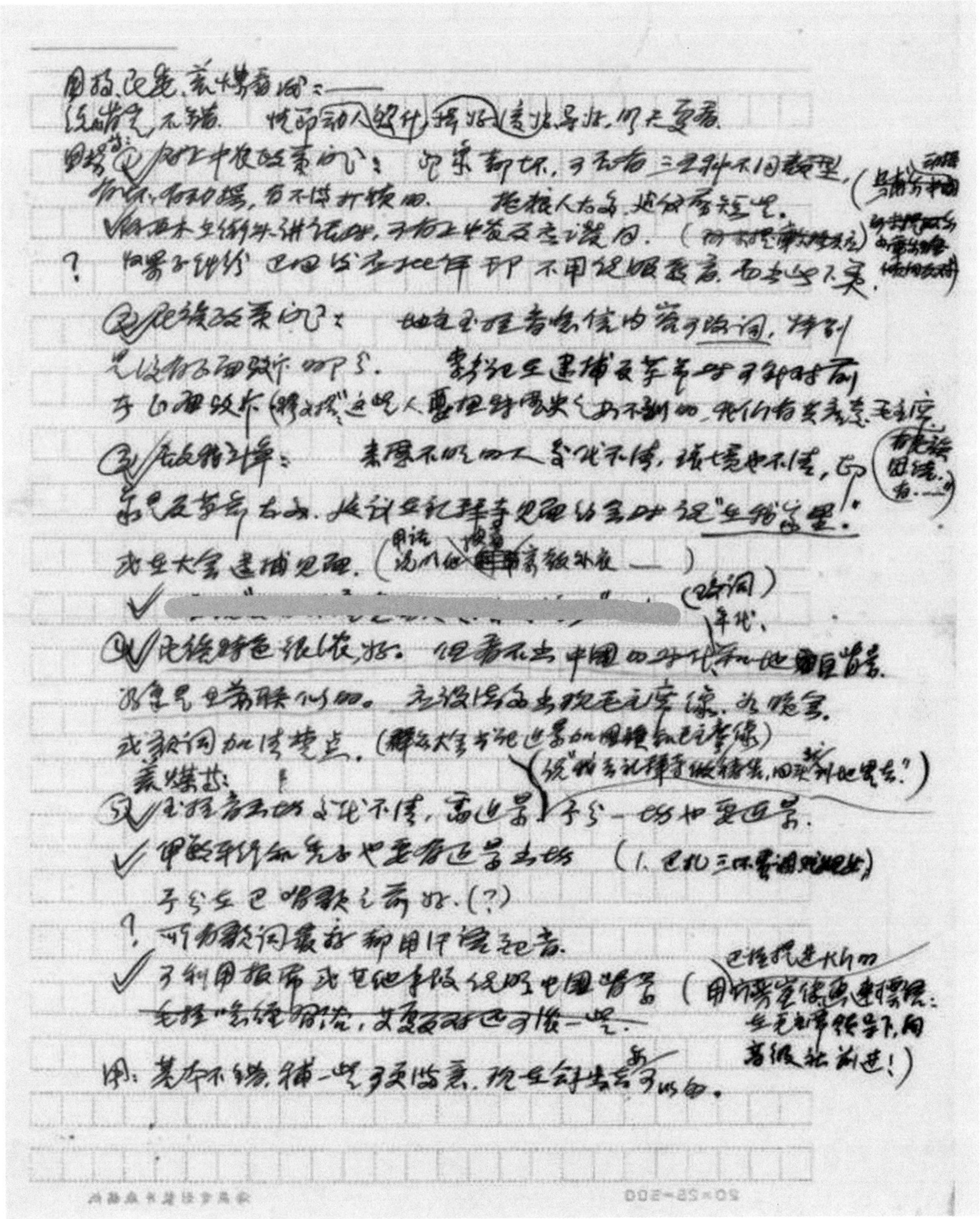

2. 对《绿洲凯歌》剧本二稿的意见

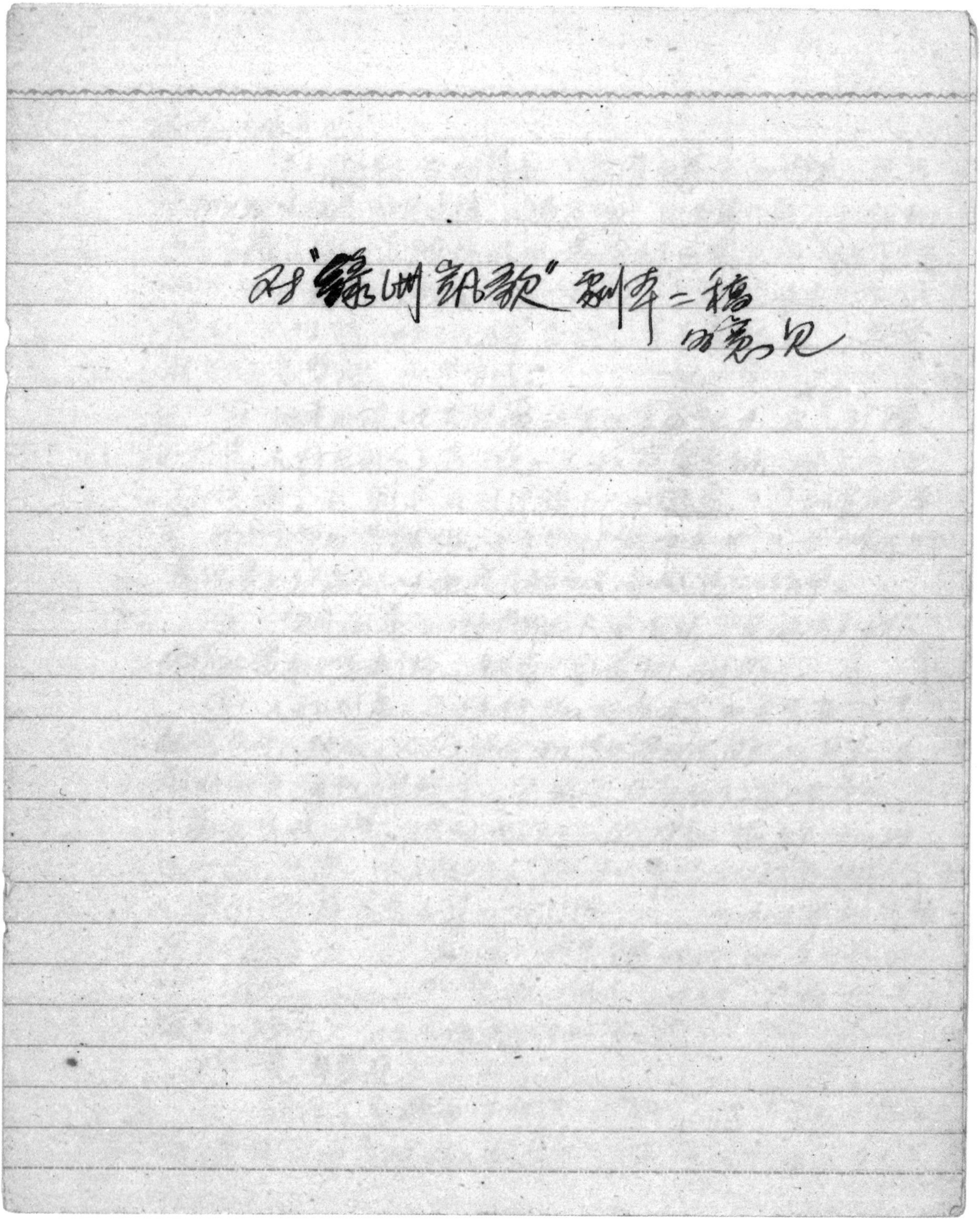
对"绿洲凯歌"剧本二稿的意见

5/12

审稿订读意见：

① [redacted]，这是本来在现实生活里封建迷信，恐怖反动。他是爱国上层人士，但他迷信宗教，也起一定破坏作用，最后经过教育得到改造的。倒是他宣称和看见鬼是"阿拉胡"——……，本来不应信仰；已经提醒阿衣木罕[redacted]这样[redacted]。

② [redacted]的特务，不符合新疆要安排一个和自治区书记对立的地方民族主义分子，制造反对民族团结的纠纷，破坏民族关系，形成斗争的复杂性。也可能出于这种考虑，我在已有的阿衣木罕身上扩大他的地方民族主义的感情和作用。

③ 坎井阻塞不可能有那么大的面积。自留果树和合作社果树都要交代清楚。只有自留果树可以自收。

④ 人物形象：已经提醒和阿衣木罕的关系要摆清楚，是好的，合乎人情的。人们读它和"纳吾鲁孜"也是一样的，真实的。最好能更接近复杂些。素皮罕有点……，应该多加一些劳动，先进一些。她对巴阿的保护和挨打可以好好写，不要一味嫌弃。她可以写出和阿衣木罕待人转向揭露李素木罕的挑拨。阿衣木罕对素热罕代表人的谈话，可以说：过去我是爱他的，现在也爱他——只是爱他的工作，爱他的德行。又说：已经提醒是全不一样的人，你不该离开他等等。

⑤ 考证意见：

李素木罕是谁的姐姐？阿衣木罕是谁的姐姐？这样结论就容易搞好么？素嫫家的加入现是

这面的事，不够补充扶持，内藏西服。

也似也谈不多。素坦汗和巴拉提是好干部应有正面表现，部份语言都更接触一些，应以适当的衣木罕等在场和阿衣木罕的视野一些，使得更统一纯净。大会上当素木罕在表现得很快一些，歌词"爱专惠临"仍用原词，作称邦作用应加强，可再加二个称邦。把手他的特要要个代传典。当面斜前歌词也要符合实际，

陈震樵马光的意见：——

新来没有大问题，在人物形象上艺术拼昂上有值得考虑。开始风波过后，巴拉提人物性格没有发展，缺乏深刻动人的东西。内心矛盾看不出，多是外在的活动，没有内在的活动，更缺乏独特的个性色彩。巴拉提和阿衣木罕应多一些谈心的机会，展示内心深处的东西，心灵上的感情交流。阿衣木罕谈心的机会也嫌少，她应该和他谈谈内心深处的秘密。

阿衣木罕内心活动和个人命运交待得较多，但外在的活动与工作中的表现交待得较少。

巴拉提和素坦汗的冲突应引起阿衣木罕的内心或引起她的某些想法，看她的情感波动，但又自我克制，展开内心矛盾。阿衣木罕最后成为素坦汗的家庭也不是应当的，应有激烈的思想斗争。现在太简单了。

部份场面可以加强表现人的情感深度，阿衣木罕去巴拉提家和拆婚到素坦汗家是很重要

的戏，宛是很新颖，充满了激烈的冲突的，只是太简单了。两个女人为何硬是在一起的，不能单独谈谈，应该有些曲折，有些过程。话语更含蓄一些。

哈斯木巴依把他的纠葛可能阿衣木罕揭发出去。在紧张危急之中，阿衣木罕报信，当场和他们理论，发生格斗，也可能阿衣木罕负重伤，揭穿了巴依提。

阿衣木罕也可在报信前先通知……再去通知巴依提。危急中……等人赶到。阿衣木罕负伤后可揭露他……，和巴依提谈心。也可和大会交叉进行，加强戏剧冲突和感染力。

三、我的看法：我们的艺术任务也有介绍新疆的维族人民生活和新疆这个地方给全国以及国外人士的意义。也有民族的性格问题。为了把握典型来说，善良敦厚，……勤劳勇敢……都要看到维族人民的性格特征。自然在进行创作之前要首先考虑这一点。维族的民歌……也会包括这一点的。然后使广大观众看了才能对新疆有所了解。——要了解新疆地方，要了解新疆民族，要表现美好的东西。

利用普通的手法……当前最重要的斗争，对敌和进行的斗争是一个方面，但是也可以回到个人的……

买买提·艾买木：阿訇的作用不够恰当。他对阿訇的态度不好，但只在麦麦木甲家听说丁丁若是胜利就也把握说了一句"尊重安拉"，此外就是给自己放羊，叫他劳动，没什么作为。

吐尔逊·艾沙：坎井子被破坏是伊敏米尔扎暗中破坏的。所以他应该领导社员去掏坎井。

买买提·亚森：伊敏米尔扎，阿不都拉，与尔丁为一团的反动活动，出主意要胜利也把握时候一下来了。但有前头大基础，群众是一群群工作的，发动，发扬成绩。不像是一个政治性的阴谋。应把它的政治性、严重性表现。

艾斯木江：坎井子的是伊敏米尔扎等坏分子破坏的。可增加民兵或治安委员的侦查。我们和麦麦木甲的人见面，为什么一定要在礼拜寺内，缺乏根据。

托乎提：结尾可增加各种作物的一葡萄、西瓜、甜瓜大丰收的景象。

尤努斯·巴拉提：还能有他先一个单身汉？

托乎提：乡村民兵集合人的时候不打钟，而打鼓。如果不是礼拜寺，可以在随便什么地方打钟。

帕提木：麦提汗当家很久，很晚回来，还有劳动，缺少了通知和组织回来，在增加工分的要求。

阿依夏姆·斯：尼莎罕在支部会议上没有说话。不知是作者忘了她，还是她根本不爱说话。她应该是劳动当中的妇女，热爱劳动，不应是寄生虫。

阿尔西、麦麦木甲的家庭成分？为何这样不爱劳动，是剥削家庭出身吗？还是根本带来的？麦麦木甲家报复的动机又为什么不讲清楚？阿訇的性格要明显些，既不听我们的话，又不听老乡的话，他没有发展。

根本

阿衣木罕

王：已经把大部分通读完，不容易有一定印象了。他善于描写性格，也可以反映感情深处的矛盾。忠心耿耿，坚定无疑。但他不是没有一定缺点。

新中国的农业合作化运动使得斗争的胜利，也就是旧的新人物的成长和新的道德观念的胜利，通过农村的集体化运动的斗争，人与人的关系改变了，对妇女的旧的封建思想意识被冲掉了。这正显示了新的社会主义制度和道德观念的力量。阿衣木罕正是这种人与人的关系和道德观念的变化的中心人物，通过她自己体现了当前农村的社会关系的一个侧面，是有典型意义的。

社会制度和道德观念是有联系的，（每一定的社会制度有着一定的联系的）都是合作社了，但是家庭里却是封建、自私、残酷的专制，经过革命斗争的冲击，情况改变了。旧的被推翻，新的被建立。

开始旧的影响很深，阿衣木罕不敢反抗，甚至连她父亲都对旧思想意识表示情愿，瞒着她替她找对象，以免邻居反对。但是人物的发展，却使她们勇敢地反抗了。

阿衣木罕的性格和感情是复杂的，她时而热情，时而冷静，时而犹豫，时而苦闷。但是有机地统一的。作者要把握这个人物的性格，会很完整地加以体现，这对刻画人物和表现作品的成就都有很大关系。最后阿衣木罕勇敢地象征着新人物摆脱旧的传统束缚而成长的道路。

3.《绿洲凯歌》修改方案

海燕电影制片厂　　片分镜头剧本稿纸

“绿洲凯歌”修改方案

第 1 頁

场次	鏡号	画面大小	摄法	内容	音樂	效果	录音	有效长度	耗片量 定额	画底	声底
				（一）补拍部分							
3	1	全	摇	合作社门口，巴拉提背影走进（摇）门旁墙上画着一张“~~毛主席欢迎下阿方级合作社过渡~~”“高级化的合作社是走向幸福的光明大道”宣传画（画上有毛主席像和五星红旗，引导群众前进并有汉维两种文字标题）（下接巴拉提和阿西木谈话）					1年		
3	7插	特近		玉拉吉施礼说：“你们好！……主任，我去礼拜寺做个祷告，回头就到地里去。”说罢干笑两声，转身走去。（下接他走出门口，巴拉提和阿西木大笑）					1年		
14	1插	中近		巴扎上，伊敏牙行、奴尔丁和阿不都尔克子三人拥住两个妇女嬉皮笑脸，妇女慌忙躲避（下接三人继续朝前走）					2年		
43	2插	特近		玉拉吉插嘴说：“诸位，你们不要不满意，我看都分得不少，我只要能有小半口袋粮食，也就心满意足了。”他身后站着伊敏牙行。（下接托乎地说：“你说什么？——”）					6年		
70	38	中		马厩内人群牵马，马受惊嘶鸣打架（下接托乎地牵马走）					8年		
70	14	近		阿不都尔克子畏缩不前，中农吾甫尔不同意地说：“把仓库门砸开，这不好吧？”青年农民小库尔班说：“这不成了抢劫了？”（下接伊敏牙行挤夺给奴尔丁）					8年		
70	18补	全		奴尔丁踢开门，带领大家冲入仓库，有的使劲打开仓库窗口，跨栏跳入，有的就近爬起仓库廊沿上的粮袋，乱成一团。					〃		

海燕电影制片厂　　　　片分镜头剧本稿纸

第 2 页

场次	镜号	画面大小	摄法	内容	音乐	效果	录音	有效长度	耗片量 定额	画底	声底
72	2A(补)	全		努尔丁站，抢粮的仓粮袋沉重地压在人们的肩上。							
74	35插	近		内孜身边的农民甲对乙说："他说得对。"							
74	36	近	摇	农民甲说："走"农民乙迟疑一下拿马走，内孜有些动摇，秦来木军的眼光阻止了他。							
74	37插1	特		伊敏牙行使眼色。							
74	37插2	中		阿不都尔克子在伊敏牙行的眼光的促使下，嘟嘟囔囔丢下手中的粮袋，装着没事地走去。（下接反37镜后部，他走到伊敏牙行身边，一同随大队走去）							
97	1A	中	跟摇	努尔丁，伊敏牙行，阿不都尔克子，玉拉音被押着走进人丛［1A插（特）托乎地大吃一惊］（摇跟拉）人们用愤怒的眼光瞪视着他们，最后到托乎地，他气急败坏地摸着自己的一大把胡子畏罪震惊而惶乱。书记的画外音正在说着："——就跟这个伊敏牙行和地主玉拉音有关系，他们的目的就是利用农村一部分走资本主义道路的人——"画面最后停在托乎地和内孜夫妻身上。							
97	2	近		书记站在毛主席像前面说："——破坏合作社，推翻新政权——" 穆义提插话说："想叫咱们再回到旧社会去！" 书记接着说："对，老乡们，你们愿意吗？" （下接群众反应）							
97	3A	近		在人群喊声中，托乎地拨开众人，慢慢地向前走，内孜夫妻跟上。							

海燕电影制片厂　　片分鏡頭劇本稿紙

第 3 頁

场号	鏡号	画面大小	摄法	内容	音樂	效果	录音	有效长度	耗片量 定額	画底	聲底
97	4	近		李书记说："是啊，我想就是参加过这次闹社的人也不会愿意的，就请托乎地来说吧……"							
97	5	中	摇	托乎地们走到玉拉音和伊敏牙行跟前，书记画外音："……难道你愿意再受地主反动派的压迫吗？"托乎地猛然伸出双手揪住玉拉音和伊敏牙行，摇得他们直摇晃，萨吾提和警察上前拉开他。托乎地转身冲向奴尔丁说："你这该死的畜生！"接着又沉痛地说："瞎了眼啦！瞎了眼啦！"一半对自己，一半对奴尔丁。							
97	6	近		刘文提书记站起身说："老乡们！现在我们的眼睛都擦亮了，反革命分子~~[illegible]~~，他们的头子大素夫·马克松，已经在城里被捕了，~~跟我们记住这一次斗争的经验教训，在中国共产党[illegible]~~（和各族人民一道）在合作化的道路上，更勇敢，更坚定的前进吧！"传来人群的欢呼声，鼓掌声（加出）							
104	5（新）	特		阿衣木罕高兴地吻着古尔罕说："再见了，孩子"古尔罕微笑着。							
104	6补	近		西拉提握住阿衣木罕的手说："等到儿子赶快回来，我们社里都等着你！"阿衣木罕欣然地点头走出（下接上車）							
		特		古尔罕笑脸			（晚上拍）				
49	19A	全		毛主席笑像			（〃）				
57	1（新）	全		伊敏牙行走进小土屋			（〃）				
63	1A（新）	特		大院牌子倒在墙上							

~~（1）除掉已经失败。~~

要想推翻我们的人民政权，那是作梦，我们有共产党、毛主席的领导，有全国各族人民的大团结，他们的阴谋鬼计是永远不能实现的。定

阿衣木罕和[illegible]信地看着[illegible]

共补拍24个镜头。

海燕电影製片厰　　　　片分鏡頭劇本稿紙

第 4 頁

场号	鏡号	画面大小	摄法	内容	音樂	效果	录音	有效長度	定額	画底	聲底
				(二) 配音部分							
43	1 插	中		农民阿吉握姆妈说："你要走了吗，你回去过的是什么日子呀，我们怎么办，李老爷就要这么整！"将最后一句改为"我们就靠这个生活呢！"							
57	4	近		[redacted]							
57	5	特		[redacted]							
67	1	全		胡同里的人们兴奋地叫喊："这下太不像话了！""这是欺负人"！（原词"这是要我们的！这是抢劫！"）跟咱们							
79	4	近		李要不服的人与青对伊藤来舒说："到阿不到我家聚会。"改为："到我~~家~~里家聚会。"							
31	19	中		长安军抱着李敏军叫："妈妈，我的好妈妈！"改为："妈妈！妈妈！"（原作说配音读得太成熟了）							
77	4	近		穆文挥说："女人们都要介绍……"（原来"女人"不清楚~~……~~……"）	被改配件读						
98	1	特近		穆文挥对阿衣木罕说："……法院批准你跟她们离婚了！"（原来"离婚"不清楚）	同上						

[redacted]

"反对皇帝，反对封建政权"

80场2. 李要不服的人说："他们不去那里打着民族的旗号~~……~~"

（原来是反对伊藤人）

4.《绿洲凯歌》增补镜头

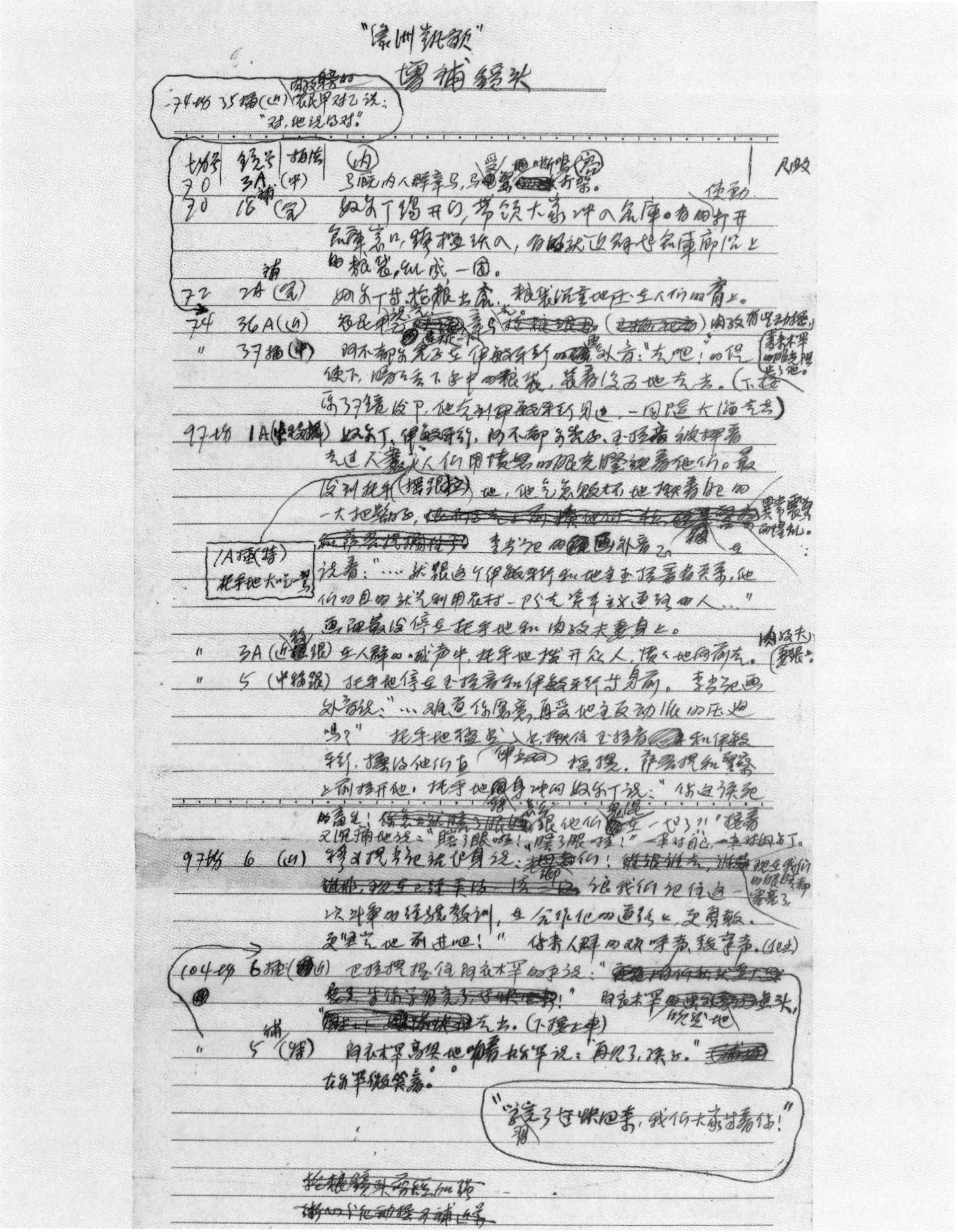

"绿洲凯歌"

增補鏡头

74场 35插（近）农民甲对乙说："对，他说得对。"

场号	镜号	插法		尺数
70	3A补	（中）	（内）马厩内人群牵马，马受惊嘶鸣[illegible]。	
70	18	（全）	肉孜阿訇打开门，带领大家冲入仓库。有的打开仓库窗口，跨越进入，有的就近拿起仓库廊沿上的粮袋，乱成一团。	
72	2A补	（全）	[illegible]粮袋沉重地压在人们的肩上。	
74	36A	（近）	[illegible]	
"	37插	（中）	[illegible]："去吧！"[illegible]	
97场	1A		[illegible]	
"	3A	（近）	[illegible]	
"	5	（中移跟）	[illegible]	
97场	6	（近）	[illegible]	
104场	6插	（近）	[illegible]	
"	5补	（特）	[illegible]说："再见了，孩子。"[illegible]	

"[illegible]，我们大家[illegible]！"

5. 陈岗就《绿洲凯歌》在乌鲁木齐上映的反响给赵明的信 *

No.

赵同志：

转来的同志批来你的信，谢谢你的关怀。

我们的影片新疆乌鲁木齐从十月五号就开始上映了，评论片十四号到的乌市，区党委很重视，指示开了文化厅举行了一次映出仪式，会上李文艺处长还讲了话。此片在乌市已连续上映了约半个月了，深受观众欢迎，特别是维族群众表示喜爱看此片，在此听的好话比批评的多，这对我们当然是个鼓励，但这并不能说影片没有缺点，也许我们都还没有听到。

我来乌后，我一直忙着这里的行政工作和即将开拍"远方星火"的筹备工作（此片由欧凡导演）影片放映时我也没有时间去看。有几个维族女同志看此片后被感动的哭了，说阿衣木罕这个姑娘真好，汉族同志看了说还不错，只是感觉节奏缓慢了一些，有些拖，只是写文章[illegible]说当也拉得平淡了一些，动乱人群随着工运去去的场面缺乏人物的近景描写（近距人物）。汉族同志绝大部分对音乐有些意见，他们反映音乐虽然不错，但民族色彩不够，有的完全走了样，听了不亲切，另外的演练结婚场面有些细节处理的太枝（于完全违背生活[illegible]不当）

寄给维主席看影片后，他认为前提的确个意

字第　　号　　　　　　年　　月　　日

No.

自找到他，这个问题当然也不好处理，剪掉）接不上戏，补镜头我们又不能合法地印和接片中的技术问题，因此还一直保留下来，我想和他当面谈谈，如果仅是宗教习惯的问题，那就不动了，如果原则问题（违反宗教政策方面的）那就还得设法处理，不知你意见如何？

通过这次合作，我们学习了很多业务上和艺术处理上的知识，尤其在拍摄时间仓促，我们没有足够的经验，我想，许多意见，不在于我们主观上是否接受，还在群众的检验，反映给经过观众的鉴定，经过一个时期的评定，也许我们会从中吸取一些有益的教训。我想在这次在拍摄中我们似乎更多在艺术构思上做了若干贡献，但在政策思想上却重视不够，或者不够彻底，因此在对政策理解不深不透，而有损于我们的艺术构思。这主要表现在对上中农政策的理解模糊，体现了对它的一面，没有

字第　　号　　　　年　月　日

No.

贯彻争取、团结的一面，被过去了矛盾冲突（的方面贯彻）这方面的真实。对待这个问题虽然也有所警惕，但是坚持不够。因此像有些地你在构思分镜头工作中予以贯彻，抽拔时也提醒，但没有找更好的办法处理。因此只空洞的提醒。直到北京审查后才贴上了些广告，但是却在整个构思和处理上显得缺陷，不是有机的体现（这一点也在某种程度上损害了艺术的完整）——我认为这是来主要的原因（内因），由于对中农政策理解不深，我们在这一问题上的指示贯彻不够。（前些时在研究剧本时对这一问题就有所提示）在对待原文学剧本中提供的材料的取舍上不明确，因为长度问题把托尔斯泰的一段生动的描写删去）（托在河边的一段戏）我觉得这正是托尔斯泰的两面性，即对立的一面和需要争取的一面的正确而真实的描写，这是一个好形象，但我们为了未来迁就，表达我们的政策的素材，抛弃了这一段，是不是不对的？

在处理文学剧本分镜头工作时，我们有时离开了原文学本的材料，但已构思起来就改了，而某些地方对原文学本提供的情况

字第　　号　　　　年　　月　　日

No.

很熟悉，在分镜头中作一些必要的补充，可能更好的阐述原本中的意图，但如果对生活并不熟悉，在修改和补充中就常常把自己熟悉的生活感情和语言来代替或是臆造一些情节，这是我们在创作中很危险的作法。例如关於卫拉挥子阿衣木罕爱情的处理，阿衣木罕的某些语言常常变了样子（如说我相信我能决定我自己的命运这不是阿衣木罕的语言）

信笔写来，提了些很不成熟的对片子的意见，这个影片的成就很大，这主要归功於您的艰苦的劳动，但是，这些成就很容易，真正克服并改正缺点却有时很难，这主要的障碍还存在於我们头脑中的个人名大（这似乎说得严重了，但我又想不出更适合的话来说明）原谅我这样直率的说，我觉得您在思想上能更克制自己，但那位江南声同志却有时放纵，（他在剧组所有的工作人员中造成极坏的印象）我本人也有着很大思想，不过表现的是消极情绪，这些思想都可能对创作，对我们的合作均有损害。

（当然是缺点的次要的甚至在您还是微小的）

我今年可能不拍片，准备明年二、三月份上一个戏，您是我在电影上的第二个老师，希

字第　　号　　　　　　年　　月　　日

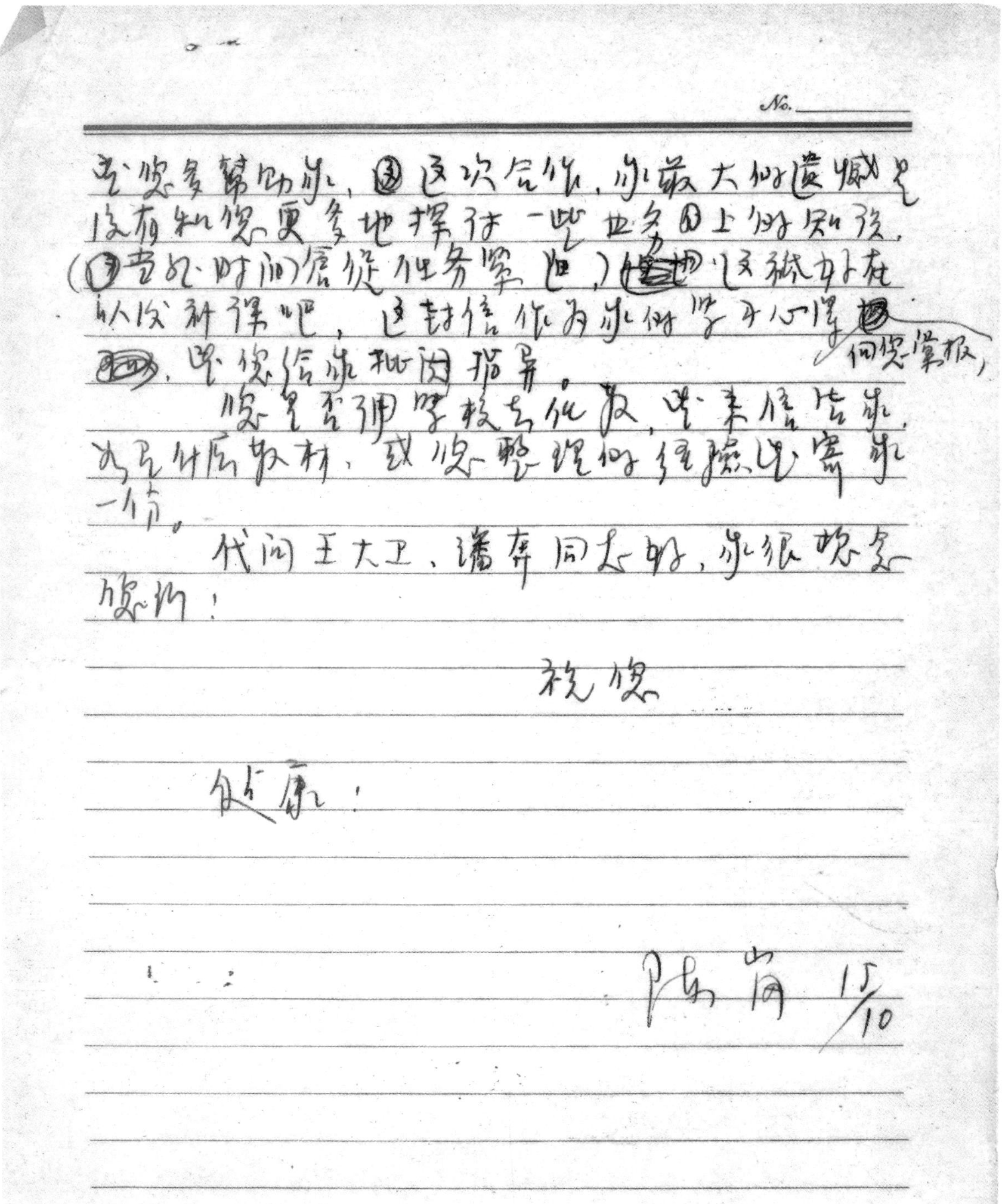

望您多帮助我，这次合作，我最大的遗憾是没有和您更多地探讨一些业务上的知识，（由于时间仓促任务紧迫）但这缺憾好在以后补偿吧，这封信作为我的学习心得向您汇报，望您给我批阅指导。

您是否到学校去任教，望来信告我为是什么教材，或您整理好经验也寄我一份。

代问王大卫、潘奔同志好，我很想念您们！

祝您

健康！

陈山 15/10

6. 漫谈《绿洲凯歌》（提纲讲稿）

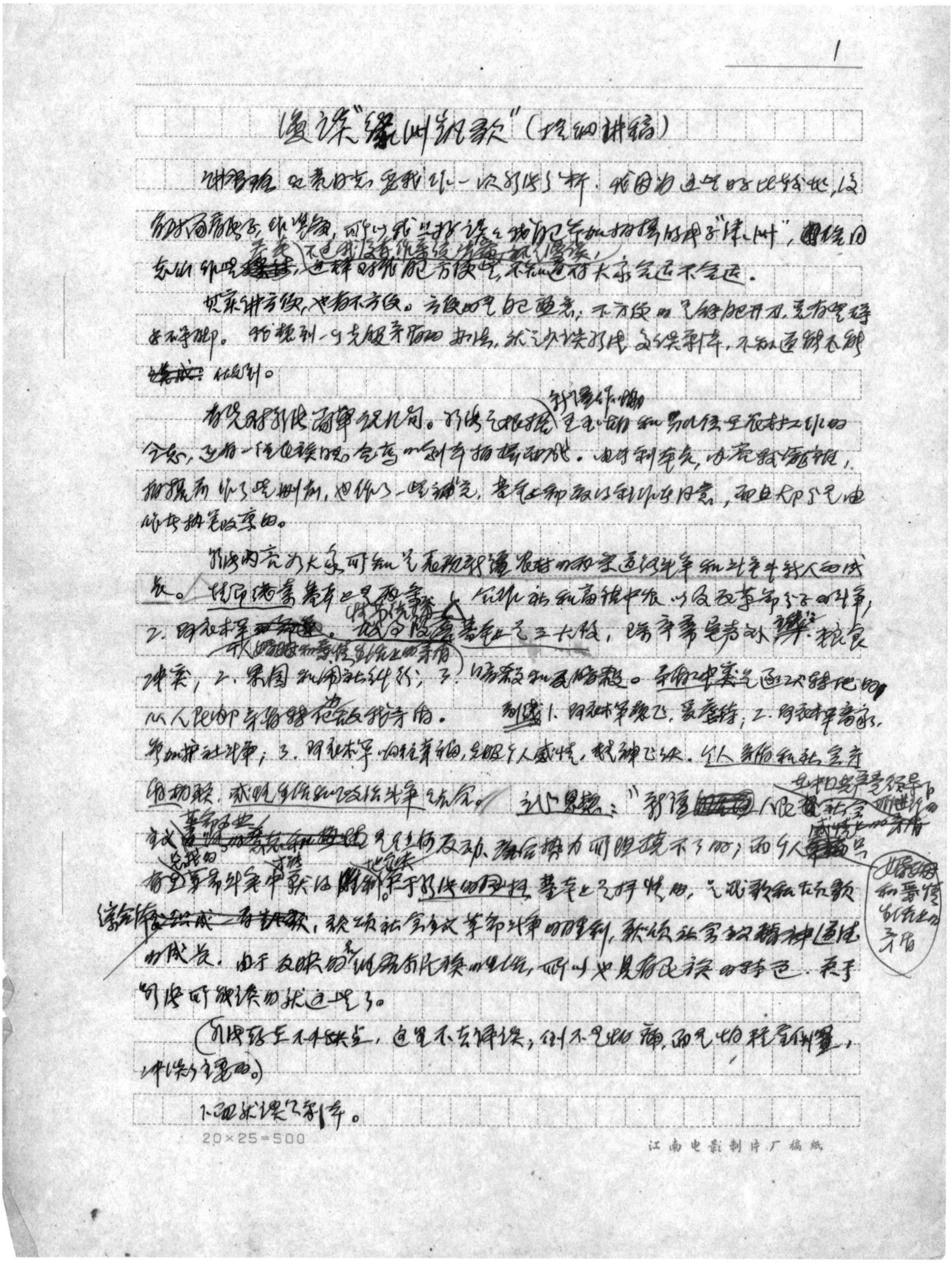
1

漫谈"绿洲凯歌"（提纲讲稿）

20×25=500

江南电影制片厂稿纸

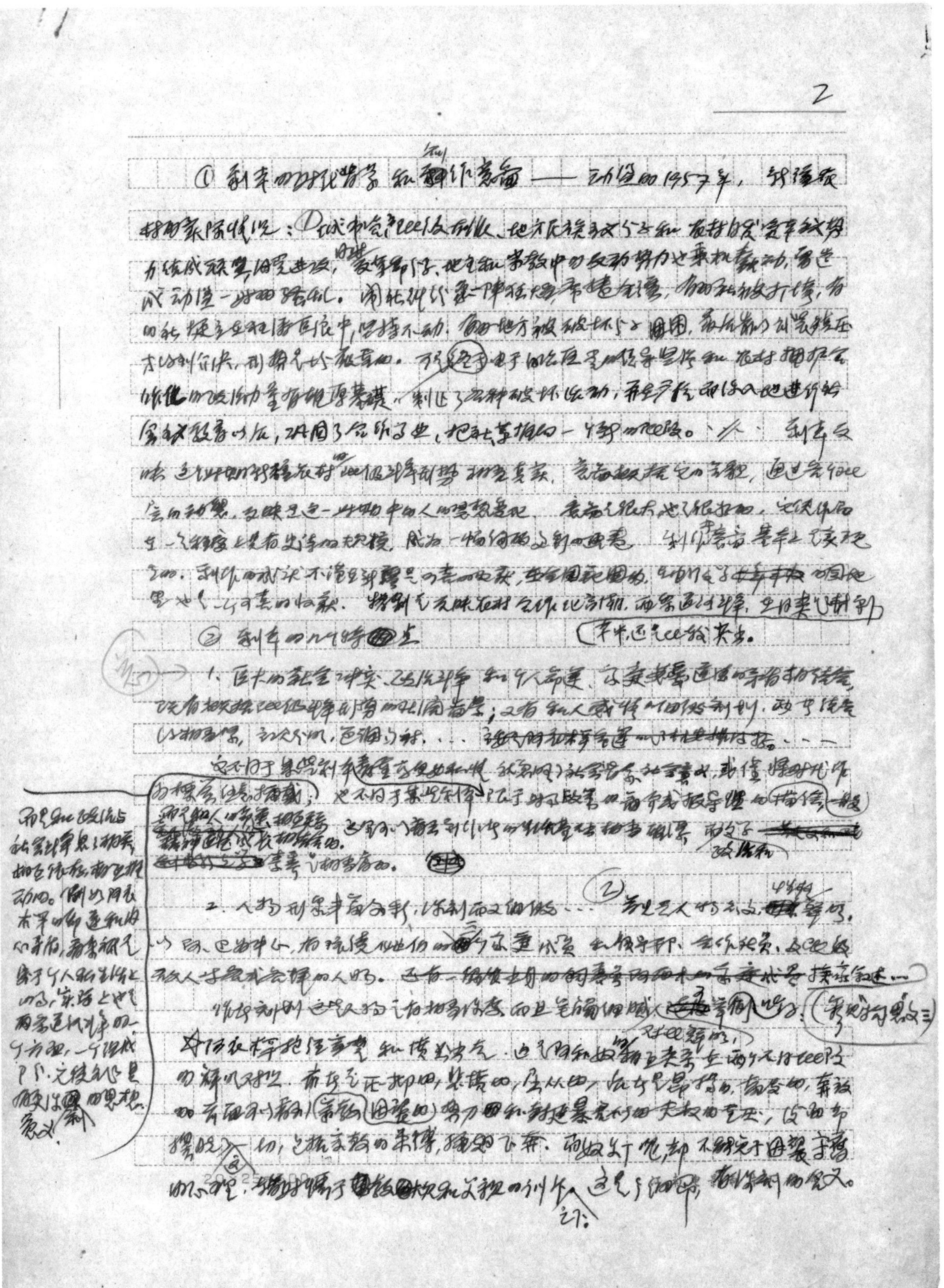
2

① 剧本的时代背景和创作意图——写作于1957年，针对农村的实际情况：①城市资产阶级右派、地方民族主义分子和农村的资本主义势力结成联盟，向党进攻，……地主和富农中的反动势力也乘机蠢动，…… [illegible]

3

[illegible handwritten manuscript page]

4

矛盾线索按三大阶段（见第页△）

④ 矛盾冲突交织复杂……主要矛盾的第一个回合从巴拉扎要出场开始，下[illegible]和剥削[illegible]是一个过程。第二回合从[illegible]，到失去家园，到闹事，[illegible]，[illegible]是一场严重的冲突，是一个大的高潮。第三回合从反革命分子阴谋暗杀，到反革命分子被捕，开群众大会，追捕一切反革命。矛盾冲突从人民内部发展为敌我之间，是越来越尖锐激烈。这是一个方面。

第一方面阿衣木罕和奴仁丁以及地主一家的冲突……（[illegible]）

由于家庭引出来的包办婚姻的冲突，[illegible]的矛盾……（[illegible]……）

[illegible]之间……　青和奴之间的矛盾……

[illegible]和地主、反革命分子之间的矛盾

还有[illegible]之间的矛盾，以及[illegible]等……是非常复杂的。

这些矛盾相互结合，相互影响，以及[illegible]人物性格，表示了生活的复杂性和[illegible]变化，是一般简单、单调、平淡、公式的剧本所不能[illegible]的。

⑤ 情节结构曲折动人。[illegible]……开场和结尾[illegible]……

[illegible]阿衣木罕[illegible]……情节[illegible]抓住人，再通过[illegible]的[illegible]，把二人的[illegible]以及阿衣木罕的[illegible]都[illegible]。[illegible]通过[illegible]（以上两场）[illegible]的[illegible]状况，为以下的情节铺开了线索。观众不由地跟着阿衣木罕走进她的家庭，走进人物的思想感情深处……并[illegible]人物的曲曲[illegible]人[illegible]的[illegible]。开场[illegible]。（[illegible]）

结尾[illegible]人[illegible]，[illegible]人物性格[illegible]，[illegible]以[illegible]信服。[illegible]，一[illegible]大团圆，一[illegible]有[illegible]。[illegible]和[illegible]出色……（下接①页情节结构[illegible]三大段……）

5

⑥

[illegible]

[illegible]都运用得很确切；而[illegible]

[illegible]

[illegible]

[illegible]人物性格鲜明，[illegible]这是使一部[illegible]

[illegible]

[illegible]还有缺点存在呢？[illegible]

1. [illegible]……[illegible]

2. [illegible]

4. [illegible]的地方……

[illegible]

[illegible]

△ [illegible]

△ [illegible]

[illegible]

[illegible]

[illegible]

6

像这样一个演员，也是一个作家，那就是完成了思想上的政治性挂帅的例子。这是从导演的角度谈。（主要对导演系同学，剧作系同学也可以听一听）

导演对剧本的处理是再创作。不要说剧本都写完了，作为导演就没有一点责任。这里面存在很大的出入。

由于新来的（误）解了政治挂帅的作用，所以产生这样那样的误解。一种意见完全离开政治斗争，脱离了个人命运；另一种意见完全离开个人命运，把政治斗争推到最前台。这两种意见我们都没有接受的。

因为这两种想法都是走了极端，有片面性。把政治和形象，政治斗争和个人命运截然不适当地对立起来了。好像只有这样，强调个人命运，就把政治斗争当成艺术的附庸而失去政治性的危险。而另一种对剧本掌握上来说，也是不切实际的。剧本是存在着政治和形象不够集中的缺陷，但是这两个方面不应相互排斥，而是应该从思想艺术上加以深化、集中、统一起来，力求相互渗透，共同完成这个思想的任务。这就是我们的主要任务。这个任务的最高原则是什么呢？就是：革命斗争永远是作品的主题，而政治挂帅是创作思想的核心。

如果离开革命斗争——我们国家这样伟大的政治斗争，去表现一个好看的人性、缠绵悱恻的爱情等，就不会有什么意思了，……那么就变成没有意义的东西，有害的东西，就是真正的"风花雪月"的错误了！

今天就谈到这里，关于别的问题以后有机会再谈。

20×25=500　　江南电影制片厂稿纸

7. 赵明同志的发言

赵　明同志的发言

多快好省是件复杂的事情。特别是从創作方面来談。只好根据自己拍的片子来談个人体会。着重从創作角度上来談。多快好省除了創作本身之外。在生产上也当然还有其重要的一方面。

一 首先介紹一下情况。然后談体会。我搞"綠洲凱歌"任务接的晚。而且是少数民族的题材。要与維吾尔族演員合作。由海燕厂与新疆电影厂合拍。領导上交待：任务一定要完成。这是民族政策的問题。建國十周年少数民族的生活必須反映。当时反映少数民族题材的影片只有一部。所以这是一个政治任务。当时决心很大。既要完成任务又要拍好影片。一定要又快又好地完成任务。这在思想上是比較明确的。后来在各級党的領导下。两个制片厂和維吾尔族参加工作同志共同努力下。在國庆节前終于赶出上映了。虽然有些領导同志認为这部影片在貫徹多快好省的方針比較好。但是如果作为代表来看。我們認为是非常不够的。不能那样提。

片子是3月底4月初开始准备。5月初去烟台拍摄外景。6月初正式开拍。9月初停机錄出片子。化的錢不算少。两厂合作。两套人馬。摄制組龐大。人多路远。工資路費大。原預算38万元。实际开支是33万多元。数字不算低。至于質量。具体标准也难定。比較难說。具体情况就是这样。只能說基本上按既定計划完成任务。能够按計划完成的任务。有以下几点：

㈠ 在摄制过程中貫徹局、厂領导的指示：

1. 坚持政治掛帅：政治掛帅首先是如何鼓足干劲。按指示完成任务。把拍好这部片子作为政治責任来看。

2. 貫徹集体領导：摄制組党支部起領导核心作用。各方面問题統一考虑。共同研究工作。商討具体措施。注意思想工作和小結。一定时期檢查工作。样片和生活。

其他如拍摄速度問题、胶片消耗問题、質量問题。团結合作問题等都在一定时期开会，研究作出决定。貫徹执行。也存在着一些缺点和問題。如批評开展得不够严格、及时；在工作方法上貫徹群众路綫不够。沒有完全按期完成任务等等。

— 1 —

3. 端正創作思想：在我接任务时，局、厂領导都作了談話，能針对我在創作上的傾向，提出指示。在棇制过程中也注意創作思想上的問題。

4. 継續大跃进。因为拍片的目的明确，精神一直貫串，后期特别明确，因此能用大跃进的精神去完成影片。

㈡ 編导紧密合作，在摄制前打好剧本基础。剧本是王玉胡與农村具体工作干部合作編写的。剧本反映1957年新疆动蕩时期，揭露了复杂、深刻的矛盾斗爭——内部矛盾和敌我矛盾。塑造了几个人物形象，特别是阿依木罕的塑造，是通过了人物的个人命运以及与巴拉提一家及托呼地一家的人物关系，性格刻划，表現了人的新旧思想斗爭，有其独創性。但是剧本原来意圖太大，方面太多，不得不舍棄一些难以处理的方面，如：地方民族主义，[redacted]党内斗爭，都有重大政治意义，在影片中不容易一一处理，搞的不好会带来副作用，請示領导后删去一些，避免接触面过寬，挖掘得深一些。这一点我們取得領导和剧作者同意，这么作了，压縮了长度，删剪了枝节，补充刻划了人物，統一創作意圖，边談，边改，边分鏡头，导演也分工合作，爭取时間，完成分鏡头剧本，然后統一。我認为这是能够多快好省完成任务的重要阶段，基础不打好，一省工，許多問題就来了，所以重要的一点是剧本基础要牢固。

这个时期的缺点，是沒有发动組內創作干部投入創作，沒有发揮群众积极性，造成以后后一阶段时期导演和摄影合作上的困难，但不久就解决了。

㈢ 慎密挑选了演員，演員选择上条件較好，仅一个汉族演員，其他都是維族演員。选的过程一再看他們演戏，而且不断給小品做，要求他們自己排，我們也帮他們排，然后挑选确定这也是很重要的一个环节。

㈣ 注意掌握主題思想和創作重点：这問題开始不明确，曾搖摆过一个时期，后来才弄明确了。

影片处理上的中心問題就是主題思想究竟如何集中統一？重点如何摆？

影片总的是写两条道路的斗爭，但有两方面：一是合作社和富裕中农、反革命分子的斗爭，一是个人婚姻与家庭的矛盾，重点如何摆？曾有两种意見：

—2—

⑴着重两条道路的正面斗争，巨大的社会冲突，减少个人私生活和爱情的描写。理由：这样处理政治性强。

⑵着重个人命运、恋爱与家庭矛盾的刻划，把社会冲突推到后景去。理由：观众爱看。

經过编导考虑，我們采取了这样的态度：两不互相排斥，不是强調这个，削弱那个，而是从思想艺术上把它深化、統一起来，力求相互渗透，共同完成主题思想的任务。

主题思想归納起来是这样：新疆自治区人民走社会主义道路的愿望和意志是任何反动落后势力所阻挠不了的，而个人幸福只有在革命斗爭中取得。前者是主綫，两者結合。

我們取得共同認識后，采取了以下的措施，在情节上补充了：

①阿依木罕参加了护社的斗爭。

②这个斗爭的前后，点出了她的思想覚悟。

③阿依木罕与巴拉提互相关切以及阿依木罕的幻想和感情矛盾的过程。另外着重街头对垒的一场，强調說理斗爭和群众的激忿，强調正义的威力，把这个场面作为影片的高潮。

两条道路的斗爭和个人命运的問題，本来两者是結合的，但如何使它結合得更紧？我們認为这問題的解决，使影片获得了较坚实的思想、艺术基础，缺点是結合得还不够紧，有些地方牵强附会，对中农的阶級政策体现不够，对广大群众的描写注意不够，还有片面性。

㈤对于爱情的处理基本上没有失去分寸，是不是还有个别不恰當之处呢？很可能，在这方面曾經碰到一些問題，阿依木罕与巴拉提的关系怎样发展？新的道德观念如何？巴拉提与索热罕的关系又如何？阿依木罕与奴尔丁、与巴拉提之間的感情如何区别，經过摸索掌握了分寸，阿依木罕和巴拉提很可能結合，索热罕有落后的地方，既然阿依木罕和巴拉提早就很好，各方面看来相當，后来是否可以結合等等，我們参考了苏联影片“共产党員”在感情綫索的处理，这里考虑到我們中国的道德观念問題，从广大群众角度考虑，开头覚得只要合理也可以让我們結合，后来分析了关系索热罕的落后，还是可以改变过来的，所以最后没有这样做，处理成阿依木罕原有幻想，后来覚得不可能，就去劝索热罕回家。

—3—

(六)关于影片样式、风格和手法的探索。几条原则：

①要有民族特点，但要避免猎奇。

②要有强烈的冲突，但要符合抒情的格调。

③要有新颖独特的处理，但要朴素、真实。

特点是什么？维吾尔族的特点：1热情豪迈，2能歌善舞，3宗教风习。

影片应该是热情洋溢，有浓厚乡村生活气息和宗教色彩，有鲜明的民间艺术特色，特别要展示前景和注意新的生活，新的人的成长，这也是民族特点的主要方面。决不能犯自然主义、展览主义，卖弄少数民族的情调，这是要掌握分寸的。

风格的基础是什么？剧本是一首颂歌、赞歌，田园诗的抒情成分很浓，所以一般采取比较轻柔的色调和节奏，造成一种基调，然后随着情节的展开，再涂上浓烈的色彩和强烈的蒙太奇动作，使赞歌的成分和抒情诗的成分统一起来。这里面有题材的剪裁比例和色调配搭问题，也有表表现手法问题。如：说理斗争以后的醉场，两大斗争中的葡萄架下，武打场面的处理等。其中武打场面的处理，是经过一些探索，很可能被处理成大开打，暗杀反暗杀，曾想处理为强烈的动作来形成影片的高潮，后来考虑到风格问题，武打与整个调子不协调，找到一把钥匙，一切斗争通过阿依木罕来表现，所以那场可能形成武打的场面退到后面去，着重表现阿依木罕当时的心情、想法、动作。

对群众大会的处理，想避免一般化和风格不统一的处理，又怕观众到此以为戏完了要走，所以采取概括的处理（包括音乐）。

缺点有些节奏拖沓，民族色彩不够强烈，新疆有些同志看了觉得有点走样，如服装色彩原来比较浓烈，我们处理的比较轻柔些。

第二方面谈几点体会

(一)多快好省问题照说不该成问题，应该可以很好的贯彻，但其中多、快、省较具体，时间、镜头、成本，而好是没有具体指标的，没有止境的，不具体，感到矛盾，而影片的质量是检验新片社会价值的主要标准，不好就是废品和次品，所以一定要力求是个成品，但好只有在多快省的前提下去争取。成本应该在预算的框子里面办事，时间上不能作无限的的要求，快必然多省。从创作上来说，除了要避免创作上的浪费，

—4—

更要避免返工。"株洲凯歌"样片完成后补戏较少，技术返工也很少，所以比较快。

㈡貫徹多快好省方法可以很多，最重要的还是在于剧本稳固，創作目的明确，有战略战术，在艺术构思和表現手法上要考虑好。我們常說要有計划性，但从創作角度上来說，首先要有目的性，如果目的不明，創作意图不具体，甚至錯誤，一切摄制計划也就要落空。同时更重要的是鼓足干劲，做政治动員工作，走群众路綫，动員一切力量，意志集中，力爭上游，跳一跳吃到果子。只要把剧本搞好，主題抓牢，創作設計好，合作关系搞好，再把摄制計划訂好，多快好省没有問題。但是这一切要有人来抓，不仅是制片、导演要抓，而是要支部来統一的抓。

㈢不能忘記革命斗爭永远是作品的灵魂。"人学"是艺术的特性。艺术处理永远要保持新鮮、質樸，这些就是作品的思想性、艺术性所在。不政治挂帅，不提高思想水平，不深入生活，不考究技巧是不行的，而没有这些，也就没有多快好省。

以上談了一些粗淺的認識，不透徹，不全面，希得到指正。

8. 在两条战线斗争中摸索前进——《绿洲凯歌》导演手记（部分）

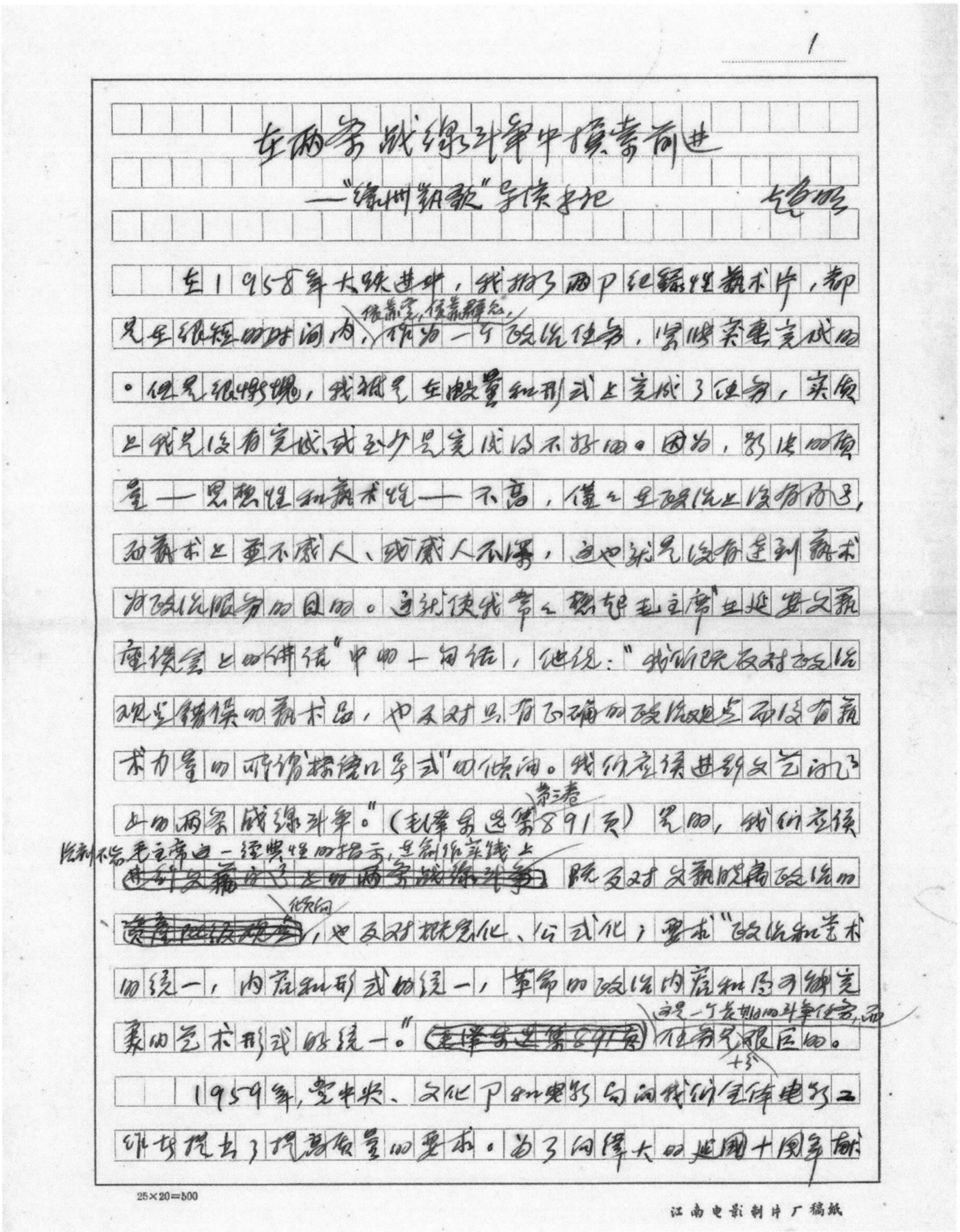

1

在两条战线斗争中摸索前进

—"绿洲凯歌"导演手记　李恩杰

在1958年大跃进中，我拍了两部纪录性艺术片，都是在很短的时间内，依靠党、依靠群众，作为一个政治任务，突击突击完成的。但是很惭愧，我们只是在数量和形式上完成了任务，实质上我是没有完成或至少是完成得不好的。因为，影片的质量——思想性和艺术性——不高，仅仅是政治上说明了问题，而艺术上并不感人、或感人不深，这也就是没有达到艺术为政治服务的目的。这就使我常常想起毛主席"在延安文艺座谈会上的讲话"中的一句话，他说："我们既反对政治观点错误的艺术品，也反对只有正确的政治观点而没有艺术力量的所谓标语口号式的倾向。我们应该进行文艺问题上的两条战线斗争。"（毛泽东选集第三卷891页）是的，我们应该认真体会毛主席这一经典性的指示，在创作实践上~~进行文艺方面上的两条战线斗争~~，既反对文艺脱离政治的~~倾向~~倾向，也反对概念化、公式化，要求"政治和艺术的统一，内容和形式的统一，革命的政治内容和尽可能完美的艺术形式的统一。"~~（毛泽东选集第891页）~~这是一个长期的斗争任务，而任务是艰巨的。

1959年，党中央、文化部和电影局向我们全体电影工作者提出了提高质量的要求。为了向伟大的建国十周年献

25×20=500

江南电影制片厂稿纸

电影《绿洲凯歌》放映后的评论

1. 彩色故事片《绿洲凯歌》（《上影画报》）

彩色故事片

綠洲凱歌

主要演員
阿衣夏木
斯拉基丁
买买提·依布拉普
托乎地·艾則孜

故事簡介

新疆維吾尔自治区有个“綠洲农业合作社”。社里的妇女生产队队長阿衣木罕，是个热爱社、热爱劳动、工作非常积极的人，她的公公托呼地，丈夫奴尔丁却私販糧食，非法图利，一心走資本主义道路。她不肯同流合污，坚决地要走社会主义大道，于是展开了兩条道路的斗爭。

阿衣木罕的嫂子麦来木罕故意借給社主任巴拉提妻子露热罕二升小麦，以掩盖奴尔丁販卖糧食罪行，又散布巴拉提与阿衣木罕有曖昧的謠言，以致引起了巴拉提的家庭冲突，露热罕憤而离家出走。

暗藏的反革命分子就利用托呼地这类中农自私自利的心理，煽动他們退社，奴尔丁还帶了一些落后群众，打伤阿衣木罕，搶夺仓庫糧食，并在反革命分子的挑唆下又企图謀杀巴拉提，制造更大的混乱局面，顚复人民政权。但反革命分子的阴謀均告失敗，一个个落網被逮捕。

阴霾扫除后，阿衣木罕与奴尔丁离婚的要求被批准，她也劝說露热罕回到了巴拉提的怀抱，为了社的大发展自己愉快地到訓練班去学习。

右圖：奴尔丁在暗藏的反革命分子的指使下，領着一些落后群众搶农业社的糧食，阿衣木罕奋不顧身地与奴尔丁搏斗起来。

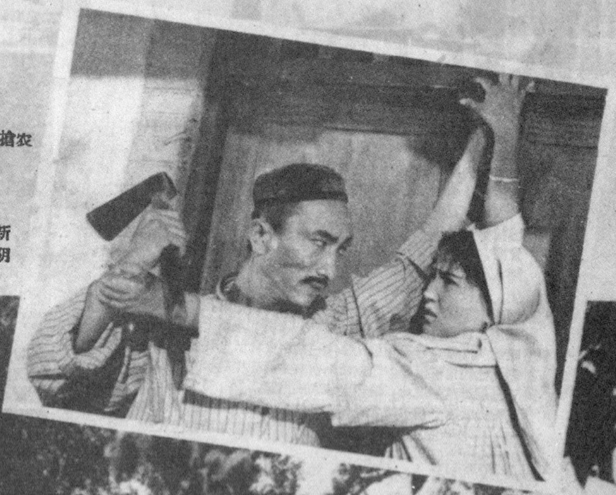

暗藏的反革命分子煽动群众退社，巴拉提从区上赶回来，用新旧生活变化的事实，教育了落后盲从的群众，粉碎了敌人阴謀。

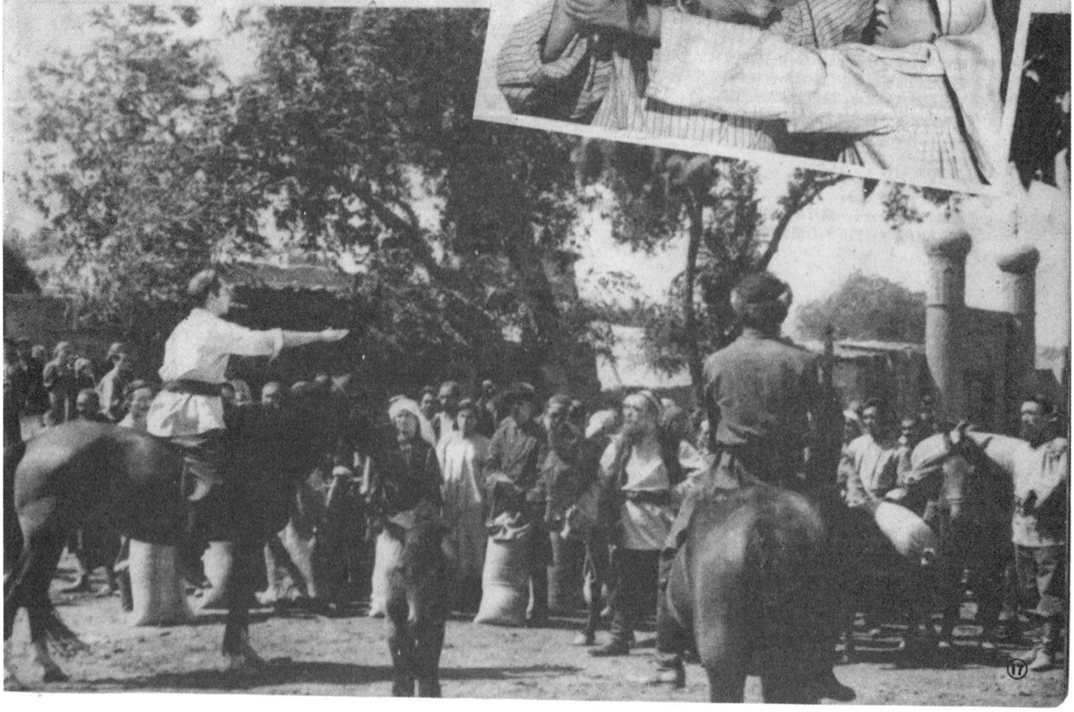

⑰

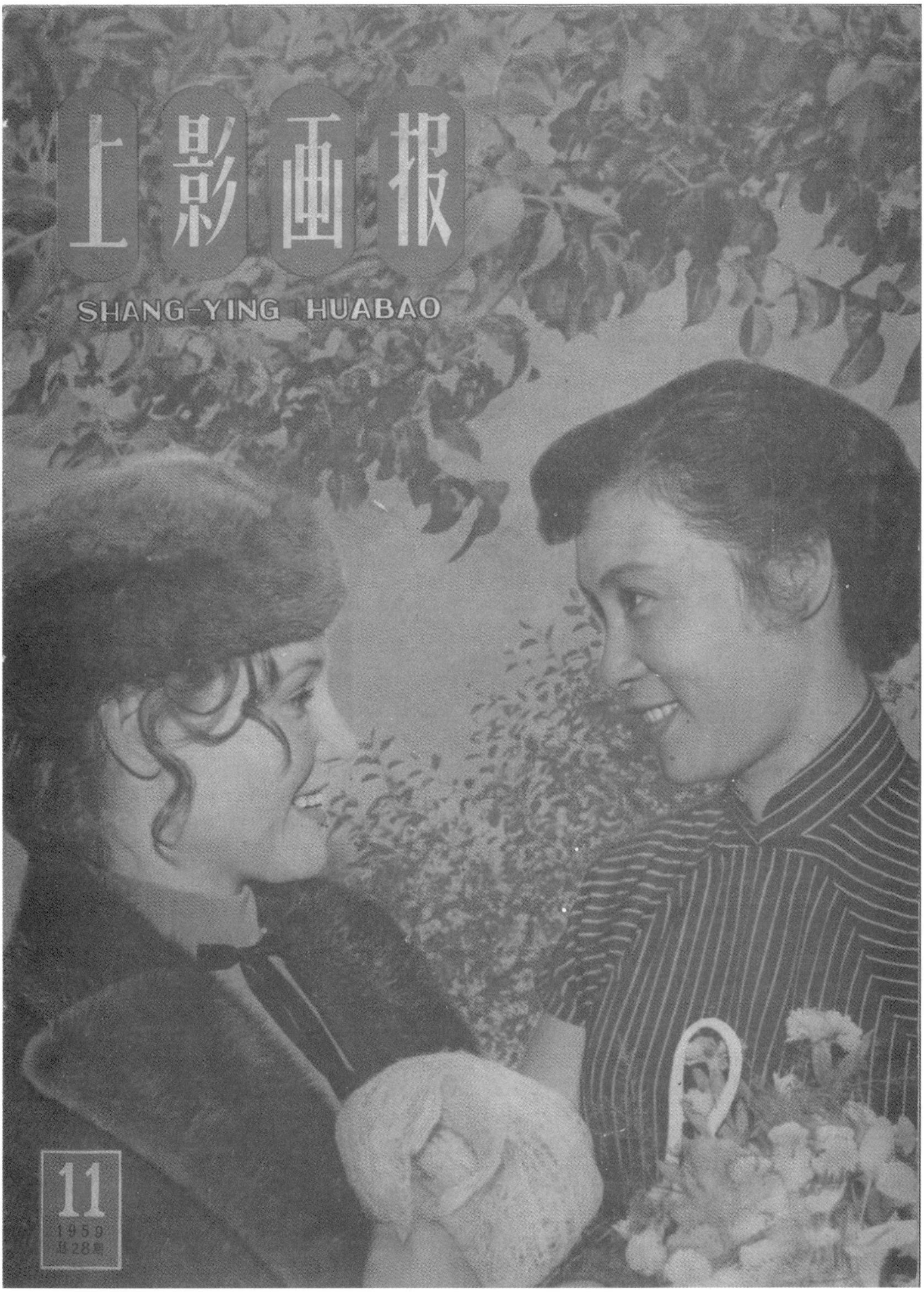
上影画报
SHANG-YING HUABAO
11
1959
总28期

2. 绿洲红旗高举——评《绿洲凯歌》（李超）

綠州紅旗高举

——評《綠洲凱歌》

李　超

天山峰巒白如棉，百条小溪雪水泉，
瑶池[illegible]浆泻千里，[illegible]灌新疆万倾田。
常年积雪复山巅，累月溶水流成川，
誰怕季季无甘雨，麦棉丰收瓜[illegible]甜。

看了《綠洲凱歌》，不禁使我想起今春新疆之行中种种深刻难忘的印象，那塞外江南的美景，隨即浮現在眼前：那金光耀眼的麦浪，那綠丛中的万点白花，那回蕩在天山銀盖的維吾尔族的嘹亮的歌声，都依然在激励着我，令人无比奋发。

在一派丰收景象的画面中，影片展現了天山脚下兄弟民族的新生活；描写了主人公們在党的领导下，在向社会主义前进的道路中怎样为捍卫农业合作化事业、怎样向残余的資本主义势力和封建礼教作了不屈不挠的斗爭。影片的成功，首先应归功于作者們抓住了我国社会主义建設中的主要矛盾之一：一九五七年农村中的資本主义自发势力和正在磅礴高涨的社会主义建設之間，所形成的一場激烈的两条道路的斗爭。并且，反映出在这一个矛盾尖銳的历史新阶段，維吾尔族人民的新的风土人情、性格、心理和特定的社会意識形态。影片成功地塑造了两个生动而具有典型意义的男女主人公，以及其它各形各色的带有时代特色的群众人物和反面形象。

从結构上看，我們对《綠洲凱歌》曾有过耽心，因为将爱情上的矛盾与两条道路的斗爭糾葛在一起了。我們看过有些作品，它們企图使戏剧性更加强烈，而把政治斗爭和爱情糾葛穿插在一起，但却往往使爱情和政治斗爭之間的主次摆錯，甚至孤立地去描写爱情生活，抽去了現实斗爭和世界观的斗爭对爱情生活的作用。于是，这样的作品，不是使政治斗爭被爱情情节所淹沒，就是使政治斗爭庸俗化，使观众只能見到所謂的“人情”、“人性”，而見不到眞正的阶級的思想感情。可喜的是，这部影片的爱情描写，以及对人物各个方面生活的描写中，都貫穿着阶級的爱憎感情。

影片的女主人公阿依木[illegible]，她是出身貧苦，嫁到富裕中农的一个青年妇女。由于还沒有摆脱封建礼教的束縛，这个善良的女性，她的丈夫虽然百般虐待她，但是她还是对他尽一般的妻子之道，但是，由于她个人的要求解放，看到了农业合作化的光明前景，因此，她生产积极，得到了党和群众的信任，叫她担任着妇女队长，这样一种情况，就更加使她和那个一心一意走資本主义道路的富裕中农的家庭，产生矛盾。作为对新生活的向往，她热爱合作社，但恰巧社主任又是她十几年前曾經眞誠相爱过的朋友，那一段美好的生活情景，和她目前这种不幸，又形成鮮明对照，使得那由于封建礼教的早已决定了的命运，重新又有了新生的希望。阿依木罕自然而然地将一切她認为美好的事物，重新燃起追求的欲望。象这样一个眞实而又复杂的性格，正是这个典型环境里的一个典型性格！

当阿依木罕在銀幕上一出现——从她父亲房中走出来，她那沉靜的面庞，忧郁的双眸，微鎖的眉头，立即贏得了观众对她的命运的关怀，使我們感到在她的方兴的生命中，还埋藏着什么苦痛？这个人物的出場，写得相当好。

但是，接下来阿依木罕与社主任巴拉提的相会，并沒有落入纏綿悱惻的笔法里去，而是立即将阿依木罕的命运交付給了当时的政治斗爭，将她的命运和捍卫农业合作事业的斗爭糾結在一起了。阿依木罕把她在家里所受的委屈，向巴提拉訴說，“巴拉提哥！还是把我这个队长换了吧！”巴拉提回答她說：“……就是受了点委屈，算得了什么？是啊！在群众面前是个好干部，在公婆面前也許不是个好媳妇，这就是你的难处”。从这段对話中，我們可以說，主人公的个人遭遇，和当前的斗爭是紧密相合的。并且，作者們也为我們鋪下了一条鮮明的綫索，預示給观众，将要在影片中解开一个什么結扣，而解开結扣必定是在主要矛盾斗爭之中。

阿依木罕的回忆，画面上出現的十几年前白樺下、小溪边的嬉游，正是她对新生活向往的一种征兆，而不是什么不健康的小資产阶級的情調的渲染。

奴尔丁（阿依木罕的丈夫）对阿依木罕的猜忌，枣热汗对丈夫巴拉提的誤会，把阿依木罕和巴拉提两位主人公推向了更复杂更难处的情境之中，喚起观众对主人公們的命运的进一步关心。然而，在这种感情上的糾葛中，作者們也仍是遵循着把沒納入主要斗爭中去，从主要斗爭的发展中来塑造人物形象，創造典型性格，来表达作者所要表現的主題思想。作者們把奴尔丁对阿依木罕的猜忌，和枣热汗对巴拉提的誤会，通过一个善于搬弄是非的長舌妇来完成，把这个矛盾糾葛貫注进以阶級斗爭的实質，并且，从奴尔丁暴打阿依木罕的动作上，反映了剝削阶級压迫人的阶級本質；从枣热汗暫时离开巴拉提回到娘家去的动作上，反映出一个在政治上还不开展的农村妇女的狹隘性格，并为她的轉变，接下伏笔。这都是反映了一定的斗争的內容。

奴尔丁逼使阿依木罕抱經起誓这場戏，最是激动人心。作者們在这个情节里，不仅深刻地揭示了奴尔丁对合作化事业最反动的思想本質的流露，揭示了阿依木罕的坚决投向合作化事业的赤誠之心，而且，通过这个情节，还展示了阿依木罕在和自己的传統观念与进步思想之間的复杂的矛盾心理状态，最后，她終于不願掩飾住自己对革命事业的坚定信念，摆脫掉奴尔丁所利用的传統宗教观念的束縛，表現了她对奴尔丁的反抗。这場戏写得恰到好处，她的反抗恰好只是針对奴尔丁而来，而对宗教，还是表現了应有的尊重。我們在后边还又看到奴尔丁暴打阿依木罕的情节，但这一次阿依木罕霍然从炕上站起来，象一座金鋼似的，渾身充滿了斗爭的勇气，这时，观众感到阿依木罕原来那种对封建伦礼的踞順，已然轉变为反抗了，她的性格又得到了进一步的发展。最后，奴尔丁最終走向反革命的道路时，通过他和伊敏牙行等三人扑經起誓的情节，最徹底地暴露了他利用宗教来进行反对合作化事业的丑恶面目和恶毒居心。前后这两次对經起誓，也是一个譏諷的对比手法，相当成功。

阿依木罕最終和反动家庭，奴尔丁的分裂，是表現在奴尔丁煽动坏分子搶粮鬧事这个尖銳的斗爭上，她为了保卫社会主义合作化事业，毅然决然地挺身而出，跟搶粮鬧事的坏分子进行了不屈不挠的斗爭，这时的阿依木罕，已然認識到保卫合作社比保卫自己的利益更为重要，因此，她不顧生死，表現了高度的社会主义觉悟。阿依木罕的成长，在这里得到了生动的描写。

但是，阿依木罕性格的发展，并未到此終結。跟下来，当她和奴尔丁离婚得到批准时，她那按捺不住的激动的心情，使她不自覺地奔向巴提拉的住所，下意識地怀着十几年前的幻想。但是当她見到枣热汗的女儿哭叫媽媽的时候，她馬上又意識到有人更比她有理由去爱巴拉提，于是她又毅然决然地牺牲了个人的打算，誠摯地帮助枣热汗回到了巴拉提的身边。在这里，我們看到了阿依木罕的崇高感情的升华，看到了她更伟大的爱情——我为人人。《綠洲凱歌》的作者們至此最臻完美地完成了对阿依木罕形象的塑造。

剧中的另一个主人公巴拉提，給我們最突出的印象是：他是站在了对走資本主义道路的斗爭的最前列，以合作化事业为己任，一心一意为党为人民作事的刚毅的人。尽管他也和普通人一样，有家庭生活，他有着爱撫自己的儿女的慈父般的心，也有着和妻子之間的感情上、思想上的矛盾和欢乐，但是，这一切都不可能分散他全身心地为合作化所付出的精力；阿依木罕对他的爱慕，也不可能动搖他的正确的革命人生观，而陷入纏綿悱惻的个人痛苦里去。他的爱，强烈地表現在对党的社会主义事业之上，表現在保卫和发展合作社的事业之上，因此，什么夫妻的鬧气，儿女的牵腸，爱情的吸引，都不可能影响他的革命意志。但这也并不等于說他完全沒有个人的苦脑，有，部分人对他和阿依木罕关系的誤会，妻子暫时的和他分离，資本主义势力的蠢动，粮食走私活动，和阶級异己分子所煽动的鬧社，也曾使他苦脑过，“唉，家知里、社里都鬧得一場糊涂！”他甚至于哭了，可是他道依靠党，他終于在区委書記那里重新获得了战斗的勇气，他更坚毅、勇敢的站了起来，显現了一个无产阶級战士的气魄，維吾尔族人民的好儿女，党的好干部的正面形象。

不可能在这里把影片所有的光輝形象都一一談到，象巴拉提的妻子枣热汗、阿依木罕的妹妹艾夏木罕、阿依木罕的爸爸阿西木等，都給人留下了良好的深刻的印象。

最后，提一点美中不足之处，那就是影片对敌对势力和落后势力的描写，似乎有些夸大了。比如：鬧社的一場戏，坏分子、反革命、富农、富裕中农間的落后分子来砸粮仓的群众場面，气势很汹，而当巴拉提赶到，带領群众和鬧社的人在村头对垒的时候，显得走資本主义道路的人，比坚持合作化的群众反而多些，这是不符合于实际情况的，一走資本主义道路的人是少数，公开鬧事的人更是少数，他們是“雷声大、雨点稀”。振臂一呼、蜂拥而起的应該是反对資本主义路錢的广大的有覺悟的群众，而不是那些人。虽然影片描写着，巴拉提举起紅旗号召：“走社会主义道路的跟我来！”但气势仍嫌不足，特别是在即将結束这場戏的时刻，那群众队伍浩浩蕩蕩走向社会主义道路的雄伟气势，应該充分地表現出来，应該大写而特写的啊！

虽然影片还存在这些不足，但与它的成就来講，也只是瑕疵。总的說来，这部影片是成功的，《綠洲凱歌》所表現的少数民族农村两条道路斗爭的主題，是很正确的，富有积极教育义意的，它所反映的生活的深度、斗爭的复杂性和尖銳性；以及所塑造的維吾尔族新人的成长都达到了較高的成績，听說这部影片是在很短的时間內拍成的，成本也低，有这样的質量是很可喜的。尤其难能可貴的是参加这部影片創作的維吾尔族演員們，都是第一次在水銀灯下、摄影机前表演，但是，在他們的努力下，創造在銀幕上的維吾尔族的新的人物形象，都閃爍着异彩，留給群众很深的印象。維吾尔族演員們参加电影工作，为繁荣我国社会主义电影事业，貢献了他們的力量，我們預祝他們在今后的工作中，取得更大的成就。

3. 看了《绿洲凯歌》以后（师陀）

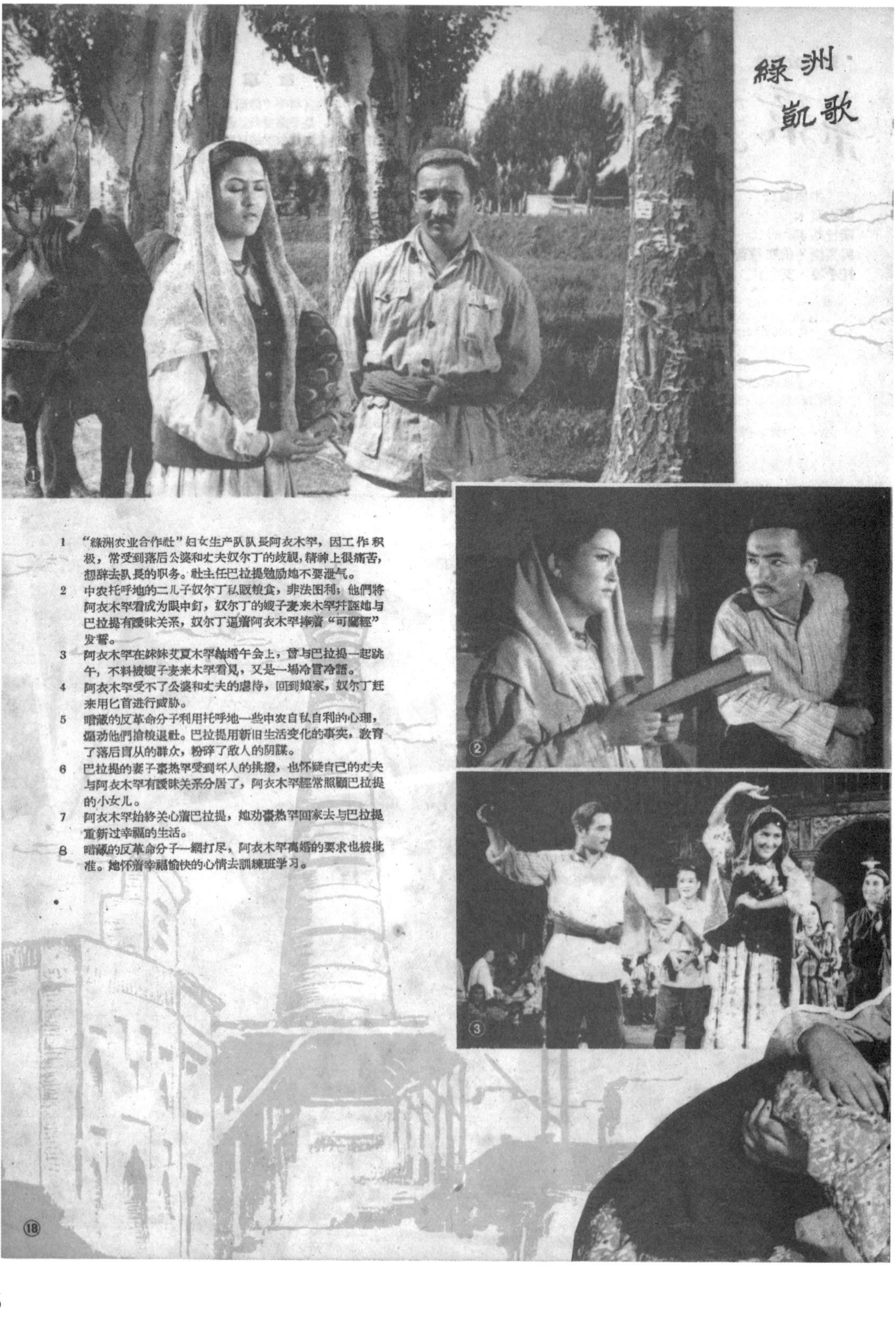

綠洲凱歌

1 “綠洲农业合作社”妇女生产队队長阿衣木罕，因工作积极，常受到落后公婆和丈夫奴尔丁的歧視，精神上很痛苦，想辞去队長的职务。社主任巴拉提勉励她不要泄气。

2 中农托呼地的二儿子奴尔丁私販粮食，非法图利；他們將阿衣木罕看成为眼中釘，奴尔丁的嫂子麦来木罕升誣她与巴拉提有暧昧关系，奴尔丁逼着阿衣木罕捧着“可蘭經”发誓。

3 阿衣木罕在妹妹艾夏木罕結婚午会上，曾与巴拉提一起跳午，不料被嫂子麦来木罕看見，又是一場冷言冷語。

4 阿衣木罕受不了公婆和丈夫的虐待，回到娘家，奴尔丁赶来用匕首进行威胁。

5 暗藏的反革命分子利用托呼地一些中农自私自利的心理，煽动他們搶粮退社。巴拉提用新旧生活变化的事实，教育了落后盲从的群众，粉碎了敌人的阴謀。

6 巴拉提的妻子囊热罕受到坏人的挑撥，也怀疑自已的丈夫与阿衣木罕有暧昧关系分居了，阿衣木罕經常照顧巴拉提的小女儿。

7 阿衣木罕始終关心着巴拉提，她劝囊热罕回家去与巴拉提重新过幸福的生活。

8 暗藏的反革命分子一網打尽，阿衣木罕离婚的要求也被批准。她怀着幸福愉快的心情去訓練班学习。

⑱

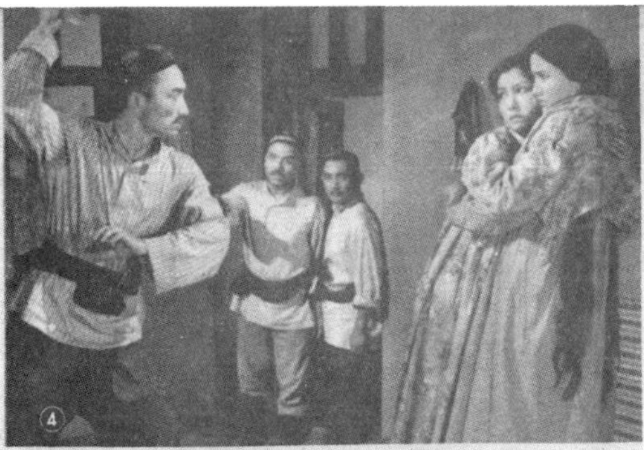
④

看了"綠洲凱歌"以後

师　陀

新疆是个极美的地方。在兩千年以前——甚至可能在我国用文字記載历史以前，它的事情就夾着生动的神話和傳說，在我国广泛流傳开来。

在这片有高山、大漠，可也有广大丰饒的平原的土地上，酷爱自由的兄弟維吾尔族、哈薩克族、蒙古族、吉尔吉玆族种植小麦、棉花、苹果园，放牧馬和羊。新疆曾經是我国早期由內地往西方和印度去的門戶，歌与舞都是丰富多彩的。

尽管这里有丰富的食物和艺术，可是几百年来，生活在这里的人民并不幸福，封建主勾結反动統治者压迫他們，奴役他們。

談起我們祖国的这个地方，我們也很容易联想到那些被帝国主义僱用的所謂"学者"偷窃去的珍宝，但是更令人难忘的是他們照的象，画的画。反动統治者和封建主曾給他們一切方便，这些学者—特务—賊—侵略的尖兵，于是就打扮成大少爷、大恩主，而在他們的笔下和鏡头前面的，則是我們兄弟們的馴順而又可憐的形象。

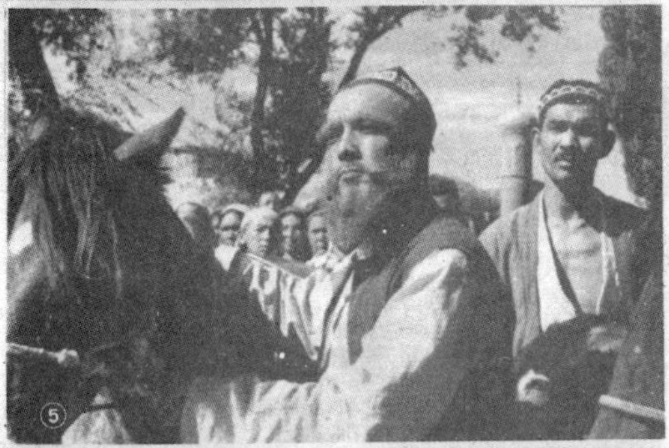
⑤

勤劳而勇敢，热爱自由和艺术的新疆各族兄弟决非可憐的人，他們几世紀以来，不断跟造成自己悲慘命运的反动統治者和封建主斗爭着，偉大的共产党和毛主席的光輝照彻了祖国的每一个角落，新疆的兄弟們終于取得了自由。

沒有人能够阻止他們跟祖国这个大家族一道走向光明燦爛的社会主义。象瘟疫似的帝国主义分子被撵出去了，象蝗虫似的封建主被打倒了。这片丰饒的土地开始名符其实地成为丰饒的，人民嚐到了自己亲手培植的果实。

民間的琴师們，請把琵琶和多不拉弹奏起来。歌唱开始了。袖子已經举起，長統靴踏着节拍，寬大的袍子旋轉着，耳環在閃动着，小小的花帽子在飞来飞去……

"白楊树有水才能生長，
共产党的好处永远不忘。"

狡猾而又殘暴成性的帝国主义和封建主并不甘心，他們对人民美好的生活和希望是憎恨的，并且使用了最卑鄙的手段破坏它。这是一場複什的斗爭。但是在共产党的領导下，在覚醒了的人民中間，决沒有他們活动的余地。

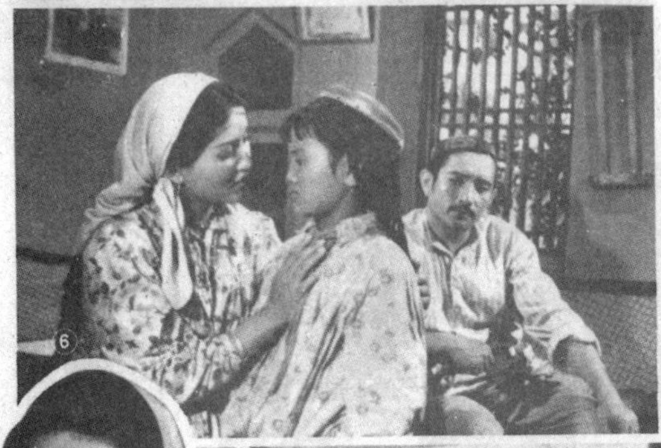
⑥

帝国主义和封建主的失敗就是人民的胜利。暗害者被逮捕了；被迫害的姑娘自由了；被破坏的家庭团园了。民間的琴师們，請把琵琶和多不拉彈奏起来，用歌唱来庆祝胜利和丰收吧！

"那不是天边的白云，　是我們亲手栽培的棉花；
那不是碧空的鴻雁，　是我們展翅高飞的姑娘。……"

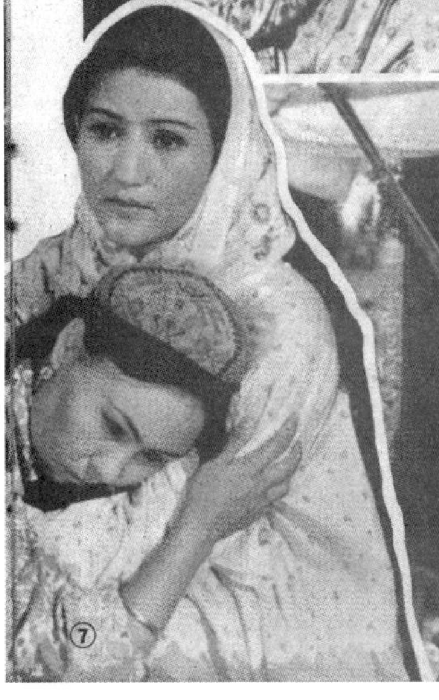
⑦

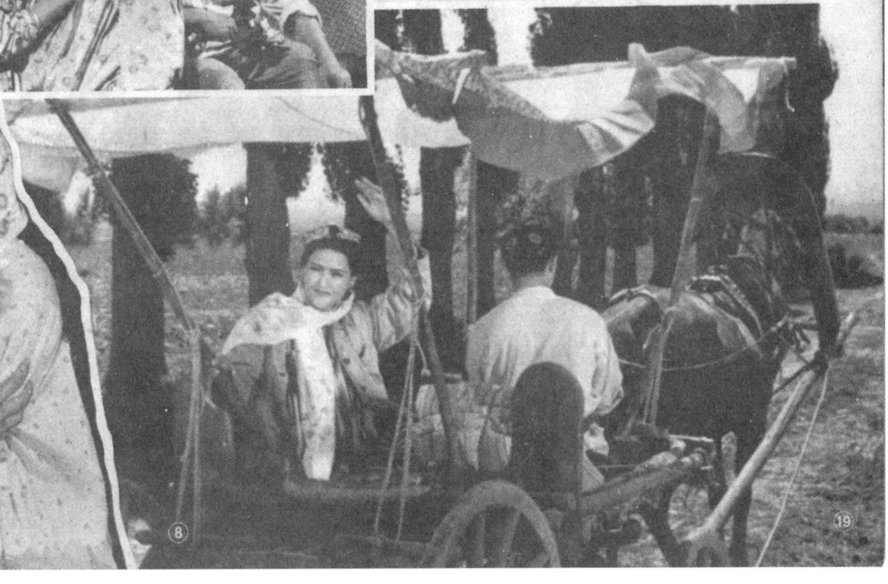
⑧

⑲

4. 新品质的成长（沈求）

新品質的成长

——谈《绿洲凯歌》一场戏

沈　求

看完影片《綠州凱歌以后，我特別贊賞女主人公阿衣木罕解决爱情生活問題的一場戏，这場戏有着巨大的激动人心的力量。

在两条道路尖銳的斗爭中，我們已看到阿衣木罕坚强地成长起来，她把自己的整个生命与合作社的集体利益无間地溶合在一起了。但是，在两条道路斗爭胜利結束时，剧情仍在发展推向高潮。这时，我們急切地关心着阿衣木罕怎样对待爱情生活問題，她能否与主任巴拉提得到美滿的結合呢？

在这場富有戏剧性冲突的戏里，我們看到阿衣木罕所經历的情感波涛眞是不十分輕松和簡单的。当阿衣木罕忽然听到法院批准离婚的消息，她只是情不自禁地对穆义提書記“啊”了一声，脸上頓然充滿了难言的激动和喜悅，立刻离开合作社的院子，沿着水渠小路輕盈地走去，微风吹拂着她的头巾，衬托着她那惊喜交集的笑脸。她兴奋得連走带跑穿过田园，跨过渠道，走过白楊参天的大道，鴉鵲成群地跳跃飞散，渠水中的鴨子欢乐地游嬉，阿衣木罕也象鳥儿輕捷地奔向村庄。影片透过这些景物的描写，烘托了人物內心掀起久久埋藏在心底的欢乐情緒。在这里演員恰如其分地掌握了分寸，通过含蓄的表演，使人感到高潮有如无声的潮水般陡然涌到。同时也讓我們很清楚地料想到，阿衣木罕一定去找与妻子鬧翻了的主任巴拉提去了。

阿衣木罕果眞到了巴拉提的家里，映入她的眼帘亦是一片凈乱的景象，她立刻把桌上的杂物打扫了一下，接着她坐在炕上抓起巴拉提的一頂帽子撫在胸前，仿佛在訴說着此时此刻难以形容的欢乐和幸福。巴拉提回来也对阿衣木罕：“我听說了，阿衣木罕恭喜您！”但巴拉提又唉声叹气地說：“沒有什么，我又到枣热罕那儿去了。”在这以前，影片已作了再三的交代，巴拉提的女儿古尔罕曾数次去叫过热枣罕回家，而巴拉提自己还亲自去叫过一次，結果都遭到她的拒絕。所以戏到这里，似乎可以說明巴拉提和阿衣木罕的結合已构成充分的条件了。如果作者这样处理，不仅容易流于一般化的“窠血”，而且会損害人物的性格、影片作者們以敏銳的观察力和巧妙的构思，大胆地揭示了人物的心灵深处，因此戏从这里又开始深化，向新的方向跃进了，給我們带到一个“柳暗花明又一村”的新境界去了。

正当巴拉提陷入沉思中，阿衣木罕忽然听到他的女儿古尔罕站在門口叫了一声：“我要媽媽”。这一声对有的人来說，仍可以把它解释为对自己有利的理由，而对阿衣木罕来說却是一服清醒剂，阿衣木罕象触电似的被震动了，她走到門口把双手輕輕地搭在古尔罕的肩上，双目溫柔地凝視着古尔罕的脸，然后果断地离开了巴拉提的家。在这里演員的表演是演重了人物的內心体驗，精細刻划了人物的心理活动，把人物之間思想感情的交流、变化和发展很清晰地展現出来，紧紧抓住了我們的注意力。

在这里影片中出現了这样一些鏡头和場景。阿衣木罕低着头徘徊在渠岸的路上，看得出来导演是善于运用間歇和停頓，讓演員从容不迫地表現細膩的复杂的情感变化。这时，我們只从演員体現到外形的动作中，就能理解到她的强烈的內心斗爭：既爱巴拉提，又枣热罕和古尔罕，在两者之間怎样取舍？难道忍心把个人的“幸福”建筑在別人的痛苦上面嗎？阿衣木罕作出决定是多么困难啊！

在阿衣木罕这段来往的路途中，沒有什么台詞，可是从有起伏，有节奏的动作中，却使我們越来越清楚地認識到她那飽滿丰富的性格了。

阿衣木罕鼓起最大的勇气，走到枣热罕的家里来，她用亲切的恳求語气对枣热罕說：“枣热罕姐，你知道我走进这間屋子多么困难啊！我爱他，爱你的巴拉提，可是我不願意拆散你們，我是为了你，为了你的古尔罕才到这儿来的，难道你願意失去这样一个好丈夫，难道你眞不想你的古尔罕嗎？回去吧，我求你！”这段話一点也不使我們觉得冗长，而是觉得阿衣木罕是經过深思熟虑、发自衷心的吐露，她的表情显得多么自然，她的胸襟显得多么开闊！当阿衣木罕和枣热罕两人紧紧地拥抱在一起，她們之間的隔閡很快地象在太阳下的冰塊消融了。这时，我們也感到释然于怀，为他們之間取得諒解而欢欣。

当然，从整个影片看来，这場戏决不是孤立而存在的，而是与阿衣木罕以前維护合作社作坚决斗爭，戏呼应起来，这样一方面說明阿衣木罕的思想，性格的成长，是有其眞实可信的基础；另方面讓人物更加丰滿，因为在个人利害的关鍵問題上，阿衣木罕的性格更加发展了，思想变得更崇高了。

5.《绿洲凯歌》电影评论摘录*

綠 洲 凱 歌

影片“綠洲凱歌”描繪了一个农业生产合作社的斗爭和成长。同时也清楚描繪了一个妇女的斗爭和成长。作者在描繪这两者之間的关系时，认为个人的斗爭必須結合集体的斗爭，个人的胜利必須依靠集体的胜利，这在主題思想上是非常鮮明正确的。但當故事开始的时候，甚至故事发展到矛盾非常尖銳的时候，在观众的头脑里，仍然一点沒有感覺到在两者之間有什么凑合或搭配起来的痕迹。这就可以看得出来，在这一場因为农业社而发生的思想斗爭中，在正面人物的这一方面，特别是影片的男主人公巴拉提和女主人公阿依木罕这两个人物，他們之所以会发生初恋，并不单单由于男女之間的肉体上的要求，其中就早已包含着阶級的感情，这就为后来他們赤胆忠心地保卫农业社而斗爭的行动，舖下了必然站立在一起的基础。也就为了这样，他們两人的关系，一方面固然有着为集体事业——农业合作社而斗爭的共同要求，而另一方面也就有着为打破婚姻不自由的共同的要求。因此在故事的发展中，巴拉提总是对阿依木罕的参加劳动和她的婚姻关系，予以深切的关心；而阿依木罕对巴拉提也总是这样，不但对巴拉提的农业社，也对他的家庭生活，关切備至。假使沒有这样一个基础，那么男女之間的友爱，必然要离开集体事业而孤立起来，而且会妨碍集体事业的发展。特别在袁热罕离开家庭，以至于阿依木罕得到离婚允許的时候，那时候，农业社的斗爭已經达到胜利，而男女双方結合的机会，也已逐漸成熟，要是就在这时，两人的阶級感情不够坚强，而男女之間的友爱，稍有一点偏向，那么，馬上就会离开集体而一发不可收入。然而就在这时，男女双方的阶級感情，因为历来的共同奋斗而更加发揚起来，进一步升华到更崇高的境地，阿依木罕为巴拉提去說服了袁热罕，而巴拉提也为提高阿依木罕而送她到县城去学习。也就因为这样，在男女爱情和集体利益之間，才能緊密地連在一起，而剧作的主題思想，也就鮮明地表現了出来，这是編剧者非常成功的地方。

从表現艺术来講，“綠洲凱歌”中的边疆风光——高挺的白楊，隐隐的雪山，肥沃的綠洲，都給我們一种新鮮的感覺。然而更加值得称道的是，絕大部分的演員都是維吾尔族的兄弟姊妹，他們的歌舞和演技，不但在我們众多的兄弟民族中，富有特色，和我們許多早在影坛上著名的演員相比，也毫无逊色之处。譬如两个男女主角的演員，

～19～

他們那种熟練的动作、流利的語言，固然不必說了，而他們对于人物身分、性格的掌握，更是做得恰到好处。而且也起得了互相映衬的作用。在巴拉提这个人物的身上，一方面是因为他已娶了妻子，不能够再和阿依木罕有爱情的糾葛，而在另一面，他的全付精力，已經放在集体事业——农业合作社的身上，不再想到儿女之爱的事情。但因为非常理解到阿依木罕所处的地位，和她从婚姻問題上所受到的苦难，因此也就非常同情她支持她。而阿依木罕却不然，她却因为本身遭到婚姻上的痛苦，也因为没有忘却前情，所以对于巴拉提总不免于藕断絲連，希望最后結合。然而也因为她是出身于一个贫农的家庭，她具有那种爱劳动爱集体的阶級优点，所以每當临到爱情与集体利益有所冲突的时候，她却总是抛开前者而取后者。这两位男女演員，对于这个分寸，总是掌握得非常正确。一方面是控制着自已的感情，不越超个人界限，而在另一方面，却又充分的显示出那种他們自已所蘊藏在心里的感情。关于这一点，在巴拉提从丰收田地里回到家中的那个場面里，表現得非常明白。當巴拉提看到家里那种凌乱、冰冷的景况时，他所想到的不是阿依木罕，而是自已的妻袁热罕。而阿依木罕呢？虽然有着追求巴拉提的心理，但这不是她唯一的目的，这里面还有关心巴拉提一家的感情在内。所以一到巴拉提的女儿哭着要母亲时，她便很自然的轉过弯来，毅然地走到袁热罕的住处去，把自已对于巴拉提的爱，对于古儿罕的爱，完全让还給袁热罕。在这里，編作者、导演者和演員者，依照一般資产阶級的观点，尽可以大做文章，表現出阿依木罕心里如何痛苦，如何斗争，然后如何克服自已，終于犧牲了自已的爱情，以这么热鬧的場面，来討好一般的观众。但我們的編作者、导演者、演出者，却坚定掌握了分寸，都没有这样做，这是一个很成功的地方。因为那样做，就会降低阿依木罕的身分，更不合她那出身的阶級感情，和她在婚姻問題上所追求的目的。

除此以外，如扮演阿依木罕的演員，扮演托乎塔的演員，也都演得不錯。即使演王拉音的演員，对地主鬼鬼祟祟的行动，也表現得絲絲入扣，特别在灯下观看反革命分子的书信时，那种初是惊愕継是疑信参半，最后彈出双目、从来信中取得联系的神情，更真实地表現出这个人物内心活动过程。

上述种种，自然不能完全归功于演員，和导演的努力是分不开的。

在这个影片中，自然还有一些可有可无的人物，如尼沙罕，这个人物的出現对于正个故事，簡直沒有一点必要性。而如肉孜和麦来木罕，固然在全片中起了作用，但似乎仍未尽量發揮他們應有的作用。（魏金枝：推荐"綠洲凱歌"，刊于1959年19期"大众电影"）

-20-

“綠洲凱歌”

这部影片的主要角色，包括一部分群众演員，都是由維吾尔族的演員担任的。尽管他們都是初上銀幕，却創造了相当好的成績。尤其是女主人公阿依木罕这个形象，創造得最出色。阿依木罕是一个思想进步的青年妇女，在农业社里担任妇女队长的职务。她的丈夫奴尔丁却是一个游手好閑、思想反动和仇視新社会的人，对妻子极不尊重。阿依木罕越来越感到无法和他生活在一起。她深深地爱着社长巴拉特，但巴拉特已有妻子。这样一个性格发展过程很复杂的角色，演員必須变化多端地表达出她的內心活动。扮演阿依木罕的阿依夏木第一次出場，一双忧怨的眼睛，微鎖的眉尖，使观众不难看出这是一个有某种痛苦的人。当她和旧日的情人巴拉特相遇的一剎那，演員也并沒有借着什么大动作，只見她那长长的黑睫毛垂了下来，头微微地低了下去，就把人物內心的激动完全表达出来了。下边一場戏，她和巴拉特走在堤上，我們又通过她的眼睛的变化，看見她怎样逐漸摆脫了抑郁的心情，长久压在心里的爱情复苏了，青春也跟着复苏了。她完全变成了另外一个人。在这两場紧紧衔接的戏里，演員的处理不仅有发展过程，而且是那么令人信服。

这个人物最动人的一場戏，是在她得到被批准离婚的消息之后。她怀着童稚般兴奋的心情去找巴拉特。但是当她意識到还有一个人比她更有权力佔有巴拉特的时候，她又怀着真摯的愿望去見已經同巴拉特分居的枣热罕，劝說枣热罕同巴拉特和好。这場戏，人物內心的冲突发展到了高潮，只是为了不能破坏别人的幸福，她才强使自己接受这个巨大的牺牲。演員以极有說服力的表演，展示了人物內心的高尚和美丽，从而达到了歌頌新人新社会的目的。

扮演巴拉特的演員基拉基丁，創造了一个共产党員的形象。演員紧紧地掌握住巴拉特勤勤悬悬为人民服务的崇高品質，在集体利益面前能够放下个人的痛苦，所以給观众的印象也是很深的。

叶　丹：（“綠洲”上可喜的收获——影片“綠洲凱歌”中維吾尔族演員表演出色）

上海市电影局

海燕電影製片廠

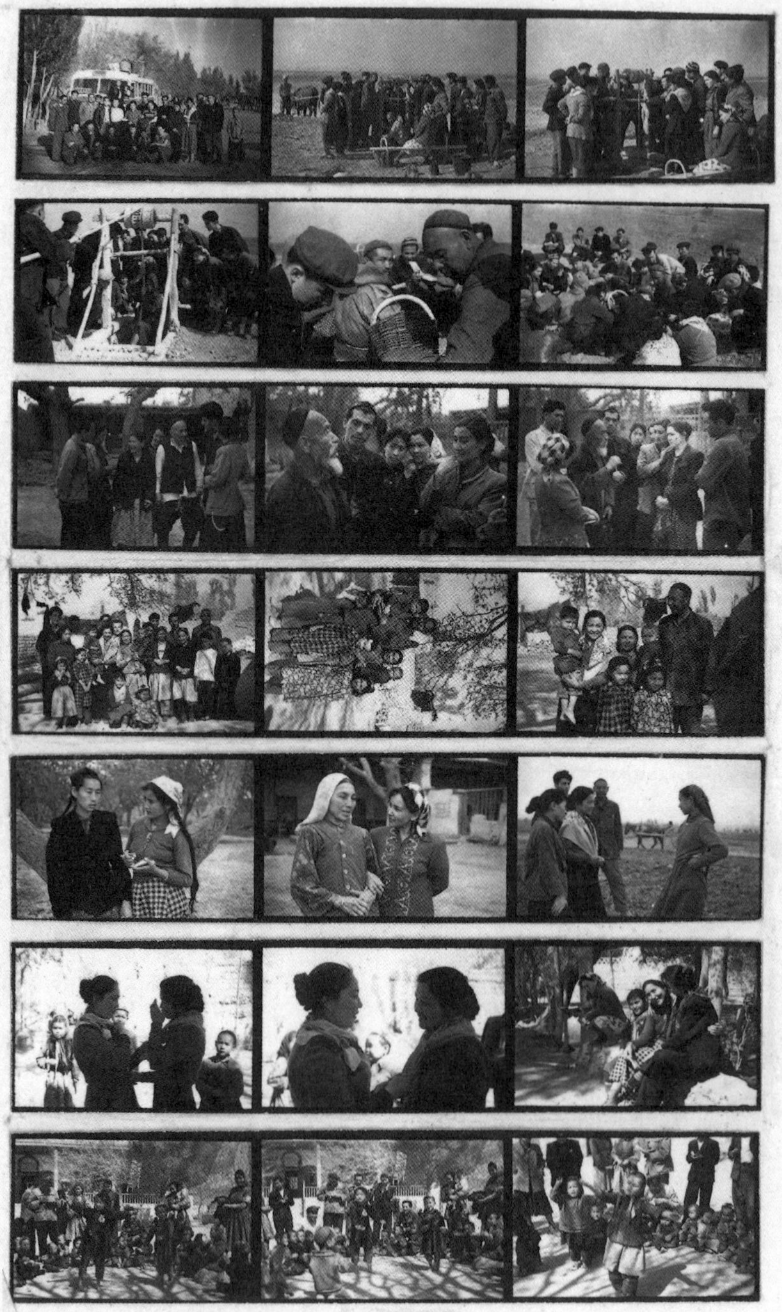

6. 谈《绿洲凯歌》的导演构思（赵明）

談《綠洲凱歌》的导演构思

赵　明

一、剧本的时代背景和創作意图

《綠洲凱歌》电影剧本是由《哈森与加米拉》和《沙漠里的战斗》的剧作者王玉胡及其他几位在农村工作的同志集体創作的，是反映新疆維吾尔族人民在1957年的农村进行两条道路斗爭的。新疆維吾尔自治区农村和我国所有农村的情况一样，也經历了同样复杂的斗爭道路。农民为了过幸福富裕的生活，必須坚持走社会主义道路，但农村中一部分富裕中农对合作化是不坚定的甚至是抗拒的，特别是当合作事业还沒有十分巩固或还存在若干暂时的、局部的缺点的时候，他們不相信合作社的前途，坚持走資本主义道路。这就和以广大貧农及下中农为主体的农民的利益发生矛盾。这种矛盾若为地、富、反、坏残余分子所乘，就把性質上属于人民內部但也是两个阶級的矛盾复杂化，轉化为敌我矛盾。这种情况，当资产阶級右派和地方民族主义分子向党进攻愈加严重，一心向往走資本主义道路的富裕中农往往就变成了攻击合作社的急先鋒，和以地、富、反、坏为首的农村中的一小撮反动勢力（包括宗教界的反革命势力在內）汇成一股反社会主义的逆流，形成动蕩一时的騷乱。可是，由于自治区党的領导坚强和广大农民的觉悟，农村拥护合作化的政治力量有雄厚的基础，各种破坏活动終于被制止，合作社巩固地发展了，反革命分子的阴謀暴露了，广大农民，包括富裕中农在内，都获得了一次极其深刻的社会主义教育。

《綠洲凱歌》反映了这个时期新疆农村生活的一个側面，它是符合新疆的实际斗爭情况的。这种情况在目前新疆和全国范围內都已成过去，但通过这段斗爭所揭示出来的阶級斗爭的眞理——阶級斗爭并不因經济基础的变化而失去它存在的意义；相反的，由于經济基础的变化，这种斗爭是变得更深刻、更复杂了。它不但影响人們的經济生活，也影响人們的思想感情、道德品質、人与人之間的关系等等。《綠洲凱歌》的剧作比較成功，也正是表現在这些方面。

剧本刻划正面人物妇女生产队长阿衣木罕和合作社主任、共产党員巴拉提，反面人物富裕中农托乎地和他的儿子奴尔丁，以及他們周围的人物群象，有一定的深度。尤其是阿衣木罕和巴拉提的形象，通过他們一系列的家庭、恋爱和社会冲突，揭示了农村的阶級矛盾和共产主义精神道德的胜利，以及新人的成长，剧作者的意图和手法是深广而細致的。

文学剧本初稿中，作者曾意图概括当时席卷新疆农村的政治和社会斗爭的全貌，将城市資产阶級右派和地方民族主义分子的阴謀活动，通过少数上层分子[redacted]，这个意图是很好的，但是由于一部影片的长度有限，加之这些問題不容易在一部影片里表現清楚，所以在剧本定稿中被删削了。这在表面看来似乎影响了主题的深度和广度，但在实际上能够騰出篇幅，着重刻划主要人物和中心事件，这对影片处理还是有益的。

二、主题思想和导演創作构思

导演創作构思的一个主要問題就是主题重点何在？

根据剧本的思想脉絡，显然是着重农村两条道路的斗爭；但是具体情节和矛盾冲突的安排却有两个主要方面：一个是合作社和富裕中农以及暗藏反革命分子的斗爭；一个是个人恋爱与家庭的冲突。按說，后者应当从属于前者。但是由于剧本刻划阿衣木罕的个人命运，她和巴拉提的感情关系，和奴尔丁的夫妇关系，以及一半由于他們的关系而产生的巴拉提的家庭冲突等等自成一条情节綫索，启承轉合，貫串全篇；有的与农村两条道路斗爭有关，有的若即若离，关系不大，因而产生主题重点何在的問題。

对这个問題曾有两种想法：一种是着重两条道路斗爭，正面刻划巨大的社会冲突，适当减少个人私生活和爱情的描写；一种是着重个人命运、恋爱与家庭矛盾的刻划，把社会冲突推到后景去，以較多篇幅突出人物的內心世界。

这两种想法显然是各走极端，都有片面性的毛病，把主题和形象的关系放在不适当的对立地位了。特别是后者强調个人命运，忽視阶級斗爭，有把艺术引向脫离政治的危险。而且就剧本基础来說，这也是不切实际的。剧本是存在着主题不够集中的缺陷，但是主题的两个方面不应該互相排斥，而是应該从思想、艺术上把它加以深化、集中、統一起来，力求相互渗透，共同完成主題思想的任务。

为此，我們取得剧作者同意，在情节上作了两点补充：一、阿衣木罕参加护社的斗爭，在奴尔丁煽动群众鬧社搶粮的时候，她保护粮仓，正面和奴尔丁交鋒，以致流血負伤，并在护社群众和鬧社群众街头对垒的时候，参加庄严的說理斗爭的場面；二、在这一場斗爭的前后，点出她的思想觉悟过程，从怀疑自己的命运到决定自己的命运。从这两者表明个人命运和社会命运不可分离的关系，也使主題集中、統一地渗透在情节里面。

基于以上的創作构思，我們規定主題为：新疆自治区人民走社会主义道路的意志和热情是任何反动、落后势力所阻挠不了的，而个人幸福只有在革命斗爭中获得。这样，两条道路斗爭和恋爱、家庭的矛盾这两方面的貫串动作不仅主次分明、相互結合地得到統一，而且可以在思想意义上把恋爱、家庭的矛盾提到两条道路斗爭的高度，从而使阿衣木罕最后的感情矛盾和自我斗爭也賦予同样的思想意义。这在文学剧本上是提供了一定的思想基础，在导演創作构思上开始是不十分明确的。

由于明确了主題思想，創作重点也就相应地得到明确。除了肯定合作社和富裕中农进行的两条道路斗爭是中心綫索以外，护社群众和鬧社群众双方对垒的一場更是这一斗爭的頂点。所以在导演处理上特别强調飼养員阿西木（阿衣木罕的父亲）和护社群众的激憤与气势，强調說理斗爭和以巴拉提为代表的党的政治思想的威力，使鬧社群众傾于眞理，不禁自觉地跟随合作社的紅旗迈向光明大路；而領头鬧社的少数富裕中农中的頑固分子則精神頹丧，处于风卷残叶的雕零境地！这是一个高潮，一个重点。是要运用一切强有力的表現手段来加以突出描繪的。这以后，斗爭的性質就从人民内部矛盾轉化为敌我矛盾，一直导致反革命分子暗杀巴拉提的阴謀敗露，形成一个次高潮为止。另外，阿衣木罕与巴拉提的恋爱和与奴尔丁的家庭矛盾，既是一条有机的情节綫索，自然也有它的高潮和重点。这除了阿衣木罕“受辱”、“出走”、“护社”等几場戏是重点之外，最后听到批准离婚的消息，奔赴巴拉提家，以至黯然离去，犹疑彷徨，終于克服内心矛盾，劝說查热罕（巴拉提的妻子）回家的一大場戏，更是人物高潮所在。这里，导演处理上采取了一系列抒情手法来渲染人物的心情和美好的品質，这是十分必要的。

主題明确，重点才能突出。抓住重点，多用些气力，影片才能发放出思想艺术的光輝。当然，所謂重点只是整个情节炼条的一个中心环节，它和整体，尤其是人物的貫串动作是不可分割的。

三、人物形象和人物关系

剧本提供的人物形象是相当复杂和丰富多彩的，除了阿衣木罕和巴拉提两个正面中心人物以外，有环繞他們的两个家庭的成員和領导干部、合作社社員以及阶級敌人等各式各样的人物形象。托乎地是反面中心人物，环繞他的有他的一家和少数富裕中农及个別反革命分子等。他的一家有傾向反动的小儿子奴尔丁，有傾向中立的大儿子肉孜，有搖摆不定的大媳妇麦来木罕和婆婆尼牙孜罕，也有堅决拥护合作社的阿衣木罕。随着斗爭形势的发展，他的一家都起了分化——阶級关系的变化、形象是够复杂多样的。巴拉提的家庭应該說是比較单純的，但由于富裕中农搗鬼，麦来木罕挑拨离間，造成巴拉提和妻子查热罕之間的紧张关系，加上阿衣木罕和巴拉提之間的感情关系，所以人物形象和关系就更复杂化了。还有一个家庭，就是雇农出身的老飼养員阿西木和他的小女儿艾夏木罕、女婿烏守尔，他們也都卷入了这一复杂的矛盾冲突之中。正因为矛盾冲突复杂，所以人物性格便得到多方面的表現和充分的发展。导演創作处理就是要抓住这些矛盾中的人物关系及其发展，使他們的个性色彩鮮明突出，从而使主題思想得到生动而深刻的体現。

这里碰到的問題是阿衣木罕和巴拉提的关系問題。这个問題虽不涉及两条道路斗爭的核心，也可以說和阶級矛盾关系不大，但在意識形态上和人物思想品質的发展成长上却有决定性的意义。

阿衣木罕是深爱巴拉提的，她的爱不仅在于过去和巴拉提曾有过一段两小无猜的历史，也不仅在于家庭生活的不幸和从巴拉提那里可以得到温暖与慰借，而是把个人命运和集体命运、巴拉提的命运联系在一起，爱合作社、爱人、爱光明幸福生活的一种集中表現。这种爱是純洁无瑕，是出于阶級友爱的感情基础，是不含有絲毫剝削阶級的思想意識在内的。巴拉提呢，始終是一个敦厚而亲切的兄长一般的領导者，他关心阿衣木罕，当他的妻子和他决裂分居，在劳动之余感到家庭有些寂寞的时候，从阿衣木罕身上他也感到一些温暖；但是在感情生活上他有一定的界限。他們俩始終保持着的亲密的友誼关系，是无可厚非的。尤其是阿衣木罕最后成全查热罕和巴拉提的家庭幸福而离乡学习，更突出了人物的崇高品質，也使人物关系更趋于健康、完美。这一道德精神的胜利，正是振奋人心的两条道路斗爭、阶級斗爭胜利的凱歌的一部分，是相得而益彰的。

但是在影片創作过程中也有不同的想法，那就是想把阿衣木罕和巴拉提的关系处理成为大团圓的結局。因为阿衣木罕和巴拉提旣是理想的一对，他們通过斗爭已建立了革命友誼的基础，加上查热罕是那么一个冷酷无情的人，巴拉提撇开她和阿衣木罕結合，似乎也很合情理。

經过考虑，我們沒有采取这种处理。因为这样处理，在思想意义上远不及原剧本更符合我們确定的主題；在人物性格和人物关系上，也是不尽符合的。如前所述，阿衣木罕和巴拉提的感情是有区别的，阿衣木罕对巴拉提是一往情深，巴拉提对阿衣木罕却有一定的限度，他不能不考虑自己的身份和群众影响，这是巴拉提所应該具备的品質。至于查热罕和巴拉提的关系也应該辯証地来看，他們相互之間并沒有不可克服的矛盾，富裕中农的资本主义活动（麦来木罕"借"粮）是形成他們冲突的重要因素，他們夫妇之間还有爱女古尔罕的联系，当富裕中农的詭計被揭穿，誤会被消除的时候，他們仍不难重归于好。至于查热罕的性格是比較狭隘的，但她并不是一个眞正冷酷无情的人，只是有些屈强劲罢了。

根据以上的理解，我們建議剧作者增加一場巴拉提劝說查热罕回家的戏，有些細节就是为了导致他們夫妇二人日后的和解而安排的。現在影片的結局，我們認为是比較圆滿的。

四、影片的样式风格和表現手法

《綠洲凱歌》是一部反映新疆維吾尔民族生活的影片，它的內容丰富，既有动蕩一时的阶級斗爭的图景，又有恋爱与家庭道德問題的描繪。既是一首战歌，又是一首頌歌，带着浓厚的抒情成份。因此影片的样式风格首先要有民族的特点，其次要有强烈而諧和的色彩，在抒情的基調上把"战歌"和"頌歌"統一起来。再就是表現手法要有新穎独特的处理，使剧作提供的情景能得到新鮮而朴实的体現。

因此影片必須是热情洋溢，有浓厚的民族生活气息和时代气息，有鮮明的民族的特色和民間艺术的色彩。但是，这里要防止一个偏向，就是一味追求猎奇，走上自然主义和展覽主义的道路。

关于基調的形式，在很大程度上取决于影片內部的題材比例。例如激烈的斗爭場面和柔和的抒情場面必須有适当的配搭。抒情既是主調，那么这个主調就要貫穿全片，首尾相应，而且在人物性格发展的重要时机給予充分的发揮。这需要有一个节奏总譜。

按照情节順序，阿衣木罕和巴拉提在渠岸談心，阿衣木罕抱經宣誓，到巴拉提家送粮，午会鬼园訴苦，葡萄架下寄情，以及最后到巴拉提家报喜，渠岸徬徨、苦劝查热罕回家等几場戏都是重要的组成部分，构成一个諧和的整体。影片头尾两支歌和中間麦收以后巴拉提随口哼唱的一支小調，伴随着展示农村景色和人物心情的画面，也成为抒情风格的有机組成部分。在反面人物鬧社风波平息以后，画面是寂寞的黄昏，声音是蒼凉的古調，这可以暗示走资本主义道路的人們的沒落。

后面反革命分子暗杀巴拉提，阿衣木罕聞风报信，眺望戈壁滩，追捕凶手的一大場戏，是严格地按照影片基調安排設計的。这种戏按一般习惯，很可能把它处理成为一場武打。因为这是敌我双方你死我活的斗爭，又是在影片快要結束的部分，为了取得剧場效果，很可以打他一个落花流水，尤其是在夜晚的戈壁滩上，这正是一个杀敌的好战場。但是我們考虑到影片的风格和表現技巧的独創性，沒有采取这一般化的处理，而找到了一把鑰匙，那就是从阿衣木罕对巴拉提的关心出发，从阿衣木罕的感情角度，来打开这一場激烈斗爭的門路。

这一大場戏全部只用了二十二个鏡头，鏡头絕大部分都是远景和全景，近景特写只占极少数，多用在阿衣木罕身上。这是意图将反特斗爭只作粗略的正面勾划，大部分讓它退到后景去，用側面的手法来加以渲染。这样虽不及正面描写强烈，但人物情緒飽滿，生活氛围浓厚，一样可以收到激动人心的效果；尤其是和全片风格协調，在艺术形式上可以更趋于完整。

在声音处理上，这一整場戏全部不用声乐，而用眞实的自然音。目的也是为了追求风格的清新，可以不落陈套，在全片的音响結构上，这也是比較适宜的。

至于全片的蒙太奇結构和摄影上的色彩处理，基本上采取較輕柔委婉的节拍和淡雅的色調，造成一种抒情的基調。随着情节的展开和矛盾的尖銳化，再变换强烈的蒙太奇和浓烈的色彩，使抒情詩的成份和战斗的气氛結合。一般多采用移动摄影，适应連續的、流暢的蒙太奇結构，必要时才采取短促、快速、对列的蒙太奇，突出重点；在具体运用上自然是要随机应变的。

五、几点体会

根据《綠洲凱歌》的导演創作构思和創作过程中的实际探索，我个人获得如下的几点体会：

一、革命斗爭永远是作品的灵魂。在阶級还存在的社会里，阶級斗爭固然是作品的永久主題，就是在阶級已經消灭的社会，敌对阶級的思想意識残余仍然还存在着，。这和人与自然的斗爭，先进与落后的斗爭是并存在不断革命的現实世界里的。因此，作品絕不能离开革命斗爭而寻找什么主題和艺术性。为革命斗爭服务，正是創作思想上政治挂帅的表現。

二、人学是艺术的基础。作品的思想，必須通过人的思想、品質、形象、性格和相互关系来表現。避开人物形象塑造和人物思想感情的挖掘而追求什么宏伟主題和思想性那是不可能的。

以上两点正是思想性和艺术性所在，不政治挂帅，不提高思想、艺术水平，不深入生活，不講究技巧是不行的。《綠洲凱歌》影片在这些方面还存在着不少缺点，有待批評指正。

7.《绿洲凯歌》——建国十周年献礼片，又一次新的探索

七、《绿洲凯歌》——建国十周年献礼片，又一次新的探索

在1958年大跃进中，我拍了两部还和别人联合拍了一部纪录性艺术片，都是在很短的时间内，用极快的速度，作为一项政治任务，紧张突击完成的。但是，影片的质量不高，仅仅在政治上没有问题，而艺术上并不感人，没有达到艺术为政治服务的目的。这就使我常常想起毛泽东同志在《在延安文艺座谈会上的讲话》中所阐述的“我们既反对政治观点错误的艺术品，也反对只有正确的政治观点而没有艺术力量的所谓‘标语口号式’的倾向。我们应该进行文艺问题上的两条战线斗争。”在这个意义上，我所拍的两部纪录性艺术片都可以说基本上没有完成这个任务。

1959年，党中央、文化部向我们全体电影工作者提出了提高质量的要求，为了向伟大的建国十周年献礼，各制片厂都安排了一批质量较好的电影剧本，要求拍成比较优秀的影片，《绿洲凯歌》便是其中之一。我当时属上海海燕电影制片厂，就很荣幸地接受了这部影片的导演任务。

这部影片由海燕厂和新疆电影制片厂联合摄制，创作干部和工作人员都是由两厂分担，导演除了我之外，还有新疆厂的陈岗同志。

编剧是新疆作协的王玉胡和在农村工作的几位同志范一

平、凌颂纯、权宽浮，还有一位维族同志尤素夫·赫捷耶夫。演员大都来自新疆歌舞话剧院，个别的从外单位借来，都是维吾尔族。只有一个汉族演员，是从部队请来。还有一个翻译，是能说汉语的维族同志。

剧本以史诗规模和抒情风格，表现1957年全国资产阶级右派向党进攻，农村自发资本主义势力和暗藏反革命分子阴谋破坏合作化时，新疆农村阶级斗争的面貌；人物众多，矛盾冲突尖锐复杂，原稿中既有合作社与富裕中农的两条道路斗争，又有地方民族主义分子和[redacted]的斗争；既有革命人民与反革命分子你死我活的斗争，又有党内斗争和婚姻与爱情生活的矛盾，真是丰富多彩，极其错综复杂。为了影片长度的限制和我们的意见，征得作者同意，删去了地方民族主义分子、[redacted]支节，保留并充实了合作社与富裕中农乃至反革命分子的两条道路斗争和女主人翁阿衣木罕在婚姻与爱情生活上的矛盾冲突这两条基本情节线索，这样看起来是要单纯、洗练得多了，但仍在一定程度上不失原稿的史诗规模和抒情风格，表现维吾尔族人民的生活和斗争，具有一定的深度和广度。这些删节或补充，基本上都是由作者王玉胡同志亲自执笔修改，而这也正是影片据以摄制成功的一个根本保证。

剧本的优点主要表现在以下几个方面：

（1）题材新颖独特，具有较重大的现实意义。

它的新颖和独特，主要在于这是第一个反映新疆维吾尔族人民生活和斗争的剧本。在这以前，只有过反映哈萨克族的《哈森与加米拉》，那是写的民主革命斗争，社会主义革命斗争在新疆少数民族地区，这还是第一次反映。

关于农村两条道路斗争的题材，在反映汉族地区农村生活的剧本中，已有若干次表现，但题材的广度和深度远不及这个剧本所达到的程度。这个剧本题材新颖之处，就在于作者把重大的阶级斗争和个人命运紧密地结合了起来。爱情的题材和革命斗争的题材溶合成为一个整体，这正是剧作意图比较大胆创新的地方。所以有人说：《绿洲凯歌》剧本突破了同类题材作品的水平。这是不错的。

剧本所反映的生活内容是当前国家政治生活中的重大事件，从思想政治意义上说，正是人人所关心的两条道路斗争谁战胜谁的问题。题材的重大意义是无需细述的。

关于题材的现实性，更具有极其深厚的生活基础。我们知道，1957年在新疆农村曾经历了一个动荡不安的时期，剧本反映这个时期新疆农村阶级斗争的形势和各阶层的思想动态，把握住了时代的脉搏和民族生活的特点，所以具有一定的生活魅力和重大的现实意义。

（2）主题思想明确，有真实的生活依据。

高尔基说过：“主题是从作者的经验中产生，由生活暗示给他的一种思想。”这也就是说，主题是作家观察生活之后，对于客观事物，经过自己的判断，得出来的结论。《绿洲凯歌》剧作者们较长期地深入生活，其中有三位是专搞农村工作的同志，而最主要的作者王玉胡同志的生活基础也比较厚实，他们对生活作了较详尽的调查研究，特别是对于作为生活的指导原则的党的政策，有一定思想认识基础，加之作者们所独具的敏锐入微的观察力和雄劲而细致的表现力，结论——主题思想——是相当明确的。

也许这个剧本较难用一句话来归纳它的主题思想，但是我曾经尝试用一句话加以概括，即：新疆人民在中国共产党领导下所进行的社会主义革命事业是任何反动、落后势力所破坏不了的；而个人婚姻与爱情生活的矛盾，只有在忘我的革命斗争中才能胜利地解决。

（3）人物形象丰富多彩，人物关系变化多端，描写深刻而又细致。

首先是人物众多，性格鲜明。合作社主任巴拉提是正面中心人物，是一个刚毅正直的人，环绕他的有生产队长阿衣木罕（女）、和她父亲饲养员阿西木一家，社干部萨吾提、艾利、乌守尔、哈斯木和区委领导李书记等，家里有妻子枣热汗，女儿古尔汗。富裕中农托乎地是反面中心人物，是一个顽固不化的人，环绕他的也有一家子，有倾向反动的（小儿子奴尔丁），有倾向中立的（大儿子肉孜），有摇摆不定的（大儿媳妇麦来木罕），自然也有坚决拥护合作社的（二儿媳妇阿衣木罕）。暗藏反革命分子伊敏牙行是反动中心人物，环绕他的有二流子阿不都尔，管制地主玉拉音，投机倒把分子奴个丁和“来历不明的人”等。这里不想一一列举所有人物的形象特征和相互关系，单就阿衣木罕和巴拉提这两个人物的性格发展，选录几个片断，并作些概述。

下面是关于阿衣木罕的性格刻画的：

阿衣木罕走进屋来，看了一眼丈夫，又看了看地下。

地下布满破碎的镜片。

阿衣木罕预感到什么似地默默叹了一口气，用她那惯常柔顺的声调问：“回来啦？”

奴尔丁用可怕的目光凝视着她，一声不语。

阿衣木罕：“干吗这么看着我，到底怎么啦？”说着她揭下头巾。

奴尔丁压低声音说：“你过来……”

阿衣木罕迟步走到丈夫跟前，不料丈夫一脚把她踢开，她倒身在地，刚要哭出声来，……

奴尔丁低声威吓说：“不许哭！惊动了别人，我宰了你！”

阿衣木罕抽抽噎噎地说：“这到底是为了什么呀？你就是杀了我，也得叫我明白明白呀！”

奴尔丁说：“别给我装胡涂，我问你，刚才你和谁在一起？”

阿衣木罕说：“我？”

奴尔丁：“就是你，就在这窗户外面！”

阿衣木罕：“嗯，你是说巴拉提主任吗？”

奴尔丁：“主任，主任，亏你还叫得出这个脏名字，不要脸的东西！”说完他走向窗口。

阿衣木罕坐起身说：“奴尔丁，你可不能这样乱说啊，人家送我回家，有什么错呢？”

奴尔丁把窗帘拉下，转回身说：“别给我装好人！我有眼睛，也有耳朵！你说，你们到底干了些什么？！”

阿衣木罕委婉地说：“别这样，干么要往自己脸上撒灰呢？要是吵嚷出去，这多不好，对人家，对自己……”

奴尔丁说：“别给我花言巧语！要是真的，你敢抱经宣誓？”

阿衣木罕说：“这，……何苦要这样！”

奴尔丁说：“少说废话！站起来！”说着他就跳上炕从壁洞里取出一块白布，铺在炕上。

阿衣木罕无可奈何地望着他。

奴尔丁又从壁洞里拿出一本厚厚的可兰经逼视着她说：“来吧！”

阿衣木罕走近，惶然地望着可兰经说：“唉，不要这样，这……”

奴尔丁：“怎么？怕了？”

阿衣木罕：“不，不是。”

奴尔丁说：“跪在这上面！”说着强制地拉她跪了下来。

奴尔丁把可兰经递给她说：“就在经典的面前发誓吧！”

阿衣木罕说：“我，我没有发过誓啊！”

奴尔丁说：“哪，你听着！我在万能的真主面前发誓，要是我有背叛丈夫的行为，愿让这神圣的经典把我打死！就这样，说吧！”

天窗上泄下一线淡青色的月光，照在阿衣木罕的泪脸上。

奴尔丁：“说啊！”

她机械地背诵着誓词：“我在万能的真主面前发誓，要是我有背叛……”她的眼泪簌簌流下，无法遏止地哭出了声音，中止了誓词。在哭声中，那沉甸甸的可兰经，从她无力的手中滑下。

阿衣木罕闷坐在自己的卧室里，面色忧郁，心情烦躁，她不由长叹一声，自语道：“这个家呀，还怎么叫人待得下

158

去！”说着默默地流泪。

奴尔丁走进来，阿衣木罕看他一眼，说道：“这一下可好，看你以后还往外面跑不？”

奴尔丁不耐烦地骂道：“贱货，你少多嘴！”

阿衣木罕回身道：“谁是贱货，你少骂人！”

奴尔丁非常意外，立刻暴跳如雷地喊道：“啊？你敢回嘴！”说着便冲上前来，对阿衣木罕一阵拳打脚踢，将阿衣木罕击倒在地。

阿衣木罕在地下呻吟着，挣扎着，终于竭尽全身的气力，猛地站立起来，用可怕的，反抗的眼光逼视着奴尔丁。

奴尔丁被这突然的动作吓呆了。

阿衣木罕站在奴尔丁面前，仿佛是一个完全陌生的人。她气愤已极地说：“你！你想永远这样折磨我吗？不！我受够了！闪开！”

奴尔丁不由退了两步，眼看着阿衣木罕直朝门外跑去。

奴尔丁仍在发呆，过了一会才猛醒地喊道：“站住！”

阿衣木罕跑出屋门，跑过院子，奴尔丁的喊声：“你回来！”

奴尔丁追出屋门，街上传来礼拜寺呼唤晚祷的喊声。

奴尔丁喊叫：“站住！你站住！”

托乎地走出来，厉声斥责道：“还喊什么！你没有听见？”

呼唤晚祷的声音正在天空荡漾，奴尔丁只好肃静下来，匍伏在地。

礼拜寺塔上，呼唤晚祷的人两手招风似的正在大声呼唤，阿衣木罕穿过教徒们正在虔诚肃立的街道，象一阵风似的在呼唤晚祷声中，向晚霞辉映的远处跑去。

阿衣木罕想“飞”，是开始在堤岸小路和巴拉提谈心时透露的，最后当她的离婚申请得到批准时，果然她就“飞”起来了，她“飞”过堤岸，“飞”过田园，“飞”向巴拉提家，兴致勃勃地打算向巴拉提报信，不意巴家正因为妻子枣热汗的出走而零乱不堪，女儿古尔汗又在向阿衣木罕要妈妈，这就使她象折了翅膀的孤雁，犹疑徬徨起来，一直到最后她克服了个人感情上的瓜葛，劝说枣热汗回家，成全了枣热汗和巴拉提的家庭幸福，她才真正的飞跃。结尾歌声说：“飞吧，飞向风和日暖的地方，那不是碧空的鸿雁，是我们展翅高飞的姑娘……”这里深刻地写出了一个新型的农村妇女的成长，它以象征的手法描绘了女主人翁的飞跃，而且情景对照鲜明，内心刻画也是相当丰富细致的。

关于巴拉提的形象，作为一个新型的民族干部，也是很有特色的。他对党无限忠诚，对阶级敌人充满仇恨，捍卫合作社社会主义事业充满了热情，奋不顾身，而对待感情生活很有分寸。他是一个刚强的人，但也有温柔的一面，如对妻子、女儿和阿衣木罕都是爱护备至的。他和富裕中农的第一次冲突——干涉倒卖粮食事件——是处于劣势地位的，作者安排了几个贫苦农民跟着富裕中农走，使巴拉提完全陷于孤立。这种情况要不是区委书记给他指点，帮他想出了解决办法，他的困境是难以解脱的。这里一方面写出了阶级斗争的复杂性，一方面也恰如其分地表明了一个正在成长中的民族干部的水平。这也是刻画人物比较细致的地方。而后来的果园冲突和街头对垒显然就不同了。他有原则，有策略，就比较成熟得多，干练得多了。

巴拉提和阿衣木罕的关系，刻画得也比较深刻，细致。阿衣木罕有痛苦，巴拉提也有痛苦，但是性质不同。巴是一个把全身心都投向革命工作的人，对阿始终是一个敦厚而亲切的兄长一般的领导者；而阿对巴却充满感情和憧憬，但是并不含有剥削阶级的思想意识。这里写两个人的感情有区别，有共同点，但是分寸明确，并不含糊。巴儿次和阿谈心都严格掌握启发帮助的态度，最多只是诚挚的安慰。阿衣木罕对枣热汗，也是始终保持关心的态度，这正符合了最后的情节发展，针线是比较细密的。

（4）语言丰富，生活后景多民族色彩，风格清新优美。

剧中有很多民族语言，如谚语、警句之类都运用得很确切；而生活风尚是亲切迷人的，如劳动、婚礼、舞会、歌唱等等都充满了生活的芬芳和感人的诗意。

风格基本上是抒情的，又是战歌和颂歌的统一体。歌颂社会主义革命斗争的胜利，歌颂社会主义精神文明和道德的成长，是一种独特的双重奏，色调浓淡交错，是配搭得相当均匀的，能给人以较高的美感。

总之，剧本构思新颖，生活基础深厚，人物性格鲜明，语言丰富多彩，矛盾冲突突出，风格清新，因而主题思想和艺术形象也较鲜明突出。这是使一部影片得以成功的极其重要的基础。

剧本增删的部分除前已提到的删节外，增加了阿衣木罕离家出走后，参与了护社的斗争，这在原作上是没有的，她看到闹社的人群在奴尔丁带领下企图抢劫粮仓，她就奋不顾身，挺身阻挡，虽然遭到奴尔丁的毒打，但她的斗志昂扬，令人震慑！后来街头对垒的场面，她以一个受害者的姿态出现，增强了她父亲阿西木的控诉力量。另外在这场严重冲突前后，还点出了她的思想演变过程，这对于这个人物的性格

161

发展是很起作用的。

另外，还增加了一场巴拉提劝妻子枣热汗回家的戏，这是在阿衣木罕的关心和鼓励下，促使巴拉提这么做的。巴虽没有达到目的，但可以看出他俩的矛盾不是不可克服，只是误解深，个性强，暂时不能解决。这场戏为最后的团聚按下伏线。

关于影片样式、风格和手法的探索，我们在摄制之前曾根据剧本特点，订了几条原则：一是要有民族特色，但要避免猎奇；二是要有强烈的冲突，但要符合抒情的格调；三是要有新颖独特的艺术处理，但要纯真朴实。

维吾尔民族的特点是：热情豪迈，能歌善舞，宗教风习。影片的基调应该是热情洋溢，有浓厚的乡村生活气息和宗教色彩，有鲜明的民间艺术特色；特别要展示前景和注重新的生活和新人的成长，这也是民族特点的主要方面。

剧本是一首颂歌，赞歌，田园诗，抒情成分很浓，所以导演处理一般采取比较轻柔的色调和节奏，造成一种基调，然后随着情节的开展，再涂上浓烈的色彩和强烈的蒙太奇动作，使赞歌的成分和抒情诗的成分统一起来。这里面有素材的比例和色调的配搭问题，也有表现手法的问题，如说理斗争以后的静场，两大冲突中的间歇（葡萄架下），武打场面的处理等。

关于巴拉提率领群众追捕反革命分子这场武打场面的处理，我们在写分镜头剧本时，曾经过一番探索。开始按一般习惯，想把这场戏处理成为武打的高潮，因为暗杀反暗杀，这本是一场你死我活的激烈斗争，后来考虑到影片的风格问题，感到武打与整个调子不协调，想出一个办法，将这场激烈的武打场面推到后景夜色中去，前景主要表现阿衣木罕的心情，她在屋顶眺望戈壁滩上的这一场战斗，心惊胆战，不能安眠。这场戏情景交融，突出音响效果声，别具风味。

分镜头剧本是这样写，影片也是这样拍的：

……………………………

全景　阿衣木罕披衣出门，急步奔向大门口。

特写　阿衣木罕向前注视。

远景　村中街道，几匹马已经过街心，向村外戈壁滩驰去。远处的枪声时断时续。

全景　戈壁滩上，伊敏牙行（反革命分子）和奴尔丁两条黑影逃进戈壁滩的墓地，巴拉提和萨吾提持枪追上。

远景　几匹马越过墓地，向辽阔的戈壁滩奔驰。

全一近　合作社屋顶，阿衣木罕搂着古尔汗，旁边站着阿夏木罕（妹妹），向村外的戈壁滩瞭望。她们都忧心如焚，心向着戈壁滩。

大远　戈壁滩上，几匹马扬起烟尘，成一条弧线向串珠似的坎井兜去。人群打着火把，随后赶上，火光人影象走马灯一般在黑夜旷野中回荡。

这部影片的演员绝大部分都是在维吾尔族演员中慎重挑选，经过排演场试排小品和片断，进入角色；尽管他们都是初上银幕，却创造了相当优秀的成绩。尤其是女主人公阿衣木罕这个形象，创造得最为出色。她的生活遭遇不幸，思想感情复杂，内心矛盾极多，演员阿衣夏木以她纯熟的演技和抒情的资质，演来细腻深刻，极其真实动人。这个人物最动人的一场戏，是在她得到被批准同奴尔丁离婚的消息之后，怀着童稚般的心情"飞"向巴拉提家，但是当她意识到还有一个人应当属于巴拉提和女儿古尔汗的时候，她又怀着诚挚的愿望去见已经和巴拉提分居的枣热汗，劝她同巴拉提和好。

这场戏，人物内心的冲突发展到了顶点，只是为了不破坏别人的幸福，她才强使自己接受这个巨大的牺牲。她说：“枣热汗姐，你知道我走进这间屋子多么困难啊！我，我爱他，爱你的巴拉提，可是我不愿意拆散你们，……我是为了你，为了你的古尔汗才到这儿来的。难道你愿意失去这样一个好丈夫吗？难道你真不想古尔汗吗？回去吧，我求你！”演员以极动情而有说服力的表演，展示了人物内心的高尚和美丽，从而达到了歌颂新人新社会的目的。

扮演巴拉提的演员斯拉基丁，创造了一个党员干部的形象。演员紧紧掌握住巴拉提勤勤恳恳为人民服务的崇高品质，在集体利益面前克服个人的痛苦，给人的印象也是很深的。他在街头对垒一场戏的激烈斗争中，义正词严地痛斥闹事者破坏合作社的阴谋罪行后，高举红旗，引导群众向合作社方向走去的场面，也是使人难忘的。

其它演员如扮演阿西木的托乎地·毛拉塔吉，扮演艾夏木罕的热娜，扮演托乎地的买买提·依布拉音，扮演奴尔丁的托乎地·艾则孜，扮演麦来木罕的赛贝尔，扮演枣热汗的帕坦木，以及扮演地主玉拉音的努尔·买买提等都各具民族特色，给人以新鲜感。

本片作曲高田、库尔班，他们采取了大量新疆民歌和民族乐曲，为影片谱写并演奏了许多动人的音乐。在摄制组紧张劳累的工作之余，常常听到乐队队员和演员们欢畅的歌乐声和看到即兴的舞蹈，这对我们全体工作人员，是一种难得的享受。

影片5月初开拍，9月底完成，拍摄时间四个月，后期工作一个月，外景地远在新疆吐鲁番、石河子和伊宁市郊，还有山东烟台，进度是够快的。在当年上影范围内是“多、快、好、省”完成任务的影片之一。

影片完成后，经过试映，各方面的反应，从领导到群众，从汉族地区到维族地区，都认为比较好，认为“第一部反映维吾尔族人民斗争生活的影片，能在庆祝建国十周年的日子里诞生，是一个可喜的成就。”

上海文汇报发表的评论文章中说：“影片用鲜艳的色彩，在我们面前展现了维吾尔族同胞的美丽的生活画面。……它告诉了我们，维族同胞是怎样在共产党的领导下，同地主、反革命分子斗争，教育和改造了自私落后保守的上中农，巩固地走上了合作化的幸福大道，它生动形象地表现了生活中新生的、美好的事物是如何战胜反动落后的一切而成长起来。（毛微船：《维族有了自己的影片》）”《大众电影》发表的推荐文章中说：“值得称道的是，绝大部分的演员都是维吾尔族的兄弟姊妹，他们的歌舞和演技，不但在我们众多的兄弟民族中富有特色，和我们许多早在影坛上著名的演员相比，也毫无逊色之处。”（魏金楼：《推荐（绿洲凯歌）》。

影片存在的缺点：（1）个人命运和社会斗争的结合还不够紧，有些地方有些牵强附会，这主要是由于我们，特别是我个人，不熟悉生活，在处理上有些主观臆造。（2）对中农的阶级关系和阶级政策表现得不够准确，如对上中农托乎地一家只强调了对立的一面，没有重视争取、团结的一面（奴尔丁例外），只注重了矛盾冲突，而忽视了政策精神，这主要是由于我们对党的阶级政策理解不深的缘故。（3）对广大农民群众的描写不足，这固然是影片长度所限，但也是思想上的一种疏忽。（4）民族特色表现得还不够，维族同志认为音乐有些走样，我们自己认为服装色彩偏于清淡，不够浓烈。这些都是试验教训。

通过这部影片的拍摄，我进一步体会到：革命斗争是社会主义文艺作品的灵魂；人学是艺术的特质；生活是艺术的基础；艺术必须保持新鲜独特；而编导合作是电影创作的最重要条件。这次创作，在剧本修改过程中和王玉胡同志的合作是十分愉快的。而我自己在创作风格上的探求，没有出现偏差，应该说是接受《凤凰之歌》经验教训后的一次重要收获。

最后让我摘录一段当年在某次创作会议上的发言，作为结束：

“这部影片的上映，正当全国各族人民为我们的祖国成立十周年而欢欣鼓舞的时候，新疆维吾尔族人民也正在党的总路线光辉照耀下，在社会主义建设的途程中昂首阔步前进。如今，人民公社运动已经在全疆稳固地发展，维吾尔族人民以及各族人民的凯歌，正组成了一支全民的大合唱在弦歌不绝，让我们为这“凯歌”的年月欢呼吧！《绿洲凯歌》就算是我们的心声的一部。”

再者，这部影片问世后的遭际不好，就在献礼公映后不数年，由于影片中的个别演员叛逃国外，影片就没有能够在全国复映，这是一件大憾事。最近据新疆制片厂的同志说，影片在新疆地区已经复映，效果良好。

166

文学部对《黄沙绿浪》（《绿洲凯歌》续集）的意见

1.

文学部对"黄沙绿浪"（绿洲凯歌续集）的意见

文学部对"黄沙绿浪"(二稿)进行了讨论，兹综合归纳整理于下：

与会者一致认为"黄沙绿浪"(二稿)较之初稿有着很大的提高，提供了一个比较厚实的基础。它的成就表现在下列几个方面。

一、剧本比较全面和深刻地反映了新疆少数民族地区在合作化运动中的农村面貌和尖锐复杂的斗争；歌颂了发奋图强、自力更生的"穷棒子"办社精神；描写了以阿衣木罕、哈拉克等为首的广大农民，在党的领导和号召下，为迅速摆脱一穷二白的贫困状态，敢于与恶劣的自然条件作斗争，与阶级敌人、资本主义势力作斗争，战胜与克服重重阻挠和障碍，而取得了新的胜利。这一主题思想，在今天有着积极的现实教育意义。

二、在人物的塑造上，主要人物阿衣木罕的形象，有一定的基础，特别是几个次要人物，百岁老人赛义提和他的孙子哈拉克，确是写活了。这个剧本也富有生活气息。它的基调是坚实和严肃的。其中不乏动人心魄的描写，如第一章六节、第二章八节、十节、第四章的最后几节等。也有不少抒情气氛较浓的渲染，如第三章的一些片断。这应该说是剧本的一个特色。

20×25=500

海燕电影制片厂 稿纸

2

三、二稿较之于初稿，在二、三、四章都作了较大的改动。无论在故事情节的编排、人物性格的展示以至于对话的运用、场景的描绘上，都有着显著的提高。

为了使剧本更趋于完善，我们将提出下列的几点意见，供作者研究参考。

一、作者的意图是好的，力求比较全面地概括高级社向人民公社过渡阶段农村中的生活面貌和复杂斗争。作者选择了围垦荒地、改造自然、解决粮食自给、争取农业大丰收这一事件是有着典型意义的。同时也便于组织情节、安排矛盾冲突。在剧中我们可以看到人们怎样在改造自然的过程中改变着自己的精神面貌。作者安排了敌我矛盾和人民内部矛盾两条冲突线，前者以何长木等为首的农民群众与伊喜、海力派反革命集团之间的冲突中得到表现。后者则更纷纭复杂。两条道路的斗争不仅表现在何长木等和抢争地等上中农落后分子之间，也表现在何长木等和蒲喜楼之间。其他还涉及到与传统的封建意识残余作斗争，如妇女解放问题等。从现在的剧本看来，这种矛盾冲突基本上是组织起来了，并与何长木等的命运相联系，但（感到）问题是主线还不够鲜明突出。

主线是什么呢？从作者的构思和我们的理解，蒲喜提出

20×25=500　　　　海燕电影制片厂　稿纸

3

想的退化，满足于已有的成绩，只顾及目前的利益，对粮食为基础的政策认识不清。因此，在剧本一开始，阿衣木汗与萨木提之间的思想矛盾，实质上即是集体主义与资本主义的思想矛盾。后来，萨木提的个人主义思想进一步发展，与阿衣木汗之间的裂痕越来越深。加以反革命分子对他的拉拢诱骗，富裕中农和反动势力对他的影响，他也就越来越向右转，堕于蜕化变质的边缘。因而在剧本中萨木提的位置是跟剧冲突对立面的代表人物。阿衣木汗与他之间的冲突，是全剧的骨架。作者这一意图，还没有得到更好的体现。究其原因：一、萨木提这一人物的思想演变过程交代还不够清楚。在上集中他是一个并不令人瞩目的人。下集的开始，他已经是信用社的主任。纵然思想作风上有些缺点，但仍不失为一个好干部。但剧中这一人物的思想是急转直下，到第二章后竟陷于个人主义、资本主义的泥潭而不能自拔，最后竟然向反动派和地主恶霸，为他们所利用。作者对他这样一步一步地变坏的层次，写得还不够清楚和合理可信。二、萨木提逐渐变坏，阿衣木汗和巴拉提等代表正面力量对他的教育和批评，还不够深刻。因而，阿衣木汗、巴拉提等对他的态度好像是一味地迁就了些，给人以生硬之感。剧本廿八页巴拉提说：“真没想到萨木提会变成这样。”第四

20×25=500

海燕电影制片厂 稿纸

4

第四十一页中又说："蔻吾提，你变得真快，我都有点不认识你了！"一個同志犯了錯误，不对他提出批評，达到懲前毖后的目的，这就不符合党的原则，也不能展开正面的思想交锋。所以希望作者考虑如何在阿衣木罕、巴拉提等正面人物与蔻吾提之间展开较强烈的斗争，以展示这些人物的性格，突出这戏的主要矛盾冲突，从而达到深刻地阐明主题的作用。

二、关于人物形象的塑造：

阿衣木罕这一主人公的形象，基本上是树立起来了，也具有一定的典型意义。关于这一面，因限于篇幅，就不作赘述了。在这里只想探讨一下不足的地方：一、由于阿衣木罕与蔻吾提之间没有展开充分的正面的思想交锋和性格冲突，这不便给阿衣木罕形象的刻划带来一些损失。二、这一人物在下集中的思想水平当不能与上集相比，她是在一个新的起点上開始她的行动的。她一回到阿衣村，就担任了社付主任的职务。当她听到这一消息时，立刻显出惊慌的神情："我、我不，不！我怎么行呢？……"接下去，为了解决粮食自给问题，巴拉提和蔻吾提之间展开了一场争論，她在旁一直沉默不语，这样的刻划都很真实可信。但她有一个坚定的信念，一切听党的话，响应党的号召，她去找

20×25=500

海燕电影制片厂 稿紙

5

荒地，带领妇女去垦荒，也是符合她的性格真实的。在第一章末了时，参加垦荒的妇女们都被她们的丈夫强行拉走了。她与他们抗争，却遭到了无理的揶揄。她忍辱含羞，一再叹息，但仍劝丈夫们继续干下去，她苦恼而又缺少办法。当哈拉克带领一群小伙子来援助时，她深受感动。这一切，都是由于她的性格的真实之笔。但是在第二章以后随着斗争形势的变化，她的担子越来越重了。一个接着一个的新的任务，要她去完成。一个接着一个的新的困难，要她去克服。面对着这些，她会产生新的困惑。她从得从党的教育和群众的智慧中得到新的勇气和力量。促使她敢于斗争，敢于胜利。可是在剧本的第二章以后，我们看到在揭示她内心世界上不如前面有力而动人。从剧中安排的情节来说，有些地方可以着重渲染刻划。但被作者忽略了。如第十节中抢手把塞尼依群众受了谣言的蛊惑要外出逃荒的社木等去捆绑她们时，她却被抢手她问得哑口无言，后来又是深深的叹息。当巴拉提要她负起社的主要责任时，她就红红脸推辞着，倒向大家说我们的”。接着，当她听完巴拉提和群众对她一番诚恳的支持的话后，她仍有些偏促不安，前说赞赏的敬惜心这写道，在歌声中，通过几幅画面，她率领群众清除风沙，在田间劳动，到获得丰收。这

20×25=500　　　　海燕电影制片厂 稿纸

6

使我们很看到她在事件中活动着，而未能更深刻地看到她丰富的精神世界。在第三章中发动联合的困难和开挖坎儿井，一切都很顺利，我们更无从看到她内心深处的波澜。在第四章中，在人民公社成立前夕，敌人的破坏活动已经来越猖獗了，部分群众的情绪惶惶不安，应当提进一步地反应了，而就着这一步，在她的思想上也没有引起震动和警惕。在四二节巴拉提来跟她谈话前，她甚至还没有意识到阶级敌人的破坏，使人感到不够合理可信。总之，第二章以后，作者没有把阿衣木罕的思想发展引向一个新的更高的水平，而充分地描写她的精神世界。

由于上述的两个原因，影响了阿衣木罕这一主人公形象的刻划不够丰满生动，也减弱了这一形象的思想光辉。

巴拉提这一人物，如果当成一般的看，他还没有参加到戏剧纠葛中来，他对阿衣木罕的帮助关心不够，对群众的批评和思想斗争也不够。因此，这一人物还没有取得他应有的戏剧地位，给人留下深刻的印象。又他在第二章十二节因鼻贝以群众的失败行为而气愤地当众宣布把群众排除在队外的描写，恐也不够妥当。

三、从更高的要求来说，故事性节的搭配安排，还可以更集中精练一些。写羊羔误进但然是好的。第二章着重写

20×25=500　　　　海燕电影制片厂　稿纸

风暴的袭击和暑汛的抢救工作，就显得不够。第三章中插入了不少浮描画面的场面，这是必要的，但过多了些，因而有拖沓之感，也显得节奏上过于舒缓了些。敌人活动的连续性连贯性也不够，且活动的方式也稍一般化，在戏上条有点空洞。

为了剧本能在现有的基础上更趋于完善，我们建议作者能考虑下列一些问题上多作一些改变：

一、突出冲突主线——陈衣木军与蒋云松之间的性格冲突线，以此为剧本的总纲，各条支线紧紧附丽于主线而展开。

蒋云松的思想变化过程还写得过于随便，尽可能写得层次分明一些，并使其合理可信。而陈衣木军、卫拉松与蒋云松之间的交锋还须展示得更充分些。

使敌我矛盾线能结合得更紧一些，既要穿成连贯，而分量不宜太重。

二、希望加强陈衣木军的戏剧动作，还需要补充一些细致的情节和细节以揭示他的精神世界。在剧中已经提供的情节，如第二章末尾、第三章中等这一些骨节眼上，也可改变，以加深对陈衣木军的刻划。找一些适当的机会，着力渲染和群众的关系的描写，以突出他是如何关心群众和群众对他的爱戴和拥护。

20×25=500 海燕电影制片厂 稿纸

8

三、上下集之间的衔接希望多注意一些。这两集既有连贯的关系，但又可能成为相对独立的两个戏。因此，从另一方面来说，它又是上集的继续。对有些人物之间的关系，最好还是能照顾到上下集呼应。如阿秋和木笋的也拉提的感情关系，在上集结尾时已经结了。下集中两人之间既纯属同志、战友与小战友间的关系。但这两人的关系又不同于一般，所以要设置些什么样的情节又能显出其特点。当然，这些不是要写其他之情，而希望写出他们之间更崇高而深厚的友情。譬如是否可以找一些较好的机会让阿秋和木笋到也拉提家中去谈谈工作上的问题。从中也可以写到阿秋和木笋与事务员之间的友谊。这例子不过是随手拈来，不一定能派上用。

再如根据他在上集结束时，经过他几天救护了战友这一事件冲击后，而下集中又因为海力依这些反革命分子继续破坏，他采用的行动方式和表面上的表现的最好应与上集有所不同。

剧本的篇幅，似嫌过长了些。设需要有所压缩，为使戏的前面的一些更能把剧中人物的思想性格揭示得深刻。后面人民公社将要成立前的一些更多描绘过程的篇幅，可以设法适当压缩。使戏能以更紧凑地达到最后高潮。这样可以把主题阐述得更明确些，戏也更集中些。

20×25=500　　　　海燕电影制片厂　稿纸

以上意见，不一定准确，而我们从电影剧作编辑部了解到作者自己对这个剧本的修改，也还有一些设想。因此，我们很希望能听到作者的意见，互相商讨一下，再研究下一步如何修改。

1963.6.28.

20×25=500　　海燕电影制片厂 稿纸

《引路人》（未成片）

《引路人》导演创作构思

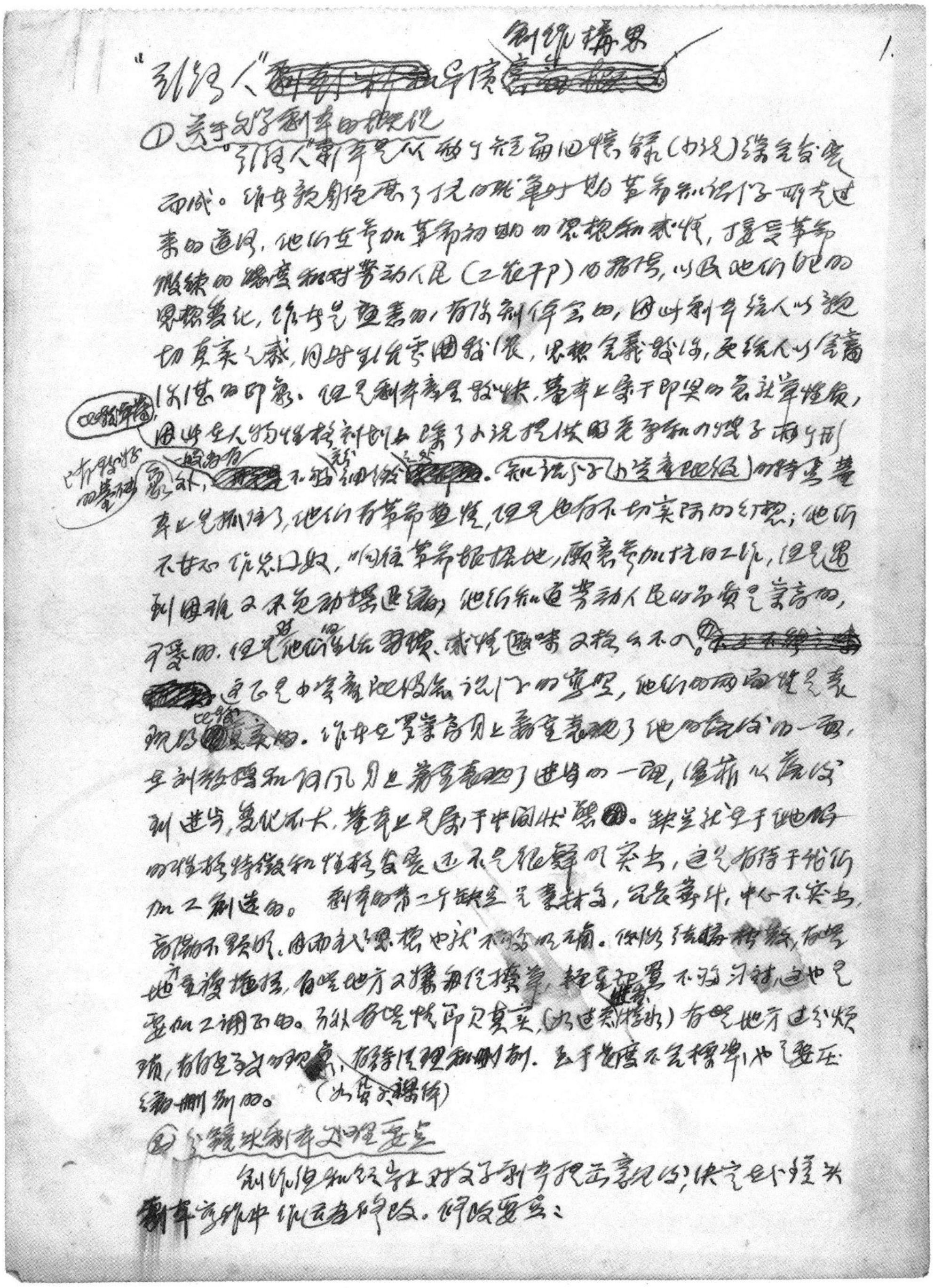

2.

1. 在人物形象上加强白凤的进步性，使她一开始就主动地参加革命，在重要关头勇敢地挺身而出。

2. 加强罗崇高的复杂性，表现他的脱离实际，好标自私；在和教授与同学之间的冲突上，包括和温菲的冲突在内，作适当的发展和补充。

3. 表现温菲和罗崇高的差异，他们都有些自负，也有些吹嘘，罗比温要自私得多，温也罗要纯洁得多。她开始嫁给了他，但始终在矛盾着进步。

4. 在结构上大量删节罗崇高走去场之前的戏，将养蜂人带路的戏减少，将和诸个子女合得相的戏中适当减少，使前1/3的戏较紧凑节奏较快速。

5. 确定将突围会师作全片高潮，大量压缩会师以后的戏，经过一个过程转入尾声，即将共青团大团圆的一场，终场直下以通结尾。

6. 突围后把戏的贯串线放在对老李的关怀上，引出老李，带出罗崇高的嫂子，将任务单纯化，集中在引路人员上，和这个部队结合。

7. 归併、压缩和删剪若干烦琐重复和臃肿的地方，使剧情紧凑，长度接近标准。（须见附本）（即就算不作了我的压缩）

③ 主题思想、最高任务和贯串动作

这是描写抗日战争当中几个文化人走向革命摇篮的故事。

主人公刘教授和三个学生具有不同的意识水平和思想面貌，他们有的抱着抗战，把自己献身给神圣的革命事业，勇往直前，果敢坚决；有的纯粹抱着个人的目的，想摆脱敌人的压迫，发挥个人的专长，遇到困难就动摇畏缩，和个人利益发生冲突时就流露出自私自利的本性；有的则混混糊糊，被动的跟随别人参加革命，当实际生活教育她时，她就比较醒悟，比较坚强起来。他们经过都受到了一定的锻炼和教育提高，特别是引路人老李和山区妇女的嫂子所给予他们的，爱护和

3.

帮助，给她们留下了深刻难忘的印象。工农革命干部和劳动人民以他们的热血和生命掩护了她们这些文化人的生命安全，带领她们走向革命根据地，这个实际行动深刻地教育了她们，使她们当中的那个顽固落后分子都不得不说出悔悟，感受劳动人民的伟大精神，要求脱胎换骨。最初，没有引路人就一步路都不能走的；最后，没有引路人也能克服险阻前进了。这就是她们的进步，当然是很微小的，但，要不是党和人民像亲人一样保护她们，教育她们，那是不可想像的。当初这一点就是初步的改造，她们的路还长得很，远得很，今后尚待她们去走的还有漫长曲折的革命道路。

这就是剧本所包含的思想内容，这里改造的主题，是知识分子与工农相结合的主题，在今天的现实意义是相当大的。剧本除了直接描写知识分子的思想感情，同时还描写工农革命干部的崇高品质，把这两方面放在鲜明的对照之下，能够更突出主题的思想和政治意义。

因此我想概括这部剧作的主题就是：说明："知识分子只有与工农相结合，参加革命斗争，才能改造自己的思想，坚强起来。如果没有工农的帮助和革命斗争的锻炼，知识分子是一步路都走不成的。而党对知识分子的改造就是团结改造，并非一脚踢开。在党和人民在党的政策精神指导下，对知识分子也给予了百般爱护之能事。在党和群众的教育之下，知识分子必须前进。"

根据以上主题的规定，剧作的贯串动作就是："寻找并跟着引路人，突破重重难关，奔向革命根据地。"最高任务是："知识分子必须与工农相结合。"

是否恰当，希望讨论研究。

4.

④ 关于样式风格、结构和节奏

这是一个平凡而朴素的故事，几个人，走了一段路，发生了一些事情，又走了。就是这么简单。作者是带着怀旧的心情来叙述这一段故事的，作者受过很大的震动，然而是以平静的调子来叙述，但是却依然蕴藏着深厚的感情。他虽然没有大声疾呼，但是意味深长，耐人寻味。因此影片的风格应该是朴素的，抒情的，它没有壮丽的色彩或雄伟的场面，有的只是一些生活素描，[illegible]也不要有什么眩耀人的地方，但是[illegible]却以强烈的真实之感含蓄的。因此处理影片的手法必须保持这些特点，朴素自然，切忌矫揉做作，哗众取宠，更不能脱离实际，追求唯美倾向。（造型和人物形象）

剧本结构特点之一是运用旁白的介绍词介绍时代背景和情节发展线索，这也是风格的特点，避免了繁複的画面交代，同时运用内心独白，表现人物的心情，这两者相互结合，一方面要包括简练，一方面要注意[illegible]旁白介绍词的音色和音调须很好配合。选择

剧本结构和风格的特点之二是散文体的叙事方式，戏剧性的冲突少，这可能给未来影片带来一些处理上的困难，现在分镜头剧本虽然稍加强了一些，但在基本上仍不脱原来本色。这就要靠人物性格的细腻刻划和生活气氛的创造来吸引观众了。

剧本结构和风格的特点之三是在音响上有对白和旁白，音乐的篇幅较少。如何设计和组织音响声带，使环境气氛和人物心情吻合，并即时收录适当效果声，是录音方面的创造性任务之一。至于作曲方面，如何在有限的篇幅内表现时代背景和环境特征，也需要加意考虑。“[illegible]”

未来影片的结构：第一场是序幕。第二——第九场是第一段，表现他们出发、探路、寻找引路人、登上娘娘山。（以“上山”为高潮，以[illegible]为重心。）第十场——第廿三场是第二段，表现和红军会合（过来、争论、）[illegible]，在感情上[illegible]所以他的初步变化，他们虽然[illegible]，但是[illegible]之后对红军人员信赖，深有[illegible]暴露他的弱点，和表现实际还相当怀疑，这一段以“过河”为高潮，包括他人[illegible]，也[illegible]。

5.

以"惜别话诗"为重心。第廿六场——卅六场是第三段，表现人物自己，以及与之间的矛盾已发展到一个顶点。至于与敌人的冲突也行将达到顶点。罗家彦家素家子纵之了，刘毅程的精神面貌和温莉的觉悟程度显著提高了，刘罗与温罗之间的冲突在这一阶段也显著发展成高潮，(虽然冲突的程度还是比较和缓，比之一般影片，冲突还是不很强烈的)。这一段以"决裂"和"出路"为高点，"坚持"为重心。上天桥那只是一个过程，表现老年对他们的理解很困难。罗刘与罗温之间的冲突是带喜剧性的，告诉的是一个伏笔，"坚持"和"决裂"是一个结果。第卅七场——五十一场是第四段，这是全片的高潮段落，一方面表现老年的英勇果决和…的坚持，以维护文化人尊严古老的崇高品质；一方面表现"文化人"的软弱无力和对待别人的依赖，以及他们经受锻炼后最终坚强起来的可能。实际这段也是最高点，而接子转折，发现坚强道路是重心。第五十二场——五十五场是尾声，表现几个人物的发展和相互关系的变化是大团圆的结局，但紧接分离，各奔前程，又造成除旧迎新的感觉。这是影片风格的一个特色，所谓意味深长，在这里是比较突出的。罗家彦的转变在前面没有机会表现，仅仅依靠这里描绘一笔，最后送老年回家就是这个意思。可以设想，他们再出发时，罗家彦和温莉已经完全归于好了。的关系之一段以祭奠为高点，惜别为重心，结尾的情境在很大程度上决定于外景的选择。

根据以上段落和重点的划分，几个高点和低点形成了全片音乐的高低起伏线。音乐的结构和调子安排是中速度，和显而沉静；第一段较缓慢，迟滞而苦涩；第二段较轻快、跳跃，过渡时有紧张急速的小节拍，也没有转为缓和、低沉；第三段趋于快速紧张，有剧烈变化，欢乐和激动的交错；第四段急速，有严重的紧张和高度的激动；尾声从缓慢迟滞到逐步开展、快速跳跃，从抑郁到欢快，最后转为中速度的胜利进行的调子，是开朗而坚定的。

⑤ 几个人物的注意点　　6.

剧本已经规定的人物性格特征，这里不重複叙述，单就几个主要点，作些提醒和备忘。

① 老李的出身是煤矿工人，他所受的革命锻炼是八路军部队，他当过武工队、侦察员，他的职业特性是勇敢机智，坚定果决；他的个性是乐观风趣的。他热爱群众，喜欢文化人，和群众打成一片，亲如家人；对文化人百般爱护，看到缺点也很善于帮助，有时显得粗鲁一些，但实际上是爱护备至的。他是一个很理解党的政策和忠实执行上级命令的人。他常喜欢说笑话，有时说俏皮话，有些夸张，但在重要问题上都有高度的严肃和深刻的忠诚。他其实是一个最朴实而敦厚的人，决不是一般耍嘴皮子的油滑花俏，演员必须掌握他的精神实质，创造出一个既令人敬佩又使人喜悦的人。他的精神状态在一般的情况下是乐观、饱满而镇定的，只有在个别时刻才显出为难和紧张的神态，在演员的表演处理上应该明确地标志出这种变化和发展的线索。

② 教授是个热情充沛的老头，精神健旺，兴味昂然，热爱生活，可以作年轻人的楷模。（不怕劳苦，）由于过去所受的革命锻炼不多，除了参加一些学生运动外，没有更多的革命实践，所以热情有余，认识不足，一走上革命道路，处处都感到新鲜激动，溢于言表。基本上是属于小资产阶级革命性坚强的典型，但他的品质是善良而富有正义感，是能够经得起革命锻炼的。经过这一段旅程的遭遇，他对革命的认识是深刻了一步，对[illegible]的崇高品质是有较深切的体会的。演员必须掌握他的阶级特点，不要把他演成一个政治教员和极端正确的人，他也还是需要改造的（和他的发展程度）。在翻越悬崖爬上秃山坡时，他就失掉主意，慌了手脚了。他是一个善良而正直的高级知识分子。

7.

③罗英高是清华大学高材生，出身在中产以上家庭，也可以说是资产阶级子弟。他骄傲自满，狂妄自大，眼睛里看不起任何人，瞧不起群众，以为自己处处都高人一等。他在中学里就喜欢绘画，所以现在也像是一个画家，成了他自命清高的资本和骄傲本钱之一。他由于家里的经济接济，不愿意依靠父母，在敌伪压迫下低声下气地讨生活，所以想到革命根据地呼吸自由的空气，发挥自己的才能，为国效劳。其实他对革命是一毫无认识，对自己的目的也认识不清，由于长期比较优裕的生活和脱离实际的思想方法，把自己养成娇纵主观，既吃不来苦，又任性好气。一到实际里面就处处碰壁，显得不协调，不中用，特别是和劳动人民一对比之下，显得既软弱而又自私，担不起困难的样子。他要面子，好虚荣，受不了批评，一批评就发闹情绪。他对女青年温萍以家长自居，只许服从他，不允许违抗他，因此当他发现温萍和自己越来越接近的时候，就不加分析地反感、嫉妒，认为爱情已经在衰减，灰心丧气，在这种问题上，他是十分渺小的。路中看到的嫂子对他的殷勤照顾，和在危难中得到保护，大大的感动了他，使他感到自己的渺小和脆弱。一种感恩思想使他改变对劳动人民的看法，觉得对自己有了一个新的认识，就是应该改造，学习劳动人民的大公无私，不怕吃苦，多做革命工作，以报答人民的爱护。但是这种认识也只是一个起点，在实际生活斗争里，还不知要经过多少曲折呢！演员就是要掌握这种人物转变契机和明确他的起点和转折点。在嫂子家的转变现在删削了，这可能产生一些困难，但比较山岩上目睹嫂子先公后私，舍己救人的伟大的慷慨牺牲所给与他灵魂上的震动紧紧抓住，这个契机不滑过去，还是可以给人物转变找到合理根据的。至于最初到家乡时的精神状态，需要很好多的揣摩。

④温萍是一个中学的高中毕业的女孩子，她天真活泼，纯洁而稍带娇纵。她崇拜罗英高的才华和风度，参加她这到根据地去，这很大程度上是取决于罗英高的决定的。但经过了一般的影响也不无作用。这是她的进步性的基础，是不能忽略的。

6.

她最初所不喜欢，和罗崇高有过一段，相依为命的，没来由得发现罗的思想作风和革命现实不协调，尤其是和劳动人民对党以及和何凤对照，显得十分软弱自私，就感到不会有好的结局而反感，甚至当面批评了他几句，这在她是有发展，有进步的。但是她毕竟年轻，过去的生活对她的发展有一定的局限，她很久和罗崇高纠缠，在思想上摆脱不了的。她和何凤的接近是很自然的，也可以说是天真无邪的，当罗崇高对她的态度粗暴时，她也会使一点小性脾气，表现得很傲慢，很任性。当她发现罗崇高有病时她又爱他，摆不脱离开他，最后看到他们分别的时候，也不由她衷心的为他哀思。可以想见，他们还是一对爱人，还是经历不久磨炼和考验的。演员刻划人物性格要表现她在革命道路上天真纯洁的特质，例如她最初听见[illegible]想解开，这是一种幸福的憧憬，并非思想上丝毫经不起考验，或是存心退却。这种分寸要善于掌握住的。

⑤ 何凤也是高中学生，纯朴但实，在小说中描写的前面引二段。他充满信力，坚定勇敢而又[illegible]。第一次打阵是他的勇敢表现，最后一次遇害时亦[illegible]，临难挺身而出是他勇敢性格的一个发展。他们离开老李以后的一段路程，似乎是靠了他的坚定沉着起了带头作用的。他是年轻人中的佼佼者，是前途不可限量的。他的出身和经历比较贫苦，（也可能是劳动人民的家庭，）所以养成了比较朴实而坚定的性格。演员主要的要表现人物的朴实和单纯，他和罗崇高接近，正是由于年轻，没有丝毫杂念存在。他对罗崇高的反感是直率而无隐藏的，但他一般不多讲，而是表现在行动上，说干就干。这是接近劳动人民的特质，所以他和老李的关系最密最亲，这不是偶然的。

⑥ 小姚子在剧本和小说上已提供了丰富的素材，给全体演员，希望看完作品引起感动后的，不要表演，不要做戏，而要进入规定情境，达到自然和真实，就可接近人物，表现人物的思想和感情。下山见敌人到了自己的家，往外跑[illegible]，接着看到自己的[illegible]惨境，当[illegible]遇难的一场，要把规定情境投入[illegible]，见到老李[illegible]要完全领会，作适当表现。这些经过努力都是可以实现的，应相信自己的表演天性。

《引路人》场景图 *

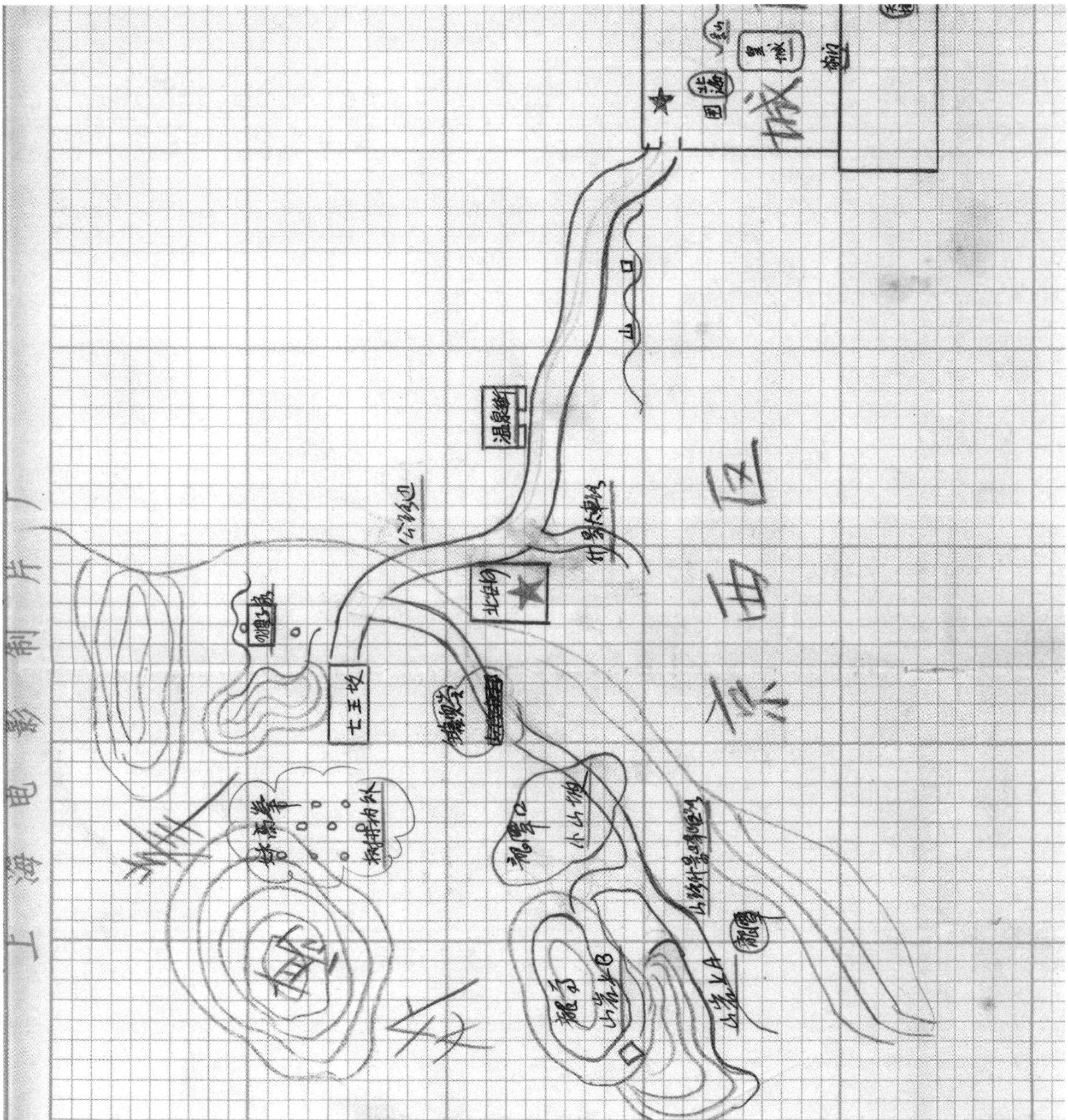

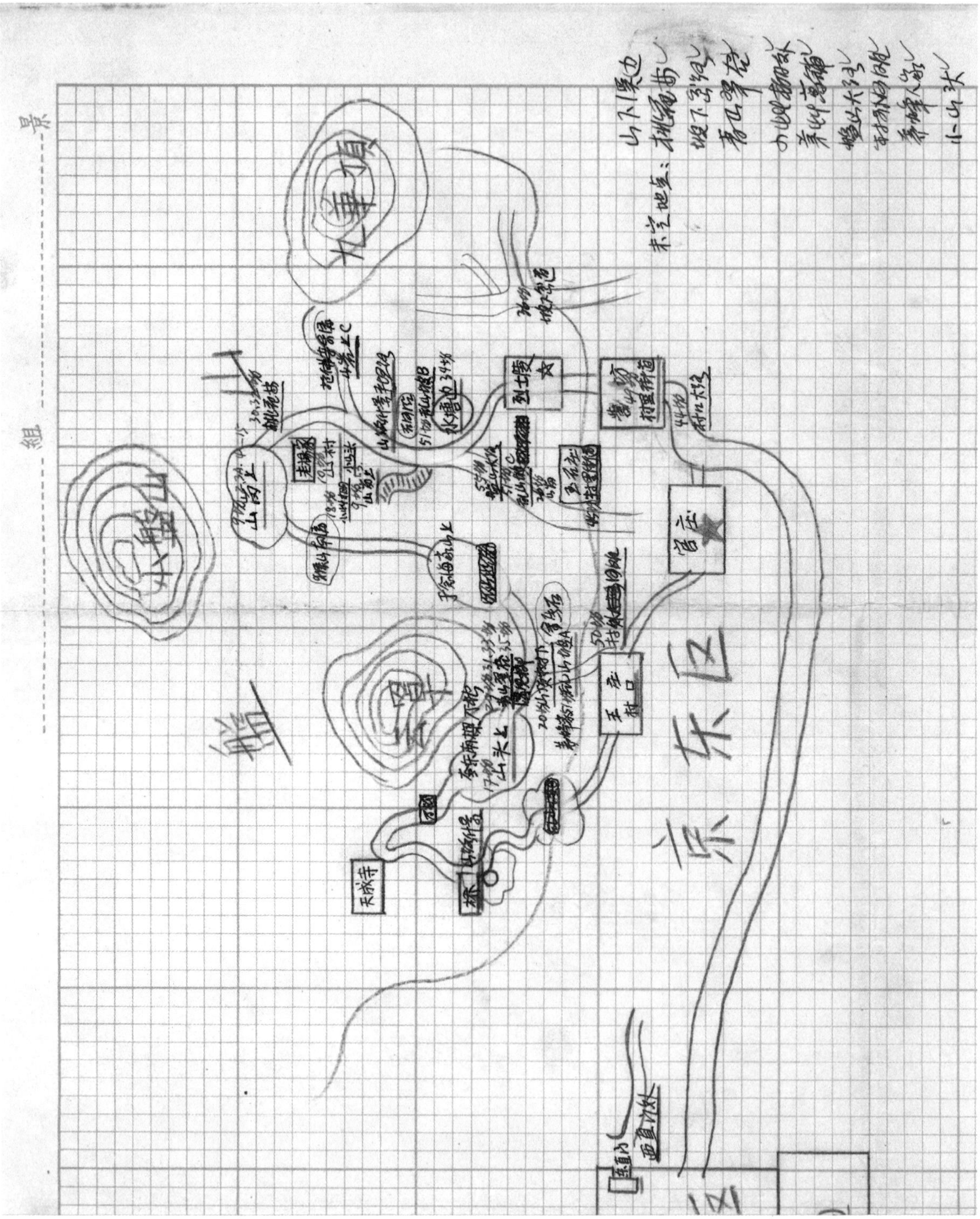

《年青的一代》

《年青的一代》是怎样从舞台搬上银幕的？（草稿）

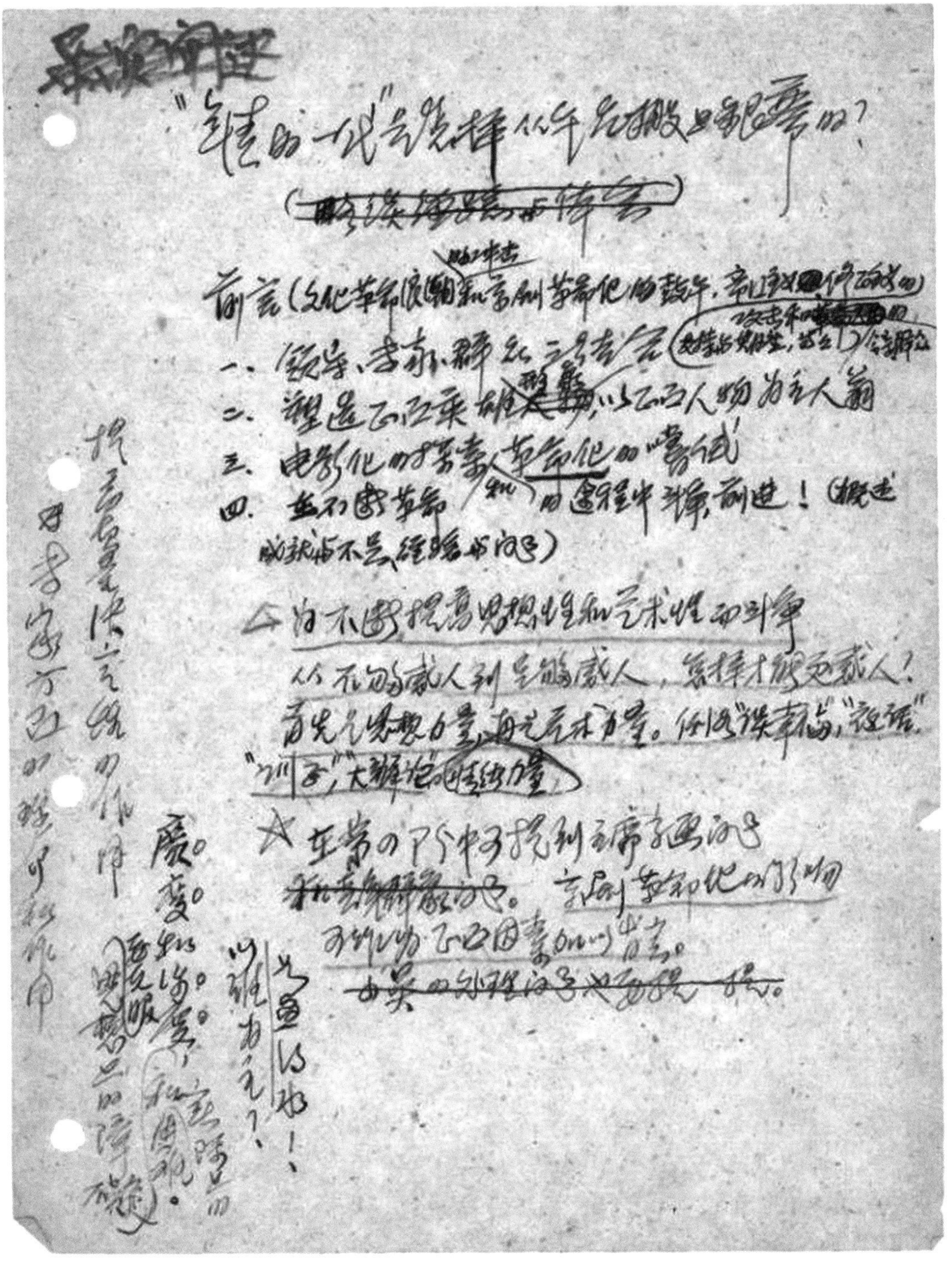

一、

对于安育生的处理，是思想问题，不是品质问题。反动派要强，要坚持到底，但是不过思想问题的路线。

要避免"流气、飞气和"偷女的毛头"的"
要保存他们热情时候的生活
去掉资产阶级的习气

文化革命浪潮中摄制，也同经历了轰轰烈烈的社会主义教育运动。

创作创作人员在党的领导下清理了自己的创作思想，对剧本和分镜头进行了严肃的审查和修改，坚决以革命化的精神投入摄制工作。所以这是文化革命的产物，是具有时代的特征的。

在创作过程中以阶级斗争为纲，以工农兵方向为指针，进行了兴无灭资、抵制修正主义的一系列的斗争，也有些剧本不断地被修改和推翻，并非风平浪静，一帆顺风的。

是否 是出不来？

第一阶段（1963.11—1964.8）主要是为了清除个人名利思想的斗争。（从分镜头剧本到分镜头剧本初稿，从初稿到二稿，正常外景拍摄。）人员思想统一意见

争外景质量

第二阶段（1964.9—1965.1）从分镜头二三稿到摄制开始，主要为创作思想上的纯洁性，克服小资产阶级情调，破除迷信和艺术至上的斗争。第三阶段（1965.2—6）从拍摄到完成，主要是为了提高质量，克服资产阶级艺术观的斗争，为了把人物塑造完美、精益求精，每个人都……全力以赴。

风格 创作 问题

不断修改

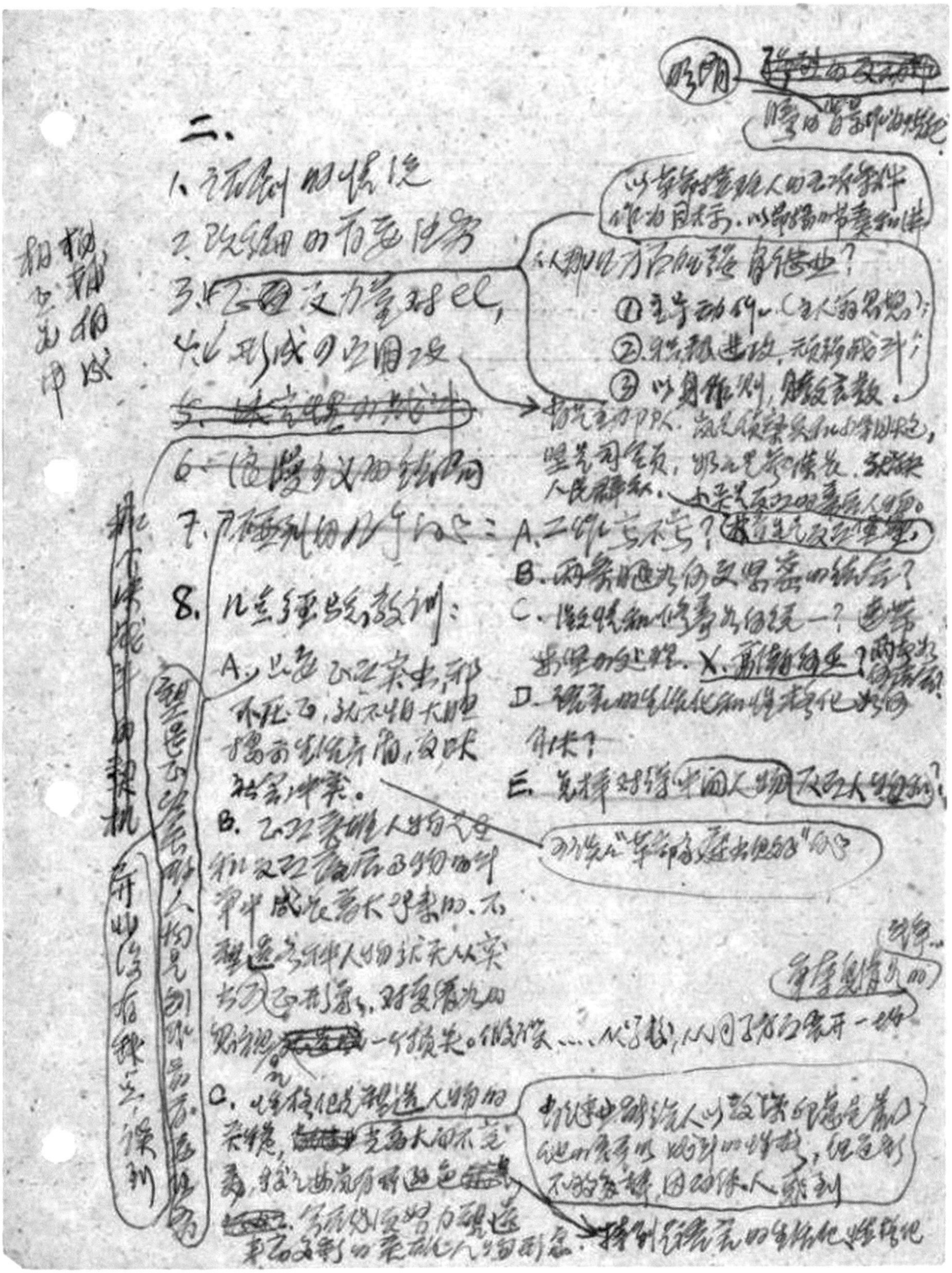

二、

8. 几点经验教训：

……全心全意地挖掘伟大的……是一条红线，……贯穿着……不断革命的精神是不能少的。

文化革命化是很大的推动力。学习《红灯记》是有现实意义的。

作为纪念延安文艺座谈会……政治思想性……文化革命的推动，更形丰富饱满。

我在几点体会：

1. 革命化的道路决不是平坦笔直的……要有革命精神，不断革命的，才能前进再前进，不断提高质量，克服困难，为创作者要思想性和艺术性的统一而斗争……

2. 政治标准第一，艺术标准第二，要艺术性的……政治，才能真正做到提高艺术……加强感染力。艺术……都有这个情况，有的是思想力量，有的是艺术力量。首先，政治、思想不等于艺术，中间还有人物形象、人物性格，但政治思想都是根本的。通过这次实践……

3. 思想改造和作风的……是长期的任务。首先……思想不断提高……通过一次……的运动就得到……改造思想和工农群众相结合，永远为工农兵和世界革命人民服务。……

《年青的一代》是怎样从舞台搬上银幕的？（整理版）

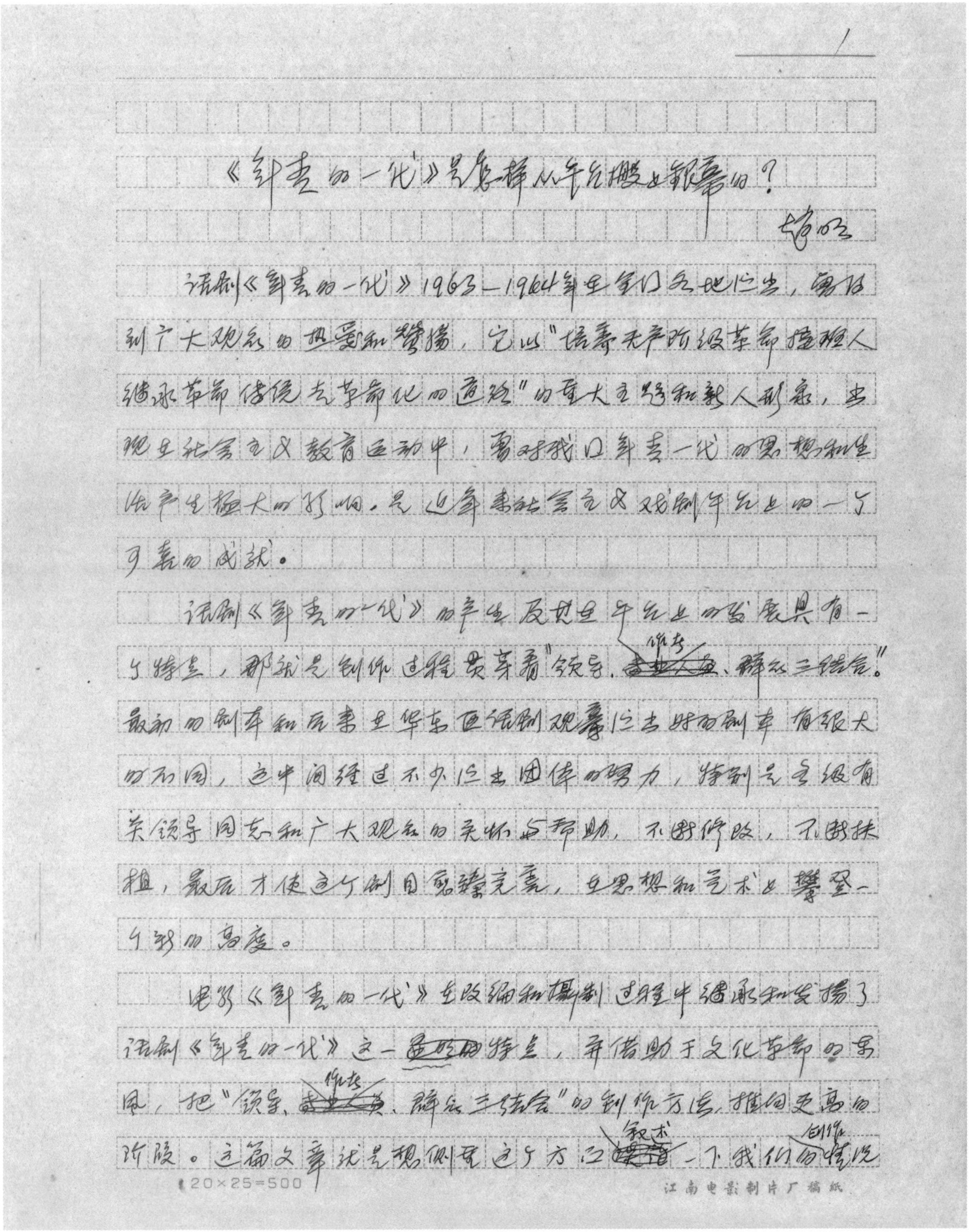

1

《年青的一代》是怎样从舞台搬上银幕的？

赵明

话剧《年青的一代》1963—1964年在全国各地演出，受到广大观众的热爱和赞扬，它以"培养无产阶级革命接班人继承革命传统走革命化的道路"的重大主题和新人形象，出现在社会主义教育运动中，对我们年青一代的思想和生活产生极大的影响，是近年来社会主义戏剧舞台上的一个可喜的成就。

话剧《年青的一代》的产生及其在舞台上的发展具有一个特点，那就是创作过程贯穿着"领导、作者、群众三结合"。最初的剧本和后来在华东区话剧观摩演出时的剧本有很大的不同，这中间经过不少演出团体的努力，特别是全国各级有关领导同志和广大观众的关怀与帮助，不断修改，不断扶植，最后才使这个剧目更臻完美，在思想和艺术上攀登一个新的高度。

电影《年青的一代》在改编和摄制过程中继承和发扬了话剧《年青的一代》这一特点，并借助于文化革命的东风，把"领导、作者、群众三结合"的创作方法，推向更高的阶段。这篇文章就是想侧重这个方面叙述一下我们的创作情况

20×25=500　　江南电影制片厂稿纸

2

和遇到的问题，并想就这些问题略谈一点个人的心得和体会，希望得到各方面的指正。

一、电影剧本的产生

这个问题将分文学剧本和分镜头剧本两个阶段来谈。

首先，由于领导上的关怀和重视，文学剧本是在专门组织的剧本创作组集体讨论了改编原则并制订提纲之后由改编者进行写作的。在保持原剧主题、主要人物和主要情节的前提下，从文学剧本初稿到定稿，着重解决以下几个问题：

（一）以正面人物肖继业为主人公——话剧《年青的一代》在正面人物塑造上是提供了相当丰富的形象基础的。年青一代的肖继业和林岚，老一辈的林坚和肖奶奶，都曾给广大观众留下了深刻的印象。但是由于话剧的情节比较侧重转变人物，也是反面人物林育生的一方，正面人物常常不免处于被动的地位，因此正面人物，特别是正面中心人物肖继业就不容易很突出，在这一场思想战线上的两条道路斗争中，还不能居于压倒优势的地位。因此给人的印象，林育生是主角，肖继业不是主角，（从这一点来说，话剧《年青的一代》是还存在着不足之处）的。电影文学剧本首先在这个问题上突破了一个缺口，那就是变被动为主动，使肖继业

20×25=500 江南电影制片厂稿纸

3

从去青海野外找矿起，到接受任务回上海，动员林育生归队，遇到困难，依靠林坚、林岚和育奶奶等的配合和帮助，终于战胜他的病痛，说服林育生和他一同回队止，在情节结构上处于主导动作和积极进攻的地位，从而突出他的英雄品质，并从而突出“革命接班人”的主题。

(二)明确林育生的转变过程——林育生是怎么变坏的？他最后转变的契机是什么？这是需要形象回答的两个问题。对于前一个问题，剧本增加了林育生和小吴两个人物关系的描写，明白通过他们二人的活动，表明林育生受小吴影响逐渐腐化变质的过程。对于后一个问题，则规定林育生的转变过程，一是大辩论，赵继伦帮助的结果；二是革命传统教育，林坚和老书记教导的结果；两者结合起来，最后的焦点集中在赵继伦的一句话：“在什么地方跌倒，就在什么地方爬起来”，在赵继伦的革命精神鼓午下，林育生终于站起来了。原剧中林育生曾多次说“什么地方都能去，就是不能回队去”的周折，一笔文学剧本中去掉了，也有利于人物形象的明朗化。

(三)打破舞台框框，展开时代背景，发挥电影特性——一个舞台剧本从舞台搬上银幕，除了纪录性的以外，一般都要经历一个变化的过程，那就是在内容上去芜存菁，形式上脱胎换骨，艺术结构和叙述方法都应该是电影化的。电影文学剧本从展开舞台剧的生活背景入手，以赵继伦的行动为

20×25=500　　江南电影制片厂稿纸

视点，展开情节线索，这就从根本上改变了原话剧的叙述方法，并紧随着情节的行动展开广阔的时代背景，矿山、工厂、车站、学校，到处都显示出一片蓬勃的火热气氛。肖继业和同学们在校园里的会见，和林育生在阅览室里的辩论，以及林奶奶、林岚在新村里、医院里的出现，和最后大家在车站的送别场面，这些都是为了充分展示时代特点，充分发挥电影特性而设计安排的，在文学剧本里就为未来影片提供了发挥电影艺术特长的极大可能性。

这一阶段充分发挥了剧本创作组的集体创作功能，在一定范围内和一定程度上，也在创作组织开展了"领导、作者、群众三结合"的创作活动。例如，各级党的领导同志，地质工作者，地质学院和地质事业领导部门的许多同志，都提供了不少意见，有的同志甚至把个别场面的具体构思写成文字，送给改编者，那种热情、主动的共产主义协作精神是令人难忘的。

但是，由于改编者的思想、业务水平和生活基础所限，文学剧本仍存在着不少问题需要进一步解决。其中比较突出的有以下几点：

（一）主题思想缺乏进一步的深化——这在开始改编的时候就缺乏较高的要求，只做到保持原剧主旨、主要人物、主要情节，忽略了在原剧思想的基础上进一步的加深和提高。

5

~~摄制工作接近完成，在领导同志具体帮助下，进行补拍和修改，有所发展，有所提高，在剧本创作阶段已缺乏色彩的。~~

（二）正面人物方继尧的性格刻划不够充分——形象比较单调，语言缺乏色彩，基本上没有突破舞台剧的形象基调，内心活动刻划得不够深刻，精神境界不够高，还不够动人。

（三）转变人物黄育生的内心世界揭示得不够清楚——他的生活目的，资产阶级低级趣味的个人等等，都没有加以大胆的充分揭露。

（四）小英这人物的出场作用不大，不足以表明黄育生变化的过程，而且出场后就产生了作用，也不真实。

（五）有几个人物比舞台剧削弱了——有[illegible]的形象，夏倩如、夏淑娟的形象都不够饱满，尤其是刻划夏淑娟的分寸欠准确，不够明朗，不够统一。

（六）有些情节不够合理，不够紧凑——如前边的矛盾冲突还不突出，而且过份，对黄育生的刻划有些失分寸；后面的结局显得拖拉，还不够干净利落些。

这些，都有待分镜头剧本来加以改进和提高。

分镜头剧本一至三稿吸取了厂内外领导和群众的意见，在导演、演员、摄制人员三结合的情况下进行了再创作。如果说，文学剧本是在创作组成员的协助下，结合领导的指示，由改编者来完成；那么，分镜头剧本便是在摄制组成员的协助下，结合领导的指示，由导演来完成。

20×25=500　　江南电影制片厂稿纸

6

两者都是民主集中的产物，是包涵着集体的智慧和个人的创造性劳动在内的。

至于说明分镜头剧本一至三稿的修改过程，那将是一件十分繁复的事。这里只能概括总的情况和例举一些结果，来说明一些问题。

通过分镜头剧本的再创作：

（一）方继兰的形象比较鲜明、丰富了，品质更高一筹了——主人公思想和阶级斗争观念得到较完全的体现。原来方继兰动员林方生到卫队，鼓动同学们到边疆去，意思不是十分鲜明，现在明确以边疆主人身份，带着豪情壮志，意气风发地鼓动同学们到大西北去。她说：

"好啊，那就让我们大家都趁年青力壮的时候，把我们最宝贵的青春献给祖国，到边疆去，到祖国最需要的地方去吧！我以边疆主人的身份，热烈欢迎你们，干杯！"

原来方继兰和林方生展开思想斗争，侧重就事论事，摆事实，讲道理，现在同样是摆事实，讲道理，但已经提高到阶级和阶级斗争的高度来看待问题，方继兰的觉悟程度提高一步了。

方继兰说："岚岚，你知道这里面存在什么问题吗？"

林岚一时摸不着头脑。

20×25=500　　江南电影制片厂稿纸

7

肖继业说："在我们这里就存在着阶级和阶级斗争，我们在经历着激烈的战斗啊！"

……………………

林育生说："我可不是出身在资产阶级家庭里。"

肖继业说："好，你是出身在无产阶级家庭里，可是，对于无产阶级革命事业，你是抱什么态度呢？……"

林育生答不上话。

肖继业接着说："你是准备作无产阶级接班人，还是资产阶级接班人呢？"

林育生说："笑话！"

肖继业说："这不是笑话，这是一个严肃的事实。要不，象小吴这样的资产阶级遗少，你为什么经常和他混在一起，什么都听他的呢？……你脑子里只想到个人，根本想不到国家和人民，你甘于作资产阶级思想的俘虏，还要留恋着大城市，追求庸俗腐朽的生活。你想想，这一切都意味着什么？……"

（以上所引均据分镜头剧本三稿）

原来肖继业的腿病危机和林育生的假造证明是分别处理，分头介绍的，现在已把两者扭结在一起，互为因果，这样推动了戏，这不单在情节结构上比较紧凑完整，而且对于肖继业的正面英雄形象有所丰富，有所加强。此外，结尾将肖继业的远行改为和林育生共同行，这是革命浪漫主义的一笔，对人物和主题都有助益，这里就不详细引述了。

20×25=500　　　　江南电影制片厂稿纸

8

（二）黄彦生的内心世界多了一些揭示——在文学剧本里，黄彦生和夏倩如谈心的戏不多，影响了他的内心生活的表达；分镜头剧本在这一方面作了补充，首先让黄彦生和夏倩如在校园里谈心一场放在和甫靖出见面之前，这样他就可以抒发自己的胸怀，畅谈自己的"理想"。他说：

"想一想，倩如，要是真的把你分配在上海，那该有多好啊！……我们可以一块儿钻研业务，为地质科学多出干出一些成绩来；还可以在工作之余，把我们俩的生活安排得很丰富多采！……"

后来（在新村林荫道上相遇的一场）当他知道夏倩如不想要求留在上海之后，他又说：

~~"你瞎想些什么？留在上海就落后了？上海的条件比青海不知好到哪儿去了，你听着……这不是……？~~

~~"人家的荣誉感向你就比地实际服务，为人民服务么，在哪儿还不都是一样，干吗非要到边疆去不可呢？……~~

"我还是到学院去跑一趟，我要去跟他谈一谈，看他能不能让我在勘探系当研究干部。"

夏倩如说："这样你不是要脱离专业了吗？"

黄彦生说："先不管这些了，找到工作再说。"

这样，他"钻研业务，为地质科学多干出一些成绩来"的"理想"的实质是什么，就很清楚地揭示出来了。再后来，当他的如意打算竟是走投无路，"此路不通"的时候，他趁着到地质学院参加毕业生联欢会的机会，找夏倩如纠缠，进行最后挣扎。他说：

20×25=500　　江南电影制片厂稿纸

9

“我想来想去还是觉得应该向领导上反映一下我们的实际情况。我的腿一时好不了，总不能老是这么闹着呀！……我只要求暂时在这儿工作一个时期，只要你……”

夏倩如不耐烦地：“育生！我已经打了报告，向组织上表示过态度了，你还让我说什么？”

林育生说：“那你可以说，我们马上要结婚。”

夏倩如吃惊地：“什么？你说什么？……为了留在上海就想突击结婚，亏你说得出口！”

至此，林育生内心深处的“奥秘”就被揭露无遗了。这一段话原是话剧上本所有，用在这里就愈能显示出人物的精神空虚。当然，为了表现林育生的低级趣味，还增加了一些生活细节，这里就不一一列举。

（三）萧奶奶、林岚的形象也比以前有所丰富——萧奶奶参加了年轻人在林家的聚会；林岚揭发了林育生和小吴的关系。

当一群年轻人围着萧奶奶谈论野外生活的艰苦竟是不可想象的欢乐时，萧奶奶一语中的地插话道：

“因为你们走的是毛主席走过的路，奔的是和工农红军同一个革命目标呀！”

萧奶奶的一句话，说得年轻人都心里亮堂起来。她作为一个革命老妈妈的形象，在这里显示出特有的光辉。

林岚揭发林育生和小吴的关系，是在萧继业发现林育生

20×25=500　　江南电影制片厂稿纸

10

的假记吗，奔赴林家，想找林育生问罪的对象。林岚拿来一封小吴从青岛寄来的信，引起他们二人一段对话：

"岚岚，你知道小吴到底是怎么一个人吗？"

"寄生虫，不脱以往一套，靠着家里的钱，只知道吃喝玩乐，宣扬他资产阶级那一套！"

"育生常跟他来往吗？"

"嗯，可热和呢！只要表姐不在家，经常和他在一起。你看，这是他跟小吴在一起拍的照片。"

从玻璃台板下面抽出的一张照片上，林育生和几个青年男女正在开怀畅饮，纵情欢笑着。

~~"你对这怎么有意见？"~~

~~"表姐对他提过多少次意见，他就是不听嘛！我的话他更不要听。"~~

~~"……"~~

下面引出了林育生有关阶级和阶级斗争的一段话。林岚在这重要关口，通过她富有特征的个性，起到了穿针引线的作用。

~~另外，林岚和青妈妈在育家为了育生的思想问题而激动不安的戏也有所丰富。本来，在文学剧本里，没有~~

(四) 夏淑娟的分寸得到一些调整——在文学剧本里，为了避免损害这一妇女干部形象，在林岚考学校的问题上，肯定她比较多了些，在林育生"抗人情"的问题上又不能袒护她，这就形成前后矛盾，含糊不清。现在明确她对林岚考农学院

20×25=500　　江南电影制片厂稿纸

是有保留的支持，她认为林岚应该事前和家里商量，不应该自作主张；对林育生要求"托人情"是原则反对，但作让步，由于她一贯溺爱育生，这里心肠一软，就失掉原则了。这个人物对育生生活照顾多，思想帮助少，是造成林育生犯错误的内因之一，是应受批判的。~~分镜头剧本有了这个意思，还没有明显地表现出来。~~

（五）小吴的处理找到一种比较适当的方法——那就是半明半暗，若隐若现，闻其声而不见其人，观其影而不现其形。这样可避免正面描写的不足和产生不必要的副作用。至于他对林育生所起的影响作用，通过"疾病证明书"的来历不明和照片中的花天酒地，还是可以激起观众的想象，感受到小吴的资产阶级影响的危害性的。在分镜头剧本中，提到小吴的地方有七、八处之多，目的是加强他的印象。前面的"码头送别"和后面的"开怀畅饮"（照片）是两个着重点，萧继业就是从这些照片看到林育生的错误根源的。这些照片起到刻划人物、推动剧情的关键作用。

（六）不够合理、不够紧凑的情节作了适当的修改和删节——"祝酒冲突"一场改变了内容；压缩删去了手术室门外、地质学院和林家三场戏，只保留病房内外、车站送别两场，比较简练有力了。

"祝酒冲突"原来是由林育生蓄意挑起，态度比较骄横，既不近情理，又有些流气，~~不近人情~~，现在改为由于萧继业不断鼓吹和动员夏倩如去到边疆

12

去，他感到压力很大，一时感情上受不了，就冲动地拂袖而去。这比以前更合理一些）。

此外，林坚的形象也作了一些补充。本来他回家解决了儿媳妇矛盾以后，是林育生找上他，他才询问育生的思想和生活；分镜头剧本改为林坚主动到育生房里去了解情况，并突出政治思想上的关心，这是一个进展。在他发现林育生“把人情”之后，原来是暗写他找育奶奶谈话，现在改为正面表现，但篇幅很短，~~却比较积极，也比较亲切了。此外，和林岚、李荣生谈幸福，也补充了一些内容~~但经会后正面的“家庭会议”，抓住他思想进行革命历史教育，以及最后的“造书训子”高潮，自成一条情节线索，主动性和积极性都比较强了。

以上这些进展，究竟是怎么得来的呢？我想举一场戏为例，来具体说明问题。

✓ 林家聚会和说理冲突一场原来有两个问题，一是聚会不够欢畅，有损林坚的形象和青年群众都缺乏蓬勃的革命朝气；二是说理冲突比较勉强生硬，有损人物性格。尤其是前者，当北京电影学院的同志看过文学剧本和分镜头剧本初稿后，不少人提出这样的意见；至于后者，有些同志，领导同志和我们自己是一直认为存在问题的。分镜头剧本二稿进行写作时，我们导演组和演员经过讨论，统一认识，集中力量，进行了集体的修改（同时也还有

20×25=500　　江南电影制片厂稿纸

13

此它若干场戏采取了这个办法），终于，创作组同志提出了一个方案（有改动的），那就是有继生谈诗外公他从老年红军长征走过的路线上，引出"攻占渡口，不获胜利不回头"的老革命豪迈的诗句；然后是藏族民间舞，生动活泼的欢乐场面……。这就解决了第一个问题，使整个场面除了政治气氛，[illegible]，使主人公的精神面貌，增添了轻喜剧的色彩，人物更活跃起来了。接着是若岚上场，通过她的一句饶有风趣的话："这是大自然的规律，将来还要变成一个老太婆呢！"过渡到有继生乘兴[illegible]……。这一方面可突出有继生的主动精神，一方面可介绍共青团蓄意挑起冲突的不合理性，可以说是一举两得。方案经过排演，得到实践的检验和修正，再经过编导的艺术加工，最后就纳入了镜头剧本第二稿中了。这种做法在分镜头剧本创作过程中经常运用，"[illegible]"，"家庭会议"和"大辩论"等，都经过摄制组创作人员反复推敲，一再修改，并通过排演实践，最后才把它肯定下来。有的场景，只有一个意向就交给大家讨论，集体创作；有的场景，导演只写出草稿，交给大家审议以后，修改定稿付印。前面引述的若干片断和有关的场景，从意向到对话，以至个别艺术细节，就是这么产生出来的。

（这种做法可以刺激创作想象，激发创作热情，相互紧张补充，活跃创作空气；往往可以使创作活动绝处逢生，收到意想不到的效果。例如上述的聚会，本来是要集中解决[illegible]人的[illegible]，没想到在创作组提出的方案基础上，后来又有[illegible]参加，尤其在一群生气勃勃的年青人中有这么一位[illegible]的老奶奶参与，这就意境更高，意义更大了。）

20×25=500　　江南电影制片厂稿纸

根据以上所述，分镜头剧本（三稿）是否已经完全无缺了呢？当然不是这样。经过领导审查和群众讨论，仍然发现有如下一些缺点：

（一）语言不够准确，不够鲜明，不够生动——对话一般，无力；大多数人物缺乏个性特征。

（二）有些场景的戏不够充分，不够深刻，不能感人——如序幕、尾声、"祖孙夜话"、"大辩论"、"遥寄'小妹'"等等，不够确切的地方还不在少数。

至于主题思想为何进一步的深化，那就更谈不上了。

以上一切，都有待在摄制中改进。

二、摄制过程中的问题

正当影片即将正式开始拍摄的时候，文化革命浪潮的冲击

。《北国江南》、《早春二月》等犯有严重倾向性错误的影片受到批判，制片厂的全体创作人员都参加了学习，在

动中，一方面积极参与反对资产阶级文艺路线、反对修正主义的斗争，一方面自觉清理自己的创作思想并检查正在创作和摄制中的剧本和影片，以便通过这些革命实践，提

15

高速地，改进工作。电影《年青的一代》正好经历了这一场革命浪潮的冲击，厂领导组织全厂创作干部和摄制组创作人员重新审查剧本，提出意见，这时在组内外就产生了两种不同的看法：一种认为剧本基础好，没有方向性的问题；一种认为基础不牢靠，拍出来有倾向性的危险。怎么办？学习，再学习，依靠党的领导和群众讨论，主席著作和党的文件，终于解决了以下几个主要问题：

（一）革命家庭能不能出"败子"？剧本所揭示的主要矛盾是不是真实，是不是典型？我们这样暴露革命干部子弟蜕化变质，是否会损害党的威信？

这个问题我们从两方面来看。

就一般意义说，有阶级和阶级斗争存在，就不能保证革命家庭不出"败子"。阶级斗争既然能在无产阶级的先锋队——革命政党内部反映出来，当然也会在革命干部家庭内部反映出来。革命干部子弟蜕化变质也正是两个阶级、两种思想争夺我们下一代的具体表现，是资产阶级思想和修正主义思想腐蚀我们下一代的具体表现。在生活中，在我们的国家内，虽不能说已大量存在，但却是一个客观存在，它是有一定的真实性和典型意义的。在九评苏共中央的公开信

20×25=500　　江南电影制片厂稿纸

16

《关于赫鲁晓夫的假共产主义及其在世界历史上的教训》一文中说："……在目前我们的社会里，是不是干干净净的呢？不，并不那么干净。这里仍然存在着阶级和阶级斗争，存在着被推翻了的反动阶级阴谋复辟的活动，存在着新旧资产阶级分子的投机倒把活动，存在着贪污盗窃分子和蜕化变质分子的猖狂进攻。"从这个观点推论，井育生的错误行为能不能理解为社会上蜕化变质分子猖狂进攻的一种反映呢？我们看是可以的。

就具体情况说，剧本是怎样揭示这一主要矛盾的呢？是单纯暴露，还是既有暴露又有歌颂，既有反面事物又有正面事物，而这两者的力量对比又是否合乎生活逻辑的呢？也就是说，正面的积极的因素是否超过和压倒了反面的消极的因素？我们看是肯定的。剧本塑造了井育生这一反面人物形象，同时塑造了井继世、井岚、井坚、井奶奶等一系列正面人物形象和夏晓娟、夏倩如、李紫生等中间人物形象，他们的力量消长，先进与落后的斗争过程是符合生活真实，具有典型意义的。

更重要的是剧本通过矛盾冲突所揭示的主题思想，并非看重消极的"革命家庭出败子"这一面，而是积极的"老革命化道路，培养无产阶级革命接班人"这一面，这就更无可非议了。

17

关于党的威信问题，毛主席《在中国共产党全国宣传工作会议上的讲话》中有一段话给我们很大启发。这段话是针对1957年党的整风运动说的。他说："在我们的工作中间，成绩是主要的，但是缺点和错误也还不少。因此我们要进行整风。我们自己来批评自己的主观主义、官僚主义和宗派主义，这会不会使我们党丧失威信呢？我看不会。相反的，会增加党的威信。抗日时期的整风就是证明。它增加了党的威信，增加了同志们的威信，增加了老干部的威信，新干部也得到了很大的进步。"现在我们在文艺作品上批评革命人的缺点和错误，当然不同于整风，但是这样作的后果是不是也会象整风一样，只会增加党的威信，不会丧失党的威信呢？在毛主席已经提出具有伟大战略意义的培养和造就千百万无产阶级革命接班人的问题之后，在我们的创作已经不止提供了一两个革命接班人形象的具体情况下，这是无庸置疑的。~~关键在于正面人物塑造是否已达到了一定程度的鲜明性。~~

（二）~~正面人物是否已经树立起来~~？正面力量有没有压倒反面力量？正面人物围着反面人物转，能不能突出正面人物形象？

这里提的是有关正面人物塑造的两个问题，一个是力量对比问题，一个是情节结构和人物关系问题。

关于力量对比，前面已经提到，从目前的情况来看，正面力量是

20×25=500　　江南电影制片厂稿纸

18

相当吃紧的。在情节结构和人物关系上，主要的正反人物配置是成对的——萧继业、林坚、林岚、萧奶奶对林育生。萧继业和林坚是正面的，直接的，林岚是侧面的，萧奶奶是间接的。萧继业是正面中心人物。他们四个人在表面上是围着林育生转，因为他们的共同任务是和林育生的错误思想作斗争，帮助他进行思想改造，继承革命传统，作一个革命事业的接班人。正面人物形象就是在参加这一斗争的过程中得到揭示，并得到发展的。因此"转"的实质便是斗争，这种"转"就会有利于突出正面人物形象，不会走到它的反面去。怀疑这种结构以及结构所反映的人物关系不能突出正面人物形象，那是不必要的。问题的核心还是在于正面人物形象塑造，特别是正面中心人物萧继业的塑造是否在原结构基础上达到了一定程度的鲜明性和深刻性，更鲜明、更深刻，是否已经很高大，很完美，这是值得考虑的。

（三）中间人物是否偏多偏重，是否有喧宾夺主，冲淡正面人物的毛病？

夏倩如、夏淑娟、李荣生这三个人物，我们是作为中间人物处理的。所谓"中间人物"是和先进人物（或正面英雄人物）落后人物（或反面人物）相对而言。它可以向先进人物转化，

20×25=500　　江南电影制片厂稿纸

19

也可以向落后人物转化，它完全是在转变之中，是不定型的。夏倩如、夏淑娟和李荣生都有缺点和错误，都是被批判的人物，在她们受到批判，自觉改正自己的缺点和错误的时候，也就是观众受到教育的时候，中间人物在一个作品里是少不了的。在生活中，一般规律是中间大，两头小；在一个作品里，中间人物稍多，也不足为病。只要不把中间人物当作先进人物、英雄人物来写，不以中间人物形象代替英雄人物形象，中间人物是用不着回避的。至于分量和分寸的问题是该注意，如夏倩如在分镜头剧本初稿中，听着歌“勘探队员之歌”在大树下沉思回想的一组镜头就显得过分渲染，失去分寸，这在分镜头剧本二稿中已经删去了。至于夏淑娟和李荣生，前者主要是刻划得不够深，不够充分（有人建议把她潜藏革命意识的思想实质挖得深些，我们没有办到），后者较之斗争前已有所减（如“咖啡青”）削，只有个别场景的多描绘（如推车出场），那还不是什么主要问题。这个人物除了烘托正面人物，陪衬反面人物并起一些（有限的一些）穿插作用外，并没有喧宾夺主的地方。

其它场景的描写或许有不尽确切之处，但基本情况不是过多，而是不足。

那么，在这几个主要问题上，剧本是经得起推敲的了？可以这么说。这一方面是因为原话剧基础比较坚实，一方面也是因为我们在改编和分镜头剧本创作过程中，依靠领导和群众的帮助，对这几个问题已经不同程度地加以

20×25=500　　江南电影制片厂稿纸

注意的缘故。这么说，是不是剧本已经不存在带任何倾向性的问题了？还不能这么说。在总的情况上，经过文化革命浪潮的冲击，基本上站得住脚；在个别场景的具体描绘上，也还是存在问题。例如在黄育生的假面目被揭露以后，有一场戏写他和夏倩如的内心活动，调子比较软，比较忧郁（我们当时定名为“痛苦的心声”），辩论指出这场戏的情调不对头，有资产阶级艺术趣味，领导上也有这种看法。另外还有一场戏写黄育生的转变（我们当时定名为“雨过天晴”），我们用了较多的表现手段来描绘他的精神面貌，调子比较高，有歌颂的色彩，辩论指出这也不对头，有立场问题和思想感情问题。这场戏是这么写的：

雨过天晴。

旷野路边，高压线的铁塔一个接一个伸向远方。（摇）黄育生站在铁塔下，猛回头，（摇）他在凝望……。

黄育生身上的衣服虽还没有干，但是脸色却很平静。

地下的小溪流淌淌流动。

稻穗上的水珠晶莹闪烁。

夏倩如走过来，迅速奔向黄育生，（摇）黄育生迎着她。

黄育生握住夏倩如的手，两眼含泪。

黄育生：“我该怎么办呢？”

21

夏倩如："还是格捷说的对，在什么地方跌倒，就在什么地方爬起来。"

井育生出现楼梯之巅。

晚霞似锦，衬托着井育生和夏倩如二人屹立的身影，象一座雕塑。天空出现彩虹，音乐高昂……。

群众说："高耸的铁塔，锦绣的晚霞，壮丽的彩虹，高昂的音乐，这样优美的情境，诗情画意的描绘，只能给正面人物富继业，决不应该给井育生。"问题提得是尖锐的。这就意味着全部影片里应该以谁为主来实现在银幕上。

经过阶级分析和思想交锋，也是文化革命浪潮的洗刷，一场争论解决了。在摄制时，这场戏改变了另一种艺术处理。前面一场戏这些也有保留，后来也改掉了。

以上这些，说明一个什么问题呢？就是经过文化革命运动，大家的政治觉悟提高了，党员觉悟，对文艺战线上的两条道路斗争提高了警惕性。有些带倾向性的问题在剧本里虽不是主流，但却影响作品的纯洁性，应该调整清理，有些问题虽然在实际上并不存在，但经过讨论都大大提高了对作品主题和人物形象的认识，为将剧本投入拍摄进一步打下较牢固的思想基础。这是文化革命的赐予，也是"领导、作者、群众三结合"的赐予，是有划时期的意义的。

20×25=500　　江南电影制片厂稿纸

22

不断革命，精益求精

从一九六四年十月到一九六五年一月，经过四个月的拍摄，样片基本完成了。经过领导审查和群众鉴定，作了四次修补，又化了四个月的时间才进入后期制作阶段，于八月初和观众见面。这是一种稀有的经验，一次不寻常的经历。

修些什么，补些什么呢？

综括起来说：修语言和形象的艺术处理，补主题思想和人物刻划之不足。如"谈幸福"、"祖孙夜话"、"大辩论"、"遗书训子"某些场戏都全部基本上重拍，凡是内容涉及主题思想（如世界观、幸福观）的地方都反复推敲，不断修改，使其思想性和艺术性尽量提高，尽可能具有较高的说服力和感染力。另外，环境背景，生活细节，一件陈设道具或一件服装，凡是不够准确、不够完美的地方都力求改进，所以修补的幅度很大，化的功力也很多，是过去创作生产中所少见的。

这个修补过程是不断革命，精益求精——不断深化主题思想，突出人物形象，清除资产阶级文艺思想残余，提高影片质量的过程；也是大幅度的、深入的"领导、作者、群众三结合"的过程，我们摄制组全体同志在本厂负责同志亲切关怀和直接指导下，各级领导的具体帮助下，全厂职工的批评、

20×25=500　　江南电影制片厂稿纸

23

帮促和鼓励下，学习了毛主席的著作《愚公移山》《放下包袱，开动机器》和《九评苏共中央的公开信》以及周总理的《政府工作报告》等文件，并学习了京剧《红灯记》的先进经验，于是开动脑筋，再接再厉，意气风发地进行补拍，终于使影片在原来完成的样片的基础上大大前进了一步，这是很不容易的。

样片经过修补，方继世、世英作为革命接班人的形象更鲜明、更丰满、更积极、更成熟了；世昌、方奶奶作为老一辈的革命者的形象，他们的思想深度和高度，又有一些进展了；世育生的转变过程得到进一步的充实；他和夏倩如二人的某些生活情调，得到进一步的处理和调配；环境背景，生活细节，作了某些必要的补充描写等等；整个样片的面貌不同了。

这些，都和领导的具体指示以及群众的积极帮助不可分割。例如："谈幸福"、"祖孙夜话"、"大辩论"、"遗书训子"这几场戏中的一些重要对话，都是由市委负责同志亲自指点，帮助修改，在思想性原则性的掌握上，弥补了我们创作人员思想水平的不足。

样片里世昌有这样一段话：

"我们这一代人千辛万苦争取了政权，建立了无产阶级的家业。我们的下一代呢？……他们全都会把我们的事业继承下去吗？

"我们所走的是一条艰难但都是通往胜利的道路，我们的下一代呢？会跟着我们的道路走到底吗？……"

20×25=500　　江南电影制片厂稿纸

《愚公移山》《放下包袱，开

信》以及《周总理的》《政府工作报

告》的先进经验，于是开动

行补拍，终于使后来完成的影片在样

很不容易的。

凡作为革命接班人的形象

丰满了；江坚、赵奶奶作为

思想深度和高度，又有一些

进一步的充实；他和夏倩

~~有关的艺术处理~~，得到进一步的

细节，作了某些必要的补充~~更...~~

的面貌不同了。

及群众的积极影响不可分

大辩论"、"造书训子"这几场

，帮助修改，在思想性

人员思想水平的不足。

特别值得提及的是当时正在广州养病的柯庆施同志，曾反复审查了我们的样片和修改方案，提出了一系列重要的指示，对我们的样片修改起了关键性、决定性的作用。

政权，建立了无产阶级的专

会把我们的事业继承下去吗？

通往胜利的道路，我们的下

了……"

江南电影制片厂稿纸

24

这是一种比较消极的怀疑的口气。

根据杨承德同志的指示修改后的影片不同了：

“……我们党领导全国劳动人民，千辛万苦夺取了政权，建立了无产阶级的江山，我们的下一代将怎样呢？……

“谁要是想让他们蜕化变质，剥削复辟，不行，坚决不允许！我们一定要教育年青的一代继承革命事业，做好无产阶级革命的接班人，让他们一代一代的沿着党和毛主席所指引的道路走到底！”

精神是高扬的，情调是昂扬的，充满了对下一代继承革命事业无比坚定的信念。

以上这些，都是依靠领导、群众帮助的结果。另外，来自群众的帮助也是很突出的。

原来样片中井家的布景陈设比较富丽，不够朴实，全厂职工看样片以后，有不少同志提出意见，认为井家布景有三多——花草多，镜框多，电灯多，作为井坚这样的革命老干部，不应该这么铺张浪费，象是一个高级知识分子似的。类似的意见，我们在拍摄过程中也曾听到过，没有予以足够的注意，现在由于群众性的批评压力很大，不得不认真对待，报请领导以后，结合其它因素，终于下决心重新布置，重新补拍了不少镜头。为此，[illegible]同志还特地从北京寄来一幅毛主席写的横幅：“艰苦朴素”，挂在井家楼上。井家的环境经过补拍，是朴素得多了。

（[illegible]同志当时在广州看过我们的样片）

江南电影制片厂稿纸

24

样片里谈到幸福观和世界观的地方有好几处，最主要是井冈山谈幸福的一场。根据柯庆施同志的指示补拍后，胸怀祖国、放眼世界的革命思想得到进一步的发扬，对于主题思想的深化是有很大关系的。

在环境背景和典型细节上，由于广州和柯庆施（和陶铸）同志一同看我们样片的康生同志的指示，对于方志敏从赣东北回上海时的途中所见和方志敏长谈时的主席画象，作了"画龙点睛""主笔见好"的修改。原来方志敏回上海，只有"两个"列车从山区驶向旷野"，"方志敏在车厢内容光焕发"的镜头，经过补拍，多了一组展示大而壮丽伟大的建设背景的镜头，气势就雄伟得多了；原来井冈山的主席象运用得不突出，而且拍得模糊不清，经过补拍，毛主席像贯穿全剧的画象的精神面貌（具体），使全部影片内容（方志敏的谈话），被鲜明地突现出来了。这对于方志敏的形象刻划也起到了烘托陪衬的作用。

25

另外还有一个在摄制组内部，导演和演员紧密结合，字斟句酌，写、修改方案的例子。

在影片里，当韦德生知道自己的腿病严重，可能要截肢，同时发现女育生的假证明，深夜凝思，百思不解，有这样一段内心独白：

"我该怎么办呢？正当国家社会主义建设需要我们全力以赴的时候，偏偏出了这种事。……难道我就这样离开领导岗位，难道就让育生这样下去了？……"

这段话看来很简单，没有什么出色之处，但是要找到人物在此时此地的心理状态，并用准确而精炼的语言把它体现出来，却要费过一番周折。这里开始改编文学剧本的时候就有过这个意图，由于规定情境不断改变没有实现。现在为了使人物的内心活动明朗化，使韦德生一心为革命的崇高品质能够适当地显现出来，我们反复琢磨这段词。开始由导演一个人关起门来写，总觉得不够，后来合到导演组和演员组的联席会议上共同研究，分析了人物的思想脉络及其发展过程，确定了"祖孙夜话"整场戏的逻辑顺序，然后才一字一句地共同写出了这一段比较适当的内心独白。这样，联系后面"祖孙夜话"中韦德生明确表示的态度，人物的精神面貌就更加鲜明起来。

20×25=500　　　　江南电影制片厂稿纸

26

不足之处和存在的问题

经过领导和群众的关心、爱护，指导和帮助，我们来出作者与领导、群众逐步加深三结合，也作了不少努力，但是由于我们自己政治和业务水平的限制，直到影片完成，依然存在着好些不足之处和遗留问题，没有很好的解决。

(一)语言的生活化、性格化

这个问题，如前所述，是剧本创作阶段就已存在，通过摄制过程中的再创作，是解决了一部分；但是就主人公肖继业来说，还没有从根本上彻底解决，原因是人物形象的性格化还不够，还没有把我国地质工作者忠诚的坚毅，乐观的豪迈，粗犷的作风，生动有趣的多方面的性格，全面而充分地塑造出来。因此有人看了影片以后说："肖继业的形象是高大的，但是还不够完美，较之小说还有所逊色。"这主要是指性格化而言，它和语言的生活化、性格化自然是分不开的。

有人觉得影片里的对话为数太多，似乎不符合电影艺术特性，这一点我们不这样看。

我们这个影片主要是通过幸福观、世界观，思想领域的两条道路斗争来刻划人物，阐明主题，剧中人需要说大量的话来讲清道理，开展说理斗争，因此大段的政论性的对话就不可避免；只要这些对话能做到情理交融，并带有一定的个性色彩，长一些，多一些是不足为病的。为肖继业在大辩论中

20×25=500　　江南电影制片厂稿纸

27

谈到"解放前，象你我这样的工人的孩子，……"和辩论后谈到"为了革命利益，多少人在日夜不停地战斗着！"以及"不管怎么样，我也要在勘探队里干一辈子"这几段话，都是情理并重，充满着浓厚的无产阶级思想感情和顽强纯朴的个性色彩，是比较能激动人心的。但是，也有不少一般化的，出自谁的口都可以的没有个性特征和深厚感情的话，这就减弱了感人的力量。

还有些刚脱可能在编排时说的"我是一个勘探队员，我不能没有他！""我不信我们脱就不能停当！"这些话

例子

这里面一方面有剧作的问题，一方面有表演的问题。如林娃"谈幸福"一场，经过剧作（对话）的修改，拍出来以后是增加了感人的力量；但是如果不是演员在表演上给予角色以真挚的感情和亲切而质朴的语言处理，那么这一大段话也不会收到现有的效果。创作过程中的实际情况是充分说明了这个问题的。

实例

所以，对话的问题不是长短或多少的问题，而是思想感情和人物性格的问题。

我们开始并不明确这一点，写了不少废话，后来经过实践，才比较明白了。

严格的从内容出发，力求精确，鲜明，生动，这是创作遵循的原则。我们在生活化、性格化方面不足，正是没有达到这一原则要求的表现。李兰、肖德说得也是创作注意的。

㈡ 关于中间人物的处理

我们这次在塑造正面人物和反面人物上花了不少工夫，取得了一些成绩；但在中间人物塑造上却有不足之处。

正面英雄人物是在和反面落后人物的斗争中成长高大起来的，不塑造各种人物就无从突出正面形象，反映实际生活，

20×25=500　　江南电影制片厂稿纸

28

阐明主题思想。我们这次对夏倩如和夏俊福这两个中间人物的处理，就缺乏这种明确的观点。由于怕在中间人物身上化的笔墨太多，揭示的矛盾太大，喧宾夺主，得不偿失，所以有意加以控制和削减，这就造成形象模糊，作用不多，造成创作上的一个损失。例如关于夏倩如的刻划，如果从学校，从同学（周婕、姚尚明等）方面，结合有继业争夺黄育生的斗争，展开一场争夺夏倩如的斗争，更明确地表明夏倩如本是一个"有理想，肯钻研，一心要到边疆去"的好青年，祇是由于黄育生的影响才动摇了，软弱了，经过有继业和同学们的帮助，学校组织上的帮助，她又立刻清醒过来，参加了争夺黄育生的斗争，她的行为可以更光明磊落，更富有积极性和时代青年的朝气；这样既有利于夏倩如这一形象的鲜明塑造，又有利于正面人物和青年群象的刻划，岂不是一举两得吗？可是由于我们思想方法上的片面性和不必要的顾虑，就没有这样作。再如夏俊福的形象刻划也没有充分展开，没有揭示这一人物的内心矛盾，加以明确的描绘。她溺爱黄育生，生活照顾多，思想帮助少，对于社会主义革命和社会主义建设时期的阶级斗争和阶级敌人的和平仁爱政策及其思想影响，并没有警惕，她是造成黄育生犯错误的家庭因素之一。但是一旦当她发觉自己的思想是多么严重的落后于实际，自己的行为又是处在多么危险的边缘（

20×25=500　　江南电影制片厂稿纸

29

指"托人情"这样一种丧失原则的事情（乃至受假话的蒙蔽时），就应该立刻醒悟起来，鲜明地投入挽救曲彦生、教育曲彦生的行动，直到曲彦生彻底认识错误为止。她的性格应该是复杂而又明朗的。可是我们没有抓住这些要点在创作和表演上加以充分的刻划，既没有深刻的批判，又没有使这个人物明显的变化，只是在最后让她说了一两句象是自我批评又象是感慨的话，不痛不痒，连一点真正的痛切之情和是非概念都没有，这是远远不够要求的。

以上两例说明我们对中间人物的作用认识缺乏理解，也不够重视，在创作过程中虽有所探讨，但不深入，不明确，因而没有很好的完成这一方面的创作任务，这和我们的创作思想不够大胆是分不开的。

（三）关于主席思想的体现

我们在了解毛主席提出的培养无产阶级革命接班人这一具有伟大深远意义的思想指导下，通过几个典型的接班人和老一辈革命者的形象塑造，来完成这项任务的。在创作过程中，我们曾意识地以无产阶级革命事业接班人必须具备的五项条件为目标，来塑造革命接班人形象，虽然由于种种条件的限制很不够完整，总算还取得了一定的成效；但是却有一个很大的缺点，那就是没有形象地具体地体现革命接班人怎样在毛主席思想指导下成长起来的过程，方继武也好，曲岚也好，好象他们是天生的一种先进人物，可以不在毛泽东思想的哺育下成长

20×25=500　　江南电影制片厂稿纸

揭露似的。这是严重违反实际生活的表现，也是脱离政治的表现，是不能等闲视之的。

有人说，毛主席思想的体现，或引用毛主席语录，不在于直接表现学习毛主席著作，只要主席的思想通过形象有所表现，主席的语言化为人物的语言也未尝不可。这种意见，一般的说，是有道理的，但从我们影片的具体情况来看，显然是不很确切的。我们的影片是反映毛泽东时代青年生活的题材，在全国范围内学习毛主席著作已经形成为全民热潮的时候，象萧继业、林岚这样的先进青年不学习毛主席著作是不可想象的。应当表现他们在思想领域的阶级斗争中很善于向毛主席著作请教，在毛主席思想光辉照耀下获得无比坚强的力量，从而突出政治，突出性格。我们没有这样作是应该引以为憾的。

在原剧本中，萧继业和林育生进行大辩论时，曾引用了毛主席在《纪念白求恩》一文中说过的一段话，来说明"一个人能力有大小，只要没有自私自利之心，他就是一个高尚的人，一个纯粹的人，一个有道德的人，一个脱离了低级趣味的人，一个有利于人民的人"的道理，我们仅仅因为篇幅的关系，为了减少对话，把它压缩掉了。在影片里，萧继业深夜沉思，为了自己的腿和林育生的错误而苦苦思索时，我们曾一度想用毛主席著作来打开角色的心扉，但是考虑

20×25=500　　江南电影制片厂稿纸

31

找不到合适的语言。现在回想起来，上述《纪念白求恩》中的一段话，也未尝不可在这里应用，可是当时没有想到。这主要是我们创作思想上突出政治不够，一方面对主席思想、主席著作的重大意义认识不足，一方面对政治和艺术的关系领会不深的缘故。这是一个深刻的教训。

三、个人的心得和体会

（一）"领导、作者、群众三结合"是社会主义文艺创作的一种组织形式和基本方法，是党的群众路线在文艺创作中的体现，是无产阶级文艺的本质所决定，也是党性观念、群众观点的一种表现，具有高度原则性和无限生命力的。我们这次创作的实际情况和文化革命中样板戏等革命的文艺作品的创造经验，充分证明了这一点。

我们在这次创作过程中，上自市委乃至个别中央一级的领导同志和上层文化部门，下到全厂职工群众各方面有关的专业领导了们，都不同程度地参与了创作或创作成品的审查与鉴定，提供了不少宝贵的原则性的和具体的指导意见，使我们的创作在如前所陈述的发展过程那样，逐步健康地成熟起来。这是一次大规模的集体创作，是创作人员依靠领导和群众实行"三结合"的一次规模和程度，对个人创作经历来说是前所未有，是印象最深刻的极其深刻的。我将永远不会忘记在创作过程中，特别是后期补拍阶段，我作为影片的作者之一，经常于领导和群众——市委负责同志和摄制组创作人员——之间，对影片的修改方案字斟句酌，精益求精，推敲琢磨，反复锤炼的情形。每一项修改经过三结合的努力，既符合领导上的指示精神，又符合人物性格和人物关系的特点，而且对话又顺于上口，也就是既正确又生动，内容和形式结合得比较好的现象，那种愉快是难以形容的。在这种时候，我作为一个编导，感到如鱼得水，兴味昂然，不但可以摆脱创作灵感干枯的窘境，也没有觉得创作意图受到任何干扰，而且感到水乳交融，相得益彰，对于提高影片的思想艺术质量起到"水到渠成"的作用，这是那种关起门来单纯依靠个人努力冷冷清清搞创作的情况所难以比拟的。

通过这次创作，我深深体会到，创作的事业决不是个人的事业，而是党的事业和人民群众的事业的一部分。只有把个人智慧和集体智慧结合起来，听党的话，相信群众，依靠领导和群众的监督与帮助，才能发挥创作人员的力量，创造出具有高度思想性和艺术性的作品。否则，离开党和群众，创作人员纵然有三头六臂，也将是一事无成的。所以，今后搞创作必须走"三结合"的道路，这是很重要的一点。至于结合的规模和程度，当然要视实际情况而定，这是不言而喻的。

33

（二）实行"领导、作者、群众三结合"，必须清除专业人员思想上的障碍，克服个人主义，发扬集体主义。否则，"三结合"就会流于形式，不能使创作活动在正常、健康的状态下进行，起到它应有的积极作用。在我们这次创作过程中，思想上是存在过一些问题，遇到过一些周折。只有当创作活动跟随着文化革命运动向革命化的道路进一步开展，领导和群众更严格地提出要求，而我们自己也确实尝到了"三结合"的甜头以后，思想认识提高了，创作上的"三结合"才得到更大的开展。这是经历了一个认识过程的。

根据我个人的体会，为了实行"领导、作者、群众三结合"，创作人员必须不断进行思想改造，必须虚怀若谷，善于领会领导意图，倾听各方面的意见，特别是下面的意见和反面意见，从而集思广益，取长补短，使"三结合"的作用得到充分的发挥。为了达到此目的，这就要求创作者坚定无产阶级立场，端正创作态度，有发扬民主的意愿，无个人独裁的野心，这是最根本的一点。

其次，实行"三结合"，创作人员必须明确自己的地位和责任；必须吃透两头，上依靠党，下依靠群众，发挥创作上的主动性、积极性和创造性。那种躺在领导身

20×25=500　　江南电影制片厂稿纸

上，作群众尾巴，盲目服从，人云亦云，不动脑筋，没有主见的做法是错误的。回顾我们这一次的创作过程，这种情况基本上还没有。我们一般能虚心听取领导和群众意见，认真考虑，具体分析，积极主动采取措施，较好的完成自己的创作任务。如我们创作任务中作中心地位的在突出正面英雄人物形象和时代背景的问题上，基本上能按照领导和群众的要求，加以创造性的处理；有些意见和问题，值得探讨研究，但从我们的实际情况出发，不可能或不必要作决定的，那就在经过研究或讨论之后，加以保留或扬弃。如在缩短对话的问题（曾有人建议大量删减）和有继业的地质报告审查会议的问题（曾有人建议展开这一方面的情节），由于我们自己思想比较明确，同时有领导支持，所以没有盲从，现在想想还是对的。

但没有对领导意图和群众意见领会不深，体现不足或作了简单化的处理，甚至不予处理，因而影响作品质量的地方呢？肯定有。例如人物对话的不够生活化、性格化，有些地方就和这个问题有关，严格地讲，我们毛主席著作没有突出的表现，是没有很好地完成创作上应尽的责任的。

（三）根本问题在于创作上的"三过硬"：学习毛主席著作过硬，深入生活过硬，基本功过硬。回顾整个创作过程，除了在"三结合"方面由于领导的关怀和重视，群众的监督和帮助，取得了较显著的成效；在"三过硬"方面，通过实践的检

35

验，还有很大的差距。

首先是学习毛主席著作不够，没有很好的结合创作任务，联系思想改造，活学活用。二十多年前毛主席在延安文艺座谈会上的讲话中就已指出的小资产阶级立场的作家所常犯的通病，在我这次创作过程中仍不能完全免于重犯。如描写安青生和夏倩如的某些生活场景，正如领导和指出在文化革命运动中批判的，还带有某些资产阶级文艺思想的残余。而在影片需要表现主人公从毛主席著作获得精神力量的时候，甚至连门牌号码都找不到，这是严重的学习毛主席著作不过硬的表现。

其次是深入生活不够，在这一次创作之前，我们全体创作人员只到勘探队和地质学院生活了一个很短的时期。自以为我自己由于搞过几年学校工作，对青年也比较熟悉，可以驾轻就熟，所以根本没有深入生活；除了到勘探队去走马看花一下以外，殊不知生活的车轮一日千里地在前进，今天的学校已不是往年的学校，青年们受了革命化的教育，正是朝气蓬勃，意气风发地大踏步前进；更何况地质专业的生活，地质勘探队的生活，我基本上一无所知呢？所以影片完成后，有人觉得学校生活和地质工作者的精神面貌不够丰富，还表现得不够，这不是偶然的。

关于基本功，我觉得最薄弱的环节就是人物的语言。有些人看了影片以后，说青年学生的语言色彩不够丰富，还没有刻划出最完美的人物性格。这意思就是说，在这个石匠人物形象塑造上还没有把革命的政治内容和尽可能完美的艺术形式统一起来。这问题的关键在哪里呢？我觉得还是在于生活不足，不熟悉他们工作者的语言。毛主席说："许多文艺工作者由于自己脱离群众、生活空虚，当然也就不熟悉人民的语言，……如果连群众的语言都有许多不懂，还讲什么文艺创造呢？"的确，我们这次在语言上始终过不了关，是和生活上过不了关密切关联的。因此，要解决这个问题，只有长期深入生活，和工农群众相结合，不下决心，经过长期的甚至是痛苦的磨练是不行的。要想在思想、生活、技巧上三过关，只能这样做不可。毛主席早就给我们指出的文艺方针和任务，值得我们一辈子学习！

《年青的一代》电影文学剧本（草稿）

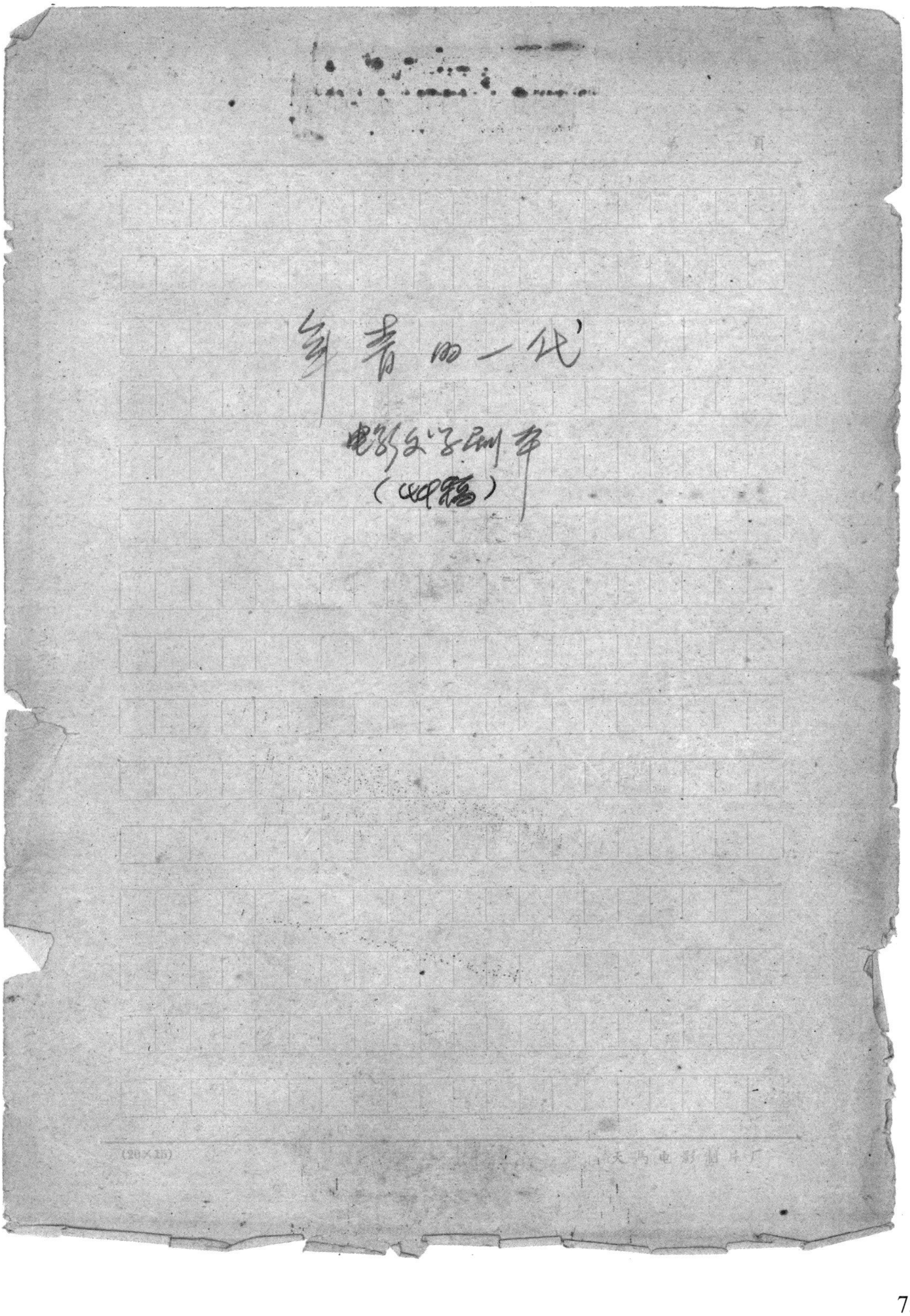

頁

年青的一代

电影文学剧本

（草稿）

(20×25)　　天马电影制片厂

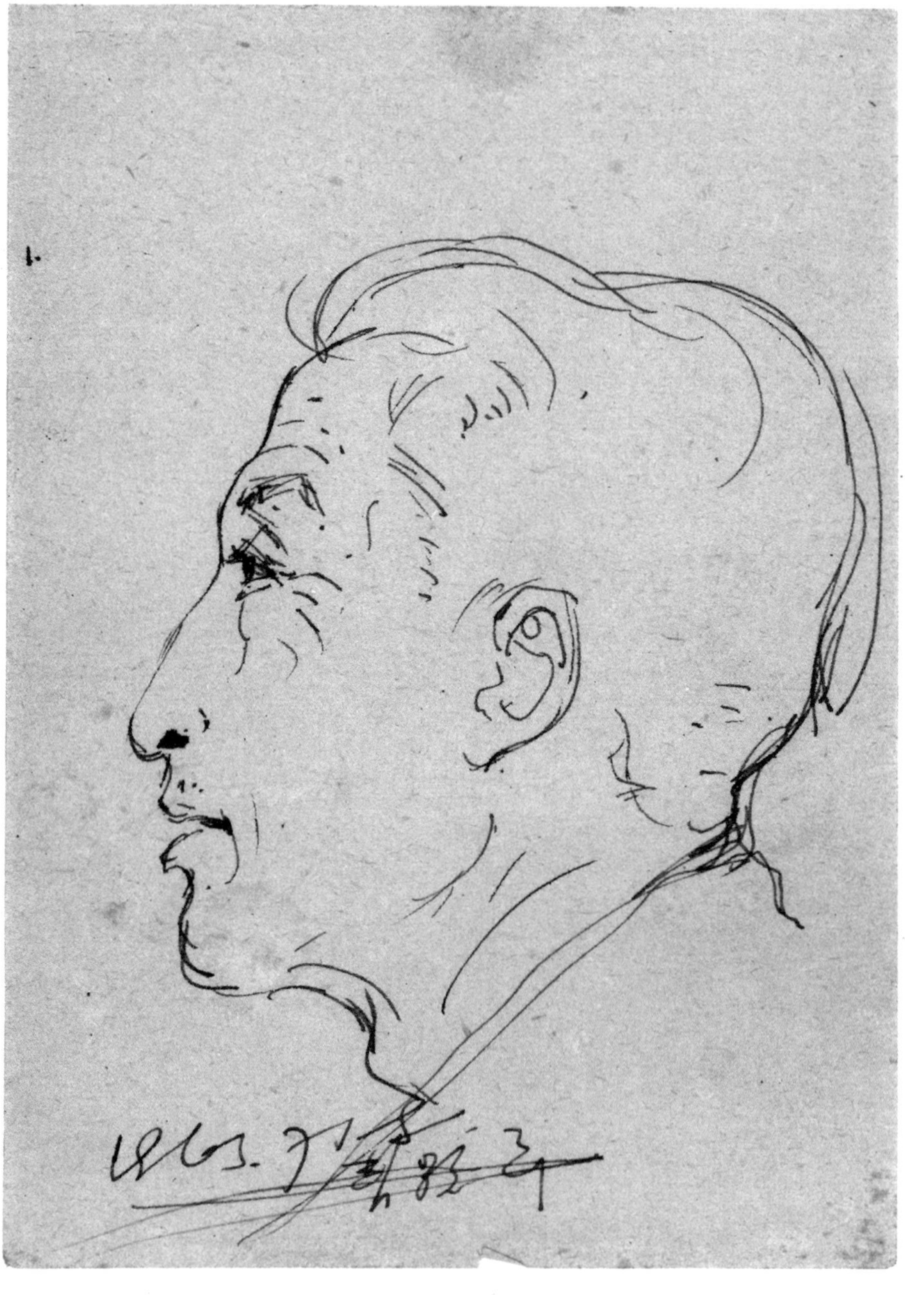

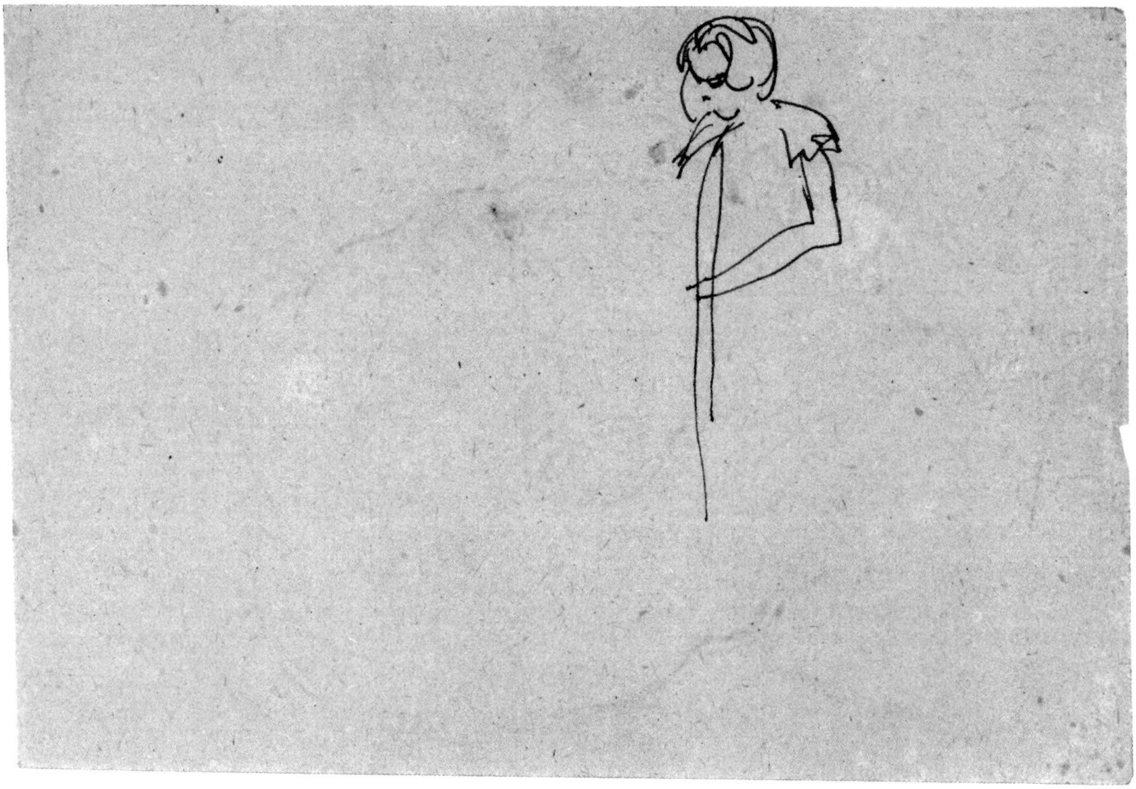

第 1 页

序

昆仑山上，天色阴沉。

在一面积着冰雪的悬岩峭壁上，几个地质队员正在向高耸入云的山脊攀登。

肖继业头戴羊皮帽，身穿作业服，背着地质包，罗盘，小铁锤，水壶等野外工作用具，在一座陡壁上填写地质图。一阵风吹来，吹动了他手中的"野簿"，于是他眯起眼睛，抬头望天——天空一片灰暗；衬着连绵的雪峰，分外显得阴沉。

肖继业大声招呼道："同志们！暴风雪要来了。赶快加油干，完成今天的任务！"

他的声音粗犷而洪亮，山谷中一片回声。

一个女队员正要向上爬，一不小心，帽子被山风吹落了。她"哎呀"了一声，帽子已落到悬岩下的冰川，大家还没有看着她。

(20×15)　　天马电影制片厂

第 2 页

肖继业迅速地摘下自己的帽子，截住那个正要向上攀登的队员说："小刘！你别上去了。我去！"说着将帽子往她头上一戴，便一纵身爬上峭壁，连续几个翻腾，跃登岩顶，解出小铁锤就敲打起岩石来。

在另一处山岩上，林育生也背着地质包，刚从一块岩石上爬下来，他的皮衣领翻得很高，眼睫毛上带着一层白霜，神态有些疲惫。他很吃力地走到一处避风的地方，倚身在岩壁上喘了一口气。然后对身边的一个队员指点着说："哎！那边岩石上给我取两个矿样！"说罢便卸下自己肩上的大背包，交给旁边的一个小伙子，抹一把脸，拍拍身上的冰碴，就迈步走开了。

肖继业在岩顶上看见林育生从山腰不远处独自走来，有些诧异。他大声问道："林育生！你怎么先回了？"

(20×15)　　天马电影制片厂

苏育生闻言停下步来说："肖德典，我已经请好了探亲假。现在到大队了解证明信去，明天就回上海。"

肖德典说："你等一等！"说罢便连忙从山岩上跑下来，只见他连蹦带跳，几个转身便插向山腰小路，来到苏育生面前。

肖德典直截了当地问："什么时候回来？"

苏育生稍微有些含糊地答："想顺便医治一下娘娘的关节炎，恐怕要多些日子。"

肖德典担忧地叮嘱道："希望你早些回来，边防要塞。"

苏育生点了点头。

肖德典从小背包里取出一对牛角杯，送给苏育生说："这是山里边的藏族老乡送给我的，你带回去作个纪念吧。"

井育生笑了笑，接过牛角杯，放进肥肥的书包，便和肖德也握了握手，互道了一声"再见"，分头走去。

这时大雪已在山风呼啸声中纷纷飘落，井育生脚一滑，一个踉跄，差一点摔倒，他不禁摸着膝盖抱怨道："这鬼地方，鬼天气！"

岩壁冰消雪解，野花怒放。

（叠印片名《年青的一代》和职演员表）

山洪一泻千顷，已是丰盛的夏天。

第一章

一

勘探队驻地，几座帐蓬，傍着几间石屋，依山坡盖着。附近的钻塔正在进行钻探，机声轧轧。

一辆中型越野车开到。一个身材高大的人——大队长，从车上跳下来，穿过驻地前一群光着膀子干活的，招呼着钻探的队员，走进帐蓬。

空一行

帐蓬内，肖继业正埋头在一大堆岩芯和矿石中进行研究工作。一见大队长进来，就站起身迎上去道："大队长，怎么就回来了？"

大队长："告诉你一个好消息，地质部很重视我们的地质报告和勘探设计，决定在上海召开的我们这个矿种的专业会议上，组织专门小组，审查我们的报告。大队部决定派你去参加会议。"

肖继业有些惊讶地："我？"

大队长："你是分队技术负责，又是205地质队的联络负责人，你应该去。陈工程师已经在那儿了。"

帐篷门口，一群小伙子高兴地鼓起掌来。其中一个唯一的女队员小刘伸长头颈叫道："郁继业，你可以回家看你奶奶去啦！"接着是一阵笑声。

大队长笑骂了声"小鬼"，回身对郁继业说："你这次回去顺便把上次碰伤的腿好好治一治，同时去看看安青里，他回上海已经半年多了，怎么还不回来。"

郁继业说："好。什么时候动身？"

大队长说："今天就走吧，跟我的车。"

二

一列火车从山区驶向旷野。

郁继业在车厢里观赏沿途景色。只见炼油厂、钢铁厂烟囱林立；国营农场、人民公社的收割机、播耕机往来驰骋；青少年们举着旗子在野外、在公园进行团队活动，……一片雄伟的社会主义建设图景和朝气蓬勃的气象，不禁使他感到精神上无限丰满飞扬。

他的内心独白："这是多么美好的生活啊！社会主义祖国给我们年青一代展开了无限广阔和美丽的前途，我们将怎样辛勤劳动，忠贞的贡献，向土地索粮，来答谢党和祖国的恩情哇！……"

他展开手中的一册《毛主席诗词》，心潮起伏，伴随着车轮滚滚，昂扬而充沛。

三

两个脚踏车轮，并肩前进。车把上挂着装满罐头食品和其他什物的网兜和手提袋，这是林育生和他的朋友小吴，并肩行驶在上海南京路上。

他们穿着黑白相映的衬衫，掠过摩肩接踵

8頁

加入人群，来到一家冷饮店门口。

冷饮店内，两杯丰盛的冷饮品，迎着摇头风扇，端到他们面前。

他们边饮边谈，说了下面一段话：

小吴："去青海的批文到达了吗？"

高生："批准了，嗯嗯。"

小吴："我早跟你说了吧？你要去吃这个苦头！"

高生："我是学地质的，我不去谁去？"

小吴："可是上海也有地质工作，为什么一定要到青海去？"

高生无可奈何地笑了笑。

小吴："倩如要毕业了，你也跟她到边疆去吗？"

高生："我已经向学院提出了，要求照顾。"

小吴："最好你们俩都在上海找个事情，将来

（20×15）　　　　天马电影制片厂

我还可以有个依靠。"

青生："就怕不容易。"

小吴："你爸爸是老革命干部，对革命有功劳，总该照顾点吧。"

青生："这……很难说。"

小吴从手提包里取出一只奇异的玩偶，送给青生说："今天是倩的生日，我送给她一样礼物。你告诉她：这是幸福的象征，为了永远的幸福，最好是足不出户。"他说着用杯中饮水的[illegible]在桌上写了一个"沪"字。

二人发出会心的微笑。

四

列车驶进上海车站。

肖倩出提着行李从车门口下车。

在人丛中，他走出站台。

第 10 页

五

林育生和小吴骑着两部脚踏车，往前行驶在马路上。

林育生："你不上我家去吃饭了？"

小吴："谢谢，你那全楼我不敢领教。"说着便扬了扬手，和育生分头驶去。

育生的单车驶向西面僻静马路。

六

杨绪也乘坐黄色汽车，行驶在近郊马路上。

七

林育生单车进入工人新村，回到林家门口。

八

林育生一手提着东西，一手拿着一束鲜花，愉快地走进客厅，还没有放下东西便连忙向里面叫唤："姆妈！姆妈！"

他听听里面没有应声，便放下东西，推开客厅旁

(20×15)　　天马电影制片厂

进了门，向里面瞧了瞧。

"还没有回来哟。"夏淑娟从楼上走下来，迎着青生说。

黄青生："妈，你这么早就下班了？"

夏淑娟："今天下午参观展览会，看完就回来了。"说着接过青生放在桌上的东西，温和地责备道："又买这么多贵重东西，这影响多不好。"

青生解释道："今天约了倩如几个同学上我们家来玩，这些东西有的是朋友送的。"

夏淑娟仍然不以为然地说："看你这一头汗，还不去擦一擦。"

青生顺从地走开。夏淑娟整理东西，继续埋怨着说："她还没有好利索，就成天去玩。"说完在椅子上坐下，翻开一本杂志，随便问道："倩如的令兄，有消息了没有？"

第 12 页

步高升放下毛巾，走过来说："还没有。我想，治了要人关节，医院总该照顾吧。"

夏淑娟："我就这么一个好女儿，这么多年又一直在我身边，她照顾我也好；不过，这也得看组织决定啊。"说完想起没带眼镜，就带着字纸上楼去了。

九

肖继业在公共汽车站下车，走进工人新村。

十

步高升将一束花插在客厅的花瓶里，然后打开收音机，拿着换下来的残花，一边哼着歌，一边走向阳台，想把它扔掉。不料这时她忽然发现对门肖家门口有一个人的背影，背着挎包，提着简单的行李，正要推门。

步高升认出了那不是别人，正是肖继业，于是大用力过猛，当他跨上阳台的时候，他的右腿颤抖了一下。

黄方生问："怎么了？"

房继业说："没有什么。"他盯着方生的眼睛："嘿，胖多了！"

黄方生也拍拍房继业的肩膀："也还是结实的。"说罢帮着提起行李，招呼房继业说："进来坐一会吧。你奶奶不在家，到厂里去了。"

他们二人走进客厅。

黄方生边走边说："这次回来是……？"

房继业："为205地区的地质报告回来的。"

黄方生："结论怎么样？有矿？"

房继业："有，大有苗头！"说着放下背包，拿出一块矿石给方生看，同时摘去草帽当扇子，端过一把椅子坐下来。

△ 黄方生看着矿石和他那一付风尘朴朴，充满生气的神

第 14 頁

情，不禁有些艳羡地说："看来你们干得挺起劲的。"

肖继业："可惜人手不够。这次审查要是通过了，那就更紧些、更带劲了。同志，'咱们这种行……口气可需要的很迫切呀！'"

黄青生心情很复杂地："是呀。"

肖继业说："你的腿怎么样？"

黄青生一怔说："是风湿性关节炎，时好时坏，医生说，恐怕回青海去不合适。"

肖继业意外地："哦？"

黄青生走向旁边的一张沙发椅，坐下来说："唉，我这条腿，真要命！"

肖继业有些着急地走向他说："这怎么办？青海地质局办了一个训练班，要你回去当教员。你要是不能回去……那也同样要紧；你，要不能就这样在上海待下去呀！"

(20×15)　　天馬电影制片厂

第 15 页

安静生闷闷地说："这……，前几天地质学院彭主任说，勘探系缺一个行政干部，要是我愿意，他可以跟院里说说。我还在考虑呐。"

蒋继业诧异地："这可要得到青海边疆上的同意啊。"

安静生不置可否。蒋继业接着说："我看这事我们回头再谈吧。我得先到厂里去找找我奶奶，东西就搁在你这儿。"说完把那块矿石留给安静生。

安静生站起来说："今天是倩如生日，约了几个同学来家聚一聚。待会儿你也来吧。"

蒋继业说："好，我一定来。我还要告诉她一个好消息呐。"说完就走了出去。

十一

地质学院大礼堂门口，毕业生动员大会刚刚散会，同学们在"毕业歌"声中簇拥着跑出来，议论纷纷地四散开去。

（20×15）　　　　天马电影制片厂

第 16 页

倩如走在人群中，她今天的情绪很不好，当她看到路旁墙壁上贴满了毕业生服从统一分配，争取到边疆去的决心书，更有些不愉快之感。

耳边听得姚闻明的大嗓门："……一句话，我没有任何顾虑，也没有任何个人打算……"

姚闻明是班上的文体委员，体格健壮，心直口快。她揽着女同学周文婕的膀子，继续大声说："坚决服从统一分配，组织上分配我到哪儿，我就到哪儿。"

旁边一个小调皮鬼指着姚闻明说："哎，你不是口口声声要到西藏的吗？怎么没词儿了？"

姚闻明马上直接了当地回答："到西藏去是我的第一志愿。个人志愿要和国家需要相结合嘛！"

同学们一阵笑声。

倩如眼睛看着地下，不安地捏着手绢，急急地

(20×15)　天马电影制片厂

走着，周婕在后面叫住她："倩如！……今天党书记说的真好！你怎么样？作好准备了吗？"

倩如勉强地回答："我……，服从分配。"

周婕："井高生会同意？"

倩如强笑了一下，有意避免回答。恰巧这时有一个工友来叫唤："楚倩如，你的电话！"

倩如象是得救似的应了一声，便跑去接电话了。

十二

井高生在家打电话。

问："倩如吗？……你什么时候回来？"

答："我要开小组会，一时还回不来。"

问："我给学院领导去的信，他们找你谈了没有？"

答："谈了，不行啊。"

问："为什么？他们怎么说？"

第 18 页

姜："我回来再告诉你吧。"

问："那你得赶快回来，……你不能请一会儿假吗？……"

十三

某纺织厂车间门口，白发苍苍的肖奶奶很生气地对一个工会干部说："这什么话，我来找他们谈谈。我要问问他们，像他们这样年纪青青，只顾玩儿，不顾劳动，还像不像个工人阶级！"

工会干部笑着说："嗨，你老人家已经退休了，还何必……"

肖奶奶不高兴地："什么话！老李，你这话就说差了，人能退休，这心也能退休吗？……不叫我管可不行！"

老李正要争辩，肖奶奶又接着说："还有你那个儿子小李子，成天骑着自行车满街乱闯，你也该好好管管！"

(20×15)　天马电影制片厂

老李无可奈何地叹了一口气。

一个小伙子从车间里跑出来："肖奶奶，那边有人找你。"

肖奶奶回头一看。

车间里肖德生正迎面走来："奶奶！"

肖奶奶惊喜高兴："德生！"

他们二人在车间里，在工友们的喜悦和注目中见了面。

由于机器声轰鸣，他们祖孙二人的谈话声都被掩盖了。只见他们边谈边走向车间出口，老李伴随在后面。

肖奶奶在车间出口处问："还有什么？"

肖德生："还有一个任务，要我顺便动员肖生回青海去。"

肖奶奶："对，是该让他早点回去。"

第 20 頁

肖继业："可是刚才医生说，他的腿不好，回青海工作不合适。"

肖奶奶停下脚步："哦！……我看不大像。他不是还能骑着车子出外面到处跑吗？"

肖继业："我也有点纳闷，怎么回上海休养了半年多，腿倒反而严重起来呢？"

肖奶奶："那这样，你刚才不是说要到医院去看病吗？顺便就把青生的事跟医生谈一谈，如果真有什么蹊跷，请院抓紧给他治一治！"

肖继业："好，我这就去。"

十四

肖继业走在这郊区马路上。他看见前面有一个揹着草帽的姑娘。

草帽上印着四个大字："劳动光荣"。

他仿佛很面熟，走上几步，朝她一看，原来是他熟识的

(20×15)　　天馬电影制片厂

第 21 页

喊："岚岚！"

林岚回转身，一脸黝黑，一手泥巴，脱口惊喜地叫了声"继业哥哥！"便和方继业热情握手。随即又松开手，甩甩手上的泥巴，天真地笑了起来。

方继业："嘿，两年不见，都长成个大姑娘了。"

林岚："这是大自然的规律，将来还要长成个老太婆呐！"

方继业哈哈大笑。

方继业："到那儿去哇？"

林岚："去农场劳动来着。"

方继业："还在搞农业方面的试验？"

林岚点头笑了笑。

方继业："今年高中毕业了。准备考那个专业？"

林岚、继业（同声）："农学院"。

方继业："好啊，支援农业第一线。功课复习的差

（20×15） 天马电影制片厂

第 22 頁

不行了吧？"

林岚："反正豁出去了。"

李继业："好，我先上医院去一趟，回头再找你谈。"

林岚（点头）："再见。"说着她摆摆手，扭转身，便往回家的路上走去。

十三

林岚走出高家工人新村不远的林荫道上，她一面走，一边哼着歌，心情很愉快。

"岚岚！"初中毕业生李崇生骑着车子从后面赶来："你又去劳动了？"

林岚带着责备的口气："小李子，都快考试了，你还出去逛？"

李崇生把车子放慢，和林岚并肩走着："反正没希望。去年都考不取，今年高考中要求更严，还能考得取？"

林岚："不好好温课，要求再低，你也考不取。"

(20×15)　　天马电影制片厂

李崇生下车推着："不知怎么搞的，心老是定不下来。"

他们已来到林家门前。

李崇生："你爸爸在家吗？"

林岚："大概还没回来。"

李崇生很失望："唉，我们家搬到工人新村都几个月了，可我一次也没见过你爸爸。"

林岚有点自豪地："爸爸常年不在家，他总是什么地方需要就到什么地方去，这次是回上海来开会的。"

李崇生："听说他以前是个将军，打起仗来又猛又狠。嗨，真想看看他是什么样儿。有胡子吗？"

林岚觉得好笑："干吗要有胡子！"

李崇生："个儿一定挺高？"

林岚："也不怎么高。"

李崇生："嗨！要不他回来你就叫我一声！"说完就上车，"叮铃"一声走了。

第24页

十六、

井家客厅，夏淑娟戴着眼镜在看书。井岚哼着歌从外面走进来，高高兴兴地叫了一声"妈！"

夏淑娟放下书："电影学院考过了？"

井岚一面把草帽挂在衣架上，一面爽快地回答："我没去考。"

夏淑娟一怔："什么？"

井育生从自己房间里走出来："你没去考？"

"嗯！"井岚若无其事地放下书包。~~[illegible]~~

井育生："回答得倒很干脆。"

井岚也不示弱："怎么了？"

井育生："你为什么不去考？"

井岚："我本来就不愿意去考嘛，像你们……"

夏淑娟有些生气地："那你就不想上大学了？"

井岚："谁说的，我要考农学院。"说着从书包里取出

(20×15)　天马电影制片厂

一些秋苗和菜种苗。

夏淑娟走出来："考农学院我也赞成。可你能保险考得取？考电影学院不也多一个机会吗？"

林育生："电影学院杨老师说过，你的表演会提前毕业的；可你……"

夏淑娟打断他："别说了。等你爸爸回来，跟他决定吧。"

十七

~~林岚一声也不响地伸手继续她的农业试验。~~

一辆小汽车载着林坚，开进工人新村。

十八

林育生对着夏淑娟说："我不饿。刚才和小吴一块儿吃点心了。"

林岚停下手中的农业试验，不满地："哥哥，叫你别跟小吴这种人来往，你干吗偏跟他交朋友呢。"

育生（不耐）："怎么啦？"

第 26 页

井岚："不服从统一分配。仗着他家里有钱，在家摆阔，吃闲饭，寄生虫！"

井青生用教训的口吻说："别数落了。政治上落后的人，我们不去帮助他，谁去帮助他？"

井岚也反唇相讥："还帮助哪，再跟他这样下去，你都快跟他一样了。"

井青生有些耐不住了："你……！"

夏淑娟一面制止青生，一面调和地说："岚岚，对哥哥说话怎么这种态度，有意见不能好好提吗？……"

岚岚不声不响。传来汽车关门声。

井岚立刻高兴地叫了起来："爸爸回来了。"接着飞快地跑出门去，挽着井坚的手一起进来。

井青生："爸爸回来了。"

井坚"嗯"了一声，顺手将外衣挂在衣架上。

井青生："爸爸，你看岚岚，叫她考电影学院她不去，还

(20×15)　天马电影制片厂

张妈妈领唱呢。"

林岚白了她一眼。

林坚关切地："岚岚，你为什么不去？"

林岚嘟哝着："我不是早给你说了吗，我要考农学院。"

林坚看了夏淑娟和育生一眼，心里明白了："哦，闹家庭矛盾了。"

林岚："爸爸，去文工团当然好，可是党号召我们支援农业第一线，我是个共青团员，我应该……。"

夏淑娟插进来说："想得倒好，要是考不取呢？"

林育生："多一个机会不好吗？要给自己留条后路。"

林坚看了育生一眼。

林岚激烈地："我不要什么后路，决定了就一条路走到底。"

林育生："爸爸，你看！"

电话铃响。育生拿起话筒："喂，……哦，杨老师，对不起，……岚岚她……，可不可以给她一个补考的机会？

第 28 页

……喂，喂，……好么，你等一等。"他捂住话筒，对安坚说："爸爸，电影学院的杨老师要岚岚去补考，你看怎么办？"

安岚看着爸爸。

安坚："岚岚，你自己去接。"

安岚紧张地："我怎么说？"

安坚："这是你自己的事，你觉得应该怎么作，就怎么说。"

夏淑娟赶紧阻止："老安，你……"

安坚笑着说："淑娟啊，这种事情，我们只能当参谋。"

夏淑娟只好不讲了。

安岚兴奋地接过话筒，热情而有礼貌地说："杨老师，谢谢你的关心，我不准备考了。……

……对了，我打算去考农学院。……哎，哎……"她又嗯嗯地笑了一阵，最后说了一声"再见"，便挂上电话，轻松活泼地跑到安坚身边，象孩子一样。

(20×15)　　天马电影制片厂

林岚："爸爸，我在院子里种了好多南瓜、番茄，都是新品种，长得可好啦，你去看看吧！"说着就要拉爸爸去。

林坚说："慢着。"他从带回来的提包里掏出一只金红色的大北瓜，送到林岚面前。

林岚大乐。

林育生和夏倩娟哭笑不得。

十九

林坚和林岚在园地里侍弄瓜苗，林育生好象有什么话要说，走到林坚身边。

林坚边劳动边问："育生，你的腿好些了吗？"

林育生："晚上还好，一变天就不舒服。"

林坚："在家都干些什么？"

林育生："看看书，研究研究业务上的问题。怕搁久荒废了。"

林坚："我看你还要多读读毛主席的著作，武装武装

第30页

头脑……听说你去上海找工作了？"

林彦："是啊，我想请爸爸问问他们研究所，能不能给我安排一点工作。您不是认识刘所长吗？"

林坚停下手里的活，耐着性子说："找工作应该按组织手续，不能走私人关系。你的关系不是在青海吗？当初你跟着爸爸也一块报考地质学院的雄心壮志很好嘛，现在领导上把你们分配在青海，正是你们年青人大显身手的[illegible]，怎么轻而易举就想离开？"

夏淑娟这时已经走到门口，她在关心地听着。

林彦："我自己也不想离开，可是医生说我的腿不好，在那儿工作不合适。"

夏淑娟："他的腿是不好。"

林坚亲切地："腿不好就调养嘛，养好了还是回

(20×15)　　天马电影制片厂

青海去。有志气的青年，应该到外边去闯闯，天下大得很，干吗什么都想挤在上海？……"

二十

苏继业在医院门诊室，正在和一位年轻医生谈话。

医生："我以为他已经离开上海了呢，他会有一些关节炎，并不严重，不妨碍他去青海工作；所以我只给他开过两个月病假。怎么，他还没回青海去？"

苏继业："哎，…… 暂时还没呐。好了，谢谢你。"

他站起身。

医生给他一张单子说："你到放射室拍片子。"

苏继业说："好。"

二十一

朱家客厅，傅玫拎着手提袋，从外面走了进来，后面跟着朱育生。

朱育生："领导上到底怎么说的？"

第 32 頁

倩如："黄院长要我告诉你，象我们这种情况，不能照顾。"

林青生："为什么？"

倩如："大概是因为你在上海没有工作。"

林青生："你没跟他说，我的腿……？"

倩如："我怎么还好意思说，这样已经够难为情的了。"说完走进自己的房间。

这房间是倩如和林岚二人的卧室，倩如一走进来就往窗口的一张藤椅子里一坐，发着闷气。

林青生拿着一个装潢华丽的纸盒子和一个纸包走进来。他先将纸盒故意在她面前亮了一下说："你猜，这是什么？"

倩如："衬衫？"

青生："不对。"

(20×15)　天馬电影制片厂

倩如："围巾？"

育生："不对。"他打开纸盒，从里面取出一件金光闪亮的连衣裙。

倩如忍不住笑出声来。

育生诧异地："怎么了？"

倩如诙谐地："我要是穿上这件连衣裙，再背上个地质包，那才好看呐。"

育生："这衣服不是让你背地质包穿的。"说着把连衣裙拂在倩如胸前，想象着未来的家庭生活的甜蜜。

倩如感觉到这一点，流露出不快的神色说："得了吧，别尽做梦了。我还不知道会分配到哪儿去呐。"

~~说着~~ ~~她又在为将来进~~。

育生纳闷了一下，横一横心说："没问题。只要我把你作干部留下来，学院领导上会谅解的。"

倩如回身以探索的眼光问道："你也不是要放弃自

第 34 页

己的业务了吗？"

青生："这没有什么，我可以一边搞科研，一边搞业务。只要能写出一两篇有分量的科学论文，将来申请搞教学，我看是没有问题的。"

倩如沉默着。

青生见她沉默转话说："对了，小吴送了你一样礼物。"说着他就打开纸包，拿出那个奇异的玩偶。~~本想藉此缓和一下，可以博取她的欢心，不料倩如却十分嫌恶地~~

倩如十分嫌恶地说："阿哟！难看透了。"

青生："小吴说，这是幸福的象征，你怎么不喜欢？"

倩如："你就别小吴长长的吧，我看到他就不顺眼！"

青生："小吴又不是坏人。老实人倒是挺痛快的。"

倩如："我不要，你拿走。"

青生："好吧。"他迟疑了一下说："我这就到学院

(20×15)　　　　天马电影制片厂

第 35 页

去一趟。"说着就带着玩偶走出房间。

倩如看看墙上的地质图和矿物标本，沉思着。

黄家门前，黄生骑着车子离开家。后菜园地里，黄坚和黄岚抬着一桶水走来。

桶里的水哗哗直漏，二人大笑。

二十二

黄家客厅。

肖继业刚来不久，在一把椅子上坐下对倩如说："你知道吗？你给218矿区提的那个合理化建议，他们决定采用了。"

倩如惊喜地："真的？你怎么知道的？"

肖继业："我在培训上碰到他们矿区的领导同志，他们告诉我的。"

倩如："真的吗？什么时候开始勘探？"

(20×15) 天馬电影制片厂

第 36 页

肖继业："马上就开始。"

倩如高兴得不知说什么才好，在客厅里跑了一转，倚身在客厅廊柱上说："嗨！要能亲眼去看一看该有多好！"

"会有的，"肖继业说："他们不就要求学院把你分派到他们那儿去吗。"

倩如兴奋地："我？"

肖继业启迪她："你在那儿实习的时候，不是说毕业后要争取到那儿去吗？现在好了，你的理想可以实现了。"

倩如脸上的兴奋顿然消失，爱怜淡然地说："是啊，可是……！"她移步走开。

肖继业有些意外地："怎么了？"

倩如："这可来得太突然了。"

肖继业又启迪她："你不是早有这个想法了吗？"

(20×15)　　　　天马电影制片厂

第 37 页

倩如："去年是这么想过。"

肖继业："现在呢？"

倩如："现在……"她的眼光落在她和肖继业、芬芳、夏娟合拍的一张照片上，最后注意力集中在她和肖继业二人。

肖继业也看到了这一点，说："不过，我是回来休养的，他还不能长期待在上海。刚才……"

倩如："刚才他到学院去，决定接受领导的建议，担任勘探系的新政干部了。"

肖继业一怔："我？"……

"夏倩如！"姚向明的大嗓门，打破一时的沉默。

接着，姚向明和周婕象一阵风似的闯了进来。一见肖继业，姚向明就大声叫道："肖继业！"

肖继业和姚向明、周婕握手："你好，你好。"

周婕："回来休假的？"

肖继业："不，是为了205地区的地质报告和勘探设计

(20×15)　　天马电影制片厂

第 38 頁

回来的。"

姚问岐和周嫂几乎同时地："就是——那种矿？"

肖继业："对！据我们估计，蕴藏量可能很多，品位也可能很高。"

大家高兴地跳了起来："嗬呀！"

姚问岐狠〈地捶〉周嫂一拳，捶得她哇哇直叫。

夏倩如端着两杯水走过来说："外国专家还说那儿没有矿呢。"

姚问岐大声疾呼说"

周嫂："这是真的有矿，你们的功劳可真不小！给咱们中国人扬眉吐气！让人家看看，我们这种矿不是没有，而是很多！"

肖继业很有兴味地："你还是老样子。"

周嫂："不，比以前更天真，更活泼了。"

姚问岐："那是因为我们就要再临过去的战斗生活了。一想到不久就要飞，心里就有一股说不出的感

(20×15)　　天马电影制片厂

味儿"。

肖继业："争取到哪儿？"

姚向风："西藏，要是可以让我自己选择的话。我就是这个主意，站在西马拉雅山顶峰，震动全世界！"说着从小袋里掏出一张决心书："喏，这是我的决心书，还没来得及交上去呢。"

肖继业看决心书。表情慢慢变开，心里感到不是滋味。

肖继业问周媛："你呢，周媛？"

周媛："组织上分配我到哪儿，我就到哪儿。"

肖继业："你妈妈同意了吗？我记得你是个独生女啊。"

周媛："我把嘴皮都说破了。现在~~好了，妈妈~~总算答应了。

肖继业："是啊，在我们前进的道路上，总是有不少困难的。但只要我们能够战胜困难，奋勇前进的时候，我们就感到无比的幸福……"

姚润明看出来郁继业将要发表议论，就静静坐下。

郁继业："这次我回来，在路上看了看218矿区。三年前我们曾在那儿露营过，原来是一片渺无人烟的荒原，现在已经变成一座现代化的工业城市了。"……

夏倩也专心听着。

郁继业："我就在想，既然我们的劳动会给人们带来这么多的好处，那么，我们苦一点又算得了什么！毛主席在《娄山关》那首词里写道：'雄关漫道真如铁，而今迈步从头越。'我们就要有这样的气概！"

周嫂也悄悄走到姚润明身边，挨着她坐下。

郁继业："有些人只知道我们勘探队员生活艰苦的一面，其实就是最艰苦的日子里我们也还是快乐的。因为我们没有怀疑过自己的力量，我们记着党和人民对我们的期望……"

夏倩如热忱地听着，两眼闪闪发光。

胡德也以高度的激情接着说："昆仑山上的风雪知道我们是懦夫还是好汉，（插曲青年的心灵之歌随着长出来的）戈壁滩上的烈日了解我们是泥土还是黄金。~~（插曲里和曲剧用双手合力栽一盆果树）~~这就是这种勘探队员的自豪感，给我们生活带来了无穷无尽的欢乐，因为我们是为了千百万人的幸福生活斗争啊！"

姚向明："对，是这样。正因为这样，所以我才爱上了我们这个事业。"

周嫘："刘主席说过，地质工作者是和平时期的游击队，这句话把什么都说明了：艰苦，但是光荣！"

姚向明和周嫘几乎同时说出了最后一句话。

夏倩如忽然站起来："姚向明，把你的决心书给我！"

姚向明："干什么？"

第 42 页

倩如："我看看。"

二十三

地质学院之会办公室的一位同志对苏宇生说："这件事我们是可以研究一下，不过关于分配干部的事，恐怕只是教育主任个人的意见，没有通过组织上的同意，我们是不便给你安排工作的！"~~倩如……~~

苏宇生失望地走了。~~忽然……~~"……"字样。

二十四

苏家老所，苏里一手提包，双手拿了东西，后面跟着提桶扛锄的苏岚。（应着倩如的招唤）

胡继典、姚向红、周婕芝一见苏里都站了起来，连称"苏伯伯好"。

~~倩如叫："姑姑"~~

苏里因为身上脏，不好和大家握手，就连连点头招呼："好好，年青人，你们都好吗？继典，你什么时候回来的？"

(20×15)　　天馬电影制片厂

肖继业："今天刚到。"

林坚关切地："哦，你们找的那种矿有希望吗？我们不能等着用呐。"

姚润民拍着胸膛："很有希望，林叔叔！"

林坚看了姚润民一眼，一面说着"好极了，好极了。"一面走向电话机，接起电话："喂，是我啊……嗯，嗯……"

林岚已经和姚润民、周婕等握过手，肖继业走林岚跟前说："还记得吗？你们刚来上海的时候，你才这么高，两个小辫子，成天要我跟你讲故事，嗯？……"

他边说边比划着，引得大家都笑了起来。

林坚对着话筒："嗯，我知道了，我就来。"

林岚笑着说："……你还给我讲过，你当童工的时候，怎么给那塌鼻子工头吃苦头；快解放的时候，给护厂队送信，还把传单贴在日本宪警察的岗亭上哩！"

大家又是一阵哄笑。

林坚搓着手走回来说："咳，这辈子一眨眼十二年过去啦。现在你们可生活得幸福啊！"

周媛："林伯伯，您什么时候再给我们作一次报告好吗？我们就要分配出去了。"

林坚说："好好，过两天，我来找个时间给你们聊聊。"他一面走到楼梯旁边去洗手，一面对厨房里说："淑娟，我又要向你告假了。"

夏淑娟扎着围裙，从厨房里走出来："怎么？又要出去了？"

林坚小声地："刚来电话，有要紧事了。"说完就走向大家。

林友琼上来说："爸爸，你又要走了。"

林坚有些惋惜地："是啊，不能跟你们多谈了。年青人，你们多聊聊吧。"他和大家握手。

夏淑娟和蔡继忠也握手。

廿三

孙青生骑着车子，垂头丧气地走在山部马路上。

廿四

姚阿明撂下一车西瓜说："主人不回来，客人肚子可有些饿了。"

周姚笑着用手捅了她一下："瞧你！"

古继世姚飞来说："我们上厨房帮忙去。"

廿岚说："跟我来！"她带着大家一起走向厨房去。

厨房里立时热闹了起来，一个胖阿姨连忙收拾锅碗瓢盆，接待这些热心的来客。他们有的切菜，有的开罐头，有的擦碗，有的打鸡蛋，随着"勘探队员之歌"，有节奏地忙碌着。

夏淑娟走进来，她插不上手，只好在一旁观望。

歌声："是那山谷的风，吹动了我们的红旗；
是那狂暴的雨，洗刷了我们的帐篷……"

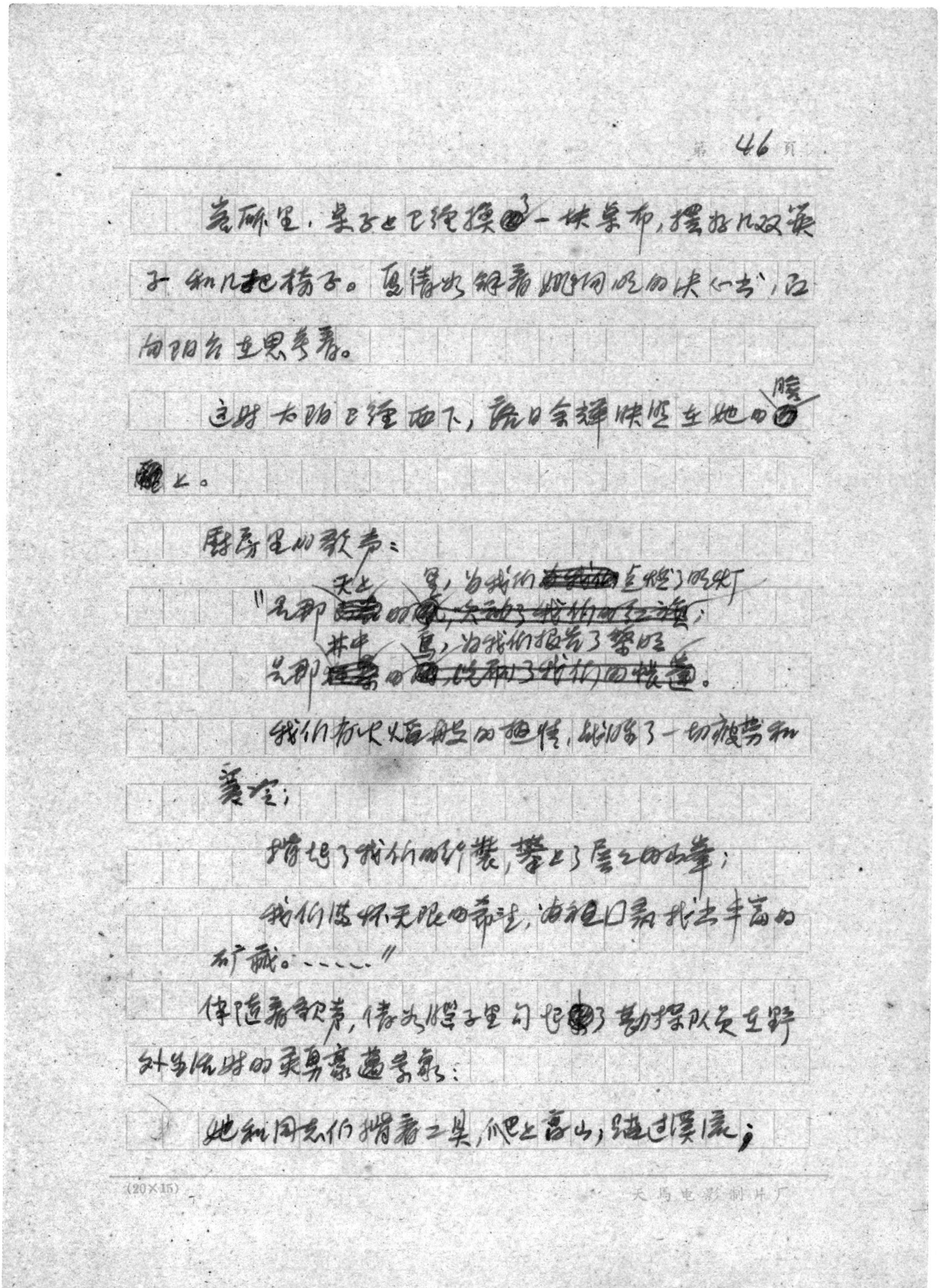

第 46 页

客厅里，桌子上已经换了一块桌布，摆好几双筷子和几把椅子。夏倩如拿着她们写的决心书，正在阳台上思考着。

这时太阳已经西下，落日余辉映照在她的脸上。

厨房里的歌声：

"是那天上的星，为我们点燃了明灯；

是那林中的鸟，为我们报告了黎明。

我们有火焰般的热情，战胜了一切疲劳和寒冷；

背起了我们的行装，攀上了层层的高峰；

我们满怀无限的希望，为祖国寻找出丰富的矿藏。……"

伴随着歌声，倩如脑子里勾起了勘探队员在野外生活时的英勇豪迈气概：

她和同志们背着工具，爬上高山，跳过溪流；

(20×15)　　天马电影制片厂

第 47 頁

在森林晨曦中走出帐篷，夜里篝火前围炉夜话；

渴了喝泉水，饿了吃干粮；

爬上悬崖，露宿在野；

发现矿藏，欣喜欲狂。

倩如想得出神了，不禁微微地笑了，忘了内心的痛苦和现实的矛盾。

当她的眼光落在手中的决心书，苏青生的手却悄悄地搭上她的肩头。

苏青生无精打采地说："倩如，你在看什么？"

倩如象是作了什么亏心事，连忙一掩上说："你回来了，……"她向他亮亮决心书。"

苏青生敏感地："干什么？"

倩如："我想，……我想不读书算了，我要到边疆去。"

青生："为什么？"

(20×15)　　天馬电影制片厂

第 48 页

倩如："刚才我听说方继生说，我提的那个合理化建议，218矿领导上已经决定采用了。他们还争取我到他们那儿去。"

方生睁大眼睛惊诧："那你呢？"

倩如："我想我应该去。……唉，方生，你手上烧伤的怎么样了？"

方生轻叹了一声低着头不言语。过了一会才吐出了两个字："不成。"

倩如沉默着。

方生愤怀怨忿地说："我知道，你一定是听了方继生什么话。"

倩如连忙解释："不，是我自己。"她把手中的决心书递给方生："你看，她们都写了这样的决心书，我怎么不能呢……我也想写一份。"

方生忍不住跳起来说："你瞎想些什么，瞎想些什么哟！你不要听方继生他们那些话，你应该有你自己的主张！"

(20×15)　天马电影制片厂

第 49 页

这时，姚阿奶她们已经端着饭菜，"喜喜哈哈"地走进来。

姚阿奶的大嗓门："噢，方生回来了，正等着你哪。"

方生和蔼地笑着："好不忙。"

甫继光放下一盆菜，走向方生："方生！……"

倩如也插进来招呼："大家请坐！甫继光，坐吧。"

周嫂："阿毛呢？"

芳岚："妈说让她歇一会儿，你们先吃吧。"说着又跑进厨房里。

甫继光："岚岚，你别忙了。"

芳岚在厨房里答应："就来。"

大家坐定，姚阿奶忽然灵机一动："哎，我们应该祝贺他们一下。"说着碰了碰旁边的周嫂，向倩如和方生那边示意。

周嫂："对了，甫继光，你是远方来的，你代表吧。"

(20×15)　　天馬电影制片厂

第 50 页

肖继业爽快地举杯："好，"大家也跟着举杯，"我代表大伙儿，祝你们……"

林彦生笑着打断肖继业的话："慢着，你是新娘，你的话可不能这么随便说。为了珍惜我们的过去，"他转向倩如："倩如，你劳驾把肖继业送我的那一对牛角杯拿来。"

倩如估量了他一眼，应声走去。

林彦生："在代表大伙之前，我们两人先单独干一杯怎么样？"

肖继业："好啊！"

林彦生："怎么说呢？"

肖继业："为了我们多年的友谊。"

夏倩如倩步从书房的柜橱里拿出那一对牛角杯。

肖继业："只要我能做到，我一定喝完。"

林彦生："能做到的。我跟倩如的关系你是知道的。"

(20×15)　　天马电影制片厂

郝继业："知道。"

安彦生："我的姐姐有病，这你也知道的。"

郝继业犹豫了一下："这……也知道。"

倩如拿着牛奶杯，从彦生房里走出来。

安彦生："那么，我以友谊的名义，请你考虑一下我的实际情况，无论是我的工作问题，还是倩如毕业后的分配问题上，希望你能实事求是一些，不要有意跟我们为难。这点要求不算过分吧？"

周婕和姚阿姨交换了一下眼色，走到倩如身边，感到阵阵声音。

安岚正端了一盆菜出来，见状感到气氛不对，也就来路停住了。

郝继业温和而又严肃地说："对不起，这杯酒我不能喝。"他轻轻放下杯子。

安彦生："怎么，你刚才不是还大谈友谊吗？既然是好朋友，就应该真诚相待。"

倩如面色紧张。

第 52 页

方继业："你这是什么意思？"

苏青生："你自己心里明白。"说完他放下酒杯，就往自己房里走去。

倩如想阻止他："青生！"

苏岚也在叫："哥哥！"

回答的是一声门响，接着是难堪的沉默。

姚阿明："这家伙怎么了？"

夏倩如放下牛角杯，对方继业抱歉地："方继业，你知道他的脾气，别跟他……"

方继业斜视两只牛角杯，陷入沉思。

(20×15)　天馬电影制片厂

第 53 頁

第二章

廿七

初秋的早晨，太阳刚々升起。

杜银生开门出来，感到空气特别新鲜，充满了朝气。

远々传来广播操的乐声，杜银生伸々懒腰，随着乐声，试着要锻练起自己的腿来。

廿八

宿舍房内，林育生斜坐床上，呆愣愣地望着手边，正对着床边茶几上摆送的玩偶发愣。

廿九

杜银生练了几下腿，感到有些精神不安，心里想到昨晚上的事，眼光就不由地移到对面林家育生住的小房间的窗户上。

他走上对面那个靠近窗户的地方叫了一声：

(20×15)　天馬电影制片厂

第 54 页

"章生！"

里面没有应声。

房间内，章生仍两眼发楞，好象没听见似的。

章绿也在外面问："你睡着了没有？"

苏章生仍装作没听见，置之不理。

章绿也只好回身走下台阶，又随着步声锻炼自己的手脚，向家门口走去。

苏岚在屋里地坐温课，夏淑娟拎着提包走出来。

苏岚："妈，你去上班了？"

夏淑娟"嗯"了一声，提着箱子走出去了。

傅冰推着自行车出来，正要上学院去，章生披着衣服，急忙跟了出来。

章生："傅冰，你到底要怎么样了？"

傅冰："你要我怎么样呢？"

(20×15)　天马电影制片厂

育生："你们先不要主动争取到边疆去，让他们我再想办法解决。"

倩如："有什么办法？领导上说过了，我们这种情况不能照顾。"

育生沉吟了一下："现在离分配只有十来天了，我马上给青海写信，说明我们的情况，请队上同意我去上海工作。只要我在上海有了工作，学院总该照顾了吧。"

倩如有些不耐："要他们同意，他们早就同意了。"说完看了看表，"今天开毕业鉴定会，我要走了。"说着推车走去。

育生连忙跟上几步说："争取争取看嘛，你别报到边疆去，啊！"

倩如随口应了一声："你让我想想吧。"说着便骑上车向林荫道驶去。

育德也远远看着他们，难过地摇了摇头。

第 56 页

三十

黄音生在宿舍里打电话。

音生："喂，小吴吗？我是音生。借钱的事学院不肯照顾；去行政干事的了也不成；说是要得到青海的同意才行。……"

小吴喝了一口莲子羹，对着话筒说："那你赶快给青海写信哇。要不，别说借钱不能照顾，连你自己也不能在上海待下去了。"

音生焦急地："是啊，可是没有医院证明青海是不会同意的。"

小吴将手中的碗递给旁边的保姆，对着话筒说："你不是有一些医院的假条，没有弄去么？……下午你带来，我给你想办法。"

音生说："什么办法？……带来再说？……噢，噢。"

三十一

(20×15)　　天馬电影制片厂

一张病假条，一瓶"退色灵"放在旁边。

假条上写着："因患有风湿性关节炎，不宜在青海地区工作，建议易地治疗，在南方安排工作。"

假条上文字墨迹未干，盖有医院印章。

小吴放下笔，对身旁的高生说："怎么样？"

高生惶恐不安地看着："不，不，这不行。这不是……"

小吴平静地："是什么？"

高生更有些紧张："这……不能这样做。"

小吴冷笑了一下："你这样前怕狼，后怕虎的，那就干脆回青海去吧。"说完离开高生，让高生一个人对着假条，内心激烈斗争。

小吴送上一盘切开的西瓜，和颜悦色地说："在那儿工作都是一样为人民服务。你放心，这么远，他们是不会知道的。"

高生看了小吴一眼，迟疑地坐下，内心仍在激烈斗争着。

第 58 页

三十二

邮筒前，方生拿着一封写给青海勘探队的信，在犹豫不决。耳边仿佛又出现了小英的话语声："你这样前怕狼、后怕虎的，那就干脆回上海去吧！"

方生内心独白："怎么办呢？难道就放弃自己的理想，任命运的摆布？……不，这是个关键的时刻，就作这一回吧。"

他狠了狠心，将信投入邮筒。

三十三

勘探队驻地，一群队员正在使劲搬运钻探机件，热情很高。通讯员送来一批信件，大家蜂拥着取信，欢笑声四溢。

空一行

室内，大队长拆阅来信，抓抓头皮，对旁边的一位干部说："老夏这是怎么回事儿？前几次来信说不舍得放他来青海工作，可是方生自己来信却说，不在青海

(20×15)　天馬电影制片厂

地质工作。还有隆陵纪略，还说要陶芳安排工作。这不把人搞糊涂了吗。"

老夏看了看隆陵纪略说："我说，再写封信给陶继先，让他到隆陵去找隆陵了解了解，究竟是怎么回事。在训练班当教员，又不出野外，应该好商量的。"

大队长："对，把这纪略也寄去"。

二十四

陶家，陶继先接到信，拿着纪略出神的。

陶奶奶思忖了一下："我看这里面一定有问题。"

陶继先说："那我马上到隆陵去。"

陶奶奶拦住他："下午去吧。回来这么多天，你那一天好好在家待过？今天我给你包饺子吃，你给我擀皮儿。"

陶继先无可奈何地干笑着。

陶奶奶忙着生炉子。

陶继先动手和面。他一边和着，一边想着事情的

第 60 页

事，不知不觉把干了来的一碗，心里总是不下来。

肖继业央求着说：“奶奶，我还是搬出去到医院去吧，这事……”他看到奶奶不由笑笑不停地~~看开了他地~~瞅着地，连忙改口说：“对了，今天上午医生约我去看腿的，看，我倒忘了。”

肖奶奶疼爱地说：“去吧，去吧。你呀，从小就是这脾气，心里有点事，连饭都吃不下。”说着用手巾给他擦了擦脸，又叮嘱了一句：“早去早回来！”

肖继业高高兴兴地说了声：“好。”擦擦手往外走去。

三十二

肖家门口转角处，肖继业看见一个邮递员骑车走过，他赶上两步问：“有我的信吗？”

邮递员说：“没有。”

肖继业很失望。

夏微娟从外面回来，看见肖继业愁眉苦脸地坐在门

(20×15)　　天马电影制片厂

台上。

夏淑娟："青生，怎么又热得冒着汗的？"

黄青生边说边进来："妈，回来了。"

夏淑娟看见青生一头是汗，递给他一块手绢儿。

青生："妈，你能不能去找黄院长谈一谈，请他安排我在学院当行政干部了，这样倩如也就可以留下了。"

夏淑娟不以为然地："托人情？"

青生："怎么是托人情呢，家长给学院提个意见，这不是常有的事吗？"

~~夏淑娟："我们能提这样的意见吗？"~~

~~青生："这有什么关系？"~~

夏淑娟肯定地："这样做不好。"

青生："那怎么办？到边疆去我倒不在乎，可是关节炎要是复发，这腿就完了。"他做出一付痛苦的样子。走进客厅。

夏淑娟沉思了一下，也走进客厅，坐一把藤椅里坐

第 62 页

下说："你不是给青海去信了吗？"

青生说："去了。他们到现在还没有回信，可是过两天分配方案就要公布了。"

夏淑娟稍停了一下："青海不会坚持要你回去？"

青生肯定地："我的婚姻不是还不合适吗？"

夏淑娟又考虑了一下，语气诚恳地说："那这样吧，我下午到学院去反映一下情况，至于能不能给你工作，能不能照顾情况，就由他们去决定。"

倩如这时刚回到家门口，听到夏淑娟最后两句话，她停下步。只听得青生满口答应："好，好。"这却使她纳闷起来。

二十六

青继业在医院门诊室。

一位中年医生对青继业说："这假条是到全休开的，他今天不在，我们查清楚了再通知你吧。"

(20×15) 天马电影制片厂

方继业：“那么，我这腿到底是什么毛病，现在可以明确了吧？”

医生迟疑了一下：“这，恐怕不仅是风湿，还有别的病症。”~~但也没有什么要紧的~~

方继业：“什么病？”

医生连忙改口：“不一定，也许还要作一次检查。你先把这药吃了再看吧。”

方继业站起身。

医生说：“府上老太太精神好吗？”

方继业：“很好，谢谢你。”

医生说：“我已经很久没见到老人家了，给我代问个好。”

方继业：“谢谢。”他带着几分忧虑，走出门诊室。

二十七

方家客厅，方继业说服倩如。

方继业：“我真不明白，留在上海有什么不好？我们家

第 64 頁

需要来说，你也应该主动争取留在上海。你是我们学院的高材生，你有条件也有义务在地质科学上作出比别人更多的贡献，到边疆去能作到这一点吗？"

倩如："现在的问题是边疆更需要人。我想只要我们自己努力，在任何地方都能作出成绩。方生，我们都是共青团员，能光想到自己，不想到国家的需要吗？"

方生："当然应该想到，可是也不能不考虑实际情况。你想，你要是分配到边疆去，将来想把我也调去。当然吃苦一点我倒不在乎，关节炎要是复发了怎么办？"

倩如看了看方生的腿，不语。

方生："在那儿工作都一样为人民服务。当个人利益和工作利益可以统一的时候，为什么一定要人为地把它对立起来呢？再说，妈妈也不是去要求照顾……"

倩如："那她是……？"

方生赶快说："只是去反映一下情况，让领导上作参考。

(20×15)　　天马电影制片厂

第 605 页

这不是常有的吗？”

傅奶思考着。

三十八

方继业回到家里。

方奶奶迎上来：“继业，医院去问过了，怎么说？”

方继业：“主任医生不在，等他们查清楚了才能知道。”

方奶奶关切地：“那，你的腿……？”

方继业：“也还没查清楚，说……。”

方奶奶担心地：“说什么？”

方继业连忙掩饰：“没什么。奶奶，我来帮你包饺子，还像我小时候一样：包饺子，饺子香，我帮奶奶擀皮儿忙，奶奶给我把故事讲，……”

方奶奶接着说：“奶奶的故事大箩筐！”

祖孙二人不禁放声欢笑起来。

三十九

(20×15) 天马电影制片厂

第 66 页

倩如在房里沉思，芸岚很激动地跑进来。

芸岚："表姐，你真的同意了，让妈妈到学院要求退职去？"

倩如："姑妈准备去反映一下情况。

芸岚不知该讲什么好，重重地叹了口气："唉！你呀！……"她猛地一甩手回身就走。

倩如："你干什么去？……"

芸岚停在门口："我想找个地方好好想一想，看我这一辈子还找不找爱人。"

倩如摸不着头脑："怎么啦？"

芸岚侧着身子："怕有了爱人丢了事业啊！"说罢就走向客厅，找了个位置坐下来。

倩如："小鬼，嘴越来越厉害了。"

芸岚又走回房里，靠着倩如坐下，热情而诚恳地说："表姐，我真替你难过，从前你可不是这样的。你看

(20×15)　　天马电影制片厂

理想，肯钻研，想在地质方面干出一些成绩来。可是现在……，我想想就替你着急，谁知道接着一步步往下坡滑去，他要你怎样你就怎样……"

倩如心里也有很难过："我也矛盾得很哪，"她想谈下去似乎又谈不出来，终于歉然地说："唉，你不明白。"说着便站起身，走向窗口去。

井岚看着倩如的背影："我是不明白，为什么你对他就是百依百顺的。"

倩如背着身子说："当你爱上一个人，你就明白了。"

井岚激动地看着她，坚决地："如果爱情就是这样，那我一辈子都不要爱人！真的，不要！"说完一扭身便走向书房，向外走去。

倩如呆呆看着，风吹动纱窗，在她的背后飘拂。

四十

杏奶奶和杏维也走进院子，井岚站在他们身边。

第　68　页

高奶奶说："这倩如也真是太软弱了；我对假娟也有意见，怎么那么不讲原则。"

高继业放下筷子说："我去找高生谈谈。"

高奶奶："态度要注意点。"

高继业用力擦掉自己手上的石粉，走向书房。

高奶奶在屋里说："岚岚，在我这儿吃饺子。"

四十一

高继业走向书房，恰巧高生从屋里出来，在阳台上整理图书，装做没有看见。

高继业凑上去说："高生，在晒书呀？"

高生不加理会。

高继业拿起一本书说："哟，这是地质学院的招生材料嘛！嘿，那时候我们一起报考学校，对地质科学还一窍不通呢，就去了这院，走向地球开仗，向深山探宝，想想真有意思。1960年毕业，又分配在

(20×15)　　　　天马电影制片厂

一个地质工作。我们一到青海就登上昆仑山五千四百米的高峰，看到那些千年不化的积雪，万年不化的冰川，你还记得吗？你曾经怎么说？……'我们要填上祖国地质科学的一切空白，要为祖国发掘无限丰富的资源！'……可是现在……"

方生："现在怎么样？人不能靠幻想生活，要从实际出发。"

顾继业："你以为你过去的雄心壮志都是幻想吗？"

方生："我要有翅膀，我就能飞。"

顾继业眼看这样谈不下去，就换了一个口吻说：

"方生，今天我接到队里来信，还是希望你回去当教员，不去野外，对你的身体影响不大吧。"

方生开始怔了一下，接着眯起眼睛说："我的事，你不必操心。"

顾继业感到问题不能再含糊过去了，便严肃地说：

第 70 页

"可是你要使伯母上了法院去要求离婚……"

育生："怎么样？"

有继曲："你想了没有？这对伯父、伯母的影响多不好？"

育生："这关我什么事？有啥了我自己负责。"说完便铁着一张脸走进屋里去了。

有继曲很难堪。有奶奶坐在自己家门口叹了一口气。

四十二

午后，人行道上 有继曲和夏倩如边走边谈。

~~倩如："我也不愿意这样下去，眼看自己的性格一天天坏下去，自己的理想不能实现；可是，……我也很苦恼。"~~

继曲："那你为什么还迁就他？坦率地说，在育生的思想里，的确有些不健康的东西，你应该帮助他才对。无原则的迁就，对你对他都没有好处。你要知道，错着

(20×15) 天马电影制片厂

误思想是不能和平共处的呀！"

倩如："我也斗争了，可是……！"

继业："可是最后总是以你的妥协作结束。你要知道，牺牲原则换来的爱情是不会幸福的。"

他们仍默默地走着。

四十三

林家门口，肖奶奶正想往屋里走，传来了汽车声。

汽车停下，林坚从汽车里出来。

肖奶奶："老林，你真是个忙人，我正想找你呐。"

林坚热情地："有事吗？肖奶奶，坐下来谈谈。"

四十四

林荫道上，夏倩如对肖继业说："你说得对，不过有些实际问题，我也不能不考虑。"

肖继业："那一个人没有实际问题？有的有家庭问题，有的有爱人问题，有的身体不好，有的怕冷，有的怕热，各有

第 72 页

呢，要是每个人都强调自己的困难，那，你想情况会怎么样？”

倩如不语。

四十五

安家门口树荫下，安坚和方奶奶坐在石凳上交谈。

安坚：“她妈妈没来吧？”

方奶奶笑笑说：“提起淑娟我也搞不懂，我看她对岚岚要求挺严，对方生就一味迁就！方生身体不好，淑娟疼他，这我知道。可总也得有个办法，这样迁就行么？刚才听说为了方生和倩如留在上海的事，淑娟尝亲到郊陵找黄陵农去。”

“乱弹琴！”安坚激动地站了起来，在树下踱着说：“这些事我是了解的不够啊！”

方奶奶：“你长年不在家，淑娟的担子不轻啊。我看，教育孩子们的事，你得替她分些心！”

(20×15)　　天马电影制片厂

斯坚听懂了爷爷话里的意思，说："你老人家说得对。'生于忧患，死于安乐'，在和平的环境里，年轻人特别需要教育。怎样培养接班人是个大问题，应该提到我们的生活日程上来了。"

四十六

在楼上房间里，斯坚在夏微相片前激动地走着。

斯坚："她是有病，但并不严重；更不能把它作为借口。她是不想离开上海。我回来这几天就看出些苗头来了，这孩子的精神状态不对头！"他指着窗外远处烟囱林立的地方："人家都在社会主义建设搞得热火朝天，可她呢，成天躲在自己的小窝里，天下大事不闻不问！……"

楼下育生房间里，育生一个人躺在床上，摇着扇子，在午睡。

楼上，步坚在他自己参加抗日战争时拍的军装照片前踌躇说："我们象他这样的年令已经把人民解放事业的担子挑在自己的肩上了。他可倒好，眼睛只看见鼻子底下的一点好处。成天悠悠晃晃的……胸无大志，胸无大志啊！对党的事业一点责任感都没有。"

夏淑娟坐在椅子里说："你也说得太严重了。"

步坚："刚才听孩子们说，青生自从交上了一些不三不四的朋友，越来越不象话了。团组织生活也不好好过，这些事你可都没有告诉我。"

夏淑娟："都大学毕业了，我还能成天守着他？"

步坚："依你说就该不闻不问，随他去？……同志，教育子女也是件大事情！"

夏淑娟不语。步坚用手指拍了拍她的肩膀说："子

第 75 页

後你就别去了。明天叫亦生去家找我，我们全家开个会，讨论讨论。”说完从抽屉里拿了一份文件走了。

四十七

安亦生从卧房里打着呵欠走出来，一眼看见夏淑娟坐在客厅里看报，焦急地问：“妈，你还没去？”

夏淑娟严肃地：“不去了，你爸爸说得对，不管是你的工作问题，还是倩如的工作问题，我们都服从组织决定。”

亦生惊了半截：“爸爸怎么知道的？”

夏淑娟：“你问这干什么？”说着解下披带便上楼去了。

安亦生怀疑地看着房门。

房门口，安继典正在和倩如分手。

倩如走进来说：“亦生，叫姑妈不要到江陵去了。”

亦生愤愤地坐下。

(20×15)　　天马电影制片厂

第 76 页

四十八

林荫道上，林岚背着书包，在看一幅动员青年上井冈山农场去劳动的宣传招贴，旁边有新村居民委员会的黑板报，动员居民鼓励自己的儿女上山下乡，支援农业第一线。

知了在噪鸣着。

芸李生拿着一个弹弓这么瞄着，他也在也打树上的知了，一粒石子落在林岚面前的招贴画上。

林岚："小李子，干什么？"

李芸生："没事，无聊。"

林岚向李芸生招手并指指招贴画说："你来，我们一块儿上井冈山去怎么样？"

李芸生感到意外："你不是考'学院'吗？"

林岚："我考不上了。你高中考得怎么样？"

(20×15)　　天马电影制片厂

第 77 页

李荣生："没意思"。想了又问道："唉，你功课一向都很好嘛！"

安岚不理会，只顾说："那我们一块儿上井岗山，在毛主席住过的地方，开辟新农场，这有多好！"

李荣生摇了头："我不去。我在家自修两年，考电影学院当演员去。"说着又拿起弹弓，向树上瞄准。

安岚觉得好笑："你怎么看上电影学院了？"

李荣生："你说咱俩为什么？一见教理化，脑袋就爆炸。"

安岚："电影学院不学数理化，既轻松，又好玩是吗？"

李荣生："至少没那么多头疼了。碰上对，要是能够碰上，那可就美了！"

安岚存心要整整他，指着地上的几块砖对他说："你把那几块砖搬过来！"

李荣生："干什么？"

(20×15)　　天马电影制片厂

第 78 页

安岚："你不是要考电影学院吗？先试试你的腰腿。"

李荣生："那容易……好好，你是青年话剧队队员，你就试试吧。"说完马上搬来五块砖，按安岚的指点放在路边的一块块摞起。

安岚指着砖摞子："把腿搁上。"

李荣生顺从地搁上腿。安岚从一块砖到五块砖，顷刻之间都搁进了他的脚底。

李荣生哇哇大叫："哎哟，哎哟！……"

安岚一本正经地问他："考电影学院还容易不容易？"

李荣生直摇头："不容易，不容易。"

安岚："你以为考电影学院就那么轻松？"说着帮李荣生把腿放下。"干什么事情都要付出艰巨的劳动！"

李荣生揉着腿："我的妈呀！电影学院还要干这个？"

安岚："形体锻炼嘛！"说着从书包里拿出两本书递："喏，给你两本书，

(20×15)　　天马电影制片厂

还有刚到的中国青年报，我还没看呢，你先拿去！"

李志生："干什么，这么多？"

林岚："回去看看，免得脑子生锈！"说完便往家去，走了几步又回头说："去井岗山的事，你好好考虑考虑！"

李志生看看手中的书报，无可奈何地说："这真是艰巨的任务！呀。"

四十九

林岚走到离家不远的地方，遇见医院里的那位中年医生。

医生问道："请问六十八号肖奶奶家是住这边吗？"

林岚说："我带你去。"说着领医生一转弯便到了肖家门口。

肖奶奶正在家和一位地区里的印局谈事情，桌上放了好几张大红喜报。

林岚"肖奶奶，有人找你！"领着医生进来。

第 80 頁

肖奶奶一见就招呼："哦，王医生，你好！"

[illegible]主任说："就这样吧，肖奶奶，我们回头再谈。"

肖奶奶："好好。"一边招呼医生坐："王医生，今天怎么有空来？"

医生："好久不见你老人家了，今天顺便来看看你，想跟你谈谈关于胡继业的腿的问题。"

肖奶奶一听就有些紧张："怎么样，他的腿？"

医生："他腿上长了一个骨瘤，需要作活体组织检查。根据现在的情况来看，很可能是恶性的；如果是的话，那他的腿……"

肖奶奶和胡颖吃惊地注意。肖奶奶说："怎么样？"

医生："恐怕就很少有保留的可能！"

胡颖大吃一惊："啊！"

五十。

胡继业从某招待所的一个房间里走出来，后面跟着一位工程师。

胡继业说："那么，吴工程师，明天下午我就直接去参加会议了。"

工程师："对对，看来报告审批很有希望，你准

(20×15) 天馬电影制片厂

多发言吧。工人上的同志们都在盼着好消息呢。"

杜继业很高兴地和工程师握了握手，朝支部深处走去。由于他太高兴了，腿又颠踬起来。

五十一

杜家门口，杜奶奶心情很沉重地送医生出来，林岚跟在后面：

医生说："继业虽然重视他的病，休养过几个月再会诊一次，但须继续保养。"

杜奶奶："多谢谢谢。保住那就好了。"她和医生握手，医生向林荫道走去。

五十二

新都门口，杜继业从公共汽车站下车，一跛一拐地走进都口。

他远远看见医生的背影，没有在意，便径直向他家的方向走去。

五十三

杜奶奶和林岚正在门前发闷，这会听说杜继业的

第 82 页

喊声："奶奶！"

郭继业激动地说道："奶奶，刚才听工程师说，我们的地质报告，审查小组反复研究了12次，根据各种资料来看，我们作的结论是有科学根据的。真的看来有矿了，奶奶，就是我说的那种矿！"

郭奶奶："真的？好啊！"

郭继业："据估计，蕴藏量可能很多。"转向林岚："岚岚，你听到了吗？有矿了，有矿了！哎！为了找到205地区有矿的根据，我们的队付出了多少劳动啊！"

他情不自禁地像低吟浅诵一般地叙述了起来："每天早晨当我们背起背包迎着太阳走去的时候，我们总是这样对自己说：今天一定要有新的发现！带着这种希望，我们翻山越岭，渴了喝泉水，饿了吃干粮，冬天冒着刺骨的寒风，夏天顶着火热的太阳。虽然是艰苦的，可又是那样的有趣，那样的吸引人。因为有

(20×15)　　天马电影制片厂

一个愿望在鼓舞着我们，一定要找到矿，一定能找到矿！我甚至感觉到地下有一种声音在呼喊：让我出来吧，让我为社会主义发一分热，发一分光，让我上天！让我入地！让我为中国人民争一口气！我甚至感觉到它们在怎样地呼吸，在运动。现在这个愿望眼看就要实现啦！奶奶，明天下午召开最后一次审批会议，我要去进行答辩。只要他们一批准，我马上就背好行李回勘探队去。奶奶，我要亲眼看到矿产怎样从地底下取出来，我要所有的人都知道我们有矿了！”

说到这里，他脑子里出现在山里报矿的镜头——在悬崖陡壁上，他张着两手大声呼叫：“嘿嘿！我们有矿了！”声震山谷。

最后，他一把抓住了奶奶：“奶奶，我们有自己的矿了！”

第84页

在他全部叙述过程中，方奶奶和林岚几次想打断他，但都激动得开不了口，为他流泪，为他辛酸，为他痛苦。林秀生有一度跑出来，在门外看了一会，没有听出个究竟，就收拾书进去了。

方奶奶努力掩饰着内心的痛苦说："我很高兴的……"说着背转身，向屋里走去。

方继世感到有些异样，疑惑地："奶奶怎么了？"回头看林岚，林岚把目光移开，更引起他的疑惑。

"岚岚！怎么了？"方继世：

林岚："没什么！

方继世："不，出了什么事了？"

林岚惶急："没有呀，没出什么事。"

方继世："你们一定有什么瞒着我。"

林岚更急："没有，真的没有。"←方奶奶在门里望着。

方继世忽然紧张起来："刚才王医生来过是不是？"

(20×15)　　天马电影制片厂

第 85 页

林岚："不，不是。"说完就想逃开。

胡继忠："你为什么躲着我？"

林岚没有回答。

胡继忠："是不是我的腿……？"

胡奶奶在里边激动地听着。

胡继忠："岚岚，你放心，我要好了的，我的腿很安全，是吗？"

林岚摇头。

胡继忠："到底是不是？"

"是的，孩子！"胡奶奶从门里走出来。

胡继忠回头，急切地："医生怎么说？"

胡奶奶冷静地回答："你腿上生的可能是毒瘤，要作最坏的打算。"

胡继忠："啊！"惊叫一声，眼前一黑，脑子里出现他在高山绝岩上奔跑，忽然发现自己是一条腿，拄着双拐的人，

(20×15)　　天马电影制片厂

第 86 页

他把双拐抛向高空，仰天长啸。

郭继世颓然坐下，陷入新的沉默。

安岚怀着异常激动的心情，蹲在郭继世的面前，轻轻地诉说："继世哥哥，你别难过，咱们过一会儿再跟医生谈谈，说不定会有希望的。就是真的没希望了，那也不要紧。真的，不要紧。我们学校有位老师，在大火中抢救国家物资，烧伤了手，可是我们反而更敬重他，更热爱他。我爸爸有个老战友，在抗美援朝中受了伤，锯掉了一条腿，可是他照样对国家作出了很大的贡献。你也会象他们那样的。你别难过，真的，别难过……！"

郭继世抚摸着安岚的头发，这时，与其说他还为自己的遭遇而痛苦，不如说他已为这女孩子的纯真的感情而感奋。但是，对于一个篮球队员来说，失掉一条腿，毕竟是一个难堪的打击，他不能忍受。内心又颤了一下，

(20×15)　　天马电影制片厂

他终于站起身，压低嗓音说："不！我是个勘探队员，我不能没有腿！"说着就迈开大步，一跛一拐地向出隧道跑去。

苗奶奶问："你上哪儿去？"

胡继生："我到医院找医生去！"他连跑带走，踉踉跄跄向远处奔去。

苗岚焦急地："你别那么跑！别那么跑！"

胡继生已向出隧道口处跑远了。

李荣生从另一条道兴奋地跑来，他手中举着一张中国青年报，老远就喊着："岚岚！岚岚！"

李荣生跑到面前："岚岚，你知道吗？胡继生是社会主义建设积极分子，他的腿是因为救人受伤的！"

青年报的特写标题："全国社会主义建设积极分子胡继生抢险救人的英雄事迹"。並有继生的照片图

第 88 页

画，密密麻麻一大遍铅字上，出现郁达生在探矿工作，发现巨石下坠，猛推一伙伴，被石压伤腿部的情景……。

苏氏大为感动。

首长们庄严的脸上，出现欣慰的笑容。

李学生感叹不绝。

五十四

医院门诊部，门口挂了一块"时间已过"的牌子。

郁达生失望地走出。

五十五

郁达生先生黄昏日落的街头．

走进街灯已经燃亮的都市。

五十六

夜，都市里静悄悄的，已经不见人影，只有郁家的一个家户里，透出灯光。

(20×15)　　天马电影制片厂

第 89 页

肖继业靠在床上，旁边桌上摊开一大堆书本和笔记。地下一盘蚊香，一把扇子。

肖继业在思索……。

弄堂一角，几个孩子围坐在场地上，唱着儿歌。

楼上窗户里有一个妇女在喊："孩子们，该回家睡觉了。"

肖继业走上楼梯，走上晒台。

晒台上除了几件随风飘拂的衣裳，只见远处钢厂红光闪闪，映在肖继业的纤瘦的脸上。

肖继业深深透了一口气。

肖继业画外音（内心独白）："难道我就这样掉队了吗？像蜗牛一样在狭小的躯壳里爬行，在个人的小天地里混一辈子？不，不能！绝不能！"

(20×15)　　天马电影制片厂

第 90 页

她抬起头，望着远方，陷入无限的追思。

古奶奶静静地听着。她不声不响地递给德生一把扇子，站在一旁踯躅着。

古德生迫不及待地问："奶奶，你一生碰到过很多困难，在最困难的时候，你是怎样度过的？"

古奶奶看着他，沉思片刻，说："我一生经历过的困难，真是数也数不清，最艰难的要算一九三六年，我们地下组织遭到严重破坏的时候。我离开了工厂，就在这个时候，你爸爸也在国民党监牢里被杀害了。他是我最疼一个儿子啊！全家只剩下你我两个人，你才一岁，找不到党，找不到工作，亲戚朋友又不敢收留。难啊，实在是难啊！可我一想，我是为什么才遭这个罪？是为了闹革命。在监牢里，多少好同志为革命牺牲了，我遭点罪又算得了什么？这样咬咬牙，我就熬过来了。孩子，搞建设，这也是闹革命啊！"

(20×15)　　天马电影制片厂

第 91 页

方奶奶越讲越激动，这个老党员对着钢铁工人的红光，越来越深刻。

方继业全神贯注地听着，神采奕奕，他感到自己的形体也跟随着奶奶的形象，愈益高大起来。

他快步如飞地奔下楼梯。

方奶奶问："你……干什么？"

只听得方继业的声音在楼下回答："准备明天的会议。"

一灯如豆，方继业聚精会神地翻阅资料，在笔记簿上振笔疾书……。

(20×15)　　天马电影制片厂

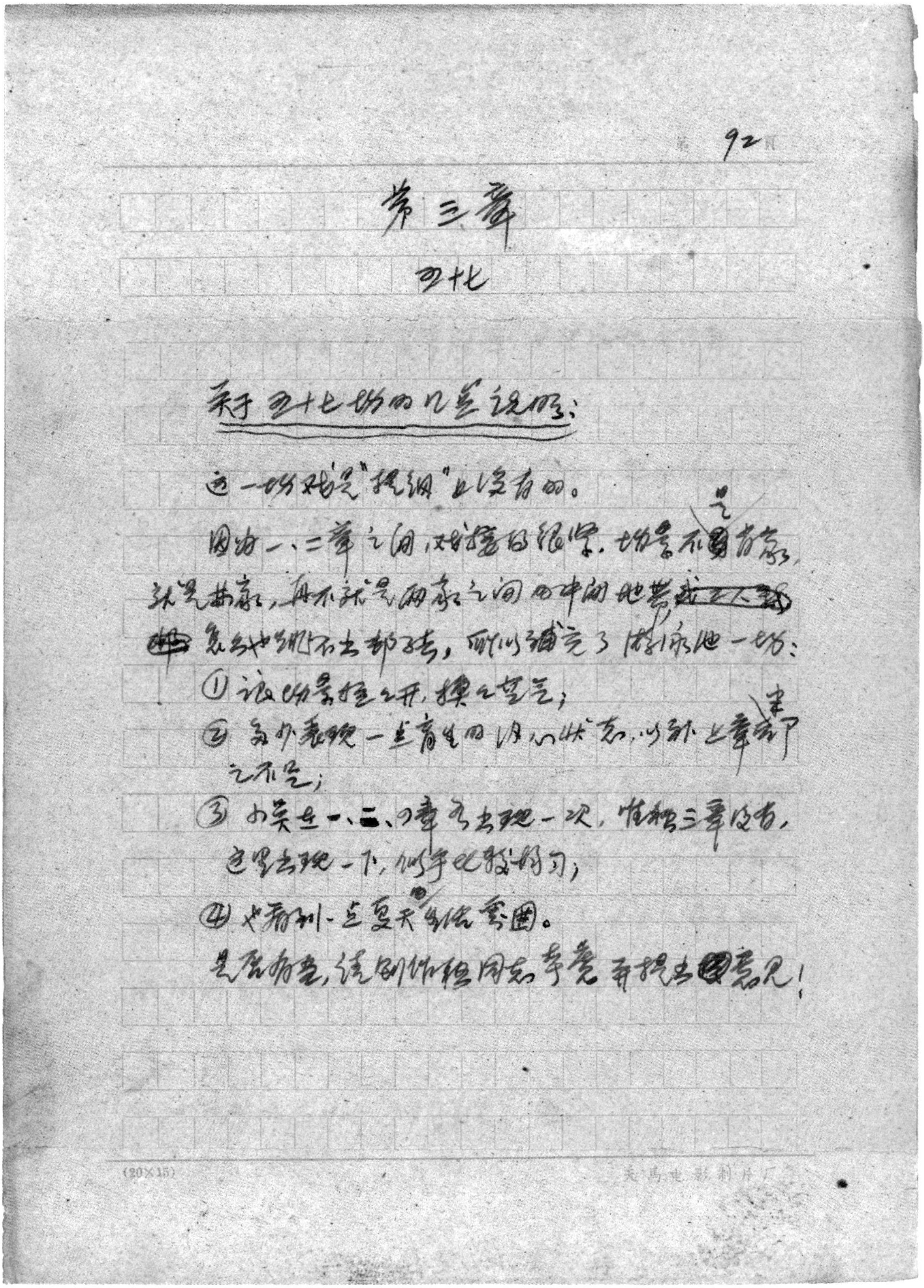

第 92 页

第三章

四十七

关于四十七场的几点说明：

这一场戏是"提纲"上没有的。

因为一、二章之间，比较显得很紧。场景不是黄家，就是萧家，再不就是两家之间的中间地带，气氛也似乎不太舒畅，所以增加了游泳池一场：

① 让场景拉拉开，换换空气；

② 多少表现一点青年们的活泼心情，以补上章之不足；

③ 小英在一、二、四章都出现一次，惟独三章没有，这里出现一下，似乎比较均匀；

④ 也看到一点夏天的生活气氛。

是否有当，请剧作组同志考虑并提出意见！

(20×15)　　天马电影制片厂

第 93 页

小吴和他的女友都有些诧异。

一个运动员在前方中划队跨了过去，在小吴他们身边插队。领队的说了声："对不起"，小吴他们也只好让开。

黄青生一纵身跳入水中。

五十八

黄家门口，黄坚穿着汗衫在修水桶。一根木棒"卜、卜、卜"敲在桶箍上，看样子很专注。

李崇生骑着自行车"叮铃"一声来到黄家门前。他看见黄坚修水桶，就扶着车子停下来。

李崇生："哎，修桶的，我们家也有个木桶坏了，待会儿你上我们家去修一修，给你钱。"

黄坚看看他，笑笑说："好啊，你是哪一家的？"

李崇生指点着："工人新村12号，待会儿我领你去。"说完就跨下车，走上门阶，嗑嗑瓜子，很闲适的样子。

(20×15)　　天马电影制片厂

井坚打量着他："你……也学吗？"

李荣生："去年高中没考上，在家里闲着。"

井坚："干吗不找点事作作？"

李荣生："有什么事好作啊。去年居民委员会介绍我去当店员，我不干。现在又动我到农村去，我不去。"

井坚："为什么不去？我还想去呐。"

李荣生："你去还好说，你本来就是个体力劳动者。可我是个知识分子。"

井坚说得好笑："嚯，好大一个知识分子啊！"

李荣生："本来嘛，我读了九年书，要我去种地，还说，这是建设社会主义，幸福。得了吧！"

~~李荣生~~井坚："为什么不幸福？去建设社会主义新农村，用自己的双手创造美好的生活，这还不幸福？"

李荣生："一天到晚跟泥巴打交道，搞一身臭汗，这还有什么幸福！"

苏坚："那你说干哪一行才最幸福呢？"

李崇生："我看呢，嗐，譬如苏岚的爸爸，当首长，那才够神气，才有意思哪。"

苏坚："不，当首长也不轻松！"

李崇生："得了吧，当首长有什么苦的？"

苏坚："当年打游击，又困难又不去说它，就拿现在来说，当个厂长吧，要参加劳动，要学习业务，还要又快又好地完成工作任务。操心的事多着哪，有空还得干点别的，譬如修修桶什么的。"

李崇生："去你的，首长还修桶？"

苏坚："为什么不？首长也是普通人嘛。"

李崇生："这么说当首长也不怎么惬意？"

苏坚："照你的看法，我看干哪一行也不惬意。"

李崇生："哟，你好家还挺有一套的！"他绕到苏坚身边，蹲下来，托着自己的脸巴，很有兴趣地欣赏着。

第 96 页

"爸爸！"这是井岚的声音。

李荣生回过头来。

井岚走上来说："爸爸，你回来了。"

李荣生大为惊讶："爸爸？他就是你那个毒盲兄的爸爸？"

井岚："我只有一个爸爸呀！"

李荣生大窘："你爸爸还修桶？"

井岚放下木桶说："爸爸，这就不幸福了，是不是？"

李荣生不好意思地笑了。

井岚解下围裙，穿上衬衣（走进厨房）说："是啊，年轻人总喜欢谈论什么幸福。事情一顺心，就说：我太幸福了。一不顺心，就说：我一点也不幸福！可是什么是幸福，连他自己也不知道。对不对？"

~~井岚："爸爸，你说什么是幸福？"~~

李荣生~~也附和着："什么是……？"~~傻笑着。

井岚在思考。

(20×15)　　天马电影制片厂

三十九

村子里烈日当空，蝉声不绝。

肖继业在家伏案工作，挥汗如雨。

肖奶奶手里拿着医院来的通知，从外间走进来。

肖奶奶："继业，医院来通知了，要你今天就去住院。"

肖继业："今天？不行。等审批会议开过以后再去吧。"说着仍在翻阅自己的材料。

肖奶奶从信封里又拿出一张单子，打开一看，原来是上次翻译过的英语的说明。上面加了两行批注："本院未开过此证明，此证明是伪造的。"

肖奶奶递给肖继业。肖继业一看，气得不可开交，桌子一拍，就站起身来。

肖继业："我马上找肖生去问他！"说着便要走去。

肖奶奶一把搁住他说："不要动火。……我先说

第 98 页

怕见到这种子，又想见到这种子。她们青年素久不见好；可心想见到了也好，好及时去拉他一把。”

肖继业谦恭地：“奶奶，静静地生长在革命家庭，受党这么多年的教育，竟作出这种事来……，这像话吗？”

肖奶奶：“这也是他们不简单的地方。你要耐心一点。”说罢走向门口，向对门叫：“岚岚！你爷爷在家吗？”

六十

岚岚在门口应道：“肖奶奶，不在。他吃过午饭就出去了。”

肖奶奶回身进门。说：“想一想吧，怎么跟他谈。”

井岚回到卧室，井坚继续刚才和女儿未谈完的话。

井坚：“你怎么样，农学院考的好吗？”

井岚：“爸爸，我没去考。”

井坚感到意外，有些不愉快地：“怎么，你又……”

(20×15)　天马电影制片厂

林岚急忙解释："不，爸爸，我碰到一件意外的事。"

林坚："出了什么事？"

林岚从口袋里掏出一张信笺交给林坚说："这是我的同学王秀英给招生委员会的一封信，我没让她寄出，你看吧。"

林坚接信笺看。

信笺上写着："……我的同学林岚，在考试那天上我家来约我，不巧我们没有遇见，却碰上我妈妈心脏病突发，因我家里没有人照顾，就让她把我妈妈送到医院。经过医生急救才脱离危险。但她却没有赶上考试的时间，我请求招生委员会给予特殊照顾，准予补考……"

林岚："我没同意，这是我自己耽误的，怎么能要求照顾呢。我怕你心里难过，所以没告诉你。"

林坚鼻子里发酸，很有感情地说："你作得很对。

以后你准备怎么办？"

安岚："我想到江西井冈山农场去。"

安坚："好啊，想搞农业到实际中去锻炼锻炼是有好处的。可是你会碰到许多困难，你考虑过吗？"

安岚："考虑过了。我想现在困难再大，总比不上爸爸你们当初搞革命的时候。既然我们的父辈都是硬汉子，我们也不该是胆小鬼！"

安坚很兴奋："你说的对。"

安岚："妈妈不会答应的。"

安坚："你妈妈会答应的，会答应的。"说着站起身，便想上楼去。走到楼梯口，又回身说了一句："哥哥回来叫他到楼上来找我。"

安岚"嗯"了一声。

六十一

安家门前，哥哥正好回来，他跳下车，取下了网兜，

第 101 页

一眼看到方继业从方家门里走~~出~~来。

方玉："哎，你来家。我正想找你呐。"

方继业迈着难堪的步子走过来说："我也正要找你。"

说着转向芬岚："岚岚，我跟你哥哥单独谈谈！"

芬岚~~走进自己的房间~~捧了一盒昆虫标本，走到院子里去。

方玉和方继业走进客厅，开始了下面一段谈话：

"我希望你解释一下。"

"解释什么？"

"为什么你要在我和倩如中间制造矛盾？一再动员她离开上海？"

"因为工作需要你们离开这儿。作为一个老同学，我也不能眼看着你们这样下去不管。"

"谢谢你的关心。"

"方玉，我们是多年同学，说实了你也别生气，我们分别大半年，没有想到你全变成这样。"

(20×15)　　天马电影制片厂

"请问，我们要过怎么样呢？"

"想想看，半年来你都作了些什么呀？成天躲在个人的小天地里，满足于平庸琐碎的生活，~~只顾眼前~~……~~空而又空的安逸。~~"

"既然你对我的生活这么关心，那我就坦白跟你说吧。我们是想把生活安排得更好，更舒服；使日子过得更丰富，更多彩些。大家辛辛苦苦地劳动是为了什么？不就是为了使生活变得更好，更幸福吗？"

✓ 林岚搬着一大盆果树从阳台上走过。

肖继业说：

"使谁的生活变得更幸福？是仅仅使你个人的生活变得更幸福，还是使千百万人因为你，我，和大家的劳动而变得更幸福？……"

✓ 林岚用心地听着。她曾想给爸爸提出的问题，也显得可笑了。

肖继说："这些大道理你不用说了。我问你，你是不是也承认个人幸福？"

"社会主义就是要人人都获得幸福。问题的关键在于：你们追求的是什么样的幸福。如果只追求个人享受，忘记了我们青年对党对人民应负的责任，忘记了投身轰轰烈烈的社会主义建设……"

"我没忘，也不可能忘！即使我们对自己的幸福感到兴趣，那又怎么样？我们也跟别人一样工作，一样劳动，既没有去偷去抢，也没有去剥削，去妨碍任何人。我们只是按照自己的愿望过生活，结婚，这又有什么不合法？"

"又是能，又是合法，你究竟把国家和集体的利益放到哪儿去了呢？你是个共青团员，亏你说得出口！我们的国家是一个有计划开展的国家，你把个人利益放在集体利益之上、国家计划之外，怎么能不影响、不妨碍别人？你们这样不服从祖国需要，不服从

104

组织书记，难道是'先进'的吗？"

林青生一时答不上口。

胡继业紧接说："又为什么不谈增产！"

林茂摇摆地听着。

青生又找到词儿："难道只有到边疆去才能符合国家利益？每人都有他的条件，你总不至于要我们大家都去过山沟里的生活吧？"

"你说这话我真替你难过。山沟里？没有革命前辈在山沟里斗争，就没有中国革命的胜利；没有全国广大的山沟和农村的支援，我们的大城市、大工业就失去了生命线；~~没有那些的建设，那儿有[illegible]和全国人民的幸福！~~更何况，我们地质工作者的战斗岗位，本来就在山沟里？！青生，你的思想走上了多么危险的道路哇！"

"~~危险的道路~~危险在那儿？"

(20×15)　　天马电影制片厂

"危险就在于你已经不再想革命啦。在于个人主义思想已经不知不觉地腐蚀了你的心灵，毁灭了你的理想，消磨了你的斗志，使你越来越深地陷到资产阶级的泥坑里去啦！"

"别吓唬人，我可不是出身在资产阶级家庭里。"

"要是我们不警惕，再好的家庭出身，资产阶级思想也会钻进来。终究靠自己走的，行为还得由自己来负责。"

"那么你呢？你似乎也没有干出什么惊天动地的事业来。"

"是的，惊天动地的事业是人民群众作出来的，不是哪一个人作出来的。我记得毛主席说过：一个人的能力有大小，只要没有自私自利之心，他就是一个高尚的人，一个纯粹的人，一个有道德的人，一个脱离了低级趣味的人，一个有利于人民的人。……

第 106 页

林岚生出神地望着他听着。

胡德生接着说："我的才能很有限，但我愿意按照党的需要，尽最大的努力来工作，实实在在作个螺丝钉。"

林方生~~[illegible]~~淡淡地："多么崇高的理想呀！"

胡德生："不，这只不过是我们这一代的青年起码应有的生活准则，~~我们每个人都应该坚持~~。方生，你不能再这样下去啦！"

六十二

林望生[illegible]也在对淑娟这么说："不能再这样下去啦！应当把他亲生父母的事告诉他，让他住进去么！"

吴淑娟："告诉他这个干什么，这么多年都没有让他知道我们不是他的亲生父母。"

林望："那就这样拖了？~~[illegible]~~

第107页

夏淑娟无言。

安坚："我看不如现在给他讲讲传统，让他知道自己是谁，自己肩膀上的担子有多重。……只有你啊，就偏爱他，宠他！"

夏淑娟："可是他父母是为革命牺牲的，我不对他特别疼爱一点，怎么对得起他的亲生父母？"

安坚："正因为他的父母是为革命牺牲的，我们对他才更放松不得。真正爱他就应该在思想上严格要求他。可你呢，从小对他娇生惯养。看看他现在，吃不得苦，经不起磨炼；再这样下去，这孩子就要变成资产阶级少爷了。还不给他敲敲警钟！？"

夏淑娟不语。

六十三

楼下，章生仍在当面抗辩。

章生："我能有，这你不知道吗？"

韩继业："夜里那么严重吗？"

(20×15)　天马电影制片厂

第 108 页

方生："你这是什么意思？医生给我开过证明，你又不是不知道。"

方继忠："知道。这张证明现在还在我的口袋里呐。"

方生："什么？"

方继忠："不过，医生又在上面批了几个字。"

方生惊讶。[illegible]

方继忠将证明~~[illegible]~~放在桌上："你自己看吧。"

方生看见证明，脸色立刻变得惨白，捧证明的手颤抖着……

天空乌云涌起，隐隐有雷鸣。

林方生无力地坐下，片刻的沉默。

林岚走进来，偶然发现桌上的证明，[illegible]念道："本院未开过此证明，……"

"岚岚"！方继忠止住她，将证明藏起。

[illegible]拉着倩如从外面走进来。

(20×15)　　天马电影制片厂

第 109 頁

倩如感到气氛不对头，怀疑地问："怎么啦？"

胡继世连忙掩饰："没什么。"

倩如问："你手里拿的是什么？"

胡继世："是一封平常的信。"

倩如："不，你们好象有什么事情瞒着我。念念！给我看！"

胡继世向世岚示意，世岚不语。

夏倩如更加紧张起来："是不是他犯了什么错？……你们为什么不说话呀？……胡继世，把信给我吧！你们别再折磨我了！"

世岚走向胡继世："把证明给我。"接过胡继世手中的证明，毅然走到倩如身前，将证明给了她。

青生："倩如，我作了一件见不得人的事情。"

夏倩如紧张地看证明——证明在她眼里从清晰到模糊，迅速地旋转。她不安地走向窗口，窗外暮

(20×15)　　天马电影制片厂

第 110 页

雨如注。

李荣生冒雨顶着一块油布奔进林家，看到这一切，不禁惊讶地站住。

林育生打破沉默："你们说吧，我该怎么办？"

肖继业冷静地："回勘探队去。什么地方跌倒，就在什么地方爬起来。"

林育生："不行，我的腿不好。倘若我把病情夸大了，可是我的腿有病都是真的。"

林岚："你的病不是在腿上，而是在脑子里。"

肖继业恳切地说："育生，你想想看，为了把革命进行到底，多少人都在日夜不停地战斗着。你父亲二十多年来一直为革命出生入死，现在仍然站在建设的最前线。我奶奶快七十的人了，你看她哪一天不为革命而操心？要是老一辈的今天都还站在第一线，我们年青人有什么理由躲在个人的小窝窝里？"

(20×15)　　天马电影制片厂

苏育生："讲别人容易，要是你的腿也象我一样，那你……"

苏岚："爸爸！"

方继世："那我也会从勘探队里溜掉？不，绝不会。"

苏育生："说说当然容易，要是真的……"

苏岚激烈地："爸爸！你知道吗，继世哥哥的腿可能要锯掉了！"

方继世想阻止她已来不及。

苏育生大吃一惊："什么！"

方继世："岚岚！岚岚！"

大家都被这意外的消息怔住了。

大雨如倾盆而下，狂风撕裂树木，小草立刻被激流淹没。

方奶奶撑着一把伞，踉踉跄跄地走过来。

夏倩如问："是真的吗？方继世。"

第112页

郁奶奶走进客厅，安岚扶住她。
大家的眼光都转移到她身上，她庄重地点了点头。

郁继业看了看手表，平静地说："我们开会去了。"

夏倩如："你就别去了，这么大的雨。"

郁继业："不，我们的地质报告今天下午审批，大家在等着我呢。"说罢起身。

安岚去拿雨具。郁奶奶说："让他去吧。"

安育生站起来说："我陪你去。"

郁继业紧握住他的手："不，你在家好好想想吧。"

李萍生接过安岚手中的雨衣说："我陪他去吧！"

郁继业："好，就让小李子陪我去。"

六十四

林荫道上，郁继业和郁奶奶手挽手，披着雨衣，冒雨前进。

李萍生为他们撑着伞，在后面随着。

他们在大雨中远远走去。

六十五

(20×15)　天马电影制片厂

井育生和倩如面对面而坐，表面是难堪的沉默，内里是激烈的斗争。他们二人都发出痛苦的心声（内心独白）：

"你为什么不说话？……责备我吧，你有权利这样作。"

"我在你身上看到了自己的将来，只有在发生了这一切之后，我才看清楚过去和未来我到底做了些什么。可是你，我怎么也没有想到……"

"你以为我就不想好好干一番事业吗？开始的时候，我也不过很小心，可是后来，生活上的艰苦，工作上的困难，我的脆弱又……我只好……"

"你竟当了逃兵，还写了一些假证明！"

井育生痛切地说："这都怪小吴……"

倩如："又是小吴，难道你自己就没有责任？我真为你羞耻！"

他们二人又陷入沉思。

六十六

林坚夫妇在楼上刚听完林岚的叙述，他愣了一下，打开抽屉，拿出一包东西，便匆匆下楼。夏俐娟和林岚跟着。

林坚在楼梯上放慢步子，一步一步地走下来。

倩如叫了一声："姑父"，便站起身。吉生不安地准备走开。

林坚叫住："别走，大家都坐下。"

片刻的沉默。

林坚："都带证明呢？"

林吉生拿出证明。

林坚："把她送到楼上去。"

吉生："是，是。"

林坚："既然这样，让我们大家来看看吧，这封信，我对你全家都是一种教材。为什么我们家里会出现你这样不争气的子弟！"

青龙痛心地看着母亲。

井岩坚决地："贴标语！我也把他贴标语！"

夏微娟："叫你贴，你就贴！"

井青龙无可奈何地走向墙壁。

井岩："你给我们全家丢脸是不是？你已经把工人阶级的脸丢尽了！……你出这种丑，当逃兵，你对不起党的培养，对不起老师们对你的教导，更对不起……对不起你死去了的亲生父母！"

大家一惊。

井青龙睁大眼睛："我死去了的亲生父母？妈！你……？"他的眼光直射在夏微娟身上。

夏微娟沉痛地："不，我们不是你的亲生父母。你的亲生父母二十四年前已经在国民党的监狱里牺牲了。"

林青说："真的？"

夏淑娟："你的亲生父母跟你爸爸从前在一个工厂里做工，又一起参加革命，他们是老战友。在一次斗争中，他们被捕了，关在一个监狱里，敌人把你的亲生父母判处了死刑。在你生下来的第三天，他们就被害了。"

林星从纸包里取出遗书和照片，对青青说："这是你生母临死前写给你的遗书，这是你父亲和母亲的照片。"

青青接过遗书和照片，用颤抖的手先打开遗书，然后看了看照片。

照片上是两个工人——革命烈士的遗容。

遗书上写着：~~"我亲爱的孩子~~

"我亲爱的孩子：

刽子手已经举起杀人的刀枪我们

第 117 页

马上就要走上刑场。从此你就再也不见到你的亲生父母了。……"

伴随着遗书的画面，是一个慈祥而坚定的革命母亲的声音，在英露的耳边低语。

英露全神凝注地看着。

遗书渐渐化成照片上看到过的革命母亲的形象。她抱着婴儿，坐在一盏灯光下，用竹制的笔尖续写着遗书。

她的内心低语："万恶的旧社会，夺去了爸爸妈妈的生命，夺去了千千万万个革命者的生命。孩子，为了让你记住这血海深仇，我给你写下这封信。你可以忘记你的父亲，可以忘记你的母亲，可是你永远不能忘记要打倒阶级敌人，要为崇高的共产主义理想而斗争。现在我们就要倒下去了，将来你长大了可要把红旗高高举起，永远要革命，永远要斗争，永远跟着党，永远为人民！"

(20×15)　　天马电影制片厂

第118页

车门开处，八个刽子手走了进来。

革命母亲将遗书塞进婴儿的襁褓包，交给身旁的一位难友，然后便转过头去向车门走去。

她的内心仍在低语着："永别了，我的孩子！你可不要忘本，不要忘本啊！"

林青青对着遗书，哽咽着说："妈妈！我的亲妈妈！"随即扑倒在桌子上，失声痛哭。

夏淑娟捂着鼻子走开。

林坚语重心长地说："我的老战友啊！你们为革命献出了自己的一切，我们今天的幸福是你们用鲜血和头颅换来的。可是……"转向青青："我对不起你的亲生父母，我没有把你培养成为他们所期望的那种人。可我万万没有想到你会……唉！"他叹口气，在一个激动的停顿之后又继续说："真心话，孩子！无产阶级掌权的日子来得不易，帝国主义和反动派正梦想从你们这一代身上找到他们反革命复辟的希望，你们要警惕啊！"

(20×15)　天马电影制片厂

黄秀生痛心疾首地按住父亲：“别说了，爸爸！你别说了！”说着站起身便离开亭廊，向风雨中跑去。

夏倩如急叫：“秀生！”

黄坚：“不要紧，让他到风雨里去跑跑，让他……”

夏倩如突然回身跑进身后房里。大家刚惊异她，她已取了一件雨衣，从房里跑出来。她说：“我到医院找贺书记去。”说完也跑了出去。

黄坚用手势阻止了黄炎。一时沉默。

黄坚用低沉的自语般的语气说：“我们这代人千辛万苦~~[illegible]~~夺取了政权，建立了无产阶级的事业，我们的下一代呢？他们会都会继承我们的事业，还是拱手让给一些败家子了呢？……”

黄秀生在风雨的林荫道上疾走。

夏倩如也在风雨中疾走。

黄坚继续说：“我们所走的是一条艰难的但却是通往

第120页

胜利的道路；我们的下一代呢？会沿着我们的道路走到底吗？”

井青生在风雨中疾走。

夏倩她在风雨中疾走。

井岚热情充沛地对着井坚说：“会的！爸爸！你放心吧，我们会沿着你们的道路走到底的！”

井青生们在风雨中疾走着。

(20×15)　　天马电影制片厂

第 121 页

第四章

六十七

雨过天青。

上海科学会堂门口马路和街树，都还是湿淋淋的一片，但整个天空却已放晴。

"地质工作会议室"门外的走廊上，坐着方奶奶和李崇生，他们在等待审批会议的结果。

李崇生迫不及待地走到窗口，向里面张望。

里面，一间宽大的会议室，审批会议正在进行。由于窗门关得严，只见方婕站在墙边黑板上的地质推断和勘探设计图前，进行着答辩，听不见她的声音。

周媛、姚伯向以及几个同学披着雨衣，纷纷赶来了。

方奶奶给她们作了一个手势，使她们静静地坐了下来。

黄岚也来了。她走到李崇生身边，也向里张望了

(20×15)　天马电影制片厂

第 122 页

一下。然后走近青奶奶说："他还没有吃饭呢。"

时钟慢慢从四点转为六点。

天色也渐渐暗下来了。

林育生从远处缓缓走来，停在转角处，迟疑不前。

他身上的衣服还没有干透，眼窝深陷，精神很疲乏的样子。

李荣生忽然跳起来，林岚和姚同明也挤到窗口去看。

里面会议桌周围，人们已经站起身来，主持会议的人和傅总工程师、青继业握手，青继业又和傅总工程师握手，他们都喜形于色，看来会议的结果是成功的，圆满的。

走廊上的灯亮了起来，青继业从打开的门里走出，一把抓住青奶奶的手说："奶奶，为我们高兴吧，草案通过了。"

(20×15)　　天马电影制片厂

第 123 页

林岚、李学先、姚向明、周婕和肖继业等相握手，大家欢快异常。

林彦生在旁闻之心情复杂，又想走上去表示祝贺，又不好意思在同学们面前露脸，真是进退两难。

肖继业问林岚："彦生现在怎么样？"

林岚说："他跑出去了。"

肖继业说："我们找他去！"

林彦生烦躁加剧，朝精神病院跑去。

肖奶奶说："孩子，医生劝着你去住院哟。"

姚向明、周婕担心地注视着肖继业的脸。

肖继业笑着说："没关系，一切都会好起来的。"

八十八

林彦生躺在自己的小房间里，辗转不能入眠。他一转身看到小桌边孩儿情义的玩偶，这些玩具在台灯下，仿佛在朝着他嘲笑，他的心情愈加烦乱。

(20×15) 天马电影制片厂

第124页

六十九

楼上，夏淑娟在灯下阅读文件。林宝昉在床上，静静地思索。

内心独白："这些年来我在教育子女问题上是有些疏忽，我总想在我们的社会里，年青人能坏到哪儿去？不，资产阶级思想还是厉害得很，不是每一个年青人都能正确地选择自己的道路啊！"

他从床上坐了起来。夏淑娟关切地看着他。

七十

暮日西下，林宝昉带着育生和林岚去烈士公墓。

在烈士墓前，育生献上花圈，他们三人静默哀悼。

育生泪流满面。

七十一

小房间内，育生在看着烈士遗像。

(20×15)

他觉得母亲仿佛还在告诫他："往前走啊，孩子！路可不要走错，不能迷失方向啊！"

宾馆餐桌上摆满饭菜。

苏岚正敲着青生的门，里边没有应声。

夏敏娟坐在桌旁，只有唉声叹气。

七十二

靠近新都的小河边，倩如正婉言劝导："青生，回队去吧！要该下决心的时候了。学院的分配方案已经下达了，我决定到新疆去。"

青生怔动了一下，但很激愤地说："我什么地方都可以去，就是没脸回队见同志们！"

倩如脸上现出不愉之色。

七十三

郝继业在医院电话间打电话："喂，岚岚吗？……你叫青生听电话。"

苏岚在家接电话："他不肯接，他就是不肯接。"

第126页

七十四

小吴在饭馆打电话："请给州长家里听电话。"

州长在家接电话："他没功夫！他就要回省城去了。"

小吴一怔，认真地思索。

七十五

倩如在医院病房里和李继业交谈。

倩如："看得出他思想上在激烈斗争，可就是不肯回队去。小吴连着打来过几次电话，他一次也没接。我一看见他那愁眉苦脸的样子，心里就憋闷，我真不想再跟他缠下去。"

李继业："耐心一点。青年他不是没有志气的人，你在临走之前一定要好好跟他谈谈。只要我们大家都耐心帮助他，他是会振作起来的。像小吴这种人，这时候很可能要拉拢青年，我们可千万不要被小

(20×15)　　天马电影制片厂

笑错了空子！”

倩如在思索。窗外稍远处，一列客车驶过，汽笛声仿佛把她的思绪带向远方去。

七十六

林岚在家注意着方生小房间里的动静。

小房间的门虚掩着，里面传出小吴的说话声：“你回厂里去，大伙儿不斗争你才怪呢！……”

小吴说到这里，将房门轻轻碰上。接下去说：“你就躲在上海不走，看他们能把你怎么样！……”

林岚气极了，用力推门，发现门已锁上，就使劲敲了几下说：“喂！开门！”

方生在里面问：“什么事？”

林岚大声说：“我闻到你房间里有一股臭味儿，让我进去帮你打扫打扫！”

小吴很随便地坐下，作出无聊的样子。

(20×15) 天马电影制片厂

第128頁

彦至很不客气地说了声，打开通院子的边门说：“你去吧。”

小朵从口袋里摸出一把小梳子，梳了梳头发，羞怯地说了：“你看孩子去，我不过是他的朋友。”说完就低着头地从边门溜出去了。

七十七

二人转群柳树荫下，居民委员会在动员社会青年上山下乡，红色标语贴满了花荟的树丛里，新绘图画会场挂成一片。

尚奶奶在主席台上讲话：“他们都是祖国的好儿女，决心参加农业第一线，在农村干一辈子。在毛主席居住过的地方，在先烈洒过鲜血的土地上，进行又一次革命。我们应该向他们学习！……”

锣鼓鼓掌。

安岚和李莹也在热烈地鼓掌。并在鼓掌声中勃勃

第129页

生的话，跃跃欲试。

彦生在金山外的树荫下看着这一切。倩如静静地来到他的身边。

倩如："彦生，我们坐下来谈谈吧！"

他们在一条长椅上坐下。锣鼓声渐远。

倩如："这些日子我想了很多。我总记得，自来到金山来，我就急忙跌进了一个又烟又深的泥坑，一边挣扎，一边往下沉，眼看就要灭顶了，幸亏同志们把我从这肮脏的泥坑里拉出来。……彦生，我们应该把身上的污泥彻底地洗一洗了。"

彦生："我只想把过去全部忘掉，重新开始生活。我已经写信给队里，要求领导上调动我，到最艰苦的地方去。"

倩如："可是思想问题不解决，调到哪儿都一样啊！"

彦生："我要不摔的倒，也爬的起。"

(20×15)　天马电影制片厂

第130页

倩如："别这么说。我们既然下决心改正错误，那就应该敢于正视现实。我这几天有这样一个体会：一个人去躲避它，往往需要有更大的毅力。是不是经受得了这种考验，就是能不能改造的关键。方生，要是连正视现实的勇气都没有，那还谈得上什么改造自己，重新生活呢？"

方生沉默着。

倩如："方继业的腿就要决定它的命运了，你该去看看他。"

七十八

医院病房，黄方生缓缓地走进来。

方继业的床位空着，床头柜上堆满了书籍。

一个病员说："你找方继业吗？他已经到手术室去了。他的腿今天开刀，还不知怎么样呢。"

另一病员说："这个闯劲真是了不起！天大的困难

(20×15)　天马电影制片厂

都吓不倒他。他说："我的腿就是锯掉，也要拄着拐棍回队去。高山不能爬，我就坐平地；野外不能去，我就坐帐篷里；不管怎么样，我也要在勘探队里干一辈子！'嘿，像他这样坚强的人，我真没见过！"

另一个病员说："你还没见他刚才到手术室去的时候那样子呐。医生跟他说：'年青人，害怕吧？'你猜他怎么说？他说：'嘿，这要比找矿容易多了，又不费什么气力。'他躺在手术室就好象上理发室一样！"

二人哈哈大笑。

郭健也陪着（苦笑）一下，不知不觉走到郭健床边，看到床头柜里书本书刊和笔记本之类。

郭健拿起一本书，信手翻阅了一下，不意书中落下一些纸，上面用原子笔打着草稿，是郭健写给组织上的一封信。信上写着：

“亲爱的党、亲爱的同志们：

我的船就要从这里出海了，我已经作好一切思想准备，不管前途如何，我都要为祖国的地质科学事业贡献一生！如果我的船遭到意外的话，我想要求组织上将我的地质训练班委托给，希望他来完成我的地质工作。

至于肖方，他毕竟是受过党的多年培养和革命教育的人，我相信他能够自觉地认错，勇敢地改正自己的错误。我恳请队上让肖方回队继续接替我的工作，经过这次教训以后，他是会能够很好地完成党交给他的一切任务的。

此致 革命敬礼！

在信稿出现的同时，伴随着肖继业的纯朴而诚恳的谈话录音，汤亚平也低调。

当肖方看到最后几行，就已模糊泪眼，看不下去了。

(20×15)　　　　天馬电影制片厂

他丢下信纸，奔出病房。

七十九

手术室附近，林岚奔过走廊，奔到有一定距离的地方猛然停下。

手术室门口，一辆车子推出来，为首的主治医生和护士向门外的高奶奶迎上去，说：“他的腿可以保住了。恭喜你，高奶奶！”

林岚和李莘生也拉住医生和护士的手，纷纷道谢和道贺，最后她们都围着躺在车子上的高继忠，紧紧握住他的手，激动得说不出话来。

高继忠，猛然奔到高继忠面前，拉着他就“嚎啕痛哭”。

高奶奶懂得他的心意，也含着眼泪劝着他说：“别哭了，孩子！你听听这好消息吧！”说着从身上掏出一封信：“勘探队来信说：205地区已经见矿了！”并提到带他通过的那个……以后马上就开工钻探，定名为第一口矿井。

高继忠立刻猛坐起来：“真的？”在他的脑里马上

第134页

~~……脑里，但是~~当晚歼击机迅速旋转，新人从舱里跳出，大队长和队员们鼓掌欢呼的内心独白，使旁边的护士不得不时时地搀着她，生怕她激动出事故来。

一阵笑声带来了夏倩如、姚珂佩、周婕等几个同学欢欣鼓舞的样子，她们刚刚赶到医院，她们的欢声招来了护士的阻拦。

夏倩如、姚珂佩、周婕等整整脚步，走向安德生的屋子。

安德生擦了一把眼泪，掉头便走。

倩如和安德也赶紧追去。

安德生已向走廊尽头奔去转角处。

八十

次日傍晚，她来到学院校园里，安排边疆的队伍正集合。同学们背着背包，提着行李，三五成群，向着

(20×15)　天马电影制片厂

“欢送”旗帜的地方集中待发。（和大轿车）

工人新村广场上，支援农业的队伍在集合。

常奶奶和几位地区、街道居委会干部在帮着招呼家属，收拾行李。

~~一个卡车开了过来。~~

八十一

在常生的小房间里，倩如帮着常生整理行装。

常生低头去地下拿一双鞋子的时候，发现两只牛角杯，在床脚下，已经蒙上一层灰尘。

他把牛角杯拣起来，抹去了灰尘，放进行囊。

行囊里小吴送的玩偶——“幸福的泉水”，掉落地下。

八十二

厕所里，菲菲和在家收拾行李的倩如：“妈妈，你真的同意

第136页

了？"

夏淑娟："岚岚，你还怨我当你后娘吗？"

安岚："不，我替你心里难过。"

夏淑娟叹了一口气："唉，你哥哥这件事可给了我一个大教训：真正爱儿女，就应该不断地去思想上严格要求他，帮促他。你应该早跟我说了，我不会不同意的。"

安岚："妈妈！"倒在夏淑娟怀里

"岚岚！"李荣生的声音又喊着传来。

李荣生扛着铺盖，拎着皮箱，匆匆走进寓所。一见夏淑娟在家就~~[illegible]~~只好掉头想溜，但被夏淑娟叫了一声"小李子"住了。

夏淑娟笑眯眯地说："小李子，来！安伯伯送你一样东西。"说着从皮包里拿出一本书，交给李荣生。

李荣生："《什么是幸福》。"他大喜过望！！"哎，我知道了。谢谢安伯伯，谢谢你！"

夏淑娟送给安岚一件毛衣，几本日记簿。

(20×15)　天马电影制片厂

第 137 页

安岚也大喜："妈妈！谢谢你妈妈！"

李荣生激动得抓住汉良："真是意外的收获！真是！……"

安岚说："妈妈，我们该走了。"

夏淑娟说："好，我送送你们！"她给安岚戴上"劳动光荣"的帽子。

八十三

二人新郎，去农村队伍出发。锣鼓喧天。青年人纷纷登上卡车，春奶奶和夏淑娟送安岚和李荣生上车，他们的家属、厂里的工会干部们一道，也全都帮着搬运行李。

春奶奶说："老李呀！你儿子光荣上山，也是你老人家的一份光荣！"

老李说："是春奶奶您教导得好！"

春奶奶高兴得只擦眼泪。回身对夏淑娟说："倩如和荣生也是今天动身么？"夏淑娟点头。

八十四

地质学院校园里，姚倩如对几个同学说："这是我们五年学习过的地方，现在就要跟它告别了。"

（20×15）　　天马电影制片厂

第138页

周婕说："是啊，五年来，我们生活在一起，学习在一起，劳动在一起，……"

另一同学："还有，哭笑在一起。"

姚凤鸣："等一会儿上了路，就你上你的新疆，我去我的西藏，他去他的青海，要哭笑只好另找对象了。"

"喇叭里传出喊声："同学们！再见了！祝你们一帆风顺，希望能将胜利的消息寄到母校来！出发了！"

几百个同学纷纷握手，拥抱和教师校友告别，登上七、八辆大卡车。有的车子已经开动起来。

"苏一苏！苏一苏！"安彦生和夏倩如提着行李急忙赶来。他们看到姚凤鸣、周婕等刚刚上车，就直奔她们的车子，被姚凤鸣二把拉了上去。车上的同学鼓掌欢迎。

有一个同学大声提议道："唱起我们的歌来吧！"

伴随着手风琴的摆动，传出嘹亮的歌声。

(20×15)　　天马电影制片厂

第 139 页

"我们是年青的一代，是社会主义建设的尖兵；
为了创造美好的未来，把青春献给革命。
我们不作温室里的花朵，要作暴风雨中的劲松；
敢于斗争，敢于胜利，沿着党所指引的方向，
奔向那光辉灿烂的前程。……"

歌声中，检阅的队伍开出地质学院大门，纷纷驶上宽广的马路上。

歌声中，工人新村的大卡车也驰骋在街头。

八十三

林家门前，林坚夫妇急忙忙送肖奶奶坐上汽车，汽车开去。

林坚在汽车里对肖奶奶说："肖奶奶，这些年你可操了不少心啊。"

肖奶奶："怎么能不为这些年青人操心啊，老林，咱们都上岁数了，咱们的希望全寄托在他们身上，咱们这一辈子没白活，青年

(20×15) 天馬电影制片厂

第140页

当他们能比我们活得更好啊！"

林坚："是啊，春妮妮，你说出了我们老一辈人的心意。"

夏淑娟："春妮她们他们什么时候可以回来？"

春妮妮："不要很久。过些日子，又要送他回队去了。"

林坚："真该祝贺你。"

八十六

火车站，各路人马齐集在站台上。人群欢迎林坚夫妇和春妮妮的到来，有几位先到的学院领导同志，也和地方和林坚、春妮妮见了面。

林青走到林坚面前："爸爸，我回队去了。"

林坚："嗨，我早就对你说过这句话了。可是你要记住，别人是不会敲锣打鼓来欢迎你的，新的考验在等待着你，要有足够的准备。"

林青："我已经准备好接受任何考验，下决心

(20×15)　　天馬电影制片厂

第 141 页

在队上干一辈子！”

步坚：“那就好。”

周嫕说：“林伯伯，给我们讲几句话吧！”

步坚：“讲什么好呢？看到你们要走，就回想起我们从前到敌后去时候的情景。我们那时是怎样偷偷摸摸地去的，现在你们就不同了，唱着歌，成群结队的去。可是孩子们，革命的道路是漫长的，摆在你们面前的是一个更艰巨更光荣的任务，那就是要把革命事业继承下去，发扬光大。为了全国人民，也为了全世界人民，我们一定要把无产阶级革命进行到底！孩子们，投身到这个伟大的革命洪流当中去锻炼吧！”

车站上响起铃声和乐声。

人群纷纷上车。

步青云和倩如、姚阿兴、周嫕步上车。

(20×15)　　天馬电影制片厂

第142页

苏贞和李蓉生上车。

列车开动。

大家：“再见了！”

苏贞：“爸爸！妈妈！再见了！奇奶奶！再见了！老师们！同学们！再见了！”

歌声又起：

“我们是年青的一代，是社会主义建设的尖兵；

为了创造美好的未来，把青春献给革命。

我们不作败家子，要作红色的接班人；

永不后退，永不变质，继承先辈的光荣传统，

把无产阶级革命进行到底……”

列车驶出站台。人们在车窗口挥臂高歌。

苏望夫妇和奇奶奶目送着他们……

列车驶过近郊。

胡继芸也从病床上连忙爬起来，拄着~~眼看着窗外火车缓缓驶去她决心要站起身，用~~拐棍~~支撑着身体~~，向病房门口跑去

(20×15)　　天马电影制片厂

走去。一个护士在病房的招呼下，连忙扶住他。

刘华跑出医院大门。萧继业站在医院门口上，挥手送别。

画外传来他热情激动的心声："年青的一代啊，你们怎么样才能不辜负革命前辈的期望；才能对得起党和人民的期望呢？……"

在萧继业头脑里，出现年青人垦荒山献宝、向土地要粮的沸腾景象：

地质队员登上高山，穿过森林，越过河谷，踏遍戈壁……；

农垦队员开山，垦地，播种，收割……；

钻探机，探矿机迅速的转动……；

爆破，雪崩，烟雾突起，水流万顷！

这些战斗的火热场面和年青人的面孔，包括萧继业、林育生、夏倩如、林岚和李荣生在内，光彩夺目，热气腾腾！

歌声昂扬不断：

北京地质学院一班来信 *

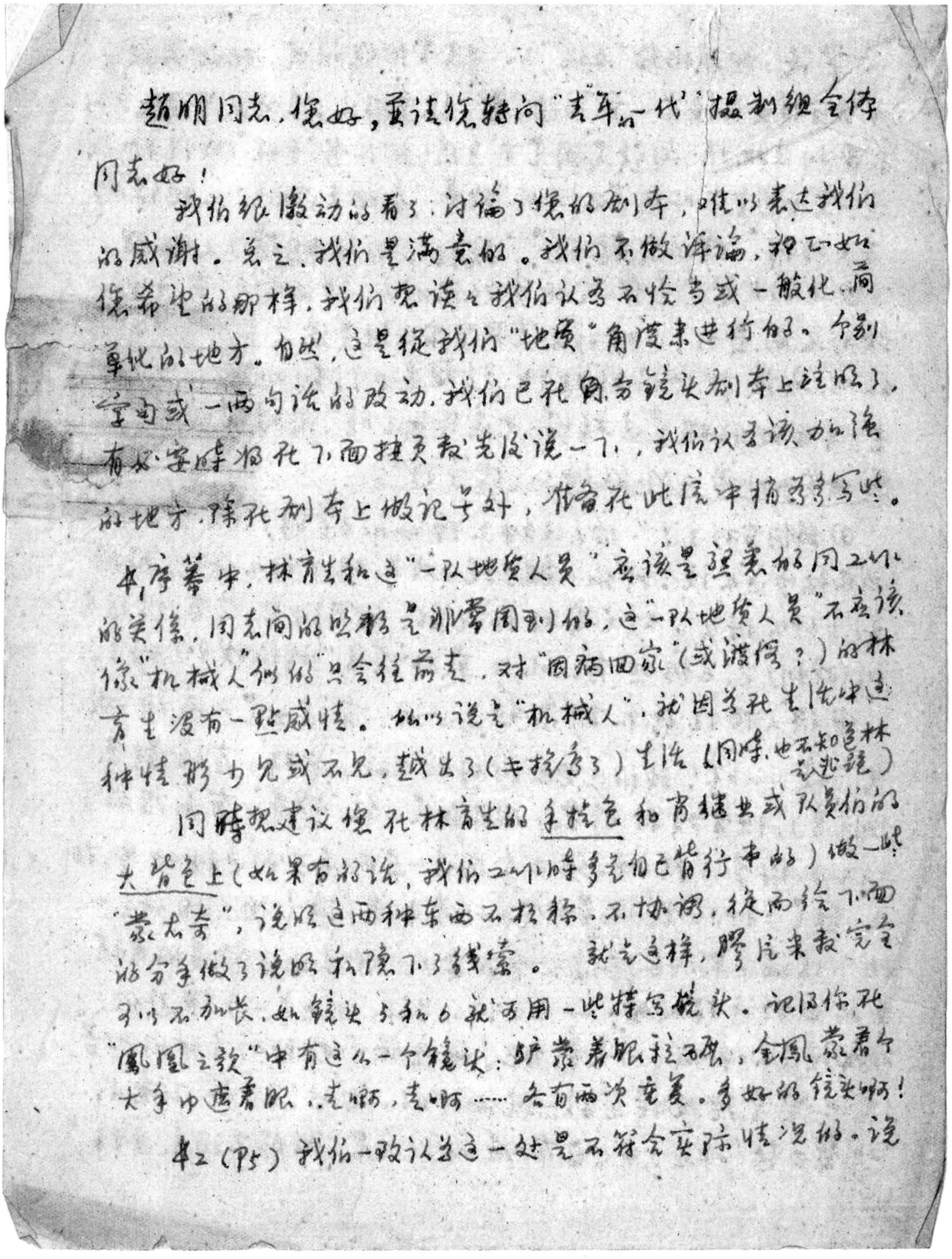

赵明同志，您好，并请您转向"青年一代"摄制组全体同志好！

我们很激动地看了、讨论了您的剧本，谨以表达我们的感谢。总之，我们是满意的。我们不做评论，那正如您希望的那样。我们想谈谈我们认为不恰当或一般化、简单化的地方。当然，这是从我们"地质"角度来进行的。个别字句或一两句话的改动，我们已在有关镜头剧本上注明了。有些要紧的在下面按页数先后说一下。我们认为应该加强的地方，除在剧本上做记号外，准备在此信中稍为多写些。

1，序幕中，林育生和这"一队地质人员"应该是很亲热的同志们的关系，同志间的照顾是非常周到的，这"一队地质人员"不应该像"机械人"似的只会往前走，对"因病回家"（或调转？）的林育生没有一点感情。所以说是"机械人"，就因为在生活中这种情形少见或不见，越出了（夸张过了）生活（同时也不知道林去北京）

同时想建议您在林育生的手提包和背袋或队员们的大背包上（如果有的话，我们工作时多是自己背行李的）做一些"蒙太奇"，说明这两种东西不相称、不协调，从而给下面的分手做了说明和埋下了线索。就是这样，影片来表完全可以不加长。如镜头5和6就可用一些特写镜头。记得你在"凤凰之歌"中有这么一个镜头：驴蒙着眼拉磨，金凤蒙着个大手巾遮着眼，走啊，走啊……各有两次重复。多好的镜头啊！

2（P5）我们一致认为这一处是不符合实际情况的。说

②

白笑话：把我们给"丑化"了。过去曾向你谈过，现在再谈一下。①肖继业应该是一个"内涵"型、稳重的人。当然不是说不可以和周到甘拥抱，问题是用艺术手法，就得有"个性"（或性格）。这一点上完全可以通过不同的"欣喜"表现来达到。不能像剧本上那样"一样的狂欢"、"欲狂"，那就模糊了人物性格。

②小刘甘毕竟是有一定地质知识的人，决不会到肖手中一块矿石而发狂。这块矿石完全有可能是流不上的一小块呀！所以，应该把他们的视线、注意力引到地面上（山上）去，当发现的确是这样时，也高兴也不晚，同时表现出了中国地质工作者工作的细心、科学性"。

③"我们有矿了！"给人这种不恰切的理解：过去是没有的。我们很少这么说。我们一般多说：我发现了什么什么，我找到了什么什么。矿是客观存在的，你看到它，它有，你没看到（找到）它，它仍然有。所以最好改为"我们找到矿了"。

④从人物性格和形象塑造上讲，肖继业是不应该喊出"哎……哇！我们这儿找到矿了！"的。这样，肖的形象倒是高了，但有损于形象！因为他是一位"领导"，有高度的责任心和科学的精神。他不会因这一点而高兴到这种地步。相反，越是这种情况，做为地质工作者来说，越是怕！怕什么？怕下结论过早！怕结论不会可靠！难道作为领导的肖继业就敢于这样做吗？——不见得。另外，他也是一个谦逊的人，不应该这么叫喊，以表彰他。~~他应该~~"找到矿"是他的功劳，但他一定会轻描淡写的一提而过的。当然，事后和下面的"欢腾四起"呼应，也只有喊叫。可是，我们不同意这样。

③

我们想修改（下面），即使不修改，也最好由小刘芸喊叫出来。

对这一段，我们研究了几个方案，为节省胶片尺尺，我们决定了这一个方案，改编如下：

P5，20号镜：肖继业抬头看见~~岩层构不~~一处岩层不同于一般，几步跨过去，周围一瞅视，随即飞锤~~敲~~敲下一块岩石（矿石，这时尚未确定是矿石）。

手中一看（矿体特写）——［推，渐成特写，肖继业脸上露出惊喜神色。］

肖用放大镜看。——［推，肖开朗的笑了。］

肖："小杨！小刘！"

刘芸跑到，肖递矿石。

"看！"——杨芸看矿石——［摇，肖继业和刘芸看矿石时又在研究地层］。

刘芸~~[illegible]~~看过矿石，随即转脸注意肖。

肖："你们看！"——［地层—矿石或矿体特写］

小刘芸雀跃，欢喜欲狂，喊叫——

"我们找到矿了！"

肖继业眼视远方，脸上异常激动，流露出幸福的光彩，好像他看到远处的山、山边的树，山上的云，山间的飞瀑，流水！

［随肖继业的特写镜头出现，山谷里回荡着"我们找到矿了！"的回声］

突然一声枪响（摇），肖继业看到两个感情激

④

越的伙伴，由衷的笑了（收获了激动响往的神情，开始按科学顺序工作。）

肖：“来，咱们把这一点定上！”

〔~~肖徒业~~小刘打开地形图，肖徒业用罗盘测了一下方位，接过小刘的地形图，三人凑在一起〕

肖：“看，〔特写成肖徒业一人〕我们在这里要找到了矿！”

〔镜头融变，拉，成帐篷内的几个“组长”的聚（四、五人即可）拢研究镜头。〕

肖：〔指一个人〕“你们在这里发现了矿。”〔在地形图上标注。〕

其中一人：“对。哎，你们看，喏——”〔镜头特写地形图，他手指在那地形图上不确切地划了一划了〕。

肖：“是呀，根据这一带的地质构造特征，这个矿应该在这一带出现。”

〔肖徒业的手中的铅笔在地形图上划了一个长圆形。〕〔拉，肖徒业出现于帐篷上〕

肖：“我们明天到这里一带加密工作！”

〔拉，全〕

大家：“好！”（激动的声音）。

（下接几个迭印镜头。

① 朝霞满天的早晨，队员们在山头坡上行进，……

② 在山头上或山坡上（但没画出有远山，以扩大自由空间”），小刘打开地形图，小杨测量光层产状，肖徒业用罗盘定方位

⑤

飞锤打下一块矿石，先注视地层，后见标本（矿石），用放大镜一看，随即愉快地笑（适当的大些），将手中的标石一扬！

（镜头后衰，拉，摇，到另一组（间隔约500米或250米，不易太近，不能称为大於五万的区测找矿工作）。）

③ 秀丽的山川景色。太阳，树木，山石，流水。

山坡上几个人在指着一处与周围不太相同的地层谈论（几个争论的手式、表情）。

④ 火辣辣的太阳，……阳光强烈的照着地面，肖继业在~~树多次~~敲矿石，地面的反光使肖继业满脸生辉，戴着：白帽下的黑红脸上露出一排白牙，汗珠滴滴答答地淌流下来。……把矿石放到大背包里。大背包里装得满满的，棱角分明，一看就知道是"石头"。

肖继业用手托背后（腰间）把背包往上托一托，松一松扎进肩上肉内的大背包带，说一声：走（口形），又向着走去。

⑤ 树荫浓重的大树下，两个人放下背包，歇一歇，一个人（组长）走来，把矿石组员看。组员把水壶递给组长，组长用手推回，另一手拍一拍自己的水壶。组员看了矿石，相对一笑后，对组长一看。组长下粗犷的敞开衣襟两腿分跨，咕嘟咕嘟的喝水（形象），水从嘴角也流出。组员乐（笑得很响），组长用衣襟擦了一把嘴边的水，脸上的汗，然后舒畅的嘿嘿笑了……

(6) 满天晚霞：大家在黄色帐篷外高兴地振手，大笑，组员（一个刘苗）相拉起跳。

大家都是神彩奕奕！！

（化出）

这是唯一表现野外生活的片断，我们恳切的希望你能在如何能地条件下，描写一下我们的生活吧。这是我们讨论的主要意见。

43. P7. 镜号1.

队长走进帐篷，离队几天，会感到新鲜似的视视一下帐篷。[摇，帐篷里的摆设]

肖德忠在聚精会神的看地质图，没注意有人来，随后又抬起头上望头看书。

队长慈爱的笑了（如果是个老红军就更好了）。轻轻地卸下肩上的挎包。笑容可掬的从肖德忠背后轻轻凑上前去。

[肖德忠特写镜头：满头汗。看了看不标本、用另一手指划着地质图（即指出这一带的矿苗）。汗珠要掉下来、用手臂像小孩子一样的擦一下汗水。队长拿出毛巾，——

队长："给。"

肖："好。"不抬头的接过，一擦，往旁边一放，又接着写。队长拿起身边的扇子给他扇！

肖德忠感到凉快，抬头一看！

"啊——队长！您回来了？——谢谢。"不好意思。

队长笑了，爱惜的递给他扇子。

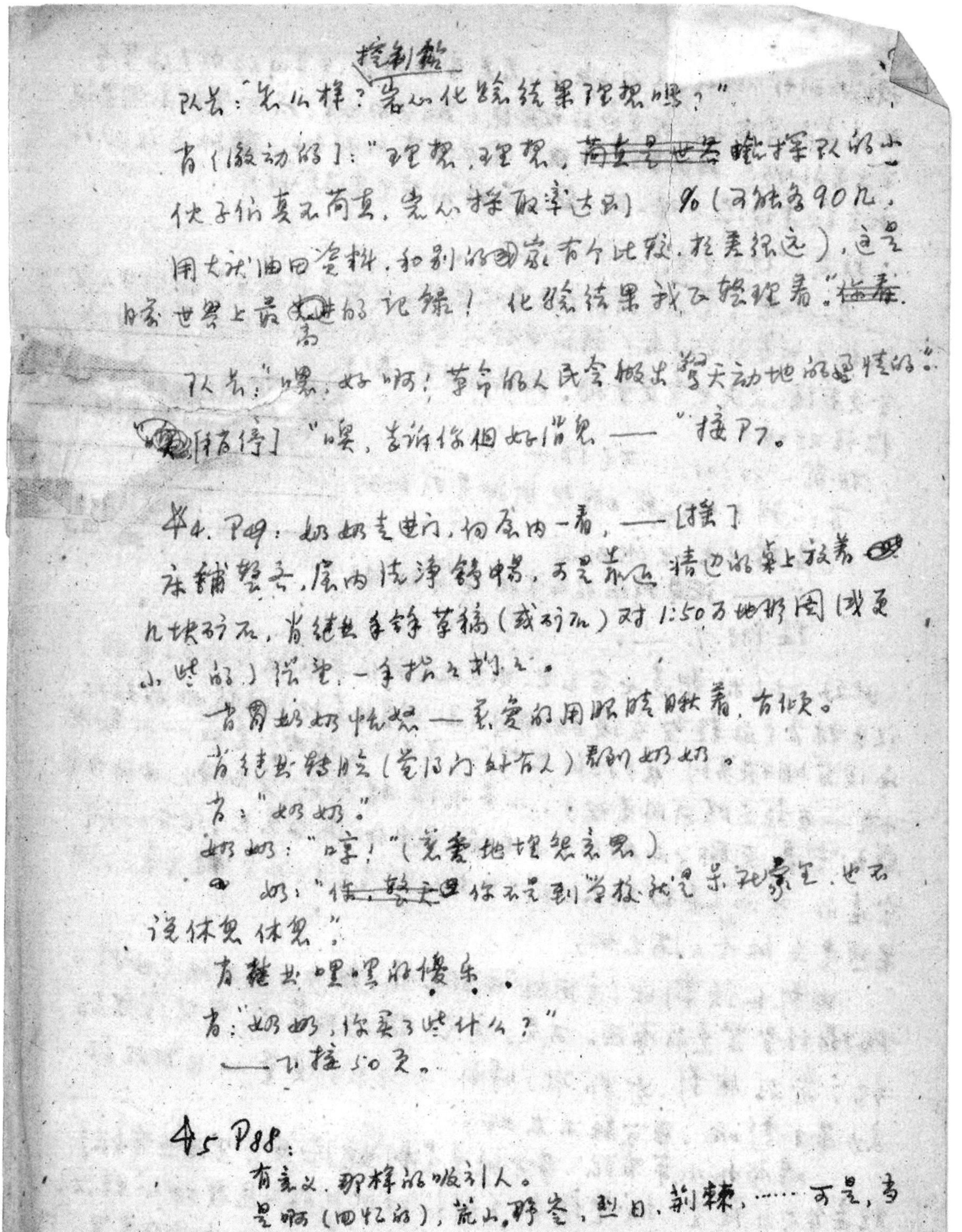

控制台

队长："怎么样？控制台岩心化验结果理想吗？"

肖［激动地］："理想，理想，~~简直是世界~~咱们探队的小伙子们真不简单，岩心採取率达到 %（可能是90几，用大庆油田资料，和别的国家有个比较，相差很远），这是咱家世界上最高的记录！化验结果我正整理着。"~~你看~~

队长："嘿，好啊！革命的人民会做出惊天动地的事情的！"

~~噢~~［稍停］"噢，告诉你们好消息——"接P7。

※4. P49：奶奶走进门，向屋内一看，——［接］

床铺整齐，屋内清净舒畅，可是靠近墙边的桌上放着几块矿石，肖继光手拿草稿（或矿石）对1:50万地形图（或更小些的）比望，一手指点着点。

肖罗奶奶怅然——慈爱的用眼睛瞅着，肖伏。

肖继光转脸（觉得门外有人）看到奶奶。

肖："奶奶。"

奶奶："哼！"（慈爱地埋怨着说）

奶："~~你，整天~~你不是到学校就是呆在家里，也不说休息休息。"

肖继光嘿嘿的傻乐。

肖："奶奶，你来了些什么？"

——下接50页。

4.5 P88：

有意义，那样的吸引人。

是啊（回忆的），荒山，野岭，烈日，荆棘，……可是，当……的山头上，看着满地鲜花、牛羊成群的青海草原，那高高的……，那天边的……像刚飘过的白云，我心里的高兴是说不出来的啊！这是国家需要的矿种，能为祖国的社会主义建设添一砖一瓦，这就是我的毕生志愿啊！

林岚："结生哥哥，……"

吉："嗯。是的，我们生活是艰苦的。只有参加艰巨劳动的人，才能称为世界的创造者！我们甘愿吃点苦，可是因为我们的劳动，祖国会更富强，人民也会更幸福。我们的甘苦，就是人民幸福的源泉！岚岚，你说对吗？"

林岚："对！对，……可是你……"

吉："我？啊，我日夜想的就是找到矿！你看，——

〔吉捧过来一大堆矿石〕

"——我们的希望就要实现啦！"

接P88.7.——。

此外，对人物塑造也有意见，不过不是我们力所能及的了。我们认为林吉生的类型应该明确些（剧中多处表现了对倩如的拉扯，而没有明确看到"资产阶级思想"——艺术上应该由人完成一个转变的表现），小吴应该推翻了，受批判，由他自身……一套旋转式的表现），感到空虚、无聊（而剧中有些夜玩、生活倒满有意思，没有工作使人空虚的。然而小吴在剧上看不到；只见到给吉生出了几个"馊主意"。）这里然是不能令人满意的。

电影和话剧比，运用的"电影语言"较少。这可能是由于拍摄任务紧急的原因。可是，这是一个涉及范围、思想深度都很广的电影，先抓准了倾向，也注意了质量——出厂后的效果和影响，也可能不太好。

倾向和水平有限，更不能多是画蛇添足，里面也有很多狂妄自大的语言，诚望您知道我们对此片的一片热切心情，加以原谅。

祝您工作顺利

北京地质学院一班学生

64.7.12日。

天马电影制片厂《年青的一代》摄制组抢拍序幕部分分镜头本

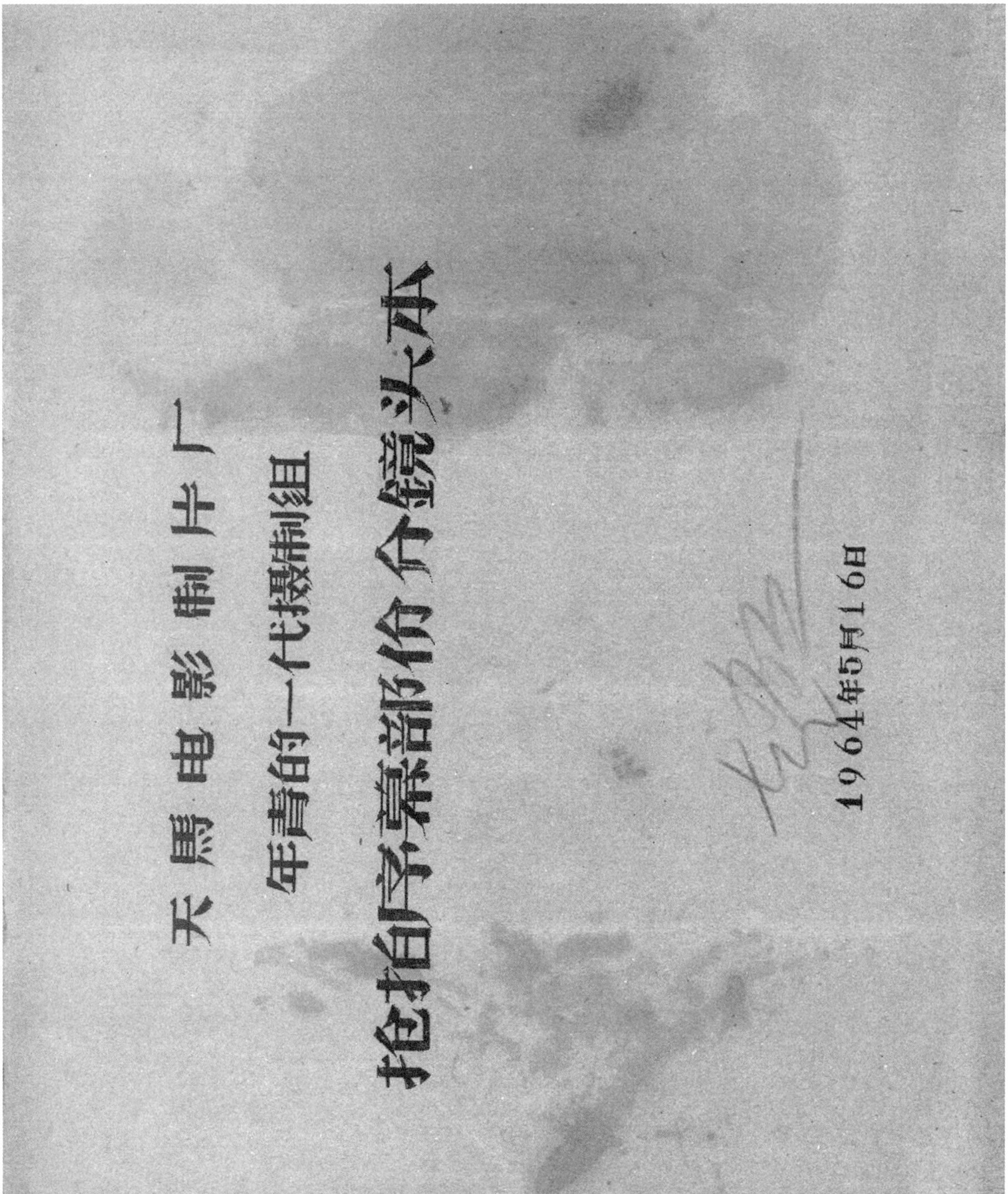

天馬电影制片厂

年青的一代摄制组

抢拍序幕部份分镜头本

1964年5月16日

总镜号	镜号	镜距	摄法	内容	音乐	效果	录音	长度	备注
				（一） 峡谷中　　初春、晨、晴、外。 （淡入）					
1	1	大远		层峦起伏的崑崙山				13	特技⊙
2	2	远	摇	峰顶披着积雪				10	特技⊙
3	3	远	摇	山腰绕着白云				10	特技⊙
4	4	远		一队地质人员，携带着全套装备，穿过茫々的晨雾，在⊙一座险峻的峡谷中蜿蜒前进。				10	[illegible] ⊙⊙换景
5	5	全—中		肖继业揹了个大背包，林育生手提旅行袋，走在队伍中。				10	〃 〃 〃
6	6	全		队伍走出一个谷口，肖继业停下步来。				10	[illegible]
7	7	中		林育生赶上肖继业。 林育生：“我们在这儿该分手了。” 林育生伸出手来，肖继业握了握林育生的手，卸下肩上沉甸々的大背包给育生背上，同时把揹包里[illegible]的一~~对牛角杯取下~~[illegible]				20	[illegible]
8	8	特		~~肖继业将牛角杯放进林育生的揹包~~。[illegible]				6	[illegible]

—1—

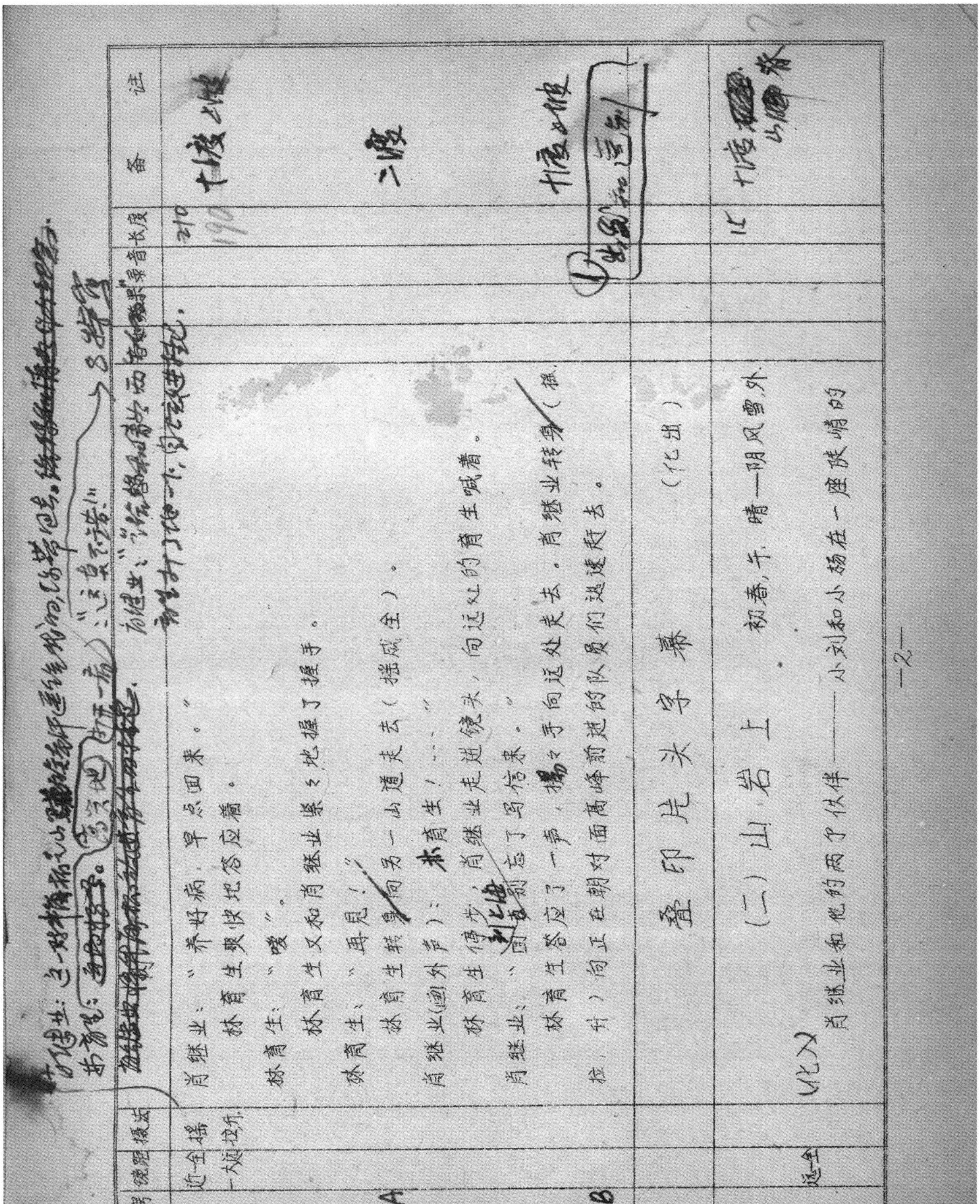

总镜号	镜号	镜距	技巧	内容	效果	录音	长度	备注
9	9	近—全摇 一远拉开		肖继业："养好病，早点回来。" 林育生爽快地答应着。 林育生："嗳"。 林育生又和肖继业紧紧地握了握手。 林育生："再见！"向另一山道走去（摇成全）。 肖继业（画外音）："……育生！……" 林育生停步，肖继业走进镜头，向远处的育生喊着。 肖继业："别忘了写信来。" 林育生答应了一声，摇摇手向远处走去，肖继业转身（摇、拉）向正在朝对面高峰前进的队员们迅速走去。			210	
				叠印片头字幕　（化出）				
				（二）山岩上　初春，午，晴—阴风雪外				
10	1	远—全	（化入）	肖继业和他的两个伙伴——小刘和小杨在一座陡峭的				

—2—

总镜号	镜号	镜距	摄法	内容	音乐	效果	录音	长度	备注
				岩层上攀登着，肖继业敲下一块岩石。					
11	2	近		肖继业用放大镜察看手中的岩石。一阵山风吹动了他头上的羊皮帽，他抬头望天。				12	十度[illegible]山脊？
12	3	远		天空一片浓黑，衬着连绵的雪峰，分外显得沉重。				10	特技
13	4	中		肖继业和身边的两个伙伴。 肖继业："小刘，小杨，赶快抓紧，把这个岩层搞清楚。"				9	同2
14	5、	全		走在前面的小刘，停在一个陡坡前。 小刘："肖继业，就从这儿上，好不好？" 肖继业："好。" 肖继业一纵身爬上岩壁。				12	十度[illegible]山脚
15	6	中全	摇	肖继业越过呲牙咧嘴的怪石，和他的两个伙伴一边察看着岩层构造，一面敲打着矿石，向不远的一个矗立的山岩攀登而上。				18	二度 [illegible]
16	7	全		雪花夹着沙石，随着一阵朔风呼啸而来。				8	
17	8	全		悬岩上的树木哗哗作响，大雪纷飞。				8	

—3—

总镜号	镜号	镜距	摄法	内　容	音乐	效果	录音	长度	备　注
18	9	全		肖继业从悬岩上攀藤扶索而下，站在岩石上观察岩层构造。				15	十度加速
19	10	近		肖继业拿出野外记录本，正要作记录，忽听上空传来流沙滚石的声音，他抬头一看。				11	全2
20	11	全	仰摇下	不远的山头上，沙石滚滚而下/（摇下）正在下面用罗盘测量岩层的小杨，有被沙石击伤的危险。				12	二三度 一度
21	12	近		肖继业大声呼喊 肖继业：“小杨！闪开。”				6	廿度
22	13	全		小杨不知发生了什么事，呆呆地站着。				8	二三度
23	14	全	摇	肖继业飞快地跑过去（跟摇）将小杨一推。				9	廿度
24	15	中		小杨被推倒在一块凌空倒悬的岩石下面。				6	二三度（廿度）
25	16	全		沙石凌空而下，肖继业因为躲避滚滚的沙石被绊倒在地。				8	
26	17	全—中	摇下	小刘从一块岩石上迅速纵身跃下，匆忙跑到肖继业身边，一把抓住肖继业的手。小杨也赶了过来，他们连声叫着。 小刘：“肖继业！肖继业！”				36	全15

—4—

总镜号	镜号	镜距	摄法	内容	音乐	效果	录音	长度	备注
				他们拔开淹盖着肖继业腿部的沙石，将肖继业扶起．肖继业抚摸了一下腿． 肖继业："不要紧，继续干！" 说着便跛着腿向附近的山头走去．					③ [illegible]
27	18	全		山岩上风停雪止。　（同镜8）				8	
28	19	全		太阳从乌云背后露出模糊的脸来。				8	特技
29	20	中特	推	肖继业面对着一片散佈在岩层上的矿体，取下一块矿石，用放大镜看了一下，(推)脸上出现了异常欢快的笑容，然后兴奋的喊着， 肖继业："小楊！小刘！"				16	[illegible]
30	21	全中	摇	小楊，小刘迅速赶到，（跟摇）肖继业指着岩层上的矿体， 肖继业："你们看．" 肖继业将矿石交给小楊和小刘．小刘，小楊不禁和肖继业抱在一起，欣喜欲狂． 小刘："有矿了，有矿了，我们有矿了！"				20 18	[illegible]
31	22	特		肖继业拢着两手，向山里大声呼喊．				9	[illegible]

—5—

总镜号	镜号	镜距	摄法	内容	音乐	效果	录音	长度	备注
				肖继业："哎------嘿！我们这儿找到矿了！"					
32	23	全		山谷里震荡着肖继业的喊声。				10	[illegible]
33	24	中远—全	摇，推	小刘卸下自己肩上的猎枪对空放了一枪／枪声在山谷中廻荡。（摇）在周围山头上进行勘探的队员们听见枪声，都露出头来，欢声四起。（推）在附近一处山头上的几个队员十分欢快的向前跑来				28	[illegible]
34	25	全中近	推	小刘的枪筒上，插上了红旗，阳光闪闪，映照着肖继业和他的两个伙伴神彩奕奕。（化出）				18	[illegible]
35	1	近—中	摇	（三）山涧边　夏、日、晴、外。 （化入）山花怒放，百鸟争喧。				10	
36	2	中—全	摇下	山洪一泻千丈，（摇下）山涧流水淙淙。				10	
37	3	远		山涧旁边的河床上，依山搭了几座帐篷，附近的钻塔正在施工钻探，机声轧轧。一辆越野车开到。				20	特技接
38	4	全	移摄	队长从车上跳下来，经过~~[illegible]~~巨幅标语~~的帐篷~~，穿过一群闹嚷着的年青队员，走进帐篷。				22	[illegible]

共计长度　689尺

—6—

《年青的一代》修改方案（林家肖家整理本）

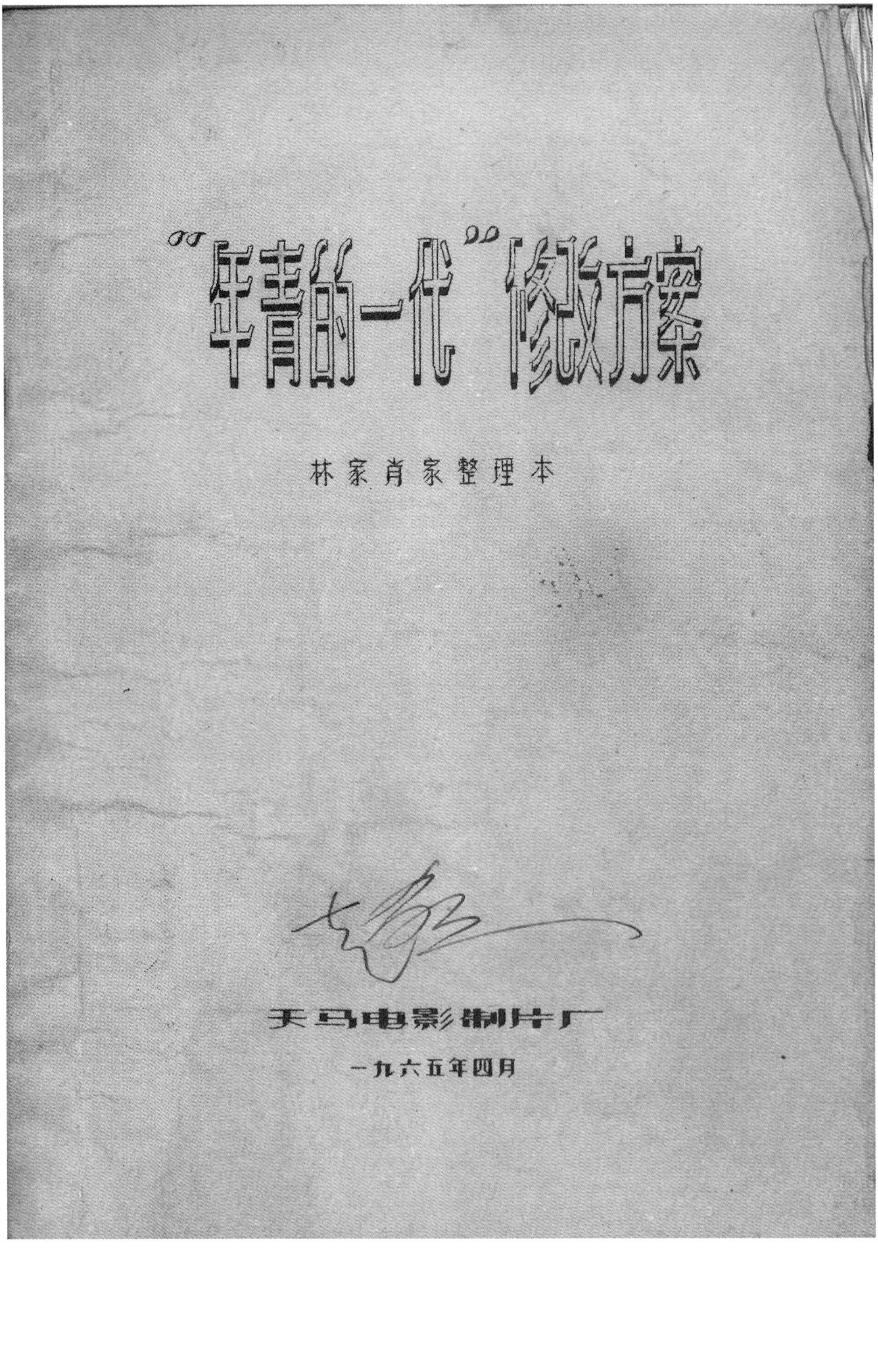

"年青的一代"修改方案

林家肖家整理本

天马电影制片厂

一九六五年四月

鏡号	鏡距	摄法	內容
			《育生回家》《兄妹争吵》《林坚归来》
100	全—中	摇	林家客厅，林育生进屋（摇）把东西放在桌上，脱下衬衣。
100加	全		楼上，夏淑娟在翻閱文件，然后下楼。 （出画）
101	中		林育生拿了一只空花瓶，走向过道，夏淑娟从楼上下来。 林育生："妈，下班了？" 夏淑娟答应了一声"唔"，然后問道。 夏淑娟："啊唷，你看……你又到哪儿去了？" 林育生没有回答，夏淑娟走向桌边。 林育生插好花束。走来。 夏淑娟："买这么些东西干什么？" 林育生："不是倩如同学要来聚餐么，总得多預备点。" 夏淑娟："看你这头汗！" 林育生将汽水放在桌上。 夏淑娟："怎么，还买了酒？" 林育生："这是汽水。" 夏淑娟："腿还没有好就成天出去跑。还不擦擦臉去。" 林育生："暧！" 夏淑娟："該吃葯了。" 林育生："知道。" 夏淑娟关切地望着林育生走去。
102（不补）	全		林岚哼着歌从林蔭道上走来（摇）她的草帽上写着"劳动光荣"的字样。

—1—

鏡号	鏡距	攝法	内容
103	全	搖	夏淑娟在桌前写东西，林嵐进来。 林嵐：媽！” 夏淑娟答应了一声。 林嵐将草帽放进内屋。（搖） 夏淑娟：“嵐嵐，电影学院考得怎么样？”
103(一)	中近		林嵐：“媽，我沒去考。”
104	中近		夏淑娟：“沒去？” 林育生跑上来。 林育生：“你为什么沒去考？”
104 (一)	近	（两人）	林嵐：“媽，这几天报紙上、广播里，都在号召青年支援农业第一綫。我是个共青团員，应該响应党的号召，我跟老师商量了一下，决心考农学院。”
105	近		林育生：“你为什么事先不跟家里商量一下，这是你的前途問題！”
106	近		林嵐：“我知道，我考虑好才決定的，用不着你多操心！”
107	中 | 中近	推	夏淑娟：“嵐嵐！你对哥哥說話怎么这种态度。” 林嵐：“媽，你同意嗎？” 夏淑娟：“考农学院当然好，你应該先跟家里商量一下，这样做太隨便了。” 林育生：“媽，考农学院她准能考得上？（林嵐出鏡）考电影学院希望可大了，人家楊老师說过的，嵐嵐很有表演才能，她将来可以成为一个好演員！” 夏淑娟：“育生，（站起）嵐嵐既然有心学农业这是件好事，不要勉强她。” 林育生：“那等爸爸回来再決定。”
107 (一)	近		林嵐：“媽，爸爸要回来了？”

—2—

鏡号	鏡距	攝法	內　　容
108	中	跟摇（三人—一人）	夏淑娟："剛才从厂里来电話說，一会儿就回来。" 林嵐："眞的！" 夏淑娟："你高兴了吧。" 林嵐："爸爸要回来了！" 林嵐高兴得跳跳蹦蹦跑进自己房間。(跟摇)
110	近		电話鈴响。林育生（入画）拿起話筒。 林育生："喂！我是林育生……噢，楊老师……唔，林嵐她……她今天身体有些不舒服……楊老师你看能不能給她一个补考的机会……唔，好的好的……你等一等。" 育生对里面房間。 林育生："嵐嵐！"
111—2	近—全	摇、拉	林嵐在貼画。 林嵐："嗳！" 林育生画外音："……楊老师来电話，叫你約好一个补考的时間。" 林嵐探出头。（摇） 林嵐："我不去。" 林育生走上来。（拉） 林育生："你别傻了，錯过这个机会你哭都来不及……跟你談不通是吧，我告訴楊老师你明天上午去。" 林嵐："你干什么？"
113—5	中—近		林嵐从房間里奔出。 林育生拿起話筒。 林育生："喂，楊老师……林嵐她……" 林嵐跑上来。 林嵐："你干什么？" 林嵐夺話筒，林育生不让，林嵐将电話用力

鏡号	鏡距	攝法	內容
			按断。 林育生："你这是干什么！" 林嵐："我不是說过了嗎！"
115 (一)	全	(不补)	林堅走近家門，聞屋內吵声。 林育生画外音："我看你眞不知好歹！" 林嵐画外音："我不要你管！"
116	中		林堅站在門口。 林堅：~~怎么，鬧矛盾啦？~~"嗬，"真热闹啊！
117	近 | 中	搖、拉	林育生与林嵐聞声轉过身迎上。(搖拉) 林嵐："爸爸，爸爸！" 林育生："爸爸！(接过网袋)媽，爸爸回来了！" (右出画) 林嵐接过箱子。 林堅脫下外衣。掛衣。(搖) 林嵐画外音："爸爸，剛才我們还說起你吶！" 林堅："是嗎？" 夏淑娟从楼上下来。 夏淑娟："老林，回来啦！" 林堅："嗳，你們都好嗎？" 夏淑娟："好！" 林嵐："爸爸，你呢？" 林堅："我啊，結实得象条牛！" 众喜笑。
117 (一) | [illegible]	全		林嵐端茶給林堅，林堅坐下。 林堅："你們倆鬧什么？" 林嵐站起来，林育生走上一步。 林育生 林　嵐："爸爸！" 林育生：她电影学院报了名不去考，人家給她补考的机会，她还不要。"

鏡号	鏡距	摄法	內容
			林嵐欲辯說。 夏淑娟：“育生，让你爸爸歇一会儿。” 林育生应了一声，林嵐不語。 林堅：“嵐嵐，你为什么不去考啊？”
117	近		林嵐：“爸爸，我要考农学院。”
118	近		林育生：“多一个机会不好嗎，总得給自己……”
119	近		林嵐：“給自己留条后路是不是？我不要嘛！党号召支援农业第一綫，决定了就一条路走到底！”
120	特		林堅用惊訝的神情看了林嵐一眼，心里十分高兴。
121	近		电話鈴又响了，林育生接。 林育生：“喂！……哦，楊老师，对不起，剛才……唔，……电話断綫了……唔，好，請你等一等。” 林育生轉向林堅。 林育生：“爸爸，电影学院同意嵐嵐去补考……你决定吧！” 夏淑娟从过道走出。
121(二)	中近		林堅：“淑娟，你看呢？”
122	中近		夏淑娟看了看林嵐。 夏淑娟：“让她自己决定。” 林堅：“对，这种事我們只能当参謀。（对林嵐）你自己去接。” 林嵐走了几步，轉向林堅。 林嵐：“爸爸，我怎么說？” 林堅：“你覺得应該怎么做，就怎么說。”

—5—

鏡号	鏡距	摄法	內　容
123	特—中—近	摇	林嵐大喜。（拉） 林嵐跑到林育生面前，伸手要話筒。 林育生："爸爸！"
123㈠	近		林堅："育生，嵐嵐做得很对，我們可不能拖她的后腿啊！"
123㈡	近		林育生无可奈何，把話筒交給林嵐（化出）。
			共27个鏡头

鏡号	鏡距	攝法	內 容
			《祝酒破裂》
153	全		林家客厅。 肖継业、夏倩如、周婕、姚向明等圍坐暢談，肖奶奶也坐在一旁靜听。 肖継业："有些人只知道我們边疆生活的艰苦，其实在最艰苦的日子里，我們也是快乐的。在我去青海以前，有一次我們作高山普查工作，走上了当年紅軍长征走过的路……"
153 (一)	近		肖継业："那里空气稀薄极了，~~正当我們感到十分吃力的~~时候，忽然看見山岩上有几个斗大的紅字，那是当年紅軍留下的。'北上抗日誓死不当亡國奴'……"
154	近		姚向明和周婕凝神注听。
154 (一)	近		夏倩如注听。
155	近		肖継业："我們看了，心里激动得不得了，精神立刻振奋起来。我們也用紅漆写下几个大字'建設祖国，不达胜利不回头'……"
156	近		肖奶奶激动地听着。
157	全		肖継业："于是我們継續前进，一鼓作气搞清了那一带的地~~层結构~~。这时候什么疲劳和困苦，都已經不覺得了，有的只是欢乐！这是为什么呢？……" 肖継业坐下，他的眼光环顧着大家。
157 (一)	近		肖奶奶凝神思索，眼光落到墙上。
157 (二)	特		墙上毛主席的画象精神奕奕。
158	近		肖奶奶："因为你們走的是毛主席走过的路，奔的是和工农紅軍同一个革命目标啊！"

—7—

鏡号	鏡距	攝法	內容
159	全		年輕人也看着毛主席象，听到肖奶奶話后大悅。 姚向明、周媞等："肖奶奶說得对，說得对！" 肖奶奶："我也該走了（站起）你們多談談呢，等林伯伯在家，我再来看他。"
~~160—161~~	~~全~~		夏倩如："肖奶奶，你在这儿吃飯吧？" 肖奶奶："我里委会还有事。" 肖繼业："奶奶，我再玩一会。" 肖奶奶与年輕人告别，夏倩如送肖奶奶出去。
160—161	中全		姚向明："肖繼业再来談談。" 周媞："那儿的老乡怎么样？" 肖繼业："那儿的藏族同胞可好了，象当年欢迎紅軍那样欢迎我們，点上篝火，捧起青稞酒，象接待亲人一样，还邀請我們一起去跳舞呢！" 姚向明："眞的！" 众欢笑。
163	全—中近	搖	肖繼业在歌舞，姚向明跟着学样。 林育生走进来。 姚向明："嗳，育生，来来来。" 林育生："不，不，我不会跳。" 林育生推辭地走向一角。（搖）拿起方桌上的扇子，使劲地搖着，画外，欢笑声不断。
164—~~165~~	中		肖繼业舞毕，拿起牛角杯。 肖繼业用藏語說着："尊敬的朋友，我热烈欢迎你！" 肖繼业将牛角杯献給夏倩如，大家鼓掌欢笑。 姚向明："再来一个。"

—8—

159镜头的台词

姚向明：嗯，对了，肖奶奶说得对。

胡静：我们要沿着这条路走下去。

李冰宁：肖爷爷，你们干得真带劲儿。

（郑嘉森："建设祖国，不达胜利不回头。"嘛）

（夏德好：瞧你。）

张小燕：肖奶奶，太好了。

肖奶奶：我也该走了，你们多谈谈吧。

鏡号	鏡距	摄法	內容
			胥繼业："我不行啊，你們去了，保証不出一个月准能成为一个藏族舞蹈家。"
165	近		林育生站在屋角，有些不耐，使勁地摇着扇子。
166	中		胥繼业走近夏倩如。 胥繼业："倩如，怎么样，青海去不去？" 夏倩如没有回答。
166 (一)	中近 (全)		林育生有意地："吃飯吧！" 夏倩如："对，吃飯吧！" 大家忙碌搬桌椅。
167	中		門口。林嵐进来，发現胥繼业，忙奔上。 林嵐："繼业哥哥！"
167 (一)	特近		胥繼业："嵐嵐！"
167 (二)	中近		两人热情握手。 胥繼业："啊唷……" 原来林嵐一手是泥巴，两人都笑了。 胥繼业："还在跟泥巴打交道？" 林嵐："要打一輩子交道吶！" 胥繼业："怎么，下农村？" 林嵐："考农学院！" 胥繼业："好啊，将来到大西北来，我們那儿地可多啦！" 林嵐："需要，就去！" 林嵐向过道走去，胥繼业轉过身。
168	近		胥繼业望着林嵐。 胥繼业："嘿，两年不見，都变成个大姑娘了。"
169	近		林嵐轉过身。 林嵐："这是大自然的規律，将来还要变成老太婆呢！"

鏡号	鏡距	攝法	内　　容
			說后俏皮地向廚房过道走去。
170	近	[illegible]	林育生煩躁地将汽水瓶盖打开，倒汽水。 肖繼业画外音："小調皮……"
171	中		众笑。 肖繼业拿起牛角杯，举酒祝賀。 肖繼业："好啊，那就趁我們大家都年輕力壮的时候，把我們宝貴的青春献給我們的祖国。到边疆去，到祖国最需要的地方去！我以边疆主人的身份，热烈欢迎你們！干杯！" 姚向明举杯："来！" 周婕："干杯！" 众举杯。
173	特	[illegible]	林育生使勁将杯子一放，汽水沫四濺。
173 (一)	全		林育生站起，向外跑去。
174 | 175	中[illegible]		大家怔住，不知发生何事。 夏倩如向外走去，肖繼业也走去。
176	近		門口涼台。 林育生气鼓鼓地站着，夏倩如、肖繼业走上。 夏倩如："育生，你怎么啦！" 肖繼业："怎么啦，育生？" 林育生不語。 肖繼业："到底是怎么回事？" 林育生："我請求你，在我的工作問題和倩如的毕业分配問題上都能实事求是一些，不要太使我們为难。" 夏倩如推了一下林育生，林育生不理。
177	特		肖繼业："你这是什么意思！?"
178	近		林育生："你自己心里明白！"

—10—

鏡号	鏡距	攝法	內　容
			說后忿忿地轉身进屋。 夏倩如："育生——"
179	全	搖	林育生走进自已臥室。（搖） 夏倩如："育生，育生！" 林育生不理，用力将房門"砰！"的一声关上。
180	特	不补	牛角杯倒下，酒汩汩地流在桌上。
180 ㈠	特近	不补	林嵐端菜上，聞声楞站，注視着。
181	中 ｜ 特近	推	大家怔住了。 肖継业緩緩地走上来，拿起桌上的牛角杯，（推）思索着……沉思着……　　（淡出） 共３２个鏡头
			《兄妹爭論》
191	全 ｜ 中 ｜ 近	推 搖	客厅內。 林嵐在做功課，林育生在看书。 林嵐到书架旁，找书，发現林育生的书。 林嵐："哥哥，你少看看这种书吧。" 林育生："你懂什么？" 林嵐找到自已所需的书，向方桌走来。 林嵐："又是小吳借給你的，干么老跟小吳这种人好？跟継业哥哥反而吵架！"
191 ㈠	近		林育生："我的事，你少管。小吳小吳的，人家小吳怎么啦？
192	近		林嵐："他不服从統一分配，靠着家里有錢搨濶，吃閒飯、寄生虫！" 林育生画外音："你別教条了！" 林嵐不甘示弱地望着林育生。

—11—

鏡号	鏡距	摄法	内容
193	中近 — 中	拉	林育生："噢，思想上落后的人，我們不去帮助他，誰帮助？"
193			林嵐："还帮助他呢，尽跟他泡在一起，吃喝玩乐，你都快跟他一样了！"說着收起书来，走出鏡头。 共5个鏡头
			《托　人　情》
215	全 — 中	摇	林家客厅。 夏淑娟归来，（摇）看見林育生躺在自己床上。 夏淑娟："育生，飯吃了嗎？" 夏淑娟倒水。 林育生走出，（推）倚在臥室門口。
215 插(一)	中近		夏淑娟："怎么啦！愁眉苦臉的？"
215 插(二)	中近	摇	林育生："媽，你能不能找賀书記去談談，請他在学院里給我安排一点工作。"
			夏淑娟："你沒有得到青海組織上的同意，怎么可以呢？"
			林育生："嗳，医院証明已經寄去了，現在学院正有机会，你先跟賀书記談好了，我将来再补手續也沒关系。"
215 (一)	中		夏倩如从外面回来。 夏倩如："姑媽！"
215 (二)	中近		夏淑娟："倩如……育生要我找賀书記找工作，你看怎么样？" 夏倩如走上一步。

—12—

鏡号	鏡距	攝法	内容
			夏倩如："这不好吧。"
~~215~~ (白)	~~近~~		夏淑娟："喏，是吧！"
216	中近 | 全	摇	夏淑娟欲走，~~林育生跟上~~。 林育生："啊呀，娟……" 夏淑娟停住。 林育生："我要是在上海没工作，将来还不是要回青海去，生活艰苦一点，我倒不在乎，可是关节炎一复发，我这腿就完了。" 林育生重重地坐在椅子上，用手痛苦地撫腿。
217	中近 ↓ 特近	摇 ↓ 跟拉	夏倩如无可奈何地看看育生，（摇）又轉眼看夏淑娟，夏淑娟走上一步（跟拉）。 夏淑娟："你的腿这两天究竟怎么样？"
218	近		林育生撫着腿。 林育生："还是痛。"
219	中近		夏淑娟有些疼爱了。 夏淑娟："那你还不好好休息休息。"
220 | ~~225~~	中近	跟 拉 、 摇	林育生："还休息呢，急都急死了。" 夏淑娟内心矛盾地轉过身。 林育生跟上来。（跟拉） 林育生："娟，其实我也并不是要你去托人情，只是去反映一下情况，如果青海組織上不同意，我再回青海也不迟。" 夏淑娟："让我考虑考虑吧。"
220 (一)	中		夏淑娟上樓。（摇） 林育生感到有希望，轉身。（再摇） 林育生："你这个人呀，就是前怕狼后怕虎的，找賀书記談談这有什么……"

—13—

鏡号	鏡距	摄法	內　容
226 插	近	不补	林嵐在門口，听到了林育生的話。 林育生画外音："……媽媽跟賀书記是老同志老战友……"
226 7	中近		林育生："……她去一説，准有希望。以后我們两人不都可以留在上海了。" 林嵐跑上来。 林嵐："哥哥，你让媽媽到学院去要求照顧？" 林育生："怎么，这又碍着你什么事？!"
228	特	〃	林嵐："你这是走后門！"
229	中近	搖	林育生："笑話，你也管得太寬了。" 林育生轉身跑向过道。 林嵐跟上几步。 林嵐："哥哥……" 林育生不理。 林嵐："表姐，你也同意嗎？"
230	中近		夏倩如："你哥哥的意思只是让姑媽去反映一下情况……"
230 插	特近		林嵐："嘿，你們哪……"
231	中近		林嵐不知說什么好，轉身跑向自己臥室。
			共17个鏡头

—14—

鏡号	鏡距	攝法	內　　　　容
			《談幸福，誤解》
286	全		林坚走进客厅，放下作裙，穿上衬衫。 林坚："是啊，年輕人总喜欢談論幸福，事情一順心，就說我太幸福了；一不順心就說，我一点也不幸福！可是什么是幸福，連他們自己也不明白。" 林嵐走近林坚。 林嵐："爸爸，你說什么是幸福？" 林坚招呼李荣生坐下。 林坚："来来来。"（三人坐下）
287	中 | 近	推	李荣生与林嵐坐在林坚两旁。 林坚："对这个問題，不同的人，不同的阶級就有不同的理解（推，語气略带譏諷），有人覺得，飯来張口，衣来伸手，自己不劳动，生活得舒坦，这叫幸福；有人覺得，找个工作又体面，又輕巧，少干活，多拿錢，才叫幸福。照我看，这不是幸福，这是好吃懶做，想剝削别人，貪图享受，都是資产阶級思想……"
287 插	近		李荣生楞楞地听着。 林坚画外音："……这些人，說来說去，总是先替個人打算……"
287 (一)	近	（两人）	林坚：（以下側重对林嵐）"我們无产阶級的战士們，恰恰相反，总是把个人的幸福和人民群众的幸福結合在一起，把絕大多数人的利益放在第一位。为了絕大多数人的利益，在必要的时候，不惜牺牲个人的一切，甚至付出自己的鮮血和生命……。"

鏡号	鏡距	摄法	內　容
287 插(一)	特	(不补)	林嵐注听的脸。
287 (二)	近—近—中近	摇 拉	林堅："在他們看来，能够全心全意为无产阶級革命事业奋斗到底，为了中国和世界上的絕大多数人服务終身，才是最大的幸福！（摇，以下轉对李荣生）那种处处只想到个人，怕吃苦，怕劳动的人是得不到幸福的。对嗎？知識分子！" 李荣生尴尬地点点头。 林堅："不小了，該动动脑筋啦！"
287 (三)	中	摇	林堅站起身，~~右出画。听見他倒水声~~。 李荣生想溜，（摇）被林堅的声音截住。 林堅："嗬……（坚有进画）有空常来玩，咱們俩多聊聊！" 李荣生又尴尬地点头，鞠了一个躬，慌忙离开，忘拿了魚杆和魚桶。 林堅欲轉身，发現魚杆魚桶，要追不及。 林堅："喂……小鬼！"
288	中近		林嵐放下书包，草帽。
288 (一)	中		林堅走上前。 林堅："嵐嵐，你农学院考得怎么样？"
288 (二)	中近		林嵐："爸爸，我沒考成。"
288 (三)	中		林堅："你为什么沒考成？" 林育生从外面游了泳剛回来，他听到了林堅的話，打量了一下。 林育生："你怎么又沒考！……叫你考电影学院，你不去考；現在农学院又……看你怎么办?！"
288 (四)	近		林嵐看了育生一眼，沒去答理他。

—16—

鏡号	鏡距	攝法	內　容
288 (五)	中	搖	林堅："育生，你不了解情况，不要乱說。" 林育生提了一包东西，无趣地走开了（右出鏡头）。 林堅走近林嵐。（搖） 林堅："你功課沒准备好嗎？" 林嵐："不，我碰到了一件意外的事。"
289	中		李荣生跑来拿忘了的魚杆及魚桶，听到談話，楞住了。 林堅画外音："什么事？"
~~289 (一)~~	~~特近~~		~~林嵐迟疑了一下："爸爸，我想到新疆去參加农业建設，你看好嗎？"~~
~~289 (二)~~	~~特近~~		~~林堅："你怎么……"~~
290	近 | 近 | 特近	搖 推	林嵐："今天早晨，我想順路約一个同学一道去考試，一到她家，她已經先走了；可正好碰上她媽媽心脏病突然复发，連气都透不过来，她們家又沒有别人……" 林堅："唔……~~怎么样~~……" 林嵐："我就赶紧送她进医院，等医生把她搶救过来，好，考試时間早过了。"
291 (二)	特近 | 近	拉	林堅：噢是这样，好啊，到新疆去，到实际斗爭中去鍛鍊，去学习，不但可以成为生产能手，还可以作科学研究，做一个有覺悟，有文化的新农民。不过……将来一定会碰到許多困难，你考虑过嗎？" 291(三)　291(四)
292 | 3	近 | 中近	横 移	林嵐："唔，考虑过的，我想困难再大总比不上当初你們搞革命的时候。" 林堅极高兴，鼓励林嵐。 林堅："对，說得对！" 林堅站起身。

—17—

鏡号	鏡距	攝法	内容
			林嵐：“可是媽媽还不知道呢？” 林堅：“你媽媽一定也会支持你的！” 　　林嵐兴奋地看着走去的林堅，然后打开书包。
294	近		在門口的李荣生看林堅上了楼。 李荣生：“嵐嵐，嵐嵐，你眞的要到新疆去？”
295	中 │ 近	摇 推	林嵐拿出地图，走向桌边。（摇） 林嵐：“你来看！” 　　李荣生跑上来。 　　林嵐和小李子扒在地图上。 林嵐：“嘿！好大的一片啊！”　　（化出）

共２０个鏡头

— 18 —

鏡号	鏡距	摄法	內　　容
			《找育生》
358	近 | 中 | 全	拉 搖 跟	林嵐与李荣生在看决心书。（拉） 李荣生："怎么样？" 林嵐："就这样，你自己送到里委会去。" 李荣生："好，我拿給肖奶奶看看去。" 林嵐："嗳！可不准后悔啊！" 李荣生拍拍胸脯。 李荣生："一句話！" 李荣生說后，轉身就跑。（右出画） 林嵐："嗳！联欢会票子，你拿去。" 李荣生（右入画）拿了票子，高兴而走，（搖跟）在門口与肖繼业相遇。
359	近		李荣生看看肖繼业，然后走去。
360	近 | 中近	搖 拉	肖繼业："嵐嵐。"~~（画外音）~~ 林嵐走向肖繼业。（搖） 肖繼业："你哥哥在家嗎？" 林嵐："他昨晚回来很迟，今天一早又出去了。" 肖繼业思索了一下。 林嵐："你找他到底有什么事？" 肖繼业："以后再告訴你，我回头再来吧！" 肖繼业欲走，轉身又問。 肖繼业：倩如呢？ 林嵐："表姐到学院排节目去了，今天下午开毕业生联欢会，你去嗎？" 肖繼业思索着。

共3个鏡头

鏡号	鏡距	攝法	內　容
			《遺书訓子》
416	全		客厅內，空寂无人，风狂雨大。
420 (一)	全		无人的客厅，傳來下楼声脚步声。 林堅手里拿着一包东西与夏淑娟一齐下楼，后面跟着林嵐。 林堅：“育生！”
421	中 | 全	搖拉	林育生从房間里走出，后面跟着夏倩如。（搖拉） 林堅激动得很。 林堅：“那張証明呢！?”
422	近		林育生无可奈何地拿出証明。 林堅画外音：“把它貼到墙上去！” 林育生：“爸爸！” ~~林堅画外音：“貼起来！”~~
423	全		林堅严厉地：“貼起来，让我們大家常常看見它，这对你对我們大家都是一分教材。~~貼起来！~~”
423 摇	近		林育生犹豫地看看夏淑娟。
423 (一)	全 | 特近	推	林堅：“怕丢臉是不是，你已經把工人阶級的臉丢尽了，作出这种事，当逃兵！（推）你对不起党的培养，你对不起老师們对你的教导，你也对不起……对不起你牺牲了的亲生父母！”
424	大特	（不补）	林育生大惊失色的臉。
425	特		夏倩如，林嵐惊疑的臉。
426	特近	摇 （两人）	林育生急步走到夏淑娟面前，紧握住夏淑娟的手，用急切詢問的眼光逼視着：“妈！”

—20—

鏡号	鏡距	攝法	內容
426 (一)	特近	（两人）	夏淑娟沉痛地："我們不是你的亲生父母。你的亲身父母就是你爸爸常給你們詋起的少伯叔叔和毓芬嬸嬸……"
427	特近 | 近	搖跟	林育生吃惊地听着。 夏淑娟画外音："……二十六年前，已經在国民党的监獄里一块牺牲了。" 林育生："眞的？" 林育生放开夏淑娟的手，惶惶然走了几步。（搖）
427 (一)	中近 | 中	移拉	林堅将手中的一包东西交給林育生。 林堅："这是你母亲留給你的东西，你自己看吧。"（移拉） 林育生接过东西，用顫抖的手，打开包。 林嵐和夏倩如走上来，与育生一同看。
428	特		遺书上的字迹历历在目。
428 (一)	近 | 特	推	林育生輕声念着："我亲爱的孩子！劊子手已經举起杀人的刀枪，同志們都在慷慨高歌，馬上就要（推）走上刑場。从此你再也見不到你的亲生父母了……。"
428 (二)	近		林堅和夏淑娟沉痛地听着。
429	特		林育生流着眼淚継續念。 林育生："……孩子，我給你写下这封信，是为了让你記住：你的父母都是工人，为了无产阶級的革命事业，我們献出了自己的生命。你可以忘記你的父亲和你的母亲，可是你永远不能忘記这世界上还有阶級敌人，不能忘記你是无产阶級的后代，你要为偉大的无产阶級的解放，为崇高的共产主义事业而奋斗！……"

鏡号	鏡距	攝法	內容
429 插(一)	特近		林嵐与夏倩如注意地听着。
429 插	特		遺书。 林育生画外音："現在我們就要去了，将来你长大了，可要把紅旗高高举起，永远要革命，永远要斗爭，永远跟着党，永远为人民！永别了，我的孩子，你可不要忘本，不要忘本啊！"
436	近	(不补)	林育生："媽媽，我的亲媽媽！" 扑下，痛哭。
432 | 8	全	带頂	林育生伏在桌上哭泣，一家人都沉浸在悲恸的气氛里，有的走开，有的擦涙。
439	近 | 中	摇	林育生在哭泣。 林堅："你的父母希望的不是眼涙，而是要我們千万不要忘記这个世界上还有阶級敌人，要我們为共产主义的事业而奋斗到底。特别是今天，帝国主义和他們的走狗正梦想从你們这一代人身上找到反革命复辟的希望，你們要警惕，要記住自己的責任啊！"
439 (一)	中近		林育生痛心疾首地抬起头，一把抓住林堅。 林育生："爸爸！……你別說了！"

— 22 —

鏡号	鏡距	摄法	内容
440 (一)	全		林育生扭头离开林坚，向屋外风雨中跑去。 夏淑娟 　　：“育生！” 夏倩如 林坚止住她們。 林坚：“不要紧，让他到外面去跑跑，让他……”
442（原439）	中近		林坚收拾起遺书。 林坚語重心长地：“我的老战友啊！你們为革命献出了自己的一切。我对不起你們，我没有把你們的孩子培养成为党和毛主席所期望的那种人；可我万万没有想到他会……唉！”
443（原441（一））	中近		夏淑娟从窗門口轉回身，心神不安地悶坐在椅子里。 夏淑娟：“这几年来，我在教育子女这个問題上是有些麻痹。我总以为在我們的社会里，年輕人还能坏到哪儿去？……”
444	中近 | 近	推	林坚：“不，資产阶級影响还严重得很，不是每一个年輕人都能經得起考驗，眼前的事情就是一个深刻的教訓。……（推）我們的党領导全国劳动人民，英勇奋斗，夺取了政权，建立了无产阶級的家业。我們的下一代将怎样呢？……”
446 (一)	特		林嵐激情地凝望着。

鏡号	鏡距	攝法	內　容
447	近 | 近	搖	林坚站起来："誰要妄想让他們蜕化变质，'和平演变'……不可能，也決不允許！（搖上）我們一定要教育年青的一代繼承革命事业，做好无产阶級革命的接班人，让他們一代一代沿着党和毛主席所指引的道路走到底！"
448	特		林嵐热情充沛地望着林坚，內心充滿了激动。 林嵐："对！爸爸，我們一定沿着党和毛主席所指引的道路走到底，經受阶級斗爭的鍛鍊，永远革命，永不变質！"
448 (一)	特	多画镜	毛主席的画象~~散发光芒~~。

共２７个鏡头

鏡号	鏡距	攝法	內　　　　容
			28場　《祖孙談育生》
			（淡入）
184	近 | 全	拉搖	肖家，室內窗明几淨（拉）肖継业踱步沉思。 共1个鏡头
			51場　《鬧鋸腿》
300	中 | 全	拉	肖家。 肖奶奶与林嵐开門进来。肖奶奶走上前，坐下，林嵐拿扇給肖奶奶。 林嵐："肖奶奶，你别难过啊。" 肖奶奶："我倒不是难过。我是在想，党培养这孩子不容易啊，这剛能为国家做点事情，他的腿……" 屋外傳来肖継业的歌声。 林嵐："奶奶，継业哥哥回来了！" 肖継业进屋。 肖継业："奶奶，哎，嵐嵐。" 肖奶奶一面躲避一面答应。 肖継业："我們的地質报告有希望通过了，下午审查小組經过反复的研究，現在意見基本上一致……。" 肖継业兴奋地脫下外衣。（走出鏡头）
300 (一)	近		肖継业（进鏡头）把衣服放在床架上，轉过身。 肖継业："大家認为我們所做的結論是有科学根据的，这个矿的远景很大。" 說后，肖継业从书架上取书。

鏡号	鏡距	攝法	內　　　　　容
301 | 3	中 | 特	摇推	肖奶奶与林嵐对望着，又看看肖継业。 肖継业（入鏡）接过肖奶奶給他的毛巾。 肖奶奶："你快歇一会儿吧！" 肖継业："我不累啊！嵐嵐，你不为我們高兴嗎？" 林嵐："高兴……" 肖継业走向桌边。林嵐跟过去。 肖継业："嵐嵐！干我們这一行眞有意思（肖順手推窗）每天早晨，当我們背起背包迎着太阳走去的时候，大家都在这样想，今天要有新的发現，一定能有新的发現，带着这个希望，我們翻山越岭，渴了喝泉水，餓了吃干粮，冬天冒着刺骨的寒风，夏天頂着火热的太阳，生活是艰苦的，可又是那样的有趣，那样的吸引人，因为有一个愿望在鼓舞着我們，現在这个愿望眼看就要实現了。"
303 (一)	中		肖奶奶心里很难过，拿起淘米籮，向廚房走去。
304	近 | 中	摇	林嵐也兴奋地听着。 林嵐："継业哥哥……" 林嵐想說几句安慰話，但又說不出。 林嵐："奶奶呢？……" 肖継业："奶奶！" 說着走进廚房。
305	中近 | 全		廚房內。 肖奶奶心神不安地在淘米。 肖継业："奶奶，我告訴你，明天下午要召开最后一次审批会議，我要去进行答辯。只要报告一批准，我馬上就回勘探队去！" 肖継业抑制不住喜悅，接过肖奶奶手中的淘

— 26 —

鏡号	鏡距	攝法	內容
			米籮，猛一下，浸在水里，水花四濺。 肖奶奶："継业，你别……" 肖継业抬起头，发現奶奶語气神态不对。 肖継业："奶奶，怎么啦？" 肖奶奶走出了厨房。
~~307~~	~~特~~		肖継业发現嵐嵐的神情也不对。 肖継业："出了什么事啦！"
~~307~~ (一)	~~中~~		林嵐有些紧張。 林嵐："没出什么事啊！" 肖継业："你們一定有什么在瞞着我。" 林嵐："没有啊……" 肖継业思索。
306	特近		肖継业："今天医院来电話，找奶奶……是不是我的腿……"
307	中近		林嵐象閃电一样轉过身。 林嵐："不，不知道……" 林嵐躲閃奔出屋。肖継业疑望，跟上。
308	中近		肖継业追上林嵐。 肖継业："嵐嵐，是不是我的腿……" 林嵐无法避开，望了望肖奶奶。
308 (一)	特		肖奶奶在思索，决定告訴肖継业。 肖継业画外音："……到底是不是……"
309	中近		肖奶奶招呼継业。 肖奶奶："孩子，你过来。" 肖継业走近肖奶奶，坐下。
309 (一)	全—中		肖継业："奶奶，你放心，我受得了的，是不是我的腿很严重？" 肖奶奶："是的，孩子。" 肖継业："医生怎么說？" 肖奶奶："医生說，你腿上长了一个骨瘤，可能

鏡号	鏡距	摄法	內容
			是外伤引起的，他让你明天去住院做檢查。如果是恶性的話……”
310	特	俯（不补）	肖継业：“要开刀！？”
312	中近		肖奶奶：“可能要鋸……”
~~313~~	~~大特~~	~~不补~~	~~肖惊！！！~~
314	全—远	拉开	肖継业~~又立（拉开）~~向前走了几步，片刻，轉回桌边拿起地質书籍，思緒翻滚，猛然重重坐下。
314（一）	中近	摇跟	肖奶奶关注地跑上前。 肖奶奶：“孩子……”
315	特	不补	林嵐激动的臉注視着。 林嵐：“継业哥哥！……” 林嵐奔出画。
316	中近		林嵐跑到肖継业面前。 林嵐：“継业哥哥，你别太难过，这还沒一定吶，再跟医生談談，說不定……說不定会有希望的……” 肖継业克制着自己。 林嵐：“就是眞的沒希望了，那也不要紧，我爸爸有个老战友，在抗美援朝的时候，受了伤，也鋸掉了一条腿……”
317	特	?	肖継业內心交战。 林嵐画外音：“可是他照样对国家做出很多很多的貢献，你一定也会象他那样的……”
318	特	俯（不补）	林嵐：“你别难过，眞的，别难过……” 林嵐忍不住自己哭了。
318（一）	中近		肖奶奶一手扶起林嵐，一手撫着肖継业的肩。 肖奶奶：“孩子，一个人在一生中总会遇到一些困难和挫折，我們可要頂得住啊！”

— 28 —

鏡号	鏡距	攝法	內容
			肖継业拉住肖奶奶的手。
318 (二)	特近	反打	肖継业："奶奶，我是一个勘探队員，我不能沒有腿呀！" 肖奶奶无言。肖継业站起身，到墻角去拿衣服。
319	全 中近		肖継业向外走。 肖奶奶："孩子，你上那儿去？" 肖継业："奶奶，我到医院去……我不相信，我的腿就不能保留。" 說后，迅速奔出。 林嵐："継业哥哥……"
321 (一)	中近	拉 搖 跟	（上接肖継业蹌蹌踉踉地奔赴医院。） 肖奶奶回身进屋，心神不定地拿起桌上的地質包和图书，走向书架。
~~321 (二)~~	~~中近~~		林嵐不安地走进来。 林嵐："肖奶奶，你干嗎告訴他呢？"
~~321 (三)~~	~~近~~		肖奶奶："让他早些知道，总比蒙在鼓里好些。~~……二十六年了，这二十六年里，我带着他闖过多少难关啊！不管什么时候，只要他有一点小小的長进，我就会打心眼里感到高兴；~~可是现在，……" （画外傳来李荣生的声音："嵐嵐！嵐嵐！"）
321 二 ~~(四)~~	全		李荣生拿着一張报紙从屋外跑进来。 李荣生："嵐嵐！肖奶奶！你們可知道肖継业是全国青年社会主义建設积极份子？" 林嵐："你怎么知道的？"
321 (三)	中近	摇	李荣生打开手里的报紙。 李荣生："在今天剛到的中国青年报上有一篇报道，說他曾經因为救人負伤，并且带伤完成了一次重要任务。你看！"

鏡号	鏡距	攝法	內　　容
			林嵐接过报紙，肖奶奶兴奋地走上来看。
321 (四)	特		报紙标題是："建設时期的游击队員——記青年社会主义建設积极份子肖繼业的先进事迹。" 报紙上叠印肖繼业在野外风雪中救人負伤的画面。最后出現林嵐画外音："就这样，他为了救一个同志，自已的腿却被砸伤了；但他仍然带伤坚持工作，就在这一天獲得了极其宝貴的矿藏資料，为証实該地区是否有矿找到了重要根据。"
321 (五)	近 | 中近	搖	林嵐激动地望着肖奶奶，眼睛里含着淚水。 林嵐："奶奶！" 肖奶奶撫摸着林嵐的头发，也抑不住內心的激动。 肖奶奶："别难过，孩子！俗話說，百炼成鋼，百炼才能成鋼啊！[illegible]个革命者，[illegible]經[illegible]炼是[illegible]。"她接过林嵐手中的报紙，心情振奋地走向桌旁，坐下来，抱着肖繼业的地質包，久久不能平靜。 李荣生惊異地看着她。（化出） （下接肖繼业在医院。） 共 ~~24~~ 22-23? 个鏡头
			《祖孙夜話》
344 插	近	?	肖奶奶关切地望了望屋內的肖繼业。
345	特	搖	假証明与"恶性肿瘤"在桌子上。
345 (一)	特近		肖繼业的目光从桌面上抬起来，他兀坐凝思思緒翻騰。 肖繼业內心独自："我該怎么办呢？……正当国家社会主义建設需要我們全力以赴的时候，偏偏出了这种事！……难道我就这样离开战

— 30 —

鏡号	鏡距	攝法	內容
			斗崗位？……难道就让育生这样下去嗎？…… ……" 肖継业苦苦思索，困惑地站起身，走出門外。
348	中近		肖奶奶正，肖継业側。 肖奶奶："我一生經历过的困难，眞是数也数不清啊！最困难的要算一九三五年，我們党的地下組織遭到了严重破坏，你爸爸在国民党监獄里被杀害了，他是我最后的一个儿子啊！我們全家只剩下了你我两个人，我又被工厂开除，你才一岁！"
350	中近 | 特近	推	肖奶奶："……找不到工作，找不到党，难啊，实在难啊！可我一想，被压迫、被剝削的群众一定要起来，敌人一定要灭亡，我們的革命事业一定要胜利！这样咬咬牙，我就熬过来了。"
351 插	近 特		肖奶奶听得很兴奋。 肖奶奶："对，孩子，你能这么想就好！" 肖奶奶激动地望着肖継业。
352	中	摇跟	肖継业站起来，来回地走着（摇跟）。 肖奶奶："育生这孩子放着光明大道不走，偏偏要走邪門歪道，是很严重，你打算怎么跟他談呢？"
354	中近		肖奶奶："……育生这孩子毕竟是在革命家庭里长大的，經常受到党的教育，現在一时犯了錯誤，只要采取严肃热情的态度，积极帮助他提高覺悟，把錯誤的根子找出来，总可以使他回头的……"
~~353~~ 354 (-)	~~近~~ 特		~~肖奶奶~~："孩子，做人的工作是最重要的工作既要堅持原則，又要耐心說服，这也需要鍛練啊！" 共 9 个鏡头

鏡号	鏡距	摄法	內　　　容
			《肖家早晨》
356	全 远		肖継业迎着晨光，随着乐声，在家門口早操。
~~357~~	全 中 全	推	他正以宁静的心靜操練身体，忽然感到腿部一陣痛疼，他急忙扶住膝盖支撑着，勉力咬咬牙，仍坚持不懈地鍛練下去。
			共2个鏡头。 [illegible]：怎样过渡到早操？ 附註：其他补戏鏡头內容見綠本修改方案。 [illegible]主要表现他的革命[illegible]和坚强意志；[illegible]教育，[illegible]培养革命接班人。 51场 [illegible] 下场 [illegible] 57场 [illegible] 下一场 早操 主要突出[illegible]坚韧不拔，革命[illegible]精神。（[illegible]）

有一次他和姑娘的同志们去野外搜集资料，忽然天气骤变，狂风大作，山坡上的岩石凌空而下，眼看着正在工作的一位同志有发生危险；有继续出主意，他不顾自己的危险，他救出了一个同志，自己的腿都被砸伤了。但他们照常的坚持工作，就是这一天获得了极其宝贵的矿藏资料，为证实该地区是否有矿找到了可靠的根据。

突出工人的感情。

言语内心活动精神面貌的体现

公私合营
卢湾打字
書印
376649
371778
566712

4月4日听取地质学院师生意见

4月4日听取地质学院师生意见

1. 序幕中表现肖继业系着安全带，从悬岩上攀藤扶索而下的艰苦工作情况，在实际工作中可能偶然遇到，但不是典型，况且到这种危险地方去取矿样是不符合事实的。天气的突然变化倒是常有的事。

2. 剧本中有些术语使用不当，如："把这个断层勘察掉"。建议改为把这个岩层搞清楚。勘察队应为勘探队，敲打矿样应为敲打矿石。使用探矿仪一般都是勘探地表，不勘探岩缝。

3. 小杉使用的探矿仪不知是何仪器，交待不够清楚。（导演解释即是辐射仪）辐射仪只有在探测放射性及看不见的矿体时才使用。剧本中肖继业已经找到了矿体还使用辐射仪与实际情况不相符。

从剧本的表现可以看出肖继业是搞地质的，小杉是搞物探的。地质和物探是两个不同的专业，在实际工作中一个人不可能兼基两个专业，如果有，也是极个别的。所以肖继业保护小杉的探矿仪所表现看是和实际情况不符的。地质和物探在一起工作比较牵强。在一个队里可以包括地质，物探，测量。在小组工作时还是地质归地质，物探归物探，测量归测量比较好。一般地质人员进行工作时的程序大致如下：在没有地质图时物探组先进行物探，第二天再是地质组进行检查。如果有地质图那么程序就不同了。

4. 如果肖继业这个组都是地质人员那么小杉就不能使用探矿仪，可以表现他很关心的在测量岩层产状，没有发现滑坡，肖继业去来救他而受伤。

5. 肖继业因土崩滚石而受伤影响太严重了，不如因滑坡而受伤来得恰当些。

6. 勘探队员随身可以携带放大镜，照相机。地质照相是第一性资料，往往在做地质报告时附以照片。望远镜用处不大仅做察看路线用。

7. 审批的目的是审查这个矿的远景如何？有没有开採的价值，设计是否符合矿区情况，究竟经济效果怎么样？是不是符合党的总路线精神？因此肖

P. 2

继业告诉她了，审批认实真的有矿是不恰当的。

8. 陈总工程师的交待不够清楚，他应当在青海怎么会跑到上海和地质学院又是什么关系？要是张总工程师在学院兼教学那么他在学院就有可能。可是这种可能显然是不存在的，因为青海和上海相距这么远，兼教学是不可能的。如果在肖继业打电话时处理他直接打到地质部，由地质部的人告诉他张总工程师在学院做报告，肖继业再打电话到学院。这样张总工程师在地质学院就比较清楚了。

9. 剧本中表现地质人员的工作艰苦是有了，但却没有表现地质人员欢乐的一面。表现欢乐不仅在言语中交待，更重要的是通过形象来表现。

地质人员找到矿以后的兴奋心情，要观众也产生共鸣，那就必须交待这个矿种是如何的重要。或者表现为了找到这种矿种，勘探人员付出了巨大的劳动和时间。

10. 在第三章廿九场中肖继业抒发自己对地质事业的热爱还不够。肖说："……一定要找到矿，一定能有矿……"这个目的不够高，没有和国家建设，革命事业联系起来。

11. 在第四章中肖继业批驳林彦生的观点还不够透，有的提出来没有批驳，如林说："……没有去偷，去抢……"就没有批驳。提出问题就要批，否则就成提案。

对年青人到边疆去的思想也不够。可以通过陈总工程师，及肖继业来加强这方面。

12. 毕业生的激奋心情，对未来生活的向往，年青人的蓬勃朝气都需要加强。可以在联欢会上增加这些气氛。

13. 在第二，三章中林彦生已产生了自我矛盾，如果再增加一些，可能对人物更有帮助。例如在联欢会上有某一节目刺起了他对过去事业热爱的回忆。然后肖继业再来找他。

P. 3.

14. 剧本的前一两场肖继业比较多，后一两场林启生比较多，因此有脱节之感。应该以肖继业为主线贯串全剧，使之显得紧凑些。

15. 在最后处理时希望能注意，表现地质工作的艰苦时不要令人感到地质工作可怕。害怕不害怕艰苦是搞地质工作的第一关。另一方面又不能像以往的过份渲染，把地质工作表现成登山旅行。

小说本中不满足的地方，电影本尚未解决，我们希望能突破小说剧本。从何处突破呢？企图从肖继业的身上来找到。原剧本的笔触是落在林启生的身上，电影本只在肖继业身上做了补充，尚嫌不够。如果在肖继业身上再增加一些矛盾冲突是不是就能使肖继业这个人物丰满些呢？例如处理审批不是很顺利的通过而争论很大，这在现实生活中是经常有的，尤其是搞地质，争论就更大。大家就有过类似这样的例子。

肖继业同时面临有三个任务，一是审批，一是疾病，一是对待林启生的态度。前者是目前年青人最主要的一面，也就是剧中肖继业最主要的一面，后二者都是年青人生活的侧面。在剧本中只反映了这个侧面，没有反映主要的一面，所以感到肖继业这个人物不够丰满。

我们考虑在坐船时是否将肖继业告诉她自己真的有矿那一场改为审批意见有分歧，可能不会批准。然后她自己再告诉他生病的事。企图使肖继业处在比较尖锐的矛盾冲突中，使人物有所丰满。最后也可改为报告批准。

序幕的方式能不吸引人，而且和剧中情节未会联系。肖继业在序幕中的行动感染力不强。因此企图在序幕中解决肖继业对待工作的态度问题也就达不到。

16 小说剧中大李子读报纸纪了肖继业的事迹，为肖继业报告书充实了研究的说服力，而电影本在序幕中只是表现了这一点，但是却没有达到小说剧同样的效果。

17. 搞地质工作的人较普遍的存在这样一些思想情况，就是怕艰苦，认为地质工作简单，不愿做地质匠，因而不肯踏踏实实的工作，好高骛远。实质上也就

4.

是知识分子劳动化的问题。在表现森林诗除了追求个人生活的舒适以外，还可以反映一下这类思想。

上海市电影局上报给文化部对剧本《年青的一代》的意见和文化部的批复 *

上报对电影文学剧本《年青的一代》（三稿）的意见

（64）沪影艺剧字130号

文化部：

《年青的一代》文学本三稿经我们讨论后，认为剧本的改编较前有了很大进展，主题比较鲜明，情节也比较顺畅，在正面人物的刻划方面，如肖继业、林坚等形象均有了一定的加强，剧本结构，也基本上符合电影化要求，为此，该稿拟作为电影文学剧本的定稿通过。至于剧本尚存在的一些问题和若干不足之处，可以由导演在统筹分镜头本的创作时，再认真修改，加工，提高。具体意见如：

（一）人物塑造方面

1，肖继业的形象，较原话剧有了不少丰富和提高。但，这个人物的先进思想的基础，在剧本尚缺乏必要的描写和补充。为了使这个形象塑造更加丰满、更有普遍的教育意义，因此在人物的思想描写方面，应再深刻些。此外，原话剧有一段叙述肖继业当年当童工的遭遇的描写，可以考虑保留或充实。主要以肖继业的阶级出身和旧社会受压迫的经历方面来表现人物的思想基础。

2，林坚的身份还交代得不够明确。可以确定为某工厂厂长的身份。

3，林育生的性格刻划还不够完整。特别对他“向往小家庭生活的‘理想’”，不宜全部删去，这样有助于人物精神面貌的展现。最后，他虽觉悟、悔悟，但在思想起伏上仍应有些反复（主要是自己的面子问题），再经过正面帮助、教育、彻底转变。

4，夏倩如要写得高一些。对她的忧郁、纤细还应有一定的描写。为了使戏的情节进展和矛盾冲突更有起伏，更有助于人物性格的刻划，对这个人物原来存在的弱点不宜全部删去。

5，夏淑娟的描写比原话剧的思想基础高一些是可以的，但仍应表现她存在的思想弱点，否则戏的矛盾就削弱了。虽然她在处理一般问题时能坚持原则，但对育生的问题她还是比较迁就的，所以育生“托情”这场戏，不宜把她写得太高，可以有一些波折。最后还是同意到学院去“反映情况”。这样，也能显示她与林坚的差别。另外，对她与林坚就这一点，需要设法正面点出，以使这个人物形象更加鲜明、生动，更有性格色彩。

（二）情节结构方面。

1、林育生与肖继业几次的冲突，前面还缺乏应有的矛盾伏线。象现在这样写，林在校门口喝面后，责几，即进入客厅展开冲突，这个根据是很不充分的。

2、育娟与李荣生各场的戏，与前面情节也缺乏有机联系，需要多加安排。

3、若干场次的衔接，有些缺乏逻辑性，如（22）场结尾，林坚进育家的（23）场的开头，则是林坚在家中与夏淑娟对话。所以这些场次的连接有给人以不接连之感。

4、为了使戏的结构更精练、集中，有几场戏可以考虑删掉或更换一下地点。如：（25）场小吴在公园拍照的戏，与整个结构没有联系（小吴这个人物处理，还需进一步研究）。又如林育生读母书以后，独自奔赴龙华公墓、痛定思痛的这场戏剧场景，也可以考虑更换一下环境，可以让育生、继业在较宽广的郊区农村背景中相互交心。

（三）其他

1、剧本的语言还不够理想，尤其是几个主要人物的对话更需在镜头本中作进一步加工。

2、戏的时代背景，必须交代清楚。有关若干场景的时代气氛描写，应再精密设计一下，如火车站，上海与山区的联系。勘探的场景描写等，均在这方面作些加工改进。

上述意见当否，请部审核

一九六四年五月十九日

上海市电影局

抄报市委宣传部，抄送天马厂

对剧本《年青的一代》（三稿）的意見

（64）电影司统字第101号

上海市电影局：

（64）沪影蔡创字130号"对电影文学剧本《年青的一代》（三稿）的意見"已收到。改编本在加强肖继业的形象和电影化方面作了一些努力，并且注意了克服原剧中一些可能产生副作用的地方。我们同意你们对剧本的意見，并提出几点补充，请你们参考。

一，加强肖继业的形象是必要的，但应注意通过肖与林育生的关係和斗争来加强肖的形象，以免把戏分散。

二，夏淑娟这个人物，在舞台剧中的一些思想上的缺点几乎都没有了。这样有可能产生另一个问题：林育生的錯误思想是怎样产生的？我们认为，仍应写出：夏淑娟因林育生是已牺牲的战友的后代，觉得应当给予更多的关怀和照顾。因而形成了溺爱、要求不严格。这些缺点，并不损失夏淑娟的基本品质。从舞台剧来看，夏淑娟对於林育生的溺爱，是林育生产生錯误思想的一个重要条件，如果去掉这个条件，林育生的錯误思想是如何形成的，就难以理解了。

三，林岚的形象较舞台剧有所减弱。林岚是个很可爱的形象，是个有理想有志气的青年。她和肖继业是年青的一代中的正面力量，林岚的形象的减弱，会影响影片的主题思想的积极性。

四，关于林育生、夏倩如两个人物，同意你们所提出的意見。

五，小吴这个人物对林育生的影响写得无力，反而可能使观众感到小吴对林育生并无多大影响的錯觉。希望进一步研究，要写得充分一些，有说服力一些。或者避免小吴出场，侧面表现小吴对林育生的影响。

六，关于情节结构方面，同意你们所提的几点意見。此外，我们感到原著中有些集中表现林育生的思想情感的戏，在文学剧本中不够突出了。例如读血书的一场，林育生的情绪被其他人物的动作岔断了。不够集中，不够有力。

七，影片的语言较舞台剧有进步，但仍有不少地方"舞台腔"较重，某些地方还有些像"教科书"式的对话，需要认真加工，力求语言的性格化和口语化。

总之，我们觉得这个剧本尚需进一步加工。由于舞台剧在观众中有较大影响，改编时必须力求保证原著的主要优点，同时，还应当力求比原著提高一步。今年移植的舞台剧较多，希望重视这些作品的改编，一定要注意质量。

以上意见，请你们参考。

九六四年六月十二日

文化部电影事业管理局

抄送：天马电影制片厂

看《年青的一代》样片后各方意见 *

1. 张爱萍同志对“年青一代”的意见

张爱萍同志对《年青一代》的意见

我們在六月廿日晚請張爱萍同志等来看《年青一代》样片。看完之后，听取了張爱萍同志对影片的意見，当时沒有詳細記录，現根据大意整理送上，如有錯誤，由整理者負責，同时在場的还有陈同生部长、蔣文煥部长、章力揮同志、芦芒同志、曹會同志、赵明同志、秦責同志等。

(一) 政治思想沒有什么問題，有一定教育意义，內容和形式也比較統一，要公开放映的話，我看可以。

(二) 因为各人有不同口胃，要問我个人意見，我覚得：

(1) 現在的影片不如舞台剧。我認为改編成电影时，应将上海戏剧学院和空政文工团两个演出本結合起来，但是現在的影片却沒有抓紧突出主題思想，为了交代情节，加了許多无关的东西，如医院的戏，表現手法也都是直接的，戏一开始，就知道林育生是怎样犯錯誤和怎样結束的，不如舞台剧写得好，这样就显得整个戏平、散、松，不舍得丢开无关的东西，重点不突出，不能始終扣人心弦，所以，从戏剧性来說，我看不是部好影片。

(2) 整个戏应該抓住林育生的綫来写，影片改編时要突出肖继业是对的，但是应抓住和林育生的矛盾冲突来写，現在肖继业有些事是与林育生无关的，于是就分散了。

(3) 肖奶奶对肖继业进行教育的話，有許多地方都可引用和說明是主席講过的話，我們应該教育大家听主席的話，記着主席的話，为什么不說是主席講过的？

(4) 林坚沒有教育好林育生，林坚也是有錯誤的，原来舞台剧“遺书驯子”一場結束时，林坚和林岚关于对下一代的看法和两段台詞处理是好的，但現在影片却把林坚磨平了。

(5) 夏淑娟对林岚、林育生都是很爱的，但对育生又有迁就，現在影片中的夏淑娟不是这样，沒有鮮明的态度。

(6) 林岚“襖考”一場，应表現林岚倔强的性格，她回家后宁受委屈而不愿表白自己，育生可以误会她，林坚了解她但不知是什么原因而致误会。林岚最后看到林坚关切的心情才迫不得已吞吞吐吐地说出真情。这样就更突出地刻划了林岚的性格。

(7) 这次修改后的影片，虽然大的方面没有什么改变，但在具体处理上比起在广州那次看见的要好。肖继业从西北回上海途中，这次增加了一些西北的建设场景，很好，但还嫌少了些，也可加一些农村的建设画面。

蔡　寅
赵　明　整理

一九六五年七月一日

2. 珠影厂导演组谈样片

珠影厂导演组谈样片

第 1 页

影片《年青的一代》改编得很好，拍得也很好，比原来的舞台演出有较多的丰富和提高。我们认为这是一个思想性和艺术性都有相当水平的好作品。

以萧继业为主，努力塑造正面人物的光辉形象是影片最突出的成就。通过这两个青年人的鲜明性格和激烈动作，显示出革命青年的雄心壮志，反映出我们时代的本质和主流。因此影片的调子很昂扬，很饱满，很有激情。

影片的处理很流畅，有几场戏特别感人，看得出创作人员的功力。如"萧奶奶说出萧继业的大腿可能残废"、"图书馆中萧继业批评林育生"等均有强烈的感染力量。

我们觉得影片也还有些不足之处：

①林育生的思想脉络不够清晰，转化也不太

20×15=300　　珠江电影制片厂原稿纸

第 2 页

受了资产阶级思想的腐蚀，只是林逸生和平演变的外因，但作为根据的内因是什么，影片没有具体地揭示。

②倩如的形象也模模糊糊，缺乏足够的笔墨。

③三个老人的形象林坚、淑娟、姜奶奶都还不够丰满。编导似乎只着重于年青一代的描写，而忽视了对"年老一代"的刻划。

④林坚和淑娟之间本来是有矛盾、有斗争的。这种矛盾斗争实际上是如何教育下一代的问题。影片对这个问题浅尝则止，未能深入挖掘。

⑤"姜奶奶讲古姜继光的太阳穴的疤痕"的一场，虽然感人至深，但从全剧要求来看似乎不是高潮。现在渲染过多，而且当时林逸生又不在场，对林的转变也没有产生直接的作用。有人觉得这场戏容易产生儿女情长的错觉，是对生理上的同情。

20×15=300　　珠江电影制片厂 原稿纸

恐有不太健康的成分。

⑥"血书"一场从情节到处理都应该是全剧的高潮，可是现在起不上去，希望设法加强。

上述意见，十分粗糙，很不成熟，谨供导演参考。

3. 演员组漫谈影片“年青一代”

第 1 页

演员组 漫谈影片“年青一代”

导演处理方面

1. 影片较舞台剧提高了，好在是舞台剧的基础上能有这样成绩是应该肯定的。

2. 导演处理上很生活，处理人物交代上很细致。突出了萧继业这个人物的作用，萧继业和各个年青人的对比，正面人物中突出了这两个年代，人物性格鲜明，这个戏突出了正面人物，树立了正面人物的形象。

3. 表现老干部家庭培养人的道路，这表现出老革命同志朴素的精神：

4. 萧继业腿的问题，当他很开心的向表妹一直到知道腿病问题时情绪转换很好。

5. 林育生不愿意当工人家庭出身的事实，被装了自我改造。以后丽青在“华文安”中段演叙

20×15=300　　　　珠江电影制片厂原稿纸

应该是个比较红的领导干部，不是小林的师爷董闻人的，所以演员不对头。

6. 林育生的歌舞处理得好，最后林育生交代是"痛苦的行动吧！"这很合适。

7. 育、林的大段谈话，今后比影片中表讲的道理大讲（尤其是说得好），正面说教减弱了应有的感情，这种正面教育是影片中需要的。

8. 林家一家子不像个革命老干部，老一辈人的温情太过火了。

9. 对育生出的英雄事迹交代不细致，应交代清楚些，在一些交代上一些效果会更好些。

10. 不接受年轻人的组织教育，育生被召返上来这段写得好，这能有力地说明组织的教育。

演员表演方面：

1. 青年人都很好，育生出演得热情，像一团

20×15=300　　长春电影制片厂稿纸

第 3 页

火，也不是以形象取胜，而是以戏取胜。

2、老的和新的结合起来，对人物刻画，比较深刻、稳。

3、由于表演上纯熟，演出干干净净，有说服力。

4、革命的表演还不够有激情，总觉得太年青一点，有一定局限性，比我们前的舞台上的有好些，有革新因素的部分，从演员的身上加以肯定。

5、通过这个戏看到老演员身上能突破自己的圈圈，实在不容易，如演吕学诗的突破一般人的表演，演员能根据剧情分析、根据人的性格来的突走、稳、朴素，没根据人的[illegible]情绪出发，掌握人的特点，所以表现出来不像个老工人，是个人的身上老干部的这个缺点。

演员剧团 王×

1/19

20×15=300　　珠江电影制片厂 原稿纸

4. 略谈《年青的一代》电影改编中的几个问题

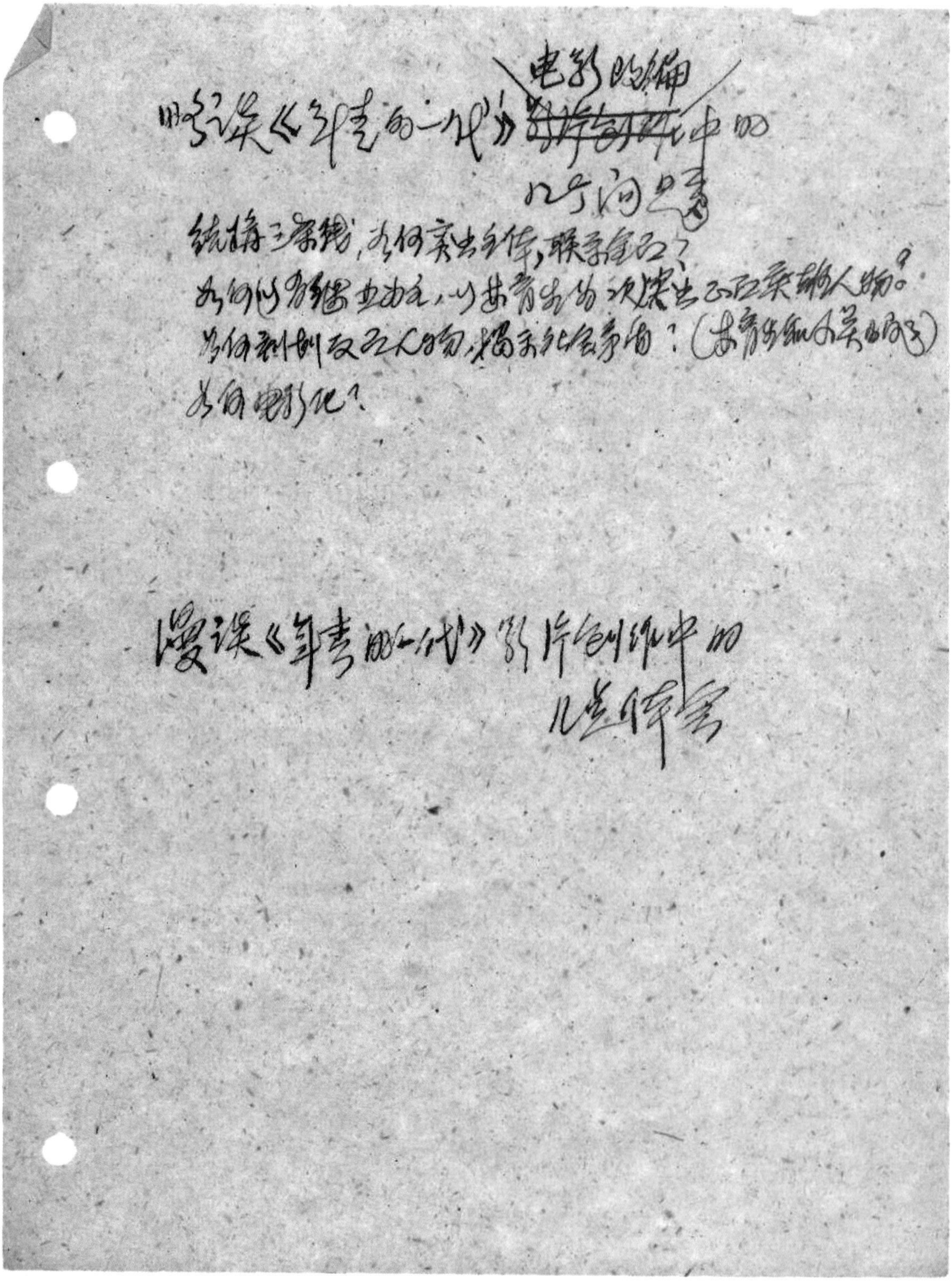
略谈《年青的一代》电影改编中的几个问题

统揽三条线，为何突出主体，联系全局？
为何以肖继业为主，以林育生为次揭出工人家属人物？
为何刻划反面人物，揭示社会矛盾？（林育生和小芸的问题）
为何电影化？

漫谈《年青的一代》影片创作中的几个问题

5. 听《年青的一代》全部乐曲演奏后（乐团）

听"年青的一代"全部乐曲演奏后　　（乐团）

赵明：总的听来比上一次好，演奏与曲调都有所进步。

我觉得较弱些，总的结构要排一下，较结构相对，中间部份较空些，较弱些。从"意外的消息"到"祖孙夜话"（8–13段）分量较重，也较感人。

从"序幕"到"途中"，气势较足；从育生出场到上面，一直到育生"闹钱题"之前，较薄弱；而本剧的主题音乐，萧继业、林坚两个人是主要的，但是好象超不过第二部份。

"两个人"显得少，但应该多强一些。现在不够有力，只能说是衬托了前面的戏，能够揭示主题的戏，我赞成用第二方案，再加强些。（此段有两个调子，一个弱，一个较紧）。

吕其明：比上一次有所提高，结合着剧来听，能托出主人公育生，社会主义时代气息较浓厚；中间一段自叹别扭很强，刻划心理很丰富。

两点意见：①祖孙夜话的最后到铜了，好像还未完，加一两小节，收为一句；

②在配器乐器方面，高音乐器多了一些，可以换掉部份乐器。

赵明：祖孙夜话，较个别，有些东西铜管几段，较突出，"较个别"对刻划育生出的英雄形象有很大作用。

"育对思想工作"听来直觉上不好，太单，

象叫喊声一样，"袁小打来路闻锣腿"不够好，有些的节奏斗争不够突出；"遥书"用民乐不协调，如先用提琴，加入琵琶，则能够本家吻合。这样音乐的专业性，热切的期望，信心力量都显得弱了一些。

黄准：主题鲜明，军歌心朝气蓬勃，有些出来封起来了，整个乐曲武功组厚实，充分地表明了作者的风格，但透明度不够；弦乐背景用得色彩丰富，用得不好就有堆砌之切。

"遥书"用民乐，别有风味，但不协调，要删掉。

"途中"以弹伴奏为好；

"担子小夜话"主题出来之前，太细碎了，有些象宗教音乐的感觉；

"发现假证明我有罪"戏剧情绪不够。

指挥游：听遥书，弦乐太单调了，我赞成用民乐，二胡配上，效果好。

寄明：主题鲜明，戏剧情绪，革命激情充沛。

结尾太弱，不过瘾；

"担子小夜话"有过于安静的感觉。

五、六一，

6. 乐团对《年青的一代》样片的反映（摘自他们配音乐时决心书）

乐团对"年青的一代"样片的反映

（摘自他们配音乐时决心书）

"年青的一代"体现了毛泽东时代的青年为了社会主义建设，不怕艰苦，志在四方的英雄气概，是鼓动青年们响应国家的号召，到农村去到边疆去的活教材——我们要学习肖继业为社会主义建设的赤胆忠心。

*　　*　　*

影片使我们受到一次深刻的阶级教育，影片反映的是当前革命时期青年中存在的两种思想两条道路的斗争，肖继业和林育生的形象给我们年青的一代，树立了光辉的榜样，我们要学习他们那种把一生献给革命事业把青春献给祖国的彻底的无产阶级革命精神。他们把革命利益放在第一位，毫不利己，专门利人的共产主义崇高品质深深地感动了我们。影片还使我们懂得必须树立牢固的阶级斗争观点，积极地参加阶级斗争实践，站稳无产阶级立场，明确革命方向和道路，把自己培养成共产主义接班人。

*　　*　　*

影片"年青的一代"对我们每个同志有很大教育意义，我们要把肖继业为祖国为人民的伟大革命精神学到我们革命工作中。

*　　*　　*

通过影片使我们看到，在光辉的毛泽东时代，无数革命先辈以天下为己任，从老一辈手中接过革命的担子，把它举得更高，扛得更稳。同时也看到，在阶级斗争尖锐复杂的今天，走错了的败节，不都是一帆风顺的，真正的革命者是在风暴中锻炼出来的，温室中是培养不出坚强的战士。经得起考验，那就成为光荣的革命战士；经不起考验，那就成为可耻的逃兵。我们一定要学习林家为榜样，沿着党和毛主席所指引的道路走下去，经受阶级斗争的考验，永远革命，永不变色！

*　　　　*　　　　*

我们决心以学习这种不畏艰难，不计个人得失，一切以革命利益出发的精神来对待工作。

五、五、二、

马厂两级领导人对“年青一代”定稿的意见

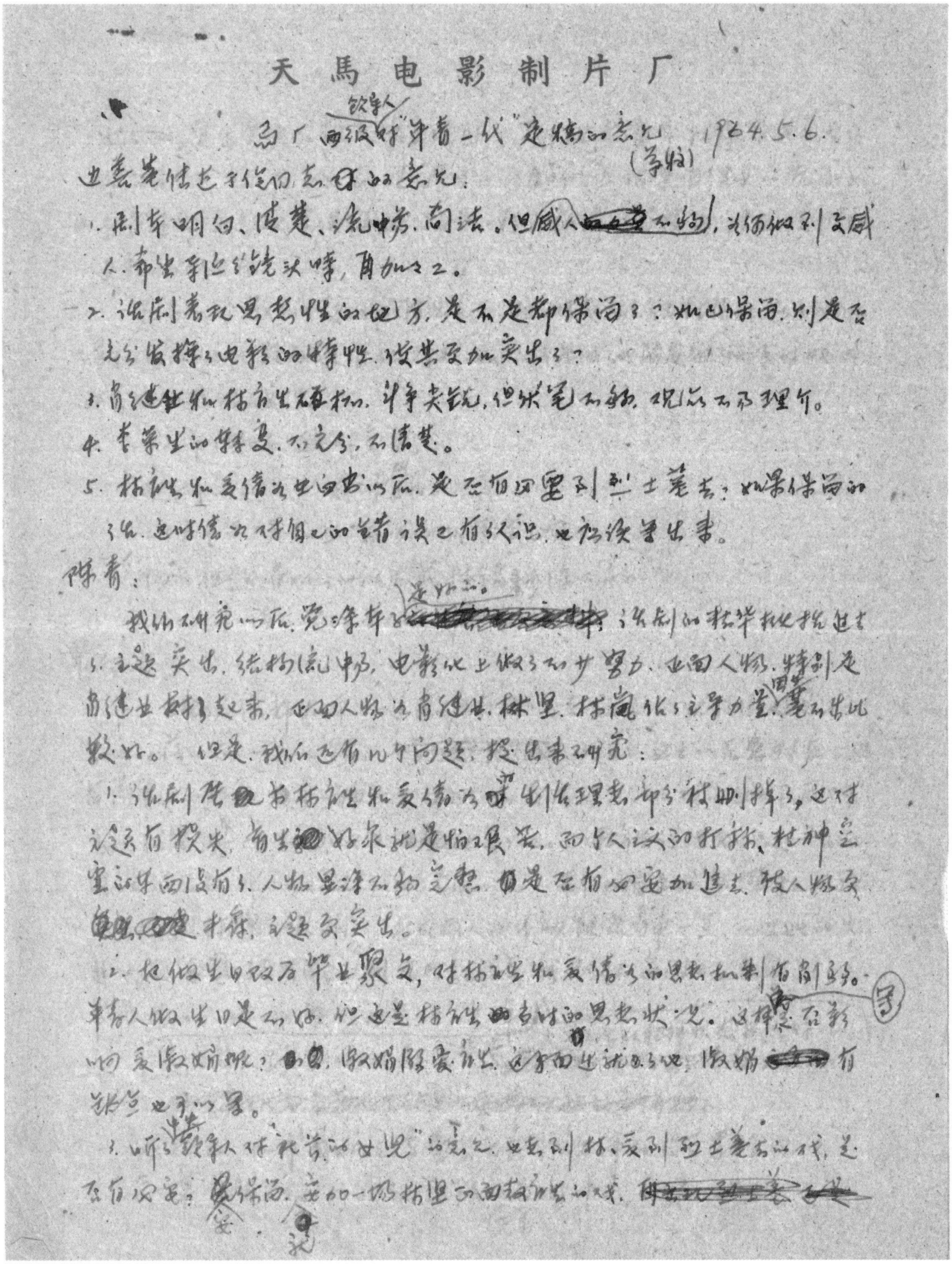
天馬电影制片厂

马厂两级领导人对“年青一代”定稿的意见　1964.5.6.

陈青：

天馬电影制片厂

[illegible]，突出写天真的软弱性格是好的；但是叠印林里、肖健生等场面的镜头，效果不很成功。作用只有[illegible]林里、肖健生的[illegible]上。也把肖健生[illegible]这段[illegible]的[illegible]，有损失，可否剪接[illegible]，更[illegible]情节？

还有一些具体问题，如肖健生这个人物好像起来了，但性格也还不够。在[illegible]，他[illegible]是否[illegible]，[illegible]，突出他的[illegible]成性。

十九节摘[illegible]，感到突然。

二十一、二十二节，感情[illegible]。

二十五节第二段林里、[illegible]，[illegible]太突了。

[illegible]，[illegible]太长。[illegible]不够。

我们大家[illegible]，觉得[illegible]人[illegible]的[illegible]。

聂白看：

在整体结构上都比较一[illegible]有我一[illegible]外人，就[illegible]人的[illegible]之处。[illegible]的一节，不错。[illegible]。[illegible]不但[illegible]简单[illegible]。[illegible]补一点林[illegible]二人的戏。[illegible]林里[illegible]。[illegible]，[illegible]一[illegible]没有动作，[illegible]，[illegible]一点。[illegible]这个人物[illegible]，[illegible]她同林里的区别。[illegible]补一点，[illegible]。[illegible]。[illegible]。二十五节[illegible]，[illegible]砍掉。[illegible]林[illegible]状态[illegible]对比。

[illegible]背景[illegible]

[illegible]

[illegible]，十二节[illegible]，[illegible]没有逻辑性。

第一章[illegible]，[illegible]冲突，[illegible]不足。

天馬电影制片厂

建议把卢嘉川与林道静的见面，放在火車上。孤僧[illegible]打电话，孤僧[illegible]，加上[illegible]。与卢嘉川的林道静火车见面，平[illegible]。

卢嘉川与林[illegible]见面，[illegible]家后[illegible]。建议卢先生与[illegible]见面。[illegible]

[illegible]，李[illegible]放在第二章开头出场。

林道静回家太突然，[illegible]回家时，[illegible]已接到电话。[illegible]林道静[illegible]去了？还是[illegible]好。

十六节，[illegible]不可[illegible]。

十八节，[illegible]，也可[illegible]。

"找人住"一节，[illegible]去找[illegible]。[illegible]。

二十一、二十二节[illegible]，急促、[illegible]。二十二节[illegible]，[illegible]林道静，不合[illegible]性格。

二十四节，[illegible]一场[illegible]，但不动人。

二十六节[illegible]。

二十八节[illegible]。李[illegible]简单些了。

三十节，卢嘉川[illegible]，没有[illegible]，可[illegible]。

三十一节[illegible]心里[illegible]。[illegible]，[illegible]，[illegible]。[illegible]有[illegible]意境[illegible]。[illegible]意境[illegible]，[illegible]意境[illegible]。[illegible]有。

三十三节[illegible]上，[illegible]。

三十四节[illegible]设计不好。

[illegible]林[illegible]卢嘉川[illegible]，[illegible]大[illegible]。

我没有[illegible]这样的意见，[illegible]这样的[illegible]。

陈西禾：我的意见，上次都提过，[illegible]了，只有几条小意见。四十一节

天馬电影制片厂

[illegible]婚是[illegible]。与林道静单[illegible]唱，季节不合。林道静[illegible]和某些劳动都太[illegible]。数[illegible]一般没[illegible]好。[illegible]电话，太不[illegible]。四十一节林[illegible]不太好。[illegible]四十节[illegible]，什么[illegible]同志？他不是[illegible]。应当给一[illegible]。[illegible]一段非常不顺畅。

俞[illegible]：我觉得[illegible]不错。[illegible]有些[illegible]有所加强，林[illegible]也有所加强，许多场戏都令人感动我。[illegible]问题是：

1. [illegible]不是[illegible]上，[illegible]林[illegible]不足。
2. [illegible]并不[illegible]，[illegible]有些[illegible]。
3. [illegible]这是[illegible]作者[illegible]，[illegible]世界观、人生观[illegible]影响。我们[illegible]提出[illegible]。
4. 语言[illegible]（[illegible]）直、[illegible]、[illegible]。
5. [illegible]二人[illegible]描写。

应该肯定这[illegible]，[illegible]一些问题[illegible]分镜头时再解决。

王世[illegible]：

[illegible]成这样一个本子，[illegible]人物突出，[illegible]大[illegible]。文学本[illegible]一段[illegible]。我没有什么意见。[illegible]一些问题，分镜头时再解决。[illegible]

黎[illegible]：[illegible]问题，[illegible]分镜时再解决。[illegible]问题，[illegible]一定[illegible]林道[illegible]道上，[illegible]）。[illegible]

天馬电影制片厂

去才接外地。也可以写出你家的和戴愉接代的江华才接。要是不写出这些时代的时代气氛，很难理解卢嘉川、林黑、林崩的思想感情。

对于林的冲突与线状等不够。现在只留了林黑、我估计回家的设施。倘拆了卢嘉川先生那一节（想了很久也不够（青芝））。把卢林安排在学校里，先面较旧，用意是好的。具体安排可作些调动（就是现在是开了先时候作了）。

十二节，卢嘉川之小李的出场搬到第一章开头去，好处是把卢林的线之关系写出（冰雨来，前面看了不必再搬了，变动太大不好。跟着林育生的脚踏车，再出卢嘉川、小李就可以了）

第一章林黑回家后不久了，这是安排交代当时之形势一句好了。

~~第一章的脚接，从卢嘉川时再出之之意~~

现在一卷可以省掉。

小吴的去向，听之之处法部和文化部意见再决定。歌词："把青春献给党"应该是周总理说的"把一生献给共产党"那样，不"青春"而是"一生"

旁白音：林育生哪有不要受这样的人，他的不是仰小李之来的东西。

第　黄：这个戏的调子要明朗，不要有悲剧气氛。林育生小家庭性的理想，还有的好。

《年青的一代》样片修改意见

《年青的一代》样片修改意见

根据市委宣传部陈书记指示，经和丁里等有关同志商量，现提出以下几点有关修改的意见，请予审核！

一）样片第一本有靖岳回上海途中所见西北边疆背景，拟在上海附近选择一工厂区外景，增拍一个生产中的工厂移动镜头，以加强环境气氛。 同意

二）样片第九本有靖岳在家代寨沉思时，拟去掉桌上的一本书"恶性肿瘤"的特写；只保留假证明的部份，重拍一个镜头。 同意？

三）样片第十本有靖岳和林育生争论中谈到山沟里问题时，拟将萧靖岳的一句话"……更何况我们地质工作者的战斗岗位本来就在山沟里嘛！"改动为"更何况我们地质工作者的战斗岗位时常就在山沟里嘛！" 不改

四）样片第十一本，萧继业、林岚、小李子来到阅览室的一节为了去掉小李子拟重搭阅览室内景，并为外景（学院走廊）重拍五个镜头。（有同志认为这几个镜头中的字幕不多，但内景是全片唯一的，搭景时间需五天以上，耗费相当巨大，不知是否可以不重拍了？请领导上核示。 重拍

五）关於压缩对话的问题，鉴於这部影片的特点是以论争，说理为主，许多讲道理的场面如果压缩对话，恐不能把道理讲深讲透，影响主题的思想意义；加上摄制过程中，以前本剧样片及对话上曾经不少负责同志指导与研究，帮助修改，现在压缩起来就有一定的困难。例如林坚和林岚小李子谈革命的一场，全部对话都是经过柯庆施同志審定 同意

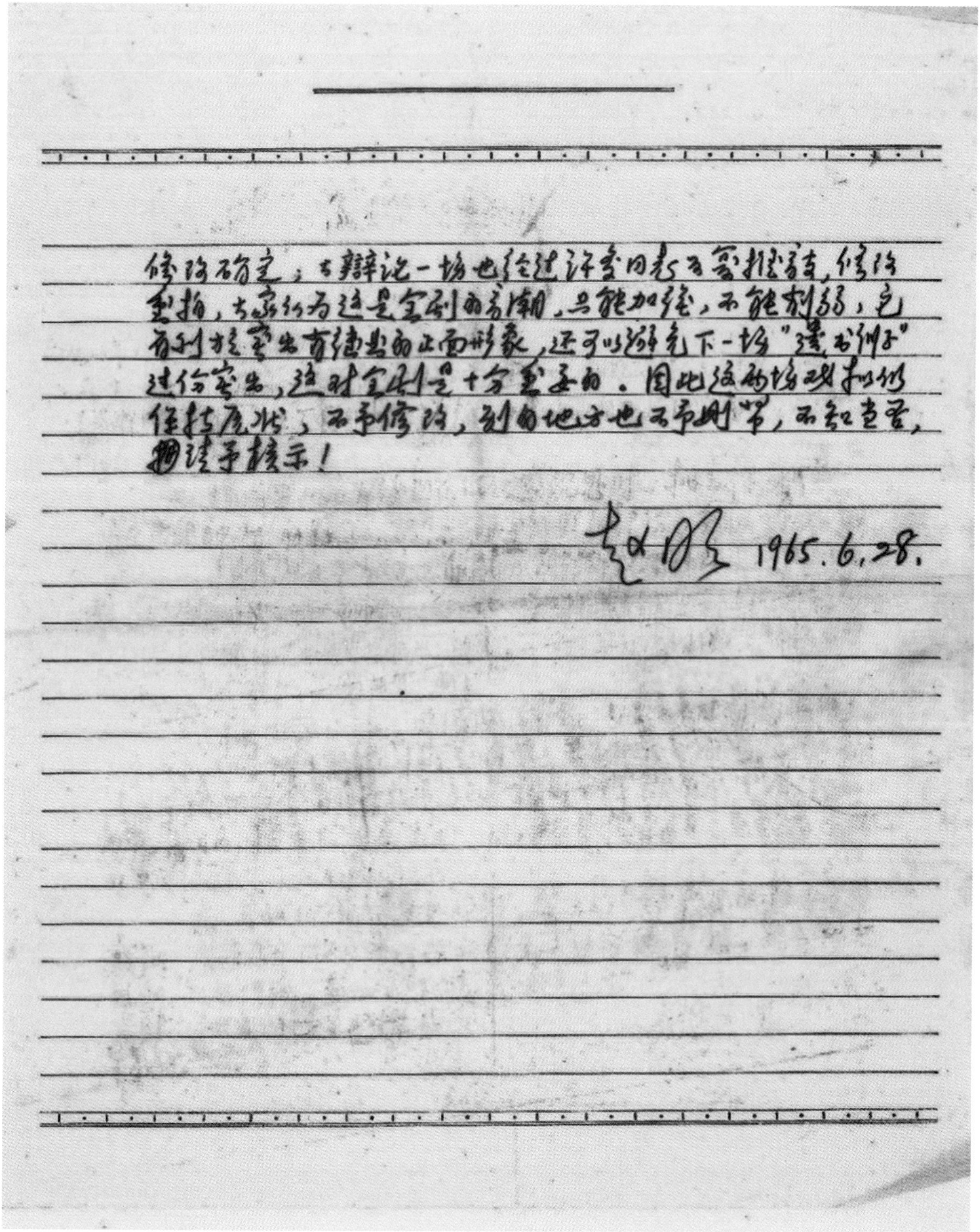

修改确定；大辩论一场也经过许多同志多次推敲，修改意见，大家认为这是全剧的高潮，只能加强，不能削弱，它有利于突出肖德忠的正面形象，还可以避免下一场“还书洲子”过份突出，这对全剧是十分重要的。因此这两场戏拟仍保持原状，不予修改，别的地方也不予删节，不知妥否，请予核示！

赵明 1965.6.28.

写在《年青的一代》影片上映之前（为《中国银幕》而作）

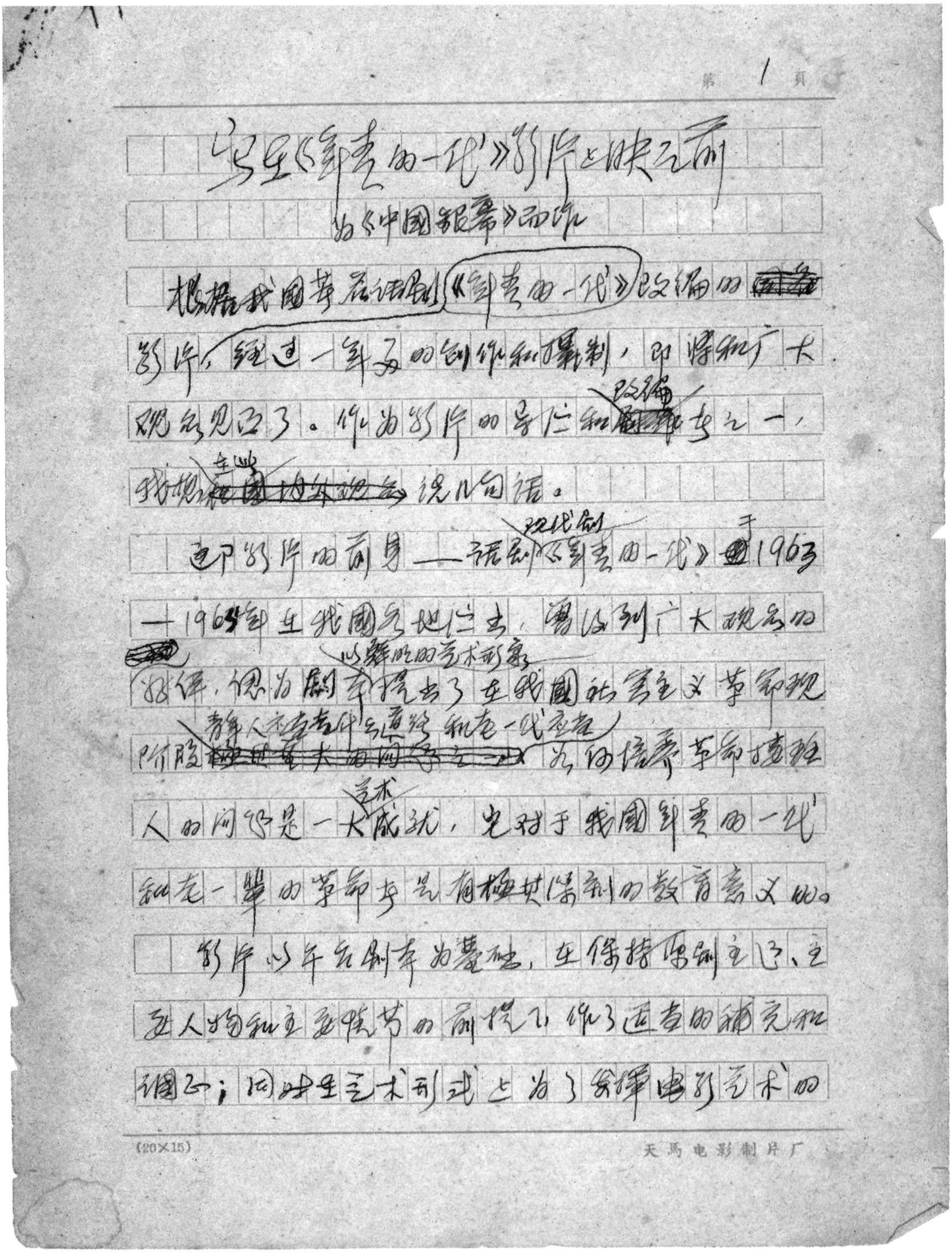
第 1 页

写在《年青的一代》影片上映之前
为《中国银幕》而作

根据我国革命话剧《年青的一代》改编的影片，经过一年多的创作和摄制，即将和广大观众见面了。作为影片的导演和改编者之一，我想在此说几句话。

这部影片的前身——现代剧《年青的一代》于1963—1965年在我国各地演出，曾得到广大观众的好评，认为剧本以鲜明的艺术形象提出了在我国社会主义革命现阶段青年人应走什么道路和老一代应怎样培养革命接班人的问题是一大艺术成就，它对于我国年青的一代和老一辈的革命者具有极其深刻的教育意义的。

影片以原剧本为基础，在保持原剧主题、主要人物和主要情节的前提下作了适当的补充和调整；同时在艺术形式上为了发挥电影艺术的

(20×15)　天马电影制片厂

第 2 頁

特长，也作了电影化的处理，意图更充分地突出人物，揭示主题，从而提高作品的思想性和艺术性。原剧在人物刻划和情节结构上比较侧重转变人物黄育生，同时塑造了正面人物青年肖继业和黄岚，老一辈的黄坚和肖奶奶。影片试图以正面人物肖继业为主脑，同时适当加强黄岚、黄坚和肖奶奶的正面积极力量，形成对黄育生（从落后到转变的人物）的包围，促成他最后的转变。尤其是肖继业，他的正面英雄品质，积极进攻的革命精神，是我们刻划的重点，他战胜了自己的困难，克服了黄育生的错误，最后和青年们一道，奔上祖国社会主义建设的最前线。他和水晶一般纯洁，烈火一般炽热的黄岚同为我们祖国的好儿女，是党和毛主席教导哺育出来的青年一代的代表性人物，我们用了最大的热情歌颂他们。

(20×15)　　天馬电影制片厂

第 3 页

也正因为我们的创作意图侧重上述的方面，因此对于原剧中的中间人物、次要人物，就没有予以过多的描绘。例如黄宏生的未婚妻夏倩如，养母夏淑娟和夏倩如的同学——学校青年们的群象都描写不多；社会青年李荣生，在基本上保留了原剧的主要动机。这些，一方面是受影片长度所限，不足之处是在所难免的。

关于"黄宏生为什么会变成这样坏的"这个问题，在话剧公演时曾有一些观众提出疑问。影片的解答是：一、他在离开青海勘探队前 / 受女友小吴的影响， / 就已经有思想问题；二、回沪后受资产阶级思想更变本加厉。至于他以前为什么会有

(20×15)　　天马电影制片厂

第 4 頁

思想问题的？那就不是这个剧本所能具体介绍的了。也可以这样理解：在社会主义国家里，党和人民是一贯关心和重视教育下一代的问题的；但是，正因为在社会主义革命和建设的历史时期，依然有阶级和阶级斗争的存在，没有经受过阶级斗争锻炼的青年人，如果不抓紧教育，就有受资产阶级思想侵蚀的危险。难道近几年来国际国内阶级斗争的经验教训还不足以说明这个问题吗？……关键在于加强教育。

1963—1964年话剧《年青的一代》在国内上演时，国外有一些帝国主义者和修正主义者的代言人曾谩骂我们的现代戏剧是"教条主义"和"粗暴庸俗的说教"，他们一唱一和，真是一个鼻孔出气。他们的用心是不难理解的。在修正主义者看来，真理即是说教。在帝国主义者的眼光中，"培养革命接班人"和他们妄想的"和平演变"

(20×15)　　天馬电影制片厂

政策针锋相对，他们自然是坚决要拒绝的。也正由于他们全力反对和修正主义者的攻击，我们愈益坚信我们的方向是对头了，针对他们的"和平演变"，我们的政策正是一种针锋相对的武器。也正由于此，我们摄制组全体创作人员怀着最大的政治热情投入这部影片的创作和摄制工作，我们相信，这和我们的社会主义革命及反帝反修的任务紧密相联的。

有了正确的政治方向，不等于就有了完美的艺术形式。我们的目标是"政治和艺术的统一，内容和形式的统一，革命的政治内容和尽可能完美的艺术形式的统一"（毛主席语）。在这一方面我们作了不懈的努力。在这一篇短文里叙述全部创作过程和谈谈艺术创作上所遇到的问题是不可能的。这里，我想就谈谈，从剧本改编到影片摄制

第 6 頁

完成，曾经历了三番五次的修改，为了提高质量，精益求精，曾有过幽以上的镜头反复重拍。要不是，象这样一个技术规模并不很大的影片，从改编到摄制完成竟化了一年零八个月的时间就成为不可理解的了。

另外值得一提的是在摄制过程中，我们经历了伟大的文化革命运动。全体创作人员自觉地清理了自己的创作思想，把过去残留的思想深处的资产阶级文艺思想影响和小资产阶级偏差倾向连根挖掉了出来，进行了比较彻底的批判。这对于我们影片提高思想艺术质量是有极大的帮助的。同时"运动"对于我们在创作上大走群众路线运用"领导、专家、群众三结合"的方法更起了直接的推动作用。原来在剧本阶段创作的就有一定程度的"三结合"的基础，"运动"开展以后，规模更扩大了，程度更加深了，上自党的各级领导，下至全厂职工群众和各方面有关的专业工作者都参与了摄制其各修改方案的审

第 7 页

查和讨论，这种群众运动的做法和集体化在电影创作上的运用是前所未有的，以及它的规模之大。我们创作人员在领导的关怀和群众的热情帮助下得到无限的鼓舞和启发。

现在影片在大家的关怀和培植下已经摄制完成，即将在国内外上映了，由于创作者本身的水平限制，影片仍然存在着不少缺点和问题，有待更广大的群众给与我们批评和指正。我们欢迎来自各方面的批评乃至指摘，不论它是善意的或是非善意的。因为这部影片无论在内容或形式上，不是没有足以引起争论的问题，而各种意见对于我们都有帮助。

我们相信，在毛主席文艺思想光辉照耀下，在全国人民和全世界革命人民的支持和鼓舞下，和电影工作者的积极努力下，我们的电影艺术将越过这种险阻和暗礁，向康庄大道迈进！我们这部影片只不过是在前进途程中刚迈开的一步而已。

1965.7.2?

(20×15)　　天馬电影制片厂

评影片《年青的一代》（胡思升）

评影片《年青的一代》

胡思升

由同名话剧改编摄制的影片《年青的一代》，是一部充满革命气息的影片。这部影片，是我国电影工作者在革命化的道路上所取得的一个可喜的成就。深刻的主题思想，光彩的英雄形象，有力的政论色彩，显然是影片的特色。在这方面作一些探讨和分析，可能是有益处的。

一、深刻的主题思想

在文艺作品中表现和突出有时代意义的主题，永远是一切革命的、有出息的文艺家的光荣职责和应尽的义务。影片《年青的一代》的成就，首先在于它紧紧抓住了培养和造就千百万无产阶级革命接班人这个主题，通过人物的塑造和情节的发展，把它尖锐地摆在每个观众的面前。每个看完影片的人，都不能不被这个有现实意义和深远意义的主题所触动，从而有所思索，有所行动。

中国的革命，在经过几十年乃至上百年的前赴后继的斗争，经历过无数次失败和挫折的严重考验，付出了多少仁人志士的生命代价之后，终于在毛泽东思想的光辉指引下，取得了有世界意义的胜利。但是，老一辈革命家所开创的事业，是不是后继有人呢？这是一个极其迫切的现实问题。

在社会主义社会，还有阶级和阶级斗争，被推翻的反动阶级不甘心于灭亡，他们总是企图复辟；同时，社会上存在着的资产阶级影响和旧社会习惯势力，还在包围着我们。在这种情况下，阶级斗争是不可避免的。争夺年青一代，就必然成为这场斗争的一个重要领域。党希望林育生成为一个全心全意为中国绝大多数人服务的革命接班人，而小吴所代表的阶级却一心要把林育生熏陶成只顾个人私利的社会蛀虫。党教育夏倩如要到祖国最需要的地方去，而林育生所代表的个人主义世界观却要夏倩如同他同流合污。党鼓励知识青年上山下乡，到三大革命运动中去见世面，经风雨，但是，旧社会那种图舒服、贪安逸的习惯势力还在李荣生的头脑里占有一席之地。这不只是《年青的一代》的故事情节，这是在我们社会里正在进行的关系到革命生死存亡的重大斗争的一个缩影。

培养无产阶级革命接班人的问题，是毛主席总结无产阶级专政的历史经验，特别是吸取了社会主义国家中产生赫鲁晓夫修正主义的深刻教训，从而提出的具有战略意义的问题。从一定意义上讲，这是一个新问题。事物在发展，认识也在发展。但是，人们的认识总是不平衡的。林坚和萧奶奶，他们明确地意识到老一辈革命者肩负着交好班、培养好接班人的重大责任，但是，也有象夏淑娟那样的同志，她们的眼光，被和平生活的年月磨钝了，她们的嗅觉，对新形势下的阶级斗争感觉不灵了。这同样不只是影片的故事安排，而是从现实生活中提炼出来的新的矛盾。

培养革命接班人，这不是一个临时性的措施。社会主义社会将是一个很长的历史阶段。因此，为了保证我国进入共产主义社会，把革命进行到底，就不仅要培养一、两代的革命接班人，而是要采取措施，保证五代、十代永远革命，永不变质。我们需要一代又一代的萧继业和林岚，我们永远需要年青的一代，革命的一代。

我们的年青一代，要具有什么样的精神世界，才能担当得起革命的重担呢？精神世界，这就是世界观和人生观的问题。影片不是泛泛的涉及这个问题，而是比较集中的反映在幸福观这一点上。因为什么是幸福？在青年人中不仅是最容易议论的，也是必须正确解决的。影片比较深刻地阐明了共产主义者对幸福的理解，突出了做“一个有益于人民的人”就是幸福的思想，起了深化主题的作用。影片强力的说明了我们的革命接班人的幸福观，应该就象萧继业、林岚那样，把自己的一生献给人民的革命事业，而感到莫大的幸福。

《年青的一代》是继影片《千万不要忘记》和《家庭问题》之后，又一个强调培养革命接班人的影片。就影片的深刻性，内容的丰富性来讲，前者表现得更为突出和集中。我们希望电影艺术家们能从不同的角度，深入宣传毛主席这一战略思想。

二、光彩的英雄形象

《年青的一代》的作者以饱满的热情，塑造了我们当代青年中的英雄人物和先进形象。萧继业和林岚，这是两个有高度政治觉悟和炽烈的阶级感情的青年。他们是我国社会主义革命和社会主义建设中青年们的代表形象，是我国青年中的主流。严格要求自己，在斗争中锤炼，在困难面前经受考验：“不做温室的花朵，要做暴风雨中的松柏”，是他们投入生活、要求自己的美好而崇高的指导思想。他们是我国革命事业可靠的接班人。影片对萧继业和林岚的塑造，可以说，是我国近年来影片创作中两个比较突出、比较丰满的社会主义时代先进青年的形象。

萧继业，这个影片的主人公，在一定意义上说，是体现主题思想，推动情节发展和解决矛盾冲突的主要角色。看来，影片是从三个方面展现他的内心世界，从而完成对他的塑造的。

第一，表现他一切为了人民的品质。

为谁服务，这是一个根本性的问题。为了大多数人，还是为了少数人；为了人民，还是为了个人，这永远是区别一个青年真革命、不革命还是假革命的试金石。为了全世界和全中国的大多数人的利益，为了人民的事业，能够赴汤蹈火，在所不辞，并且把它看作是最大的幸福，这是无产阶级革命战士的世界观和幸福观。为了少数人的私利，为了个人的得失，津津乐道，不择手段，丝毫不顾国家的利益和人民的需要，这只是资产阶级的世界观和幸福观。

影片沒有简单地去表现萧继业的公而忘私的品质，而是十分重视对比的手法。有比较，才能鉴别，才能有说服力。“大辩论”这场戏所以是影片的高潮，不仅是因为两种观点的冲突发展到了针锋相对的地步，还是因为在这一场戏里萧继业的高大形象完全站起来了。

什么是幸福？是不是还承认有个人幸福？什么是个人幸福？这是必须回答的问题。在“大辩论”一场里，萧继业尖锐地指出，象林育生那样“仅仅想使个人的生活变得更幸福”的道路和手段，“脑子里想到的只有个人，根本想不到国家和人民”的思想和态度，只是作了资产阶级思想的俘虏，是受了资产阶级思想侵蚀的结果。革命者对待幸福的认识和态度是：“因为你和大家的劳动而使千百万人的生活变得更幸福”。这才是个人的最大幸福。

“即使我只想到个人幸福了”，“请问这有什么不合法？”正确地回答这个问题，是创作者表现萧继业高度政治觉悟的有力手段。在这里，思想冲突发展到了顶点，做为林育生的个人主义的阵地，已被萧继业层层冲破，仅余一隅——“合法否”——而负隅顽抗了。在一定程度上说，正确解决这个问题，是既有意义又有一定困难的。因为这个问题，很容易迷惑人。在现实生活中，确实有人自觉或不自觉的躲在“法”的外衣后面，降低在“法”的要求之下去寻找以至于制造“个人幸福”。“法”成了他们掩护个人主义思想的遁词和挡箭牌，这就需要我们加以尖锐的剖析。在影片里，萧继业的态度是具有说服力的，首先，他阐明了“法”与幸福两者的概念和关系，然后进一步阐述他的认识，那就是：国家和集体的利益才是衡量一个人的行为合不合社会主义青年应有的法的标准。这样不仅解决了法与幸福的关系，也从而把萧继业的形象做了光彩照人的塑造。（顺便说一下，林育生的行为不仅不合法而早已是非法了，伪造证明仅是一例。）

由此，观众更理解了萧继业为什么胸怀在山沟里干一辈子的豪情壮志，为什么有着革命乐观主义的性格和充沛的干劲，为什么能够作出即使一条腿也要干革命到底的动人誓言。

第二，表现他对待困难、挫折和牺牲的态度。

对待困难、挫折、牺牲，不同的阶级，就各有不同的态度。

影片围绕萧继业的“锯腿”问题和林育生的“病腿”问题的构思，不仅独具匠心，更主要是突出了萧继业精神世界的又一个光彩的侧面。

影片在“锯腿”问题出现前后，安排了艺术的跌宕。萧继业正在为地质报告被通过而兴高采烈，并且对自己的工作更加充满热情和向往，“干我们这一行真有意思!”就在这个感情奔放的时刻，可能要锯腿的恶耗闯进了萧继业的生活，严重的考验开始了。

萧继业思想翻腾，不能自制。他一下子不能适应这个突如其来的打击。但是，这种感情的波澜，不是胆怯，也不是动摇，而是：“不，我是个勘探队员，我不能没有腿”。这种感情的真挚，如同战士因伤残不能上前线一样，是动人心弦的。

接着，影片用倒叙手法，追记了萧继业腿伤的经过情节。短短几个镜头，加上充满激情的旁白，一个革命战士美好而纯洁的心，便征服了人们。

革命斗争的道路，绝不是平坦的。生活，不是一幅鲜花织成的图画。在战火纷飞的年代，会有困难和牺牲；在革命和建设的岁月，同样免不了困难和牺牲。“祖孙谈心”这场戏，进一步刻划了主人公宽阔的思想境界。萧奶奶的切身体验，激励了革命的下一代。萧继业此刻的心情是镇静的：“我现在这样想：万一不行，一条腿，也能革命到底。”这就有力地显示出这个英雄的思想是过得硬的，是没有残废的，因而也是有感染力的。

第三，表现他对待同志、战友的胸怀。

对同志有满腔的热诚和阶级的深情，对犯了错误的战友，对有缺点的同志，也能采取严肃对待、热情帮助的态度，这是革命者应有的胸怀。

影片在塑造萧继业这方面的工力，主要表现在对待林育生的关怀方面。他和林育生，是同志、战友和朋友。他赠给林育生的牛角杯，是他们友谊的象征。当他发现林育生在上海留恋忘返、思想蜕化之时，影片展开了以下一系列情节：

他主动规劝林育生迷途知返；

他热诚地通过夏倩如来影响林育生；

他向林岚了解林育生回上海后的情况；

甚至在他自己面临锯腿的严重考验时刻，还想到“困难的倒是育生”，因为“要把他拉回来可不是一件容易的事”；

他语重心长地同林育生展开了一场大辩论；

当林育生开始转变时，他紧紧握住林育生的手，热烈地欢迎他回去。

这就是革命的、阶级的感情。这就是脱

离了低级趣味的、高尚的感情。这就是革命者的胸怀。

由此可见，萧继业这一英雄形象的塑造，影片作者是概括了实际斗争中千千万万先进青年的共同特点，根据毛主席提出的关于革命接班人五项条件的精神，通过情节的发展和艺术的手法，把主人公放在尖锐的冲突中，放在矛盾的主要方面，从而完成的。

影片的另一个塑造得比较成功的先进形象是林岚。她是一个色彩鲜明的人物。这个人物，话剧本提供的基础就比较好。但是，影片还是作了加工，使她的性格，更为纯真，使她的言行，更符合性格。

林岚对育生的批评，虽然没有长篇大论，总是短短数语，却尖锐地说中要害。这方面的镜头不多，马上给人留下了一个是非分明、性格直率的少女的印象。

同样她对夏倩如的不满，也是三言两句，既点出了倩如的软弱，更鲜明地揭示了一个有理想、有志气的革命下一代的精神面貌。

她对萧继业的锯腿的关切，充满了革命友谊的真挚感情。几句激情的独白，完整地刻划了一个热情、可爱、关怀别人甚于自己的形象。

这是新的一代，是比萧继业还年轻的一代。但是，在党的教育下，在良好的社会影响下，在她自己的努力下，她已经懂得怎样选择人生的道路。革命的精神，已经在她的心灵中播下了种子。她志在四方，愿意到艰苦的地方去，同泥巴打交道。这样一个动人的形象，从另一个侧面表现了我们的时代风貌。

总的来说，《年青的一代》从舞台到银幕，特别在人物的塑造上，作者是做了再创造的努力，使主要的青年英雄形象较舞台有了提高。但就影片中刻划的其他一些人物来看，还或多或少的存在一些缺点。例如林育生变坏的社会背景在舞台剧中就表现得不够清楚，影片中对这一问题仍未得到更好的解决；夏淑娟和夏倩如的形象还不够鲜明，对林坚和萧奶奶的塑造弱了些，在表演上也显得有些温。以上仅是艺术上的个人见解，仅供参考讨论。

三、政论色彩和对白

电影是以视觉形象为主要表现手段的文艺形式。对白是电影不可分割的组成部分，有时起着画龙点睛的作用。但是，它同舞台剧的对白毕竟有着明显的不同。它要求更洗炼、更准确、更富于哲理和艺术魅力。它提倡言简意赅、发人深思。

影片《年青的一代》有不少写得好的对话。有些对话，带有政论的特色，精辟、尖锐，一针见血。在林坚和李荣生之间，在萧继业和林育生之间展开的关于幸福观的对话，就是如此。小李认为：一天到晚跟泥巴打交道，搞一身臭汗，算不了什么幸福。林育生认为埋头替爱人设计衣裙的式样，听听西洋爱情歌曲，把所谓个人生活安排得更好、更丰富一些，沉醉在小家庭里，就是幸福。针对这些资产阶级幸福观的自白，影片安排了针锋相对的论述。林坚批判“饭来张口、衣来伸手”、“多拿钱、少干活”的观点，指出“为中国和世界上绝大多数人服务终身，才是最大的幸福”。萧继业提出了“是仅仅使你个人的生活变得更幸福，还是因为你和大家的劳动而使千百万人的生活变得更幸福”的尖锐问题，并作了回答。这一席对话，加强了影片的批判能力，有着政论的风格，值得人们深思。

此外，萧继业关于山沟沟的议论、“拄着拐棍也要回勘探队”的独白、牺牲原则换不来真正爱情的警语，都写得不错。林岚的一些对话，写得有性格。林坚“遗书教子”的警语，也很不错。林育生的一些辩护词，也有特色。这些都说明，作者在语言上，是作了大力推敲的。

但是，影片在某些方面，也有过多依靠对话来解决冲突、推动剧情、交代背景、以及对话过长的毛病。 （下轉第79頁）

(上接第66页)仅从这一点来讲，影片还留下舞台剧的痕迹，也就是说，沒有最大限度利用电影艺术的独特长处。譬如，关于林育生亲生父母在獄中生活的交代、林岚因救人之危而担误入学考试的情节，完全靠对话来表现，便不见得是最好的方法。

× × ×

影片《年青的一代》是领导、专业作者、群众三结合的产物。它的问世，是在文艺领域內的社会主义革命进一步深入的基础上出现的。从观众、特别是年青一代的反应来看，影片对现实斗争起了配合、鼓舞和促进的作用。影片的成功之处是可以肯定的。我们有理由期望，影片的创作人员在长期地、无条件地、全身心地深入工农兵、深入火热斗爭的基础上，一定会摄制出更多更好的、无愧于我们伟大时代的影片来。

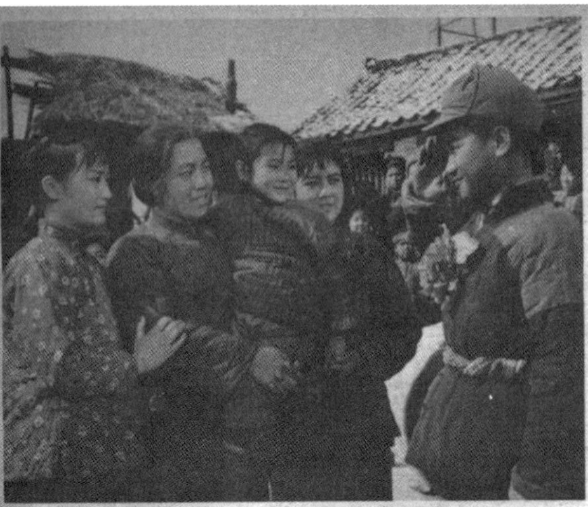

«苦　菜　花»

八一电影制片厂摄制

冯大娘送小儿子参軍。

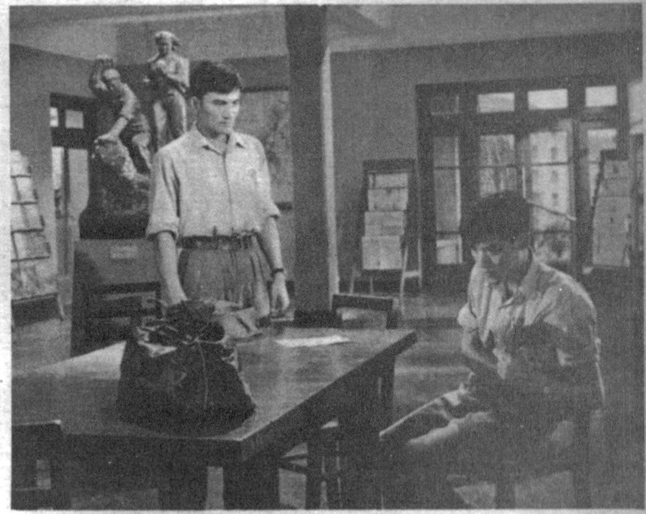

«年青的一代»

天馬电影制片厂摄制

(根据同名話剧改编)

萧继业严肃地批判了林育生的错誤思想。

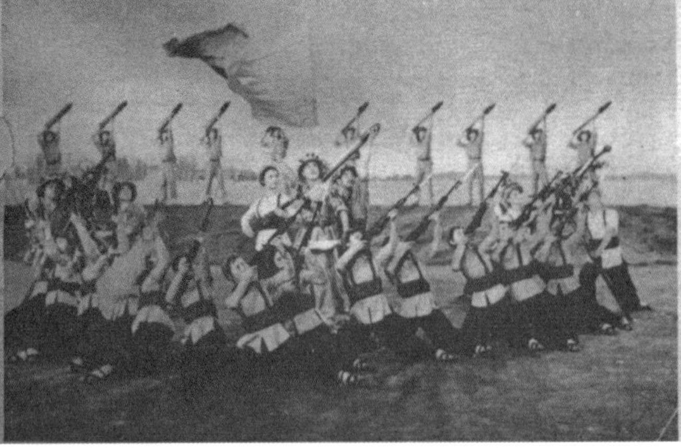

«椰　林　怒　火»

八一电影制片厂摄制

越南人民狠狠地打击美国空中強盗。

《年青的一代》——从话剧到电影

八、《年青的一代》——从话剧到电影

1964年初，我在上海电影专科学校担任教学和行政工作告一段落之后，接受了上影天马厂交给我的拍摄一部青年题材的影片《年青的一代》的导演任务。这部影片是根据陈耘等

166

编剧的同名话剧改编，改编者就是陈耘同志和我。

话剧《年青的一代》1963—1964年在全国各地演出，曾得到广大观众的好评，它以“培养无产阶级革命接班人，继承革命传统，走革命化道路”的重大主题和新人形象，出现在社会主义教育运动中，曾对我国年青一代的思想和生活产生相当大的影响，是60年代初社会主义戏剧舞台上的一个可喜的成就。剧本的产生及其在舞台上的发展具有一个特点，那就是创作过程贯穿着“领导、作者、群众三结合”。最初的剧本和后来在华东区话剧观摩会演时的剧本有很大的不同，这中间经过不少演出团体的努力，特别是各级有关领导同志和广大观众的关怀与帮助，不断修改，不断扶植，最后才使这个剧目愈臻完善，在思想和艺术水平上攀登一个新的高度。

电影《年青的一代》在改编和摄制过程中继承和发扬了话剧《年青的一代》这一显著的特点，并借助于革命形势的推动，把“领导、作者、群众三结合”的创作方法，推向更高的阶段。这里结合这一特点，并侧重如何将此剧从舞台搬上银幕的问题，回叙一下我们的经过和心得。

这个问题将从电影剧本谈起，还要分文学剧本和分镜头剧本两个阶段。

首先，由于领导上的关怀和重视，文学剧本是在专门组织的剧本创作研究组集体讨论了改编原则并拟订提纲之后，才由改编者进行写作。在保持原剧主题、主要人物和主要情节的前提下，从文学剧本初稿到定稿，着重解决以下几个问题：

（1）以正面人物肖继业为主人公——话剧《年青的一代》在正面人物塑造上是提供了相当丰富的形象基础的。年青一代的肖继业和林岚，老一辈的林坚和肖奶奶，都曾给广大观众留下了深刻的印象。但是由于话剧的情节结构比较侧重于转变人物，也是反面人物林育生的一方，正面人物常常不免处于被动的地位，因此正面人物，特别是正面中心人物肖继业就不容易突出，在这一场思想战线上的两条道路斗争中，还不能居于压倒优势的地位。因此给人的印象林育生是主角，肖继业不是主角，从这一点来说，话剧《年青的一代》是还存在着不足之处的。电影文学剧本首先在这个问题上突破了一个缺口，那就是变被动为主动，使肖继业从在青海野外找矿起，到接受任务回上海，动员林育生归队，遇到困难，依靠林坚、林岚和肖奶奶等的配合和帮助，终于战胜自己的病痛，说服林育生和他一同回队止，在情节结构上始终处于主导动作和积极进攻的地位，从而突出他的正面英雄品质，并从正面突出"革命接班人"的主题。

（2）明确林育生的演变过程——林育生是怎么变坏的？他最后转变的契机是什么？这是需要形象解答的两个问题。对于前一个问题，剧本林育生和小吴两个人物关系的描写，表明林育生受小吴影响，逐渐蜕化变质的过程。对于后一个问题，则规定林育生的转变，一是肖继业从思想上并以实际行动给他帮助的结果；二是革命传统教育，林坚和遗书教导的结果；两者结合起来，最后的焦点集中在肖继业的一句话："在什么地方跌倒，就在什么地方爬起来！"在肖继业的革命精神鼓舞下，林育生终于站立起来了。原剧中林育生爱面子，说"什么地方都能去，就是不能回队去"的一番周折，文学剧本去掉了，这有利于人物形象的明朗化。

（3）打破舞台框框，展开时代背景，发挥电影特性。一个舞台剧本从舞台搬上银幕，除了纯纪录性的以外，一般

168

都要经历一个变化过程，那就是在内容上去芜存菁，形式上脱胎换骨，艺术结构和叙述方法都应该是电影化的。电影文学剧本从展开舞台剧的生活后景入手，以肖继业的行动为起点，展开情节线索，这就从根本上改变了原结构的叙述方法，使情节线索跟随肖继业的行动，逐次展开了矿山，工厂，车站，学校，新村等场所的生活后景，呈现出一片蓬勃兴隆的气象。肖继业和同学们在校园里的会见，和林育生在学校阅览室里的辩论，以及肖奶奶、林岚在新村里、医院里的出现，和最后大家在车站告别的场面等等，这些都是为了充分展示时代特点和生活后景，充分发挥电影特性而设计安排（肖家内外主要是为了有利于刻画肖继业的人物性格和祖孙关系），在文学剧本里就为未来影片提供了发挥电影艺术特长的极大可能性。例如肖继业和同学们会见的一场，原来舞台剧是在林家客厅，活动环境很受限制，电影剧本改在校园，这就开阔、爽朗、而且有意境得多了。这场戏是这样写的：

学校大礼堂门口，门前绿树成荫，巨幅红布上写着："响应党的号召，服从分配，到祖国最需要的地方去！"

同学们刚从毕业分配动员大会场走出来，蜂拥着走下台阶，在广播音乐声中走向前来。

夏倩如走在人群当中，她心情惶惑不安，看到路旁布告栏上贴满毕业生服从分配，争取到边疆去的决心书，精神更有些恍惚。

周婕和姚向明走在一起。一个女同学抓住姚向明问："姚向明，你打算怎么样？"

姚向明爽快地回答："争取上西藏，站在喜玛拉雅山顶峰，展望全世界！"

女同学说："周婕，你呢？"

周婕说："服从党的需要，党叫上哪儿就上哪儿。"

周婕叫住急急向前走的夏倩如："倩如，你怎么样？作好准备了吗？"

夏倩如支吾着说："我……服从分配。"

周婕关切地说："林育生会同意？"

夏倩如不好意思苦笑了一下："他……"话没说完，旁边传来一个同学的喊声："肖继业！"

肖继业刚从一座大楼的露天楼梯口走出来，他听到喊声，也就大声呼应："哎嗨—！"象在野外打招呼似的。

姚向明和几个男女同学兴高采烈地从远处跑来。

肖继业也从楼梯上跑下，通过一大片草地中的水泥通道，径直飞快地向同学们跑去。

肖继业抓住同学们："你们好啊？"

大家同声："你好！"

肖继业和姚向明他们热烈握手。

夏倩如和周婕也跑了过来。夏倩如："肖继业，你好！"

肖继业："夏倩如，你好！"

大家争向肖继业握手问好，肖继业应接不暇，搭在肩上的大背包几乎落了下来，姚向明顺手接过它。

肖继业握住周婕的手："周婕，正好赶上你们毕业，给你们道喜来了。"

姚向明背起背包，大踏步雄赳赳地唱道："背起了我们的行装，……"

"哈哈！……"大家一阵哄笑。

肖继业对姚向明说："你还是这个老样子。"

周婕说："不，比以前更天真活泼了。"

姚向明说："那是因为我们越来越临近走向战斗的生活

了。一想到不久就要飞，心里就有一股说不出的滋味！”

肖继业热情地：“啊唷，可了不得！告诉你们，这次我回来，在路上看了看508矿区，一年前你们曾在那儿实习过，原来是一片渺无人迹的荒原，现在已经开始城市建设了！”

周婕说：“啊呀，那么快呀！”

肖继业：“噢，还告诉你们一个好消息，你们给508矿区提的那个合理化建议，他们决定采用了。”

夏倩如惊喜地：“真的？什么时候施工？”

肖继业说：“马上就开始。”

姚向明搥了夏倩如一拳：“嘿！”

夏倩如高兴得几乎跳起来：“要能亲眼去看看该多好！”

肖继业说：“没问题，队上正需要人，正准备要求组织上把你们分配到他们那儿去呐。”

“哦？”夏倩如脸上的兴奋顿时消失了。

肖继业说：“你在那儿实习的时候，不是说毕业后要争取到那儿去吗？”

夏倩如说：“是啊，可是……”

铃声响，周婕忙说：“哟，要开会了。”

肖继业说：“那，我们改天再谈吧。”

夏倩如说：“今天晚上我们都在姑妈家聚餐，你也来吧！”

周婕说：“对，你来好好给我们谈谈。”

肖继业说：“好。”

姚向明将大背包扔给肖继业：“喏！”

肖继业接过背包，在一片“再见”声中走去。

校园里传来手风琴伴奏的歌声，几个同学热情地歌唱着（《勘探队员之歌》歌词从略）。伴随着歌声，肖继业昂首阔步走在校园大路上。

歌声中，夏倩如低头沉思，周婕、姚向明唱着歌，挽着她向前走去。

她们走到一棵大树下，周婕对四面走来的同学们说："同学们，现在我们开会了。"歌声止，同学们在草地上围坐下来，一个班级会就要开始了。

这场戏既写了校园风光，同学们意气风发，又写了肖继业的豪迈气慨和夏倩如的矛盾心情，比舞台剧要丰富得多了，人物形象和环境气氛都比较丰富多采。

这一阶段充分发挥了剧本创作研究组的集体创作功能，在一定范围内和一定程度上，也在创作组外开展了"领导、作者、群众三结合"的创作活动。例如，各级领导同志，地质工作者，地质学院和地质事业领导部门的许多同志都提供了不少意见，有的同志甚至把个别场面的具体构思写成文字，送给改编者，那种热情、主动的共产主义协作精神是令人难忘的。

文学剧本完成后，发现还有几点不足。

（1）主题思想缺乏进一步的深化——这在开始改编的时候就缺乏较高的要求，只做到保持原剧的主题，忽略了在原剧主题思想的基础上进一步的加深和提高。

（2）正面人物肖继业的性格刻画不够充分——形象比较单调，语言缺乏色彩，基本上没有突破舞台剧的形象基调，精神境界不够高，还不够感人。

（3）转变人物林育生的内心世界揭示得不够清楚——他的生活目的，庸俗烦琐的个人主义哲学和低级趣味等等，都没有加以充分、大胆地揭露。

（4）小吴这人物的出场作用不大——不足以表明林育

生受他腐蚀的因果关系，而且出场可能产生副作用，得不偿失。

（5）有几个人物比舞台剧削弱了——肖奶奶、夏倩如、夏淑娟的形象都不够饱满，尤其是刻画夏淑娟的分寸欠准确，不够明朗。

（6）有些情节不够合理，不够紧凑——如前面的“祝酒冲突”显得突然，而且过分，对林育生的刻画有些失去分寸；后面的结局显得拖拉，还不够干净利落等等。

这些，都有待分镜头剧本来加以改进和提高。

分镜头剧本一至三稿吸取了厂内外领导和群众的意见，在导演、演员、摄制人员三结合的情况下进行了再创作。如果说，文学剧本是在创作研究组成员的协助下，结合领导的意见，由改编者来完成，那么，分镜头剧本便是在摄制组成员的协助下，结合领导的意见，由导演者来完成。两者都是民主集中的产物，是包涵着集体的智慧和不少人的创造性劳动在内的。

通过分镜头剧本的再创作：

（1）肖继业的形象比较鲜明、丰富了，品质更高——主人公思想和阶级斗争观念得到较充分的体现。原来肖继业动员林育生归队，鼓励夏倩如等到边疆去，态度不是十分鲜明，现在明确以边疆主人身分，带着豪情壮志，鼓动同学们到大西北去。他在祝酒时说：

“好啊，那就趁我们大家都还年轻力壮的时候，把我们最宝贵的青春献给祖国，到边疆去，到祖国最需要的地方去吧！我以边疆主人的身分，热烈欢迎你们，干杯！”

原来肖继业和林育生展开思想斗争，侧重就事论事，摆事实，讲道理，现在同样是摆事实，讲道理，但已经提高到阶级和阶级斗争的高度来看待问题，肖继业的觉悟程度提高一步了，主题思想也得到进一步的开掘。首先，肖继业在林家遇见林岚时：

肖继业：“岚岚，你知道这里面存在什么问题吗？”

林岚一时摸不着头脑。

肖继业说：“在我们这里就存在着阶级和阶级斗争，我们要很好地投入战斗啊！”

其次，在阅览室大辩论时：

林育生说：“我可不是出身在资产阶级家庭。”

肖继业说：“对，你是出身在无产阶级家庭里，可是，对于无产阶级革命事业，你是抱什么态度呢？”

林育生答不上话。

肖继业走上一步说：“你是准备作无产阶级接班人，还是资产阶级接班人呢？”

林育生说：“笑话！”

肖继业说：“这不是笑话，这是一个严肃的事实。要不，象小吴这样的资产阶级遗少，你为什么经常和他混在一起，什么都听他的呢？……你脑子里只想到个人，根本想不到国家和人民，你甘于作资产阶级思想的俘虏，还要拖倩如下水，追求庸俗腐朽的生活。你想想，这一切都意味着什么？……”

原来肖继业的锯腿危机和林育生的假证明事件是分别处理，分头解决的，现在分镜头本已把两者扭结在一起，互为因果，互相推动了，这不单在情节结构上比较紧密完整，而且对于肖继业正面英雄形象有所丰富和加强。此外，结尾将肖继业的送行改为和林育生等同行，这是属于意料之外情理之中的一笔，对人物和主题都有助益，这里就不详细引述了。

（2）林育生的内心世界多了一些揭示——在文学剧本

里，林育生和夏倩如谈心的戏不多，影响了他内心生活的表达；分镜头剧本在这一方面作了补充，首先让林育生和夏倩如在校园里谈心一场改在和肖继业见面之前，这样他就可以有心情抒发自己的胸怀，畅谈自己的"理想"。他说：

"想想看，倩如，要是真的把你分配在上海，那该有多好啊！我们可以一块儿钻研业务，为地质科学事业干出一些成绩来；还可以在工作之余，把我俩的生活安排得很丰富多采！……"

后来在新村林荫道上相遇的一场，当他知道夏倩如不想要求留在上海了之后，他又说："我还是到学院去跑一趟，找贺书记谈谈，看他能不能让我在勘探系当行政干事。"

夏倩如说："这样作不是要脱离专业了吗？"

林育生说："先不管这些了，找到工作再说。"

这样，他"钻研业务，为地质科学事业干出一些成绩来"的"理想"的实质是什么，就很清楚地揭示出来了。再后来，当他的小打算总是无法施展的时候，他趁着到地质学院参加毕业生联欢会的机会，找夏倩如纠缠，进行无望的挣扎。他说：

"我想来想去还是觉得应该向领导上反映一下我们的实际情况。我的腿一时好不了，总不能老是这么闲着呀！我只要求暂时在这儿工作一个时期，只要你……"

夏倩如不耐烦地："育生！我已经打了报告，向组织上表示过态度了，你还让我说什么？"

林育生说："那你可以说，我们马上要结婚。"

夏倩如吃惊地："什么？你说什么？……为了要留在上海，就想突击结婚，亏你说得出口！"

至此，林育生内心深处的奥秘就被揭露无遗了。

（3）肖奶奶、林岚的形象比以前有所丰富——肖奶奶参加了年轻人在林家的聚会；林岚揭发了林育生和小吴的关系。

当一群年轻人围着肖奶奶畅谈野外生活的艰苦境况是不可想象的欢乐时，肖奶奶一语道破道："因为你们走的是毛主席走过的路，奔的是和工农红军同一个革命目标啊！"

肖奶奶的一句话，说得年轻人都心里亮堂了起来。她作为一个革命老妈妈的形象，在这里显示出稀有的光辉。

林岚揭发林育生和小吴的关系，是在肖继业发现林育生的假证明，奔赴林家，想找林育生询问的时候。林岚拿来一封小吴从青岛寄来的信，引起他们二人一段对话：

"岚岚，你知道小吴到底是怎么一个人吗？"

"寄生虫，不服从统一分配，靠着家里有钱，就知道吃喝玩乐，宣扬他资产阶级那一套！"

"育生常跟他来往吗？"

"嘿，可热乎呢！只要表姐不在家，经常和他在一起。你看，这是他跟小吴在一起拍的照片。"

从玻璃台板下面抽出的一张照片上，林育生和几个青年男女正在开怀畅饮，纵情欢笑着。

下面引发出肖继业有关阶级和阶级斗争的一段话。林岚在这重要关口，通过她富有个性特征的行动，起到了穿针引线的作用。

（4）夏淑娟的分寸得到一些调整——在文学剧本里，为了避免损害这一妇女干部形象，在林岚考学校的问题上，肯定她比较多了些；在林育生"托人情"的问题上又不能不让她松口，这就形成前后矛盾，含糊不清。现在明确她对林岚考农学院是有保留的支持，她认为林岚应该事前和家里商

176

量，不应该自作主张；对林育生要求"托人情"是原则反对，具体让步，由于她一贯溺爱育生，这里心肠一软，就失掉原则了。这个人物对育生生活照顾多，思想帮助少，是造成林育生犯错误的内因之一，是应受批判的。

（5）小吴的处理找到一种比较适当的方法——那就是半明半暗，若隐若现，闻其声而不见其人，观其影而不现其形。这样可避免正面描写的不足和产生不必要的副作用。至于他对林育生所起的腐蚀作用，通过"疾病证明书"的来历不明和照片中的花天酒地，还是可以激起观众的想象，感受到小吴的危害性的。

（6）不够合理、不够紧凑的情节作了适当的修改和删节——"祝酒冲突"一场改变了内容；尾声删去了手术室门外，地质学院和林家三个过场戏，只保留病房内外，车站送别两场，比较简短有力了。"祝酒冲突"原来是由林育生蓄意挑起，态度比较骄横，既不近情理，又有些流气，现在改为由于肖继业不断鼓吹和动员夏倩如等到边疆去，他感到压力很大，一时感情上受不了，就冲动起来，掷杯而去。这比以前要合理一些了。

此外，林坚的形象稍作了一些补充。本来他回家解决了兄妹矛盾以后，是林育生找上他，他才询问育生的思想和生活；分镜头本改为林坚主动到育生房里去了解情况，并突出思想政治上的关心，这是一个进展。当他发现林育生"托人情"之后，原来是暗写他找肖奶奶谈话，现在改为正面表现，虽然篇幅很短，但结合后面的"家庭会议"，进行革命历史教育，以及最后的"遗书训子"高潮，自成一条情节线索，主动性和积极性都比较强了。

以上这些进展，主要是进一步改编和电影化处理的成果，也是摄制组导演、演员、摄制人员三结合的收获。

1964年8月，正当影片即将正式开始拍摄的时候，由于左倾思潮的冲击，由中央宣传部发动的“文化革命”（不是“文化大革命”）开始了。《北国江南》、《早春二月》等影片遭受到批判，制片厂的全体创作人员都参加了学习，投身在这一“革命”运动中，一方面积极参与“反对资产阶级文艺路线”、“反对修正主义”的斗争，一方面自觉清理自己的创作思想并检查正在创作和摄制中的剧本和影片，提高认识，改进工作。我们的影片《年青的一代》正好经历了这一场“革命”浪潮的冲击，厂领导组织全厂创作干部和摄制组创作人员重新审查剧本，提出意见，这时就在组内外产生了两种不同的看法：一种认为剧本基础好，没有方向性的问题；一种认为基础不牢靠，拍出来有倾向性的危险。怎么办？——学习再学习，讨论再讨论，终于明确了以下几个主要问题：

（1）革命家庭能不能出“败子”？剧本所揭示的主要矛盾是不是真实，是不是典型？我们这样暴露革命干部子弟蜕化变质，是否会损害党的威信？

这个问题我们从两方面来看。

就一般意义说，我们当时认为，有阶级和阶级斗争存在，就不能保证革命家庭不出“败子”。阶级斗争既然能在无产阶级的先锋队革命政党内部反映出来，当然也会在革命干部家庭内部反映出来。革命干部子弟蜕化变质也正是两个阶级、两种思想争夺我们下一代的具体表现，是资产阶级思想腐蚀我们下一代的具体表现。这在生活中，在我们国家内，虽不能说大量存在，但却是一个客观存在，它是有一定的真实性和典型意义的。

就具体情况说，剧本是怎样揭示这一主要矛盾的呢？是单纯暴露，还是既有暴露又有歌颂，既有反面事物又有正面事物，而这两者的力量对比又是符合生活规律的呢？也就是说，正面的积极的因素是否超过和压倒了反面的消极的因素？我们看是肯定的。剧本塑造了林育生这一反面人物形象，同时塑造了肖继业、林岚、林坚、肖奶奶等一系列正面人物形象和夏淑娟、夏倩如、李荣生等中间人物形象，他们的力量消长，先进与落后的矛盾发展过程，是符合生活真实，具有典型意义的。

更重要的是剧本通过矛盾冲突所揭示的主题思想，并非着重消极的“革命家庭出贩子”这一面，而是积极的“走革命化道路，培养无产阶级革命接班人”这一面，这就更无可非议了。

关于党的威信问题。毛主席《在中国共产党全国宣传工作会议上的讲话》中有一段话给我们很大启发。这段话是针对1957年党的整风运动说的。他说：“在我们的工作中间，成绩是主要的，但是缺点和错误也还不少。因此我们要进行整风。我们自己来批评自己的主观主义、官僚主义和宗派主义，这会不会使我们党丧失威信呢？我看不会。相反的，会增加党的威信。抗日时期的整风就是证明。它增加了党的威信，增加了同志们的威信，增加了老干部的威信，新干部也有了很大的进步”。现在我们在文艺作品上批评年青人的缺点和错误，当然不同于整风，但是这样作的后果是不是也会象整风一样，只会增加党的威信，不会丧失党的威信呢？在毛主席已经提出具有伟大战略意义的培养和造就千百万无产阶级革命接班人的问题之后，在我们的剧本已经正面提供了一两个革命接班人形象的具体情况下，这是无庸置疑的。

（2）正面力量有没有压倒反面力量？正面人物围着反

面人物转，能不能突出正面人物形象？

这里提的是有关正面人物塑造的两个问题，一个是力量对比问题，一个是情节结构和人物关系问题。

关于力量对比，前面已经提到，从总的情况来看，正面力量是相当雄厚的。在情节结构和人物关系上，主要的正、反人物配置是四对——肖继业、林坚、林岚、肖奶奶对林育生。肖继业和林坚是正面的，直接的，林岚是侧面的，肖奶奶是间接的。肖继业是正面中心人物。他们四个人在表面上是围绕林育生转，因为他们的共同任务是和林育生的错误思想作斗争，帮助他进行思想改造，继承革命传统，作一个革命事业的接班人。正面人物形象就是在参加这一斗争的过程中得到揭示，并得到发展的。因此"转"的实质便是斗争，这种"转"只会有利于突出正面人物形象，不会走到它的反面去。怀疑这种结构以及结构所反映的人物关系不能突出正面人物形象，那是不必要的。问题的核心还是在于正面人物形象塑造，特别是正面中心人物肖继业的塑造是否在原结构基础上达到了一定程度的鲜明性和深刻性，是否已经很完美，这是值得考虑的。

（3）中间人物是否偏多偏重，是否有喧宾夺主，冲淡正面人物的毛病？

夏倩如、夏淑娟、李荣生这三个人物，我们是作为中间人物处理的。他们都有缺点或错误，都是被批判的人物，当他们受到批判，自觉改正自己的缺点和错误的时候，也就是观众受到教育的时候，中间人物在一部作品里是少不了的。在生活中，一般规律，人们是中间大，两头小；在一部作品里，中间人物稍多，这不足为病。只要不把中间人物当作先进人物，英雄人物来写，中间人物是用不着回避的。关于分量和分寸的问题是该注意，如夏倩如在分镜头剧本初稿中，听着《勘探队员之歌》在大树下沉思回想的一组镜头就显得过分渲染，失去分寸，这在分镜头剧本三稿中已经删去了。至于夏淑娟和李荣生，前者主要是刻画得不够深，不够充分（有人建议把她溺爱革命遗孤的思想实质挖得深些，我们没有做到），后者较之舞台剧已有所削减，只有个别场景略多描绘，那还不是什么主要问题。这个人物除了烘托正面人物，陪衬反面人物并起一点穿插作用外，并没有喧宾夺主的地方。

那么，在这几个主要问题上，剧本是经得起检验，经得起推敲的了？可以这么说。这一方面是因为原话剧本基础比较好，一方面也是因为我们在改编和分镜头剧本写作过程中，对这几个问题已经不同程度地加以注意的缘故。

有个别场景，组内群众仍有意见，如林育生被揭发以后，有一场戏写他和夏倩如的内心活动，调子比较软，比较忧郁（我们当时定名为"痛苦的心声"），群众指出这场戏的情调不对头，有资产阶级艺术趣味。还有一场戏写林育生的转变（我们当时定名为"雨过天晴"），我们用了较多的表现手段来描绘他的精神面貌，调子比较高，有歌颂的色彩，这也被认为有立场感情的问题，也都被改掉了。

总之，"左"的干扰和认识模糊使我们折腾了好久（群众意见有时是左得出奇的）。最后，经过反复修改和思想交锋才明白了一些问题，使我们——领导、群众和自己——比较放心大胆地将剧本投入拍摄。这是一段十分艰巨，值得探讨的经历。

从1964年10月到1965年1月，接连四个月的拍摄，样片基本完成了，经过领导审查和群众讨论，作了四次修改补拍，又花了四个月的时间才进入后期制作阶段，于8月初和观众见面。这又是一种稀有的不寻常的经历。

这样大量的修补，到底是为了什么呢？

简单地说，就是为了使主题思想更鲜明，人物形象更突出，环境背景更准确，影片质量再提高。

样片经过修补，肖继业、林岚作为革命接班人的形象更丰满、更积极、更成熟了；林坚、肖奶奶作为老一辈的革命者的形象，他们的思想深度和高度，又有了一些进展；林育生的转变过程得到进一步的充实，他和夏倩如二人的某些生活情调得到进一步的清理和调整；环境背景，生活细节，作了某些必要的补充描写等等；整个样片的面貌不同了。

下面着重个人的心得和体会，结合完成片仍然存在的缺点和问题谈几点意见。

（1）从话剧到电影，从舞台到银幕，必须打破舞台框框，展开后景，精练对话，增强动作。这在我们改编文学剧本时就充分注意到了。话剧的景主要是林家内外，内景就只一个客厅；电影除林家外，还有肖家、学校（校园、大礼堂、阅览室等）、医院、新村、街道、码头、车站等，林家内景除客厅外，还有林岚和夏倩如的卧室，林育生的卧室以及林坚和夏淑娟的楼上居室。后景是广阔得多了。这就大大有利于展示人物行动和环境气氛，增加生活气息和时代气息。肖继业的主动行动和林育生的见不得人的行动跟这一系列的后景是分不开的。如肖继业听到自己的腿要锯掉，禁不住顽强坚定地说了“我是一个勘探队员，我不能没有腿”，“我不信我的腿就不能保留！”这样愤激的话后，就冲出屋子，直向林荫道迅速跑去，这时如果没有那样较深的场面调度，就不能达到那样的气势。再如肖家门外“祖孙夜话”一场，如果没有后景钢铁厂的火光闪闪灼亮，衬托出人物的激情，那就要减低感人的力量。所以展开生活后景是十分重要的。

关于对话当然要求精练，一般交待性的语言，尽量用形象表达；不过，这部影片有它政论性的特点，许多情节都是通过幸福观、世界观，思想领域的两条道路斗争来体现的。剧中人需要说大量的话来讲明道理，开展说理斗争，因此大段的话就不可避免。我们的体会，只要这些对话做到情理交融，并带有一定的个性色彩，长一些，多一些，是不足为病的。如肖继业在"大辩论"中谈到"解放前，象你我这样的工人的孩子，……"和"为了革命到底，多少人在日夜不停地战斗着！"以及"不管怎么样，我也要在勘探队里干一辈子"这几段话，都是情理并重，充满着浓厚的无产阶级思想感情和顽强纯朴的个性色彩，是比较能够激动人心的。再如"祖孙夜话"一场肖奶奶的大段回叙，感情浓郁，既深沉而又含蓄，使人听来毫不腻烦，而且深受启发；反之，如果感情不深，只是一般正确，那就索然无味了。这里面一方面有剧作的问题，一方面有表演的问题。如林坚"谈幸福"一场，经过修改补拍，就比原样片增加了不少感人的力量。但是，如果不是演员在表演上赋予角色以真挚的感情和亲切而质朴的语言处理，那么这一大段话也不会收到应有的效果。

所以，对话的问题不是长短或多少的问题，而是思想感情和人物性格的问题。我们开始并不明确这一点，曾走了一些弯路，经过实践，算是比较明白了。严格地从内容出发，力求准确、鲜明、生动，这是必须遵循的原则，我们的影片在生活化、性格化方面还有不足之处，正是没有达到这一原则要求的缘故。当然，简洁洗炼也是必须注意的。

（2）剧本是一剧之本，生活是创作的源泉，这是两句老话。通过这次创作，愈益证明它的客观真理性。

《年青的一代》电影文学剧本的改编，花费了很大的力量，不能说不认真严肃，但是之所以要反复修改，甚至拍成样片后，还有很大一部分要返工重拍，除了一部分属于艺术处理和技术掌握的原因之外，大部分还是属于剧本内容，思想艺术的要求不足所致。具体表现就在很多重要的对话、思想感情上不够深透，形式上不够准确、鲜明、生动，因而意义不够高，感染力不够强；这种情况在最后完成片中仍有不足之处。因此我强烈地感到，一部影片如果没有好的，成熟的，经得起锤炼的电影文学剧本，最好不拍。否则劳民伤财，损失太大。

任何文艺作品，语言是根本要素，电影语言表现手段很多，对话仍然是一种重要元素；特别是政论性的电影，对话更加重要。我们这次创作的精力大半花在对话的推敲和提高上，这并不因为有话剧的基础而可以减轻这一方面的劳动，相反，由于电影化的要求和革命形势的要求，这一方面的任务就更重了。我们感到严重不足的是政治思想水平低和生活基础薄弱，因此干得很吃力，不能应付自如。

语言问题，在某种意义上说，也是一个生活的问题。由于生活上观察研究不够，体验生活不够，所以在语言的运用上显得有些干枯贫乏。在这次创作之前，我们全体创作人员只到勘探队和地质学院生活了一个短时间，我自己由于搞过几年学校工作，自以为对青年人比较熟悉，可以驾轻就熟，所以除了到勘探队走马看花一下以外，根本没有深入生活，殊不知生活的车轮一日千里地在前进，今天的学校已不是往年的学校，青年们受了革命化的教育，正在朝气蓬勃，意气风发地大踏步前进；更何况地质专业的生活，地质勘探队的生活，我基本上一无所知呢？所以影片完成后，有人觉得学校学生和地质工作者的精神面貌还表现得不够充沛，不够丰富，这不是偶然的。有些人看了影片以后，说肖继业的语言色彩不够丰富，还没有刻画出最完美的人物性格。这意思就是说，在这个正面人物形象塑造上还没有把革命的政治内容和尽可能完美的艺术形式统一起来。这也是影片美中不足的地方。

最后，将参加这部影片创作的合作者泛提一下：肖继业的扮演者和林岚的扮演者是上海戏剧学院的毕业生杨在葆和曹雷，他们是在我从全国各地看到的七台话剧《年青的一代》演出中挑选出来的。扮演林育生的达式常和扮演夏倩如的朱曼芳是上海电影专科学校毕业生，他们当时都还是电影界的新秀。扮演林坚的温锡莹和扮演肖奶奶的沙莉，都是比较著名的老演员，沙莉第一次扮演老年人，是一次成功的尝试。扮演夏淑娟的赵抒音是中年演员，扮演李荣生的顾政勇是一个学生。这部影片的摄影是石凤岐，美工是魏玉锋和李金桂，作曲是肖珩，录音是龚政明，副导演是凌之浩，这些同志的劳动和贡献，和这部影片的成就是分不开的。我衷心感谢他们和许多这里没有提名的工作同志。

从1947年到1965年这18年中，我一共参加了10部故事片和 3 部艺术性纪录片的摄制，除去解放前我协助别人拍的 3 部，我自己就拍了 7 部故事片，数量是很有限的。所幸在党的文艺方针指引下，尚能坚持社会主义文艺的正确道路，基本上没有迷失方向（不是没有缺点和问题），这是应当感谢党的领导和时代的赐予的。

党一直领导我们：文艺要为工农兵服务，为无产阶级政治服务；也就是为人民服务，为社会主义服务。从建国以来我参加拍摄的 7 部故事片来说，无论是题材或主题，我觉得基本上是符合党的方针和要求的。问题是建国17年来，文艺思想上的“左”的干扰都不同程度地影响了我的创作，存在于我的作品之中。由于自己思想政治水平低，文艺修养不足，不免时有跟着错误思潮走，犯了“左”的毛病，这里叙述的几部影片的摄制经过和反映出来的问题，已表明了这一点。特别是《年青的一代》，由于自己的思想不成熟，在极左思潮影响下，实际上鼓吹了“以阶级斗争为纲”，“以大批判开路”的错误作法，影片以其对于青年人的教育意义，虽然当时颇获得好评，但以历史观点来看，它毕竟是错误路线的产物。

现在我已年逾古稀，身体不够强健，今后肯定承担不了导演工作了，只能将微薄的经验整理出来，供年青一代参考；也许我这一点东西已经属于陈腔滥调，没有什么参考价值了。

近年来，因受几位年轻朋友的鼓励，参与了一部影片的习作（还是一部“习作”），这是一次新的探索，主要是想以较新的电影观念破除一下习见的戏剧结构，试探一下散文风格，但是由于种种原因，主要是自己精力不济和客观上的干扰较多，遭到一次惨重的失败。本来我也想趁此机会把这部影片失败的经验教训总结一下，可是我目前的头脑还没有完全清醒过来，只好留待以后再收拾了。

本文开头我曾说：“如果电影艺术是一所瑰丽的殿堂，那我充其量只不过是刚踏进门槛、远远还没有登堂之室。”看来在艺术实践上我是没有机会“登堂入室”了，但愿在思想认识上还能有所进步。

清理我的创作思想

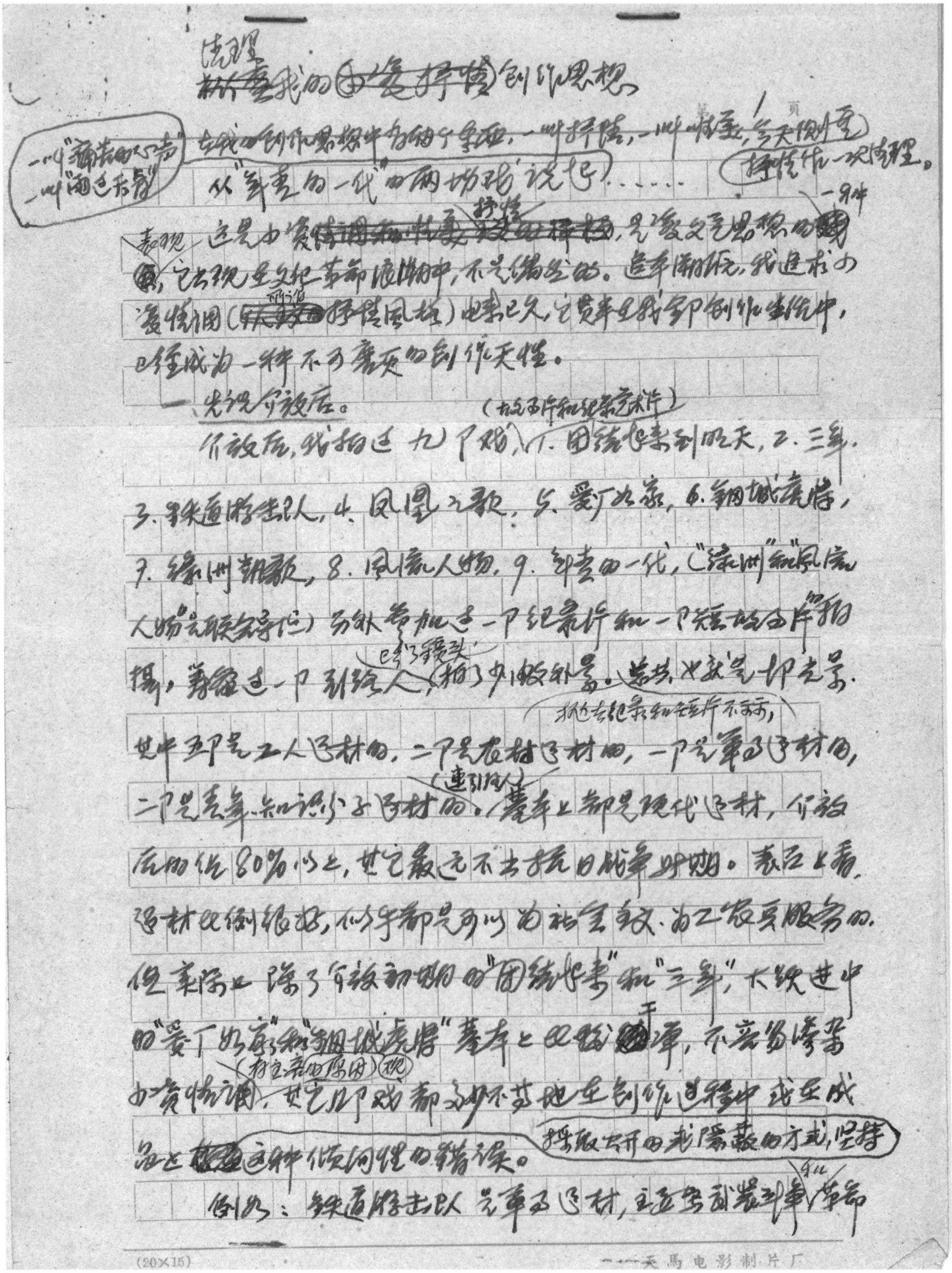

清理我的创作思想

一些"神来之笔"，一些"闲适方式"

在我的创作思想中有个东西，一些抒情，一些情调，今天仍需要对抒情作一次清理。

从"年青的一代"的两场戏说起……

这是小资产阶级抒情，是资产阶级思想的一种表现，它表现在文艺革命浪潮中，不是偶然的。远在解放前，我追求的小资情调（所谓抒情风格）由来已久，它贯串在我的创作生活中，已经成为一种不可磨灭的创作天性。

一、先说解放后。（指故事片和纪录片创作）

解放后，我拍过九个戏：1. 团结起来到明天，2. 三年，3. 铁道游击队，4. 凤凰之歌，5. 爱厂如家，6. 钢城虎将，7. 绿洲凯歌，8. 风流人物，9. 年青的一代，（"绿洲"和"风流人物"是联合导演）另外参加过一个纪录片和一个短故事片拍摄，剪辑过一个剧场人（拍了少数外景）。（挑出那纪录片和短片不计算）其中五个是工人题材的，二个是农村题材的，一个是革命题材的，二个是青年知识分子题材的（连剧场人）。基本上都是现代题材，解放后的作品80%以上，其它最远不出抗日战争时期。表面上看题材比例很好，似乎都是可以为社会主义、为工农兵服务的。但实际上除了解放初期的"团结起来"和"三年"，大跃进中的"爱厂如家"和"钢城虎将"基本上比较干净，不需要修改的小资情调（有点资产阶级的）外，其它几个戏都多少不一地在创作过程中或多或少地存在这种倾向性的错误。（采取其开明的形式，坚持）

例如：铁道游击队是革命题材，主题是歌颂革命

（20×15）　　——天马电影制片厂

第 2 頁

英雄主义，而且是抒情的浪漫样式，按理不应该有软绵绵的不健康的爱情[illegible]，但是到结尾这一段，我却大力渲染他和芳妹嫂的感情纠纷，最近重看这部影片，简直看不下去。（充满了小资情调。）

最突出的是1957年拍的"凤凰之歌"，当时受了批判，后来又经过甄别，但我一直认为那是我的小资产阶级思想感情的代表作，是最露骨地反映我的创作思想的。[illegible]

[illegible]（这部影片里）我把童养媳的翻身[illegible]个性解放[illegible]主人公金凤为追求个人幸福而参加斗争的，[illegible]，开展封建斗争，大量抒发她的个人[illegible]情。如果真是把她作为被批判的个人主义者来描写倒也罢了，[illegible]不是，而是作为英雄人物，合作化运动的金凤凰来加以美化歌颂的！在最后一段歌词里，我把"合作社就是金凤凰"改为"金凤姑娘就是金凤凰"，这是最显著的自我扩张的表现。

关于这部影片的样式风格，我说，"这是一个农村片，但它不同于一般表现农村合作化运动或农业生产斗争的影片，而是着重写人，表现人的内心世界和精神成长的；……"也就是说，可以离开阶级斗争和生产斗争写人的精神面貌，写人性。这是十足的（资产阶级）[illegible]观点。完全是人性论一套。

我说："金凤生活的目的不仅是为了爱情，而是为了比这更美好的[illegible]个人[illegible]的目的，[illegible]自由地[illegible]生活，自由地[illegible]，也就是个性解放[illegible]中的人。"（胡说八道！）

第 3 页

我又说：

"这是一个抒情片，除了要求演员发挥精湛的演技，以抒情的格调体现人物的内心生活，塑造金凤及其周围人物的形象之外，还要求全体创作人员发挥想象力和创造性，为创作一个独具风格的抒情片而斗争。……"

我说：

"这是[redacted]无须介绎。所谓抒情，自然是抒发劳动人民之情，无论是什么情，都应该淋漓尽致的描绘，用不着担心触犯，为并不存在的清规戒律所束缚，因为我们所创造的人物感情是健康的"(!)。就在这个理论指导下，我们拍摄了金凤和桂生在月下谈情拥抱的镜头！现在想来，莫名其妙，简直是唯心的极点，"高经般道"自己的样子！这全是白痴的病态的狂热，还硬说是健康的劳动人民的感情！

而且大言不惭地以

"绿洲凯歌"拆是接受了这次的经验教训，在处理和生活方面有了一些限和分寸。尽管有些同志鼓励我不妨把剧作者安排的阿衣木罕的个人命运，不妨大胆处理阿衣木罕最后和包拉提结合的情节，我没敢听信他们。但是说老实话，我之所以喜欢这个剧本，主要还是由于阿衣木罕的个人命运和通过这个人物所抒发的较重感情。因此我处理这个影片的风格仍然是抒情风格，凡是可以抒情的地方我决不

小资情调

(20×15)

天馬电影制片厂

第 4 页

轻轻叙述，而是着重描写，尽缠绵悱恻、惟妙惟肖之能的。我对它还是十分陶醉，十分欣赏的。尽管这部影片所反映的农村阶级斗争，通过一些有关的农下场面，我也尽了最大的努力加以夸张的描写，但在这部影片的基调，由于受我的抒情风格所限，还是不够[illegible]的。例如我登上山的一场（李和影片的结尾），前者太含蓄，后者太[illegible]，缺乏昂扬和饱满的气概，对影片的主题是有所减弱的。（包括音乐歌唱）而且影片的色彩和服装的设计都偏向于追求淡雅，这都是和[illegible]的民族特性不相适合。

60年拍摄的"风流人物"是正面描写工人阶级的革新创造，基调是健康的，昂扬向上的，但在某些刻划人物形象的时候，在个别场面，仍不能摆脱小资情调，如主人翁和女友书谈恋爱的一场，以及其它，现在回想起来都不对味。（遗憾）

但我很想重拍这它，按照我的感情要求。

"年青的一代"是根据经过考验的话剧改编，应该说有所依据了。但正如前述，也不能免于小资情调，可见小资产阶级感情根深蒂固，它决不是一朝一夕（在创作过程中）可以清除的。只要有机可乘就要想乘机发作，将我个人爱好的感情趣味。（还有[illegible]的一场）

58年的"引见人"本来没有拍出来，拍出来很可能成为一棵毒草。那是完全站在小资立场写知识分子参加革命，并在革命的中[illegible]小资情调[illegible]劳动人民的作品。我为什么曾经愿意拍摄它而且对它产生过感情呢？就因为里面有不少小资抒情

（遗憾）

(20×15)　　天馬电影制片厂

资产阶级人的

第 5 页

资产阶级的东西，还有劳动人民修正的“浪漫主义”！一个大学教授和几个大学生，其中还有一对情侣，结伴从北京到革命根据地去，途中遇到传奇般的游击队长，在一个劳动人民出身的老交通员的护送下，跋山涉水，冒险犯难，体会了许多人情世态，曲折艰辛，终于化险为夷，病倒了的高教了的教授，又心情激奋地奔赴目的地。

在一个山村少妇的乳汁的哺养下，和交通员无微不至的关怀照顾下（因为知识分子是“宝贝”）文化人

剧中的交通员是个大老粗，在知识分子面前充满了自卑感。那山村少妇是作为革命出现的新人物，但作者却欣赏她的挤奶情调，让她在空屋僻野的野外，脱光衣服，光着身子挤奶给大学生，使个小资大学生惊叹不止！后来用奶汁喂养这个交通员的这个妇女。我对这些描绘都很欣赏的，认为这很有新鲜感！很有独特的风格。这种片子拍出来，还不是修正主义？！

很合资产阶级大利的新现实主义口味。

为什么会这样的？为什么前几年和大跃进中不出现这种倾向？而偏偏在55年、57年、59年以后出现这些东西？

第一，前几年政治思想性较高，对于过去的东西有一点儿否定的“左”倾情绪。（例如对“三毛”）资产阶级的货色不想拿出来，有些也不敢拿出来，从来子起的老实态度。大跃进中也是如此，

(20×15)　　天馬电影制片厂

第 6 頁

特别是信号上的安排，创作要克服显露，并且从生活实际出发，所以不干净的东西就少些或者没有。

第②，55年—57年是文化部电影局号召上继续反对公式化概念化，提倡写个人命运和内心世界的斗争，也是资产阶级向党进攻（电影的锣鼓）的时期（特别是56、57年），我作为一个未经过彻底改造的小资产阶级知识分子，就很容易受这种思想影响，把自己隐藏着的和一般没有暴露的东西一些就出来了。特别是从社会主义创作会议回来以后，特别宣扬写个人命运的重要性，我很听得进。（并说从爱情描写中可以体现资产阶级思想道德的克服。）

59年是要求纪录性艺术片，要求提高质量（艺术），革命艺术高峰的一年，为了向建国十周年献礼，要求抓艺术质量，抓技巧。为了适应这种需要，于是脱离政治、脱离工农兵的提高偏向，便在这个时候形成了。在这种气氛下，重新编出一些旧货色来，这是很自然的。因为提高艺术质量的东西没有，没有生活，没有学到主义和毛泽东思想，（没有工农兵的感情，）而只是根据个人的本子自我欣赏和想象出来的旧思想、旧感情、旧生活，虽然不是全部如此，至少是掺杂着这类旧东西，以此自我欣赏，自我陶醉。（~~[illegible]~~）

至于"年青的一代"在文化革命前后为什么还有这种残余？

(20×15)　　天馬电影制片厂

第 7 頁

那些缺点是习惯成性，积重难返的一种表现，也是思想改造的艰巨性和复杂性的一种表现。因为"年青的一代"觉写的知识青年，共青团员们身上都保留了不同程度的旧思想，他们的感情都有不健康的地方。但是为了反映他们的真实性格，就不能回避他们的思想感情的描绘。这里就仍须要创作者立场坚定，爱憎分明的，有分析批判，有分寸感，不沉浸在角色的感情氛围中，而保持清醒客观的头脑，来加以准确的剖析。（例如校园一场）作者不去欣赏它，而去批判它，这就可以避免副作用，避免小资情调了。但是经常保持清醒头脑，这是不容易的。保持客观的阶级分析态度则难度不仅有"身临其境"的问题，而且有一个"浸身浸透"的问题，资产阶级文艺思想已经浸透了头脑，已经浸透灵魂深处，把灵魂都浸透了！

二、这里我要谈谈个人教训。（二十年代末三十年代初）

介绍前廿年，当我才十五岁左右的时候，我就受了资产阶级之流的书刊的毒害。我读的第一个新文艺小说"太平洋的暴流"不知作者是谁，现在甚至不能记清内容，但那种软绵绵的劲儿，那种小资情调我至今还记忆犹新。后来"少年维特之烦恼"和郭沫若的"落叶"（都是情书）给我极深的

新文艺作品，

(20×15)　　　　天馬电影制片厂

第 8 页

印象。再后来就是[illegible]的"[illegible]"、田汉的"苏州夜话"、"颤栗"和九一八以后的"乱钟"、"战友"话剧，以及当年[illegible]作品，都曾经给过我不少感动。对于南国社的艺术生活，我曾经很倾慕，又对于左翼剧联演出的一些翻译话剧，也很欣赏。另外就是大量的美国电影，一个星期天连看两部，[illegible]无法列举了。至于耳濡目染的都是[illegible]十九世纪的欧洲文学作品，我也要看。

抗日战争前后，我接触了不少中外剧作家的名剧，其中最喜爱的就是契诃夫和夏衍的作品。每一次有上演机会，夏衍的剧作就成为我最心爱的剧目。

我演过"一年间"，排过"愁城记"、"水乡吟"；[illegible]过"心防"和"芳草天涯"。尤其是"芳草天涯"，明知道受过批判，但在1957年[illegible]"离离草"[illegible]，还想再排它。真是一往情深，念念不忘！

"愁城记"扉页上，作者引用了庄子的一段话："泉涸之鱼，相濡以沫，相呴以湿。"我曾很欣赏这句话，作为剧中人处境和心情的概括，对他们寄以无限同情、[illegible]。"水乡吟"中的"[illegible]"和[illegible]

(20×15) 天馬电影制片厂

第 9 頁

朦胧的诗意曾使我深深激动过。我倾注了我一腔抒情的浪漫主义，那些作品曾被视为我在那个时期的最成功的创作经历。当然那也是……自我抒发的个人情感的东西。

"芳草天涯"中主人翁对少女的完美的爱，也是我最欣赏的，那种深深的哀愁，含蓄的韵味，贯串在夏衍作品中的小资情调正符合我的口味。所以我说夏中有我，我中有夏，这是并不讳言的。（资产阶级知识分子的人道主义）

《上海屋檐下》是1962年的。当时在学校教学，准备把这个作品从舞台搬上银幕。夏老早说过，这是应该埋葬掉的东西，但我却又把它挖出来了。夏本人也联系给我说，他并不认为是应该埋葬，我很……，只要拍好。那时想不到这在学校青年学生中排演，会给青年人带来多大危害！导演班同学为了生活于角色，作了许多……（在老师指导下）现在回想起来真是害人！尤其是在思想上引导学生走离工农兵方向，这是极端错误的。我作为学校领导和导演系负责人责任很大。（在电影学校，修正主义……运动中有不少揭露，这里不一一细述）

总之，我欣赏小资抒情，由来已久，而且自命为擅长这种风格，以追求这种风格的形成成为个人的……。不

（20×15）　　天馬电影制片厂

第 10 頁

和在第二次的创作会议上，有人说我已经形成一种风格，我很沾沾自喜。一直到60年以后，我看到《沧州凯歌》并不怎么受人欢迎，好像只有一般知识分子赞赏，广大观众是并不欣赏的。我开始有些怀疑，怀疑我的风格并不怎么健康，是不大符合劳动人民的口味的。但是也不完全相信，总想为我所坚持的有缺陷的论调[illegible]，还缺乏更高的自觉。

这次我才弄清楚了。我的所谓抒情，只不过是抒个人主义之情，抒抽象的人性之情，抒脱离阶级斗争的[illegible]、人情冷暖，甚至抒资产阶级的闲情逸致，[illegible]情操，像是极其低级、庸俗、腐化的。这种情感抒得越多，越抵销革命斗志，腐蚀革命精神，成为[illegible]社会主义革命的，是[illegible]资本主义的东西，在政治上是极其有害的。有的同志说："抒情的路子不单是风格问题，而是一个阶级斗争的问题。"我很同意这种说法，这的确是阶级斗争的表现，是脱离党的方向，是和为工农兵服务的方向背道而驰的。

毛主席在《讲话》中说："……有这样的一种人，他们对于人民的事业并无热情，对于无产阶级及其先锋队的战斗和胜利，抱着冷眼旁观的态度，他们所感到兴趣而要不倦地歌颂的只有他自己，或者加上他所经营的小集团里的几个角色。这种小资产阶级个人主义者，当然不愿意歌

(20×15)　　天馬电影制片厂

第 11 頁

颂革命人民的功德，鼓舞革命人民的斗争勇气和胜利信心。台这样的人不过是革命队伍中的蠢货，革命人民或是不需要这样的"歌者"。我们的"凤凰之歌""徐州组歌"（也好）都不同程度的歌颂了非无产阶级的感情，但书中的人物并不完全是小资产知识分子，但"我服务劳动人民，工农都是小资产知识分子"的现象很多，这不说明了我的立足点还没有移过来，还站在资产知识分子的立场！思想改造很不彻底，

回顾十年来的创作工作，健康的革命的抒情有没有呢？（一分为二来看）不能说完全没有，但还没有成为主导的东西。这是肯定的。"铁道"中有一点，"徐州"中也有一点，这次搞的"年青一代"应该多一些，但还是还没有把握；还要研到群众中去学习。例如有的"抒豪情"的一场，我们想把它作为革命抒情来描写的，但是到现在还不准确，健康不健康，不够有把握。

（要和群众在一起，还不知道的劳动音乐，不知道）

（应该有像"红灯记"那样的动力）

三、最后谈（挖）一下根源。除了上面提到的资产阶级文艺思想的影响，

1. 阶级根源——小资产出身（三岁一个人从小），没有经过什么锻炼。父亲是店员，后来做过机关的职员，是一个失业者家。由于经济困难，中学都没有念完就踏进社会，所以只想靠个人奋斗进入社会上层，一方面（谈旧）个人奋斗的理想，[illegible]抑郁寡欢的性格。[illegible]清得[illegible]的阶级

2. 社会根源——生长在那样的阶级社会里，周围接触的人物都是中产家庭和小资产分子，小市民和知识分子之类。元素接触革命运动，但性质上是新民主主义革命，还是抗八年抗战没有触动阶级根基，小资产阶级的思想感情动的。介绍后来为社会（生活）

(20×15)

第 12 页

（作者大概）

~~主义社会。但这种阶级存在着有各种非无产阶级思想的侵蚀，所以整体上思想~~

3. 思想根源——个人主义。（个人幸福，个人奋斗，个人英雄，个人名利）

我的表现形式比较温和，比较隐蔽。但并非不顽固，不严重。最突出的是表现在我的脱离群众，轻视世界。在调工作的问题上，我表面上、整体上是服从组织分配的，但却组织上照顾个人[illegible]，使个人要求合法化。实际上也就是用这种表面的合法化来掩盖不合法（真正的）的，——"隐蔽的个人主义"。

4. 认识根源——三脱离。狭隘，偏见，轻视世界，[illegible]

[illegible]

第 13 頁

总之，一切问题都说明我思想改造的不彻底性。

四、今后怎么办？把主要问题已经谈清楚，说明错误在哪里，就看我怎么办。

归根到底，我想只有两条：1.读毛主席的书，用毛泽东思想天天照镜，指导我的思想、工作和生活；2.走工农群众的道路，使我的……和工农结合，多一些好一些，依靠党和群众的帮助，改造我的思想，改造一切。

打扫灰尘

群众

经风雨，见世面

"拍完这一部影片后，我将去电影学院工作。我想首先要下农村搞四清，和同学们在一起在阶级斗争中锻炼。如果领导不去农村，我一定下决心深入工厂……，取得群众帮助，搞好工作。今后要指不指导？我想完全服从组织安排，由组织上决定。我决不从个人兴趣出发，提出……，安心做好党交给我的一切工作任务。

听党的话，努力

当然，道路总是有崎岖曲折的，困难总是有的，我一定努力以赴。

1965.5.4，于上海天马厂。

（20×15）　　天馬电影制片厂

第四编

不懈的探索

克服导演艺术处理上的概念化、公式化倾向
——社会主义现实主义学习心得

克服導演藝術處理上的概念化、公式化傾向
——社會主義現實主義學習心得

趙　明

為紀念毛澤東主席的「在延安文藝座談會上的講話」發表十週年，人民日報社論曾以「繼續為毛澤東同志所提出的文藝方向而鬥爭」為題，指出目前文藝界存在的兩種傾向：一種是「文藝脫離政治的傾向——這種傾向，實際上是使文藝去為資產階級的利益服務」；一種是「以概念化、公式化來代替文藝和政治正確結合的傾向，——這種傾向實際上是破壞了文藝為政治服務的眞正目的。」要糾正這兩種傾向就要求我們在今天文藝工作中展開兩條戰線的鬥爭。

反對概念化、公式化傾向是兩條戰線的鬥爭任務之一，由於它的基本前提仍不外乎是建立工人階級的立場觀點、馬列主義的思想方法，所以在電影藝術工作者的創作實踐中還沒有普遍地把它提到足夠明確、重要的地位，這也許是近兩年來我們影片的藝術質量仍停滯不前的基本原因之一吧。

導演是影片的主要作者之一，我們不能因為影片的基礎是劇本，就在導演藝術處理上放鬆了克服概念化、公式化傾向的努力。因為導演藝術是一門創造性的藝術，從劇本到影片一系列的具體化、形象化過程，導演在這當中起着決定性的作用。一個好的劇本，假定在人物性格和生活描寫上都相當眞實而豐富，但經過導演庸俗的概念化處理就可能使作品大為減色；相反，一個並不十分好的劇本，可能由於導演的正確處理和藝術加工而使作品增添了光彩。至於導演和劇作者為了未來的影片而在劇本創作上就緊密合作，則導演的創造性的勞動及其作用就更不待言了。所以，在導演部門，克服藝術處理上的概念化、公式化傾向，應該說是一個基本的迫切的任務。

黃鋼同志在「論目前電影劇本創作中的主要問題」（一九五二年第十六號「文藝報」）一文中曾指出：庸俗地瞭解電影藝術作品的政治任務是阻礙故事片劇本創作的首要原因；本屆劇本創作會議也曾指出：明確建立文藝服從政治的正確關係是當前劇作問題的三大要求之一。劇本的創作情況是如此，我們以此作為基礎的導演再創造工作當然不可避免的也要在這一方面進行決定性的努力，這比之同樣重要的正面英雄人物典型的塑造問題更具有先決的、實際的意義。

所謂概念化、公式化傾向，究竟是怎麼樣的一種傾向呢？「這種傾向主要地是由於庸俗地了解文藝的政治任務而來的。這類作品，除了掇拾來一些口號和概念之外，空無所有。它的人物是沒有血肉沒有性格的，它的內容是缺乏生活的。它只是把膚淺的政治概念和公式化的故事粗糙地揉合在一起。它既不是現實生活的深刻的反映，因此，也就不會對羣衆產生眞正的教育作用。」（人民日報社論：「繼續為毛澤東同志所提出的文藝方向而鬥爭」）因此，它和社會主義現實主義的創作原則根本不能相容。

社會主義現實主義的基本要求是描寫的眞實性和歷史的具體性。而這眞實性和具體性必須在革命發展中和以社會主義精神教育勞動人民的任務有機結合起來。概念化、公式化的作品首先是不眞實、不具體的，政治內容不能和人物刻劃、生活描寫相結合，而祇是採取簡單的剪影和拙劣的演繹，像傳聲筒或廣告畫似的宣傳抽象的定義。這樣的作品既沒有感情，也沒有生命，如果不是枯燥無味，死氣沉沉，就必然是充斥着廉價的叫囂，虛偽的感情，——標語口號，濫調陳腔，不但不能表現豐富多彩的現實生活和生活的意義，而且會成為歪曲生活甚至於政治有害的東西。當然談不上什麼教育意義，或至少是意義不大的。事實上三年多來，我們的電影藝術雖有不少可喜的成就，但大半的影片卻都不免存在着這樣一種缺陷，或多或少帶有概念化、公式化傾向，阻礙着電影藝術的大踏步進展。而且有些影片的缺陷還是很大的。

比如「保衛勝利果實」，這部影片的題材一開始就是從概念出發，

在攝製過程中由於主題的變換和卽興地意圖配合政治宣傳、但又沒有足夠的生活依據，於是一直在概念上兜圈子，轉來轉去，祇有採取打補綻貼膏藥和公式主義的辦法，拼湊情節，按裝尾巴，結果使影片成爲一種空虛貧乏的「招貼」，沒有眞實的感染人的力量。無怪乎一個普通戰士會批評說：「這部影片中的人物只是一羣沒有血肉的影子」，「沒有把人民軍隊和人民戰士的眞實形象表現出來，也沒有確切表現人民解放戰爭。」而把敵人描寫成爲「草包」和「飯桶」，「會使人覺得，我們的勝利不是用血、用肉、用機智英勇換來，而是廉價得來的」。「這樣是片面的，（不眞實不具體的）甚至有害的」。這說明概念的描寫所導致來的對生活的歪曲，是多麽嚴重地破壞着觀衆的切身感受，使他們不但對影片感不到親切，而且由於不能從影片中「看到自己親密戰友的形象」而產生一種極其失望的心情。（見「大衆電影」一九五三年第二期）

影片「人民的戰士」在表現人民解放戰爭的巨大規模和人民戰士的英雄氣質上雖較有成就，但由於概念化的人物處理和環境描寫，同樣使人感到不眞實、不親切、不動人。片中主要人物多半是抽象概念的化身，不是一股勁頭強，就是盲目樂觀，看不出時代背景的變化和人物性格的發展。片中「訴苦」一場，我認爲是概念化、公式化的集中表現，正是「把膚淺的政治概念和公式化的故事粗糙地揉合在一起」的典型的例子。首先作者沒有理由在這裏描寫訴苦運動，因爲人物性格的發展不需要這個「運動」；其次，旣寫這個「運動」，就要表現「運動」的思想意義，要有具體的內容，不能僅僅用一大套標語口號，強迫人物接受教育。這樣作的結果，祇有使觀衆感到作者是在強迫演員，壓搾感情，作虛僞激動的表演，同時並強迫觀衆接受生硬的說教。藝術效果是根本不能獲得的。

像這樣的例子我們不能認爲僅僅是劇作者的事。導演在藝術處理上沒有從生活的眞實出發，加以批判，加以發展；相反，而是用與劇本的缺點相適應的場面調度和鏡頭技巧誇張了刻板的公式。此外如對樂觀精神的掌握和戰爭環境的佈置多流於簡單化的主觀臆造，如好些同志已經指出過的，違背了社會主義現實主義的創作原則，喪失了描寫的眞實性和歷史的具體性，導演在藝術處理上，顯然是要負一定的責任的。

導演和劇作者在一部影片中的創造，關於主題思想和人物典型部份要是不瞭解創作過程中的實際情況是很難辨別何者屬於劇作、何者屬於導演的。不過，一部影片的風格、樣式、手法，按照電影藝術所特有的豐富而多樣的表現手段來說，應該具有各個導演在藝術處理上的不同的特色，一方面顯示出導演藝術加工的光彩，一方面顯示出各個導演在表現各種題材方面的獨創性。可是我們今天的情況不是如此，我們許多導演在對待許多不同的劇本時，常常採取千篇一律的、公式化的處理方法，如影片開始必用開場白，結尾必用遊行和歌聲，勞動必然歡笑，戰鬥必然樂觀，戰爭爆發必然是烟火爆炸，解放勝利多數是用報紙標題，再不就是一面紅旗加上衝鋒號，一只高舉的拳頭加上一片口號，這樣就算把作品的思想性政治性「顯顯赫赫」地標誌出來了；如果因爲作品「形象」本身還無力表現主題，就添加一個教誨式的、裝飾性的尾巴，說一說「思想性」，渲染一下「主題」，藉此向觀衆交待任務。至於片中代表黨的領導人物必然是不苟言笑，四平八穩，「行動的矮子，說話的巨人」，給人的印象最多是可敬而不可親，索然無味！

以上這些便是我們不少影片所普遍存在的一種似乎很難突破的狀況，從一九四九年開始製作人民的故事影片起，直到現在仍不見重大的改進。例如今年出品的「龍鬚溝」，片中表示北京解放，突然出現一面沒有來由的新中國的旗子，而代表黨和政府的區長每一講話必然擺弄手勢，裝腔作態，仍脫不了好些影片早已發現過的通病。甚至一般認爲基礎比較好的新片「豐收」在對領導人物的性格和外型特徵的處理上也仍不能令人滿意。我在攝製「團結起來到明天」影片、處理黨委形象時，會有人批評黨委的面型像是一副撲克面孔，這種批評自然都是從直感出發，不足憑信，但問題不在於面貌像誰，而在於它的內在涵義。

以抽象概念代替具體眞實的形象，以簡單化的色彩塗抹豐富而複雜的現實生活，這在我自已有限的經驗上也有顯明的例子。如在「團結起來到明天」影片中對地下黨員形象的處理，缺乏靈魂，缺乏思想感情的表現；尤其是在部份影片返工重拍前的黨委書記形象，由於我從概念出發，片面地理解黨的領導人物的「偉大」與「崇高」，把他處理成旣莊嚴而肅穆，高高在上，像是一個偶像似的幾乎失去眞實人的感覺。上海地下黨曾有個別領導同志藉工商業的合法身份掩護過地下工作，我不研究這事件是否典型，就自然主義地搬用過來，把黨委書記安置在一個富麗堂皇的鐘錶公司裏，結果給人的印象是一位道貌岸然的民族資本家，距離親切動人、深入羣衆的共產黨領導人物的眞實形象不知有多麼遠！（自然，形象的要素不僅是付與角色的外型和環境，角色的精神實質更有決定的意義，這裏姑不贅述。）片中上海解放前黨委會議佈置工作的一場，爲了表現地下黨迎接勝利的樂觀心情和宏大氣派，我用了堂皇的股東大會形式和極其明朗的色調，讓黨委書記侃侃而談，完全失去了解放前夕緊張嚴重的地下工作空氣。（這使我聯想起「人民的戰士」影片中對三下江南行軍場面的處理，和「南征北戰」影片中對「大撤退」場面的處理，——單純樂觀，如出一轍。關於後者，後面將有論述。）

以上所舉關於「團結起來到明天」影片的例子在完成片中雖已改正，但既經修改和其餘未經修改的部份是否就沒有這類毛病呢？當然不是。如結尾的會師大會，從情節的結構到具體的場面調度、鏡頭技巧都不免有公式主義傾向。這當然和整部影片的缺乏生活內容、缺乏人物思想的內在聯系，概念化、公式化傾向分不開的。

「南征北戰」是一部比較成功的影片。影片表現毛主席的戰略思想——運動戰的實際意義，通過清晰的戰鬥描寫和部份人物典型（如敵張軍長）的創造，獲得了在軍事題材影片方面相當傑出的成就。可是在正面英雄人物塑造和環境描寫方面仍存在着概念化、公式化的缺點。劇本的原因這裏不談，單從導演對「大撤退」場面的環境描寫和人物刻劃上也可以看出這個問題來。

影片的情節是由我軍的大撤退展開，撤退的戰略佈置及其意義在中下級指揮員和全體戰士以及血肉相連的羣衆，開始是無法領會的。戰士騷於「天天打勝仗，天天往後撤」；羣衆眼看就要離開自己的親人、軍隊和家園，遭受敵人的凌辱，思想上搞不通是很合乎生活規律的。但是隊伍必須大踏步北撤，戰士必須離開勝利的戰線和親切的鄉土，這就在部隊和羣衆之間，高級指揮部和中下層指戰員之間造成戲劇性的緊張衝突。這種思想矛盾的展開愈尖銳明朗，愈能在一連串的性格和情節發展中表明毛主席軍事思想的價值。劇本表現這一矛盾本來就不夠大膽，導演的處理更加深了這一缺陷，僅僅抓住撤退的計劃性這一特點和「一定會打回來的」這一句話來抹平部隊和羣衆的思想波瀾，冲淡了矛盾。這

正如蘇聯人民演員契爾柯夫所說：「劇本沒有眞正的衝突，缺乏戲劇性，導演和演員在這方面沒有幫助劇作家，而是和劇作家的缺點妥協了。」

劇作（文學劇本）描寫大撤退中部隊指戰員的低沉情緒，有些細節倒是比較生動，可以加強環境氛圍和個性色彩的，但影片沒有採用或強調。如開場的幾個片段：

……

我軍四列縱隊沿着公路，拖着沉重而整齊的步伐向前行進，間或有一小隊一小隊的騎兵疾馳而過，每個戰士都戴着鋼盔，盔上飾着偽裝，身上撲滿塵土；他們的臉色沉重，眼睛卻堅毅地向着前方。

……

張連長走至路牌前停住，回頭遠望背後烟霧中的天空，脫下鋼盔，頭上顯出纏着傷口的白綁帶，他撫摸了一下傷口凝視着路牌；片刻，他抹去臉上的汗水，隨又向前走去。

……

高營長騎在馬上，眼望前方。通訊員從乾糧袋裏拿出一個饃來：「營長，吃饃吧？」

高營長搖頭不語，仍然看着前方。

通訊員拿起軍用水壺：「喝水嗎？」

高營長仍然望着前方……

……

兩架敵偵察機沿着公路、鐵路由南向北低飛偵察，掃射。

子彈射中鐵路上的車站，月台上的路牌「桃村站」被射中。

導演的處理僅用一個遠景鏡頭籠統概括相當於這裏引用的劇本第一小節的全部內容，還增加了砲兵和羣衆的行列。以上我加重點的部份是無從表現的。第二第三小節沒有採取，第四小節改用了兩個「仇視天空敵機」的鏡頭，並讓戰士李進笑謔地說：

「嗳！我們行軍可眞熱鬧，天上有飛機掩護，地下有陸軍護送，運輸大隊長蔣介石這可眞化本錢呀！」

這樣，便冲淡了低沉忿激的情緒，對李進的性格描寫和環境脫節，因而也顯得不眞實。

劇作對張連長的刻劃是意圖通過他的個性描寫表現下級指揮員的思

想矛盾的。如桃村阻擊戰正在勝利進行時，張連長聽到營長說又要轉移，劇本這樣寫着：

張連長默然怔住，額上滲出熱汗，兩眼血紅，他望着被敵人炮彈摧毀的陣地，和陣地上頑強的戰士，陣地前面片片的敵屍，愈發控制不住自己的激情：「……我對上級有意見……」

但影片却把張連長的「意見」給壓下去了，祇剩下一個表情，沒有吐露出半個字來。

還有，當張連長聽戰士報告說有個別同志爲了「怕再轉移」「想幹地方」時，文學劇本這樣描寫他的情緒波動：

張連長站起來：「他敢……」要發脾氣，旋又抑制下去。脫下帽子，丟在桌上，坐下來又站起：「指導員，會議請你主持，我到門口去吹吹風。」

張連長走出屋子，隨手把門帶上，走到屋後土堆上，嘆了口氣坐下來，摸出香烟點着，眼睛直朝河口鐵橋方向望去。

河口燈火點點，人影、牲口、大車連續不斷沿大路向河口走去。

張連長手裏的烟捲被碾成碎末，一會兒又重燃着一支。

高營長突然出現，……

影片——「完成劇本」改成這樣：

張連長抑制着將要爆發的脾氣，在屋內來回地踱着步，然後——「同志們還有什麼意見？……（轉向指導員）指導員，會議你主持吧；我到營部去一趟。」

沙河邊樗坎下燈光點點，人影，牲口等通過公路向北撤退。高營長張連長兩人背影走入畫面。

張連長的激動、內心衝突、個性色彩都給抹去了。

劇作表現部隊和羣衆、戰士和家人的關係有下面兩節描寫：

戰士劉永貴默聲走到他媳婦面前，想對她說什麼，可又說不出來，他媳婦懷中抱着的孩子，探着身子直㧗着兩手要劉永貴抱，劉永貴俯身把自已臉湊近孩子，緊貼着孩子親着，眼睛注視着她，她眼裏滿含着淚水但竭力地忍制着。

劉永貴：「……你……」竟說不出一句勉勵她的話來。

他媳婦彷彿明白了他的意思：「我跟玉敏上山，一定堅持到你們打回來。」

……………

河邊，二嫂和幾個青婦隊挎着滿籃子棗子遞給正在涉水過河的戰士們，戰士們默聲收下，默聲涉水過河。

戰士王春走過，二嫂將棗子遞給他，他站住，看着棗子，望着河堤上撤退的羣衆，心思更加沉重，他推開二嫂的手默然大步涉水走去。二嫂手中的棗子紛落地上。

影片却簡化了前者，删去了後者，沖淡了大撤退的生活氛圍和感情因素。這裏所引的劇本片段不是沒有缺點，例如「二嫂手中的棗子紛落地上」，這就顯見得是多餘的不眞實的描寫，導演有責任批判地處理劇本中必要的場面，豐富它，不是取銷它，——因噎廢食。

綜上有關「南征北戰」影片大撤退場面的各節描寫（導演的藝術處理）都說明一個問題：概念地理解大撤退中部隊和人民的計劃性、自覺性，把豐富複雜的矛盾鬥爭簡單化，違反了生活的眞實。這樣處理的結果，要求不妨礙主題的突出表現是不可能的。

許多影片所以造成導演藝術處理上概念化、公式化的原因，我想主要有以下三個方面：

第一，庸俗理解政治和藝術的關係；不明瞭文學藝術的特性和正確的創作方法；把藝術服務於政治的原則簡單化爲政策條文的圖解，企圖直接以極其粗糙的模型和公式，廉價的政治演說和標語口號，達成藝術作品的思想任務。

第二，導演對劇本所描寫的生活不熟悉，或瞭解得不全面；或瞭解了事件，不瞭解人；結果祇有憑主觀擬想，虛構形象，或抓住一點就強調一點，對現實生活作虛僞抽象的描寫。

第三，由於立場不穩，觀點模糊，政治水平不高，對生活缺乏明確的判斷，因而在思想上就存在許多顧慮。如怕犯小資産階級的錯誤，怕犯形式主義，怕戀愛，怕死人，怕傷感，怕哭泣，怕暴露缺點和困難；……總之，爲了怕犯政治錯誤就束手束脚，不求藝術上有功，但求政治上無過，結果最多祇能把作品處理成爲「政治無問題、藝術無效果」的「乾巴巴」的東西。這是藝術上的庸人和懶漢，沒有創造精神、不敢大膽對生活負責的表現。原來生活中或劇本中的人是有個性，有感情，有痛苦和歡樂，有公共活動和私生活，有特殊面貌和特殊趣味的人，（當然我們今天的劇作還很少達到這樣的水平）但是由於我們的短見和狹隘，偏偏把人物處理成平板乏味，死氣沉沉；限制在車間、戰壕、辦公室等生活的表面「戰線」上，不揭開人物的內心活動，豐富複雜多樣的精神生活，而使我們的人物變成違反生活的「人乾」；使我們自己變成傀儡戲的提線人！

關於「戀愛」和「困難」的描寫，蘇聯影片不乏卓越的成功的例子。

「難忘的一九一九年」中水兵什巴葉夫和他的愛人卡加的戀愛，在雄偉緊張的故事中成爲一支極其動人的插曲。開場他們在聶瓦河邊會見，卡加表示渴望和她的愛人生活在一起。什巴葉夫說：「情況這麼困難，怎麼能夠結婚呢！……我們現在祇能想一個問題——怎麼能勝利，不能想別的。」他親吻她，流露出個人命運祇有服從祖國命運的感情。要是導演自己的創作思想上一腦門子都是「祇能想一個問題——怎麼能勝利，不能想別的」，那麼這種純眞和嚴肅的愛，理智和感情的矛盾，就會從人物性格的調色板上給抹去了。什巴葉夫領導檢查隊去紅山砲台之前，卡加要求和他的檢查隊一同前去，什巴葉夫不肯，她逕向斯大林提出要求。斯大林問她：「只到什巴葉夫那一隊，別的隊不去？」她爽朗地回答：「別的隊不去。」她熱愛什巴葉夫和祖國的心是結合得那麼緊，斯大林答應了。這裏，如果導演自己先沒有創作上的大膽，那麼，卡加的大膽，作爲普通的蘇維埃婦女的高尚精神和明朗的藝術形象是無法表現的這麼突出的。

「金星英雄」謝拉傑和伊里娜的戀愛描寫也可以給與我們創造性的啓示。伊里娜深愛謝拉傑，但由於自己是一個趕牛車的姑娘，一個極普通的莊員，感到配不上他，（別人也有這樣笑話她的）一種自卑感和進取心迫使她毅然參加學習，終於成爲發電站的第一個配電員，謝拉傑從事共產主義建設的有力的助手。要是藝術家的思想爲陳腐的偏見所束縛，一定會認爲伊里娜的進步祇是爲愛情所刺激，是沒有意義、不值得描寫的。殊不知這正具體表現了蘇聯青年爲爭取幸福的愛情生活必先爭取成爲積極進取的社會建設者的共產主義的態度。對她的愛情生活的描寫因而也就具有深刻的教育作用。影片另一個地方，當謝拉傑眼看伊里娜黯然離去的時候，心中掠過一陣沉重的悲傷，他走上山坡，面前展開一片生活激流的圖景。剎那間主人翁和觀衆的精神都爲之一振，投身壯大的勞動鬥爭的熱潮中，把心靈上的低氣壓一冲而散。像這樣把私生活和公衆事業、個人感情和集體精神結合而突現光輝的描寫，在我們的影片裏是很少見的。因爲我們往往強調理智的一面，不敢有情感色調，一有就怕流露小資產階級的病態，喪失立場，所以毋寧採取「藝術上的禁慾主義」，讓作品中的人物盡過「尼姑庵式的生活」！

關於「困難」，莫過於寫領袖人物的困難了。在「斯大林格勒大血戰」影片裏，在戰爭最艱難的時候，斯大林在克里姆林宮夜深人靜時所吐出的一句：「困難啊！」以及在「偉大的轉折」影片中的指揮部裏，爲了等候那歷史性的反攻時刻，司令官慕拉維約夫在處理嚴重的軍政事務，掌握戰爭勝利的轉折點時，倒在沙發裏所沉重吐出的一句：「困難啊！」是具有多麼深湛的感人的力量！慕拉維約夫的這句話，在奇爾斯科夫著的文學劇本裏並沒有寫出來，而是導演根據劇本的精神把它發揮強調了。像這樣對困難的描寫，不但絲毫不會傷害主題，而且祇有加深主題的積極性，使領袖的天才戰略和戰爭勝利的巨大意義充分表現出來。因爲勝利是通過重重困難和巨大犧牲獲得的，這原是生活本身的規律。可是我們的影片往往不是這樣，如「南征北戰」「人民的戰士」等就只見進攻和勝利，看不出困難和犧牲，失去了足夠令人信服的藝術力量。

怕形式主義的思想是由於我們對形式主義的模糊觀念而來。我們不能分清形式主義和現實主義藝術形式的界線；不瞭解形式主義是脫離生活實際，虛有其表，歪曲眞實，反對人民的東西。祇要正確表現作品的思想內容，描寫生活的眞實，就決不會有形式主義。蘇聯戲劇批評家阿那納斯達西也夫在「論導演創作上的大膽」一文中說：「黨一貫對藝術家着重地指出，必需經常使藝術的各種形式日趨完美，大膽地尋求形式和內容之間的最大限度的適應。但是在某些戲劇工作者的思想裏却產生了一種糊塗的奇怪想法，這些想法導使他們把形式主義的概念和戲劇演出的鮮明而富有表現力的形式混爲一談。」殊不知「形式主義絕對不是一個狹隘的業務上的、藝術學上的概念而已。它首先是資產階級思想意識的一種表現。……」「祇要對生活的眞實性和人類感情的眞實性有信心，就決不可能存在和談得上形式主義。」（見「電影藝術譯叢」第一期）我們自己的經驗恰恰如此，由於懼怕形式主義，往往放棄了藝術形式的探求，使作品內容枯槁，黯淡無光，即使劇本有較豐富的內容也將被表現得貧瘠不堪，軟弱無力。這是立場不穩、過激主義、思想方法片面性的結果。最終必然導致千篇一律的、平庸的似乎是「保險」的公式化，使形式主義借屍還魂，等於助長了形式主義的復活。因爲形式主義和公式主義的區別僅僅在於一個是漠視政治、有意地歪曲現實，一個是高唱政治、無意地歪曲現實，其根源和結果同樣是出於脫離生活實際，達到對現實的歪曲。「公式主義是不可避免地局限並歪曲了活生生的、急速變化着的現實。容許這種反現實主義、同時也是反歷史主義的傾向繼續泛濫，就會使我們的文學藝術爲政治服務的功用受到嚴重的損害。」（人民日報社論：「繼續爲毛澤東同志所提出的文藝方向而鬥爭」）這麽說，反對概念化、公式化傾向作爲文藝工作上兩條戰線鬥爭之一的思想意義便愈益明顯了。

要克服上述的一切錯誤思想和傾向，關鍵的問題還是在於向生活學習。毛主席早就告訴我們，人民生活是文學藝術的唯一源泉；一切生動的生活和鬥爭，祇有到工農兵羣衆中去，長期觀察、體驗、研究、分析，再經過組織、集中、典型化的過程，然後才能成爲使人民羣衆警醒和感奮的文學藝術作品。社會主義現實主義的原則也同樣要求到生活中去，寫眞實——生活的眞實，一切事物在革命發展中的眞實，這就是忠實於生活的藝術的眞理。

能不能具體表現生活的眞實是決定一部影片的成敗的關鍵。我們不能因一部影片的政治目的、政策思想而忽略了生活的依據。政策是羣衆生活要求的表現，黨的行動綱領，羣衆的生活指針。祇有通過活生生的前進中的生活描寫，才能體現政策精神，達到以社會主義精神教育人民的目的。陳荒煤同志在電影藝術工作會議的報告中說：「社會主義精神和眞實的具體性是分不開的，眞實具體地表現生活，社會主義精神就存在其中。」這意思就是說，現實生活裏到處都蘊藏着社會主義的因素，就待我們去挖掘。而事實恰恰相反，我們從生活裏挖掘的少，從政策條文裏演繹的多，於是政治、生活和藝術成爲三個互不相連的東西，不能起應有的作用。

所謂反映生活就是反映一定時代環境中的人的生活。環境不同，人的個性各各異趣；時代環境迅速變化，人的生活和性格也跟隨着發展。這是非常淺顯的道理。我們的創作實踐就是不善於描寫這種發展中的人的個性。劇作家提供的劇本常常有重事不重人的缺點，不能刻劃出具有個性色彩的典型人物。作爲導演，就應當從人物性格上加以豐富和發展，不要僅僅停留在場面處理上，把人物作傀儡擺弄。我們導演是常常以劇本「形象化的工作」——即「再創造」——爲己任的，可是形象化的工作不用在典型的人物塑造上，而避重就輕，僅僅着重場面的渲染，甚至是不必要的渲染，以此眩耀「才能」，作藝術上的鋪張浪費。結果這種渲染除了強調一些生活表象外，並不能揭示人物的豐富、深刻的內心世界。

仍以軍事題材的影片爲例，「南征北戰」一般認爲處理戰鬥場面是比較出色的，但過多的描寫一般戰鬥動作，冗長重複，無助於人物精神的刻劃。劇本中寫桃村阻擊戰，本來用很少的篇幅交待戰鬥在進行，即轉入營指揮所表現指揮員們對戰鬥任務的轉換所持的態度。影片却用了數倍的篇幅表現戰鬥場面，衝鋒、射擊、烟火爆炸，形成和後面鳳凰山、摩天嶺、將軍廟等戰鬥重複，削弱了決定性打擊的威力。而劇本中本來寫得不夠突出的幾個戰士的性格，在影片中就不見發展，除了概念的共性之外，很少鮮明的個性。這和我們所知道的蘇聯電影大師們的創作原則是不相同的。蘇聯導演彼得羅夫在談到影片「斯大林勒格大血戰」的經驗時說：「我們所描寫的戰爭，它的眞正的動人處以及它的戲劇性，並不在於戰場上的搏鬥，並不在於參加戰鬥的人成千累萬和有大量的坦克飛機，以及武器的射擊與烟火等；主要應該注意人的活動、士兵與將領的活動、參謀部的活動。」彼得羅夫的話對我們是很切合實際的啓示，它使我驗證另一個事實，即「偉大的轉折」全部影片用於直接表現戰鬥場面的祇有八分鐘時間，其餘多用在將領和士兵內在精神活動的描寫上。當然，這部影片有它特殊的藝術任務，不能一概而論，但作品的主要任務是描寫人，描寫人的精神意志、思想品質，這總是顚撲不破的眞理。

下面引「眞正的人」電影文學劇本和鏡頭劇本的一個片斷，來看導演對劇作家筆下所描寫的人物的加意的刻劃。斯米爾諾娃的文學劇本中這樣寫着：

在通道的盡頭，一羣穿着漿得平整的白色衣服的駐院醫生中間，出現了一個面色紅潤、身材魁梧的人，他的灰白的頭髮覆蓋在廣寬的前額上，多鬍髭的臉孔上是一片濃濃的、黑中帶白的短鬍子。他用白色手帕向牆上抹了一下，看一看——手帕很乾淨。於是他就像一團白雪似的，順着通道敏捷地向前走來……

這是醫生華西里·華西里也維奇。下面作者寫他和病人阿歷克賽·梅列謝夫會見，在初步的診察裏，表現了這位蘇聯醫生剛強爽朗一絲不苟的性格。導演斯托爾堡處理他還沒有登場就顯露出他的個性特徵。分鏡頭劇本裏這樣寫着：

早晨，醫院的通道。擦得發亮的地板。在挂鐘下面的沙發上一個女工友在打盹。值日護士在登記處方。遠處傳來轟然的巨響。女工友從沙發上躍起，吃驚地看看挂鐘：

「我們的鐘又走慢了，怎麼搞的。待一會兒華西里·華西里也維奇就要來巡視病房了……」

她急忙爬上沙發，把鐘向前撥了一下。這時候已經可以分辨出傳來的憤怒的講話聲：

「灰塵，爲什麼有灰塵？我不願意聽到任何藉口戰爭的分辯。只有那些終日游手好閑的人或是二流子才以戰爭來作藉口……」

在通道的盡頭，一羣穿着漿得平整的白色衣服的駐院醫生中間，出現了一個面色紅潤、身材魁梧的人，他的灰白的頭髮覆蓋在廣寬的前額上。

「正是現在，敵機空襲頻繁的時候，我要求在我的醫院裏面保持優良的秩序。這也就是我們對那批希特勒和戈林的匪徒們的回答。如果誰不了解這一點，就讓他滾蛋！」

他用白色手帕向牆上抹了一下，看一看——手帕很乾淨，於是他就像一團白雪似的，順着走廊敏捷地向前走來……

描寫人，以最大的集中的精力刻劃人物性格，這應該是導演工作的中心任務，克服概念化、公式化傾向的首要之點。同時，爲了表現人物的先進品質，必須強調刻劃正面英雄人物的光輝燦爛的性格，通過典型形象的塑造，——積極進取的人物和反面人物的鬥爭，達到以社會主義精神教育人民的目的；這更是藝術家的光榮責職。

典型人物離不開典型環境——生活背景。導演在加意刻劃人物性格的同時，還要注意付與人物以足以表現這個人物的思想品質的典型環境。這問題的本質不同於一般所謂「場面處理」。我們習見的「場面處理」往往是生活表象的誇大，不能與人物精神相結合。典型環境——在影片中的生活背景，必須有助於展示人物的心理狀況、性格特徵和時代特徵。（即歷史地具體地描寫現實）這也是導演工作上克服概念化、公式化傾向的重要之點。

要達到眞實具體地反映生活，表現典型環境中的典型人物，還有賴於細緻描寫生活細節——即影片中的藝術細節。現實主義的藝術細節和自然主義的細節的區別，在於前者是從一滴水反射太陽的光芒，從個別事物反映一定的社會意義；而後者是煩瑣的，非本質的，歪曲現實的。我們要付與人物、環境以個性化的特徵和多樣性的描繪，就必須尋求生動的藝術細節，創造濃厚的氛圍。在這一點上，影片「南征北戰」有兩個鏡頭是相當突出的。一個是當敵人從摩天嶺狼狽潰走時，被扔下的傷兵在地上爬行，有的拐着腿掙扎着向前走去。那種悽慘的狼狽相充分暴露了反動軍隊的本質。一個是當我軍回到大沙河準備夜渡時，戰士劉永貴伏身在家鄉的河邊探頭喝水，他那喜悅的心情正好說明了「我們準能打回來」這句話的現實意義。

可惜像這樣的藝術細節在我們的影片裏並不多見。連同前面提到的生活背景，蘇聯影片却有無限衆多的卓越的例子。如像「金星英雄」中描寫庫班農村集體農民們的生活和他們個性各異的特殊風貌，在極其濃厚的環境氣氛和生動細緻的動作細節裏創造了異常豐富優美的藝術形象，是以作我們的典範。

「蘇聯影片的令人信服的力量，就在於它們所特有的被巴比塞稱爲『生活的賜予』的那種特點。這種特點就是對無限多種多樣的現實生活的現實主義的反映。而要這樣去反映現實，那就要求仔細刻劃影片的後景、生活背景與整個氣氛，這些乃是爭取藝術的眞實性的鬥爭的重要因素。」——馬湼維奇在「論劇本與影片中的生活背景和藝術細節」一文中作了這樣的結語：（見「電影藝術資料叢刊」一九五二年第四期）「我們要爲社會主義現實主義的藝術眞實性而鬥爭，就要學習蘇聯電影的這種高度藝術性的技巧，向生活突進！」

生活是無邊的海洋，我們除了要掌握向理想的目的地進發的指南針，還要學會一套航行的技術。工農兵文藝方向和社會主義現實主義創作原則以及蘇聯電影大師們按照這個原則充分發揮了的創造性的勞動成果——藝術作品和藝術理論，都給我們展現了一片無限廣闊的前途。我們不能遺忘電影藝術所具有的無限豐富的表現手段，在端正思想、學習生活的同時，必須學習掌握高度的藝術技巧，使我們目前充斥在許多電影作品中的概念化、公式化傾向，在政治內容與藝術形式緊密結合的情況下得到根本的克服。

這裏必須提醒的是防止右傾偏向。電影藝術工作會議的若干同志對影片「新兒女英雄傳」的批評給我們揭示了愈益明顯的問題。即導演追求表面的戲劇性、形式美，忽視政治內容，醉心於無原則的「人情味」，結果影片雖充斥着甚多的生活描寫和藝術細節，但人物不眞實，立場模糊，反而嚴重地損害了作品的思想教育意義。這是不足爲訓的事例，是值得我們引爲警惕的。

在反對概念化、公式化的同時，必須防止脫離政治傾向的資產階級藝術思想的「復辟」。影片「武訓傳」和「我們夫婦之間」等所曾發現的問題，仍值得我們深深地記取。我們必須長時期的爲電影作品的高度思想性和藝術性結合而作兩條戰線的鬥爭。

在向社會主義現實主義前進的道路上，我們導演工作者今天正處在開始學步的階段。在我們身上，還有若干不潔之物——形式主義自然主義的渣滓——急待清除。對我們個別導演來說，由於思想、業務的遠不成熟，甚至還有各種錯誤傾向混然雜陳，或左或右、根本不能完成任務的現象。因此，積極提高導演的思想業務水平，應成爲當前克服電影藝術停滯現象的中心環節之一。

導演與劇作者、演員的合作是提高影片藝術質量的關鍵性問題。就編導合作來說，導演一方面應強調導演藝術的獨創性，發揮劇作精神，付與影片以鮮明的藝術形式，完成再創造的任務；一方面應爭取參與劇作者的劇本創作工作並歡迎劇作者參與影片的攝製工作，以達到恰如其份的高度結合。導演和演員的合作，關鍵在於導演。導演必須在政治、藝術思想上作演員的表率，不能僅僅採取概念化的指導，（如要求演員「像開花一樣的笑」）或僅從形式出發，擺弄演員，忽略了演員藝術——人物性格、典型形象的創造任務。好的演員在創造角色工作上往往啓發了導演和劇作者，我們應爭取這種緊密無間的創造性的合作。編劇、導演、演員以及各業務部門的工作者愈能結合成爲一個有機的整體，則克服電影藝術的停滯現象愈有保證。

斯大林同志給社會主義現實主義所下的光輝的定義是我們藝術工作者努力的指針；毛主席提出的文藝方向也給我們照亮了前進的道路。我們踏着蘇聯先進電影藝術的足跡努力前進，在我們國家裏，我們的電影藝術當也能如鮮花怒放一般發展和成長起來。

新人、新作、新收获——谈影片《沙鸥》的艺术成就及其它

新人、新作、新收获

——谈影片《沙鸥》的艺术成就及其它

赵　明

在疗养院住了一个时期，在与电影艺术创作甚至艺术欣赏都基本隔绝的生活情境中归来，看到新片《沙鸥》的试映，犹如一个人刚从梦寐中苏醒过来就听到一曲委婉动人的赞歌，看到一幅绮丽清新的图画；它赞颂的不是什么具有丰功伟绩的英雄豪杰，而是一个普通、平凡但却倔强、坚毅的女排球运动员——一个光荣事业的追求者；它描画的不是什么炫目离奇的风光意境，而是朴实无华，富有浓郁感情的生活写照，使人耳目一新。这部影片是北京电影学院青年电影制片厂的新产品，编、导、摄影、美工、演员和许多摄制成员大都是电影创作和生产方面的新人，特别是扮演主角沙鸥的演员是第一次上镜头，我不禁为我们电影艺术园地里出现这样一朵新花，有这样的新人、新作、新收获而感到由衷的兴奋和喜悦！

影片《沙鸥》为什么会使我有这样深的感受呢？一句话，是由于它的主题积极性和艺术感染力能够打动人心，发人深省。正如剧作者张暖忻、李陀在原电影文学剧本《飞吧，海鸥》(载 1980 年第二期《十月》文学双月刊)开场解说词里说明的：这里"讲的是一位女排球运动员的故事。也许，在真实的生活里，她是一位女科学家，女教员，女农艺师，或者是一位纺织女工，也许她就是你……。"这就是说，作者塑造的人物形象，她的精神生活、理想、情操和行为、遭遇，都有一定的典型性和代表性。

关于主题积极性，并非说影片有什么特别高超的革命思想，而是通过一个排球运动员为祖国荣誉夺取冠军而奋不顾身，艰苦奋斗，同时还经受着个人生活上的惨痛遭遇——爱人在登山运动中牺牲，自己在教练工作中瘫痪——仍坚贞不屈，克服困难，立志为自己心爱的运动事业奋斗终身的这样一种真实动人的故事，说明一个简单朴素的真理：荣誉胜过生命。人为了取得荣誉是要有坚强意志和战斗不息的精神。纵然在人生道路上多坎坷曲折，但"有志者事竟成"，人还是可以通过锲而不舍的努力和不同的途径达成自己的意愿。正如沙鸥的爱人沈大威的遗言所说："真正的幸福并不在于目标最终是否达到，而在于为达到目标的奋斗之中"。影片正是以沙鸥这个运动员的命运、理想和实际行动，形象地说明了这个带哲理性的问题。它对于我们广大观众，特别是为四化建设而奋斗的人们，无疑是有启发教育意义的。

88

关于艺术感染力，首先是在中心人物沙鸥的形象塑造上立意新颖，性格鲜明，既不落一般正面人物的陈套，也没有所谓英雄人物的模式化，而是普普通通，既有一个优秀运动员的特殊品质，倔强刚毅；又有一个年轻女孩子感情比较脆弱的一面，在困难和打击面前，有时也不免意志消沉。本来她曾宣称过："不打成冠军决不结婚"，但在参加一次地区性的国际比赛，未能"冲出亚洲，走向世界"，只获得银牌，未获得金牌的时候，她曾打算和排球告别，宁愿做登山运动员沈大威的"后勤部长"；当沈大威登山成功，在归途不幸牺牲后，她更灰心绝望，在残破荒凉的圆明园废墟中徘徊踯躅，在好友张丽丽的婚礼上触景生情；这一切都表现得合情合理，既是人之常情，又具有个性特征，人物心情虽有些低沉，但不失去人物形象的心灵美，特别是反衬她后来重返训练馆，带病坚持教练，为培养下一代，争取祖国荣誉而献身的美好形象，更具有感人的力量。最后当沙鸥已经瘫痪，坐在轮椅里，看到新的一代运动员已在某一地区性的国际比赛中荣获排球冠军，为进一步夺取世界冠军开创了道路，不禁从她的灵魂深处发出激越的心声："假如人真能转世，假如我还能从头再生活一次，我一定还要当运动员，还要打球，还要争当世界冠军！"这豪迈的语言正表明她身残志不残，这个普通的但却卓越的运动员形象，她的精神面貌，虽不算如何高超，但在艺术上却达到了相当完美的境界。这个形象必将在广大青年和各种不同年龄不同职业的人们心中留下难忘的印象，并起到积极、鼓舞的作用。

以上便是我认为这部影片之所以十分感人的主要因素之一。扮演沙鸥的演员常姗姗是一位真正的运动员，她是第一次上银幕，沙鸥的单纯、朴实、坚韧、深沉的性格特征，都被体现得相当准确，这当然和导演的处理分不开，但作为一个非职业演员能够取得这样好的成绩，的确是可喜的收获。

其他人物形象如沙鸥的好友张丽丽，随队的韩医生，母亲和沈大威等人物，也都表现得恰如其份，真实动人；尤其是母亲的亲切，韩医生的矜持，沈大威的凝重，都各具特色。

其次在情节结构上独具匠心。情节的中心线索是沙鸥打排球，在与疾病作斗争中争当冠军，副线是沙鸥在感情生活上与沈大威、韩医生之间的友谊、恋爱和婚姻问题的纠葛。沈、韩二人以前者为主体，后者为衬托，特别是沈对沙鸥在人物关系和情节发展上起着极大的影响和推动作用。本来一部影片在描写中心人物主要动作（主线）的同时，衬托以恋爱与婚姻的副线（如果这部影片不是以恋爱与婚姻问题为主的话），那是常事，这部影片的情节线索主次结合得特别紧，主要表现在沈大威的行动对沙鸥的影响，启发，鼓舞，推动，其作用十分强烈，而且有时是出人意料的。例如当沙鸥喜闻沈大威登山成功，正在兴高采烈，抱着一大捧为结婚而采购的物品回家时，却如晴天霹雳，传来沈大威已在一次雪崩中光荣牺牲的消息，这对沙鸥当然是一个意外沉重的打击，对观众又何尝不是一个出乎意料之外的突然事件呢？这个突然事件很抓人，它在意料之外，也在情理之中，作为一个登山运动员，在高山作业中死亡本非罕见，可是在取得胜利之后而又不幸牺牲，特别是在影片的主人公正在为庆贺胜利而欢欣鼓舞的时候，这一惊人的情节突变，怎不使人伴随着角色的内心剧痛而潸然泪下呢？这正是影片作者在情节安排上的巧妙之处。导演在这场戏里运用了意识流的手法，银幕上出现沙鸥和大威往日在雪压松枝的园地里嬉戏，沙鸥推动树干，将覆盖在松枝上的积雪倾泻在大威周身，并纵情欢叫："雪崩了！雪崩了！"这个闪念的生活细节联接高山雪崩的空镜头画面，在这里收到了极其强烈的艺术效果，它既是联想，又是对比，既符合人物的内心活动，又增强了影片的艺术表现力，使人物的主观体验和观众的客观感受达到了高度的统一。影片作者在这场戏的导演处理（这里主要是指情节安排和相应的表现手法）上是相当出色的。

影片的另一条副线，韩医生和沙鸥的关系也处理得比较好。这条情节线不仅直接烘托了沙鸥的形象，也烘托了沙鸥和沈大威两者的人物关系。韩的性格不如大威开朗明智，有些抑郁消沉，这和他的个人遭遇，丧妻，孤寂有关。他关心、爱慕沙鸥不下于大威，尤其是从他的职责出发，对沙鸥的健康更关怀备至；但由于处境的关系，他的感情只能处于含蓄和矜持的状态。大威牺牲后，他和沙鸥的关系可能有所发展，这从作者安排的他的女儿拉着他们两人的手左顾右盼和两人的意向可以暗示出来。沙鸥生活上的前景可以预期，这和沈大威生前有一次送别沙鸥时曾经郑重托付韩医生的话："请你多关照了，女孩子嘛，总会有脆弱的时候，我不大放心，……只有拜托你了！"联系起来看，的确是耐人寻味的。这一生活上的插曲，犹如优美的音乐和弦，更使剧情增添了艺术魅力。

再就是在影片的造型处理，蒙太奇结构和样式风格上都比较质朴、清新，同沙鸥的形象及其生活道路显得和谐一致。这一方面涉及的范围较广，这里不能作详尽的分析，但举其荧荧大者也可窥见一般。例如影片开头和结尾都是以女排队员穿着代表中国的红色球衣向前迈进为衬底，前者是以领队沙鸥为主体，后者是新的一代，以沙鸥辛勤培育的接班人亚洲锦标获得者小颜们为中心，意指我们的排球队伍人才辈出，正在不断地继续前进，沙鸥的远大理想是不会被埋没的。这就体现了影片的思想艺术基调，它是健康的、奋发的，这正符合当前体育界"振兴中华"的时代精神。

一部影片的美术设计，环境选择和处理，在一定程度上决定一部影片的艺术造型。《沙鸥》的摄影、美工、服装、照明、化妆等部门的造型艺术技巧，在导演集中统一的场面调度和蒙太奇处理下都显示了他们的才华和造诣。沙鸥这人物的典型环境除了国内外开朗沸腾的体育馆及其附属建筑足以突出她的主导精神的场所外，结合人物的生活道路和转变契机，重要的有两个环境，一是她在北京的家，二是在近郊的圆明园遗址。这两个环境的设计和选择是富有成效的。沙鸥是一个杰出的运动员，也是一个普通的劳动者，她性情朴素无华，家庭环境也很简单朴素，影片选择了北京典型的小胡同和四合院式的平房，作为她和母亲的住所。这种比较简陋而带灰白色调的环境和比较艰苦的生活条件，既符合人物的性格，又符合人物的心情。沙鸥，她是在比赛失败，暂时索居在家中，准备结婚却又惨遭挫折这一生活的险滩和恶浪中浮沉着的人，这一环境的选择和使用，基本上达到了情景交融的境地。更突出的是圆明园遗址实景的运用，它充分体现了艺术家们独特的创作构思和创造性的处理。沙鸥是在球赛失败，又听到沈大威噩耗，感到自己"失掉了一切""什么也没有了"的沉痛心情下，漫步走到圆明园遗址来的，残破的建筑石雕和杂乱荒凉的一片废墟正体现了人物惨淡的心灵和她经历的坎坷生活的道路。她穿着一件乳白色的风衣，衬托着残缺不全的青灰石柱，愈益表现出人物的凄凉心境。这场戏的造型处理是具有动人的诗情画意的。紧接这一景的环境是黄叶飘零的枫树林中，色调的转换也体现了人物心情的变化。这一场两景的造型处理在整个影片中是很重要的组成部分，很有意境。

关于导演的蒙太奇处理，总的来看是简洁明快，顺畅自然，具体的这里不用多说，就仅以上述一场两景戏为例，我看就颇具特色，有一定的代表性。影片作者特别是导演张暖忻是比较注重电影语言和新的表现手段的探索与运用的，如意识流手法，动速变异，声画交错等技巧在影片里有不少尝试。这里的导演意图主要是用前一景圆明园遗址引发出沈大威过去在这里对沙鸥说过的一句话："能烧的都烧掉了，就剩下这些石头了。"这句话言简意赅，有针对沙鸥"什么都没有了"的绝望心情，启发她对自己心爱的事业应坚如磐石，坚定不移的意思，导演运用声音蒙太奇的强调手法，扩大重复，使这句话起到振聋发聩的作用。后一景枫树林中跟随着色调的转化，传来沙鸥闪念中的国际球场的热烈喧声，通过这声音的刹那闪现和沈大威的遗言启迪，沙鸥便振作起精神，重返训练馆，重练球艺了。接着她担当了球队的副教练，为培养新的一代运动员而继续艰苦奋斗。在人物性格发展成长的关键时刻，上述这一段戏是影片作者们着重描绘的重点，在一部影片里，象这类重场戏的艺术处理，必然在一定程度上影响或形成一部影片的基本风格和造型特征。影片《沙鸥》究竟是什么样式我不能断定，但它的风格清新，独具特色，有如艺苑里新萌发出来的一朵雅致的鲜花，充满了生机和朝气，使人奋发，这是我感受很深的一点。尤其是因为这部影片出自一批新人之手，是新人的"处女作"，其感人的程度倍增和性质特异也就自不待言了。

以上着重谈了影片的艺术成就，但在兴奋喜悦之余，冷静地思考一下，影片也还有不足之处。首先在思想内容上联系到人物的思想脉络，我感到还有些欠缺。沙鸥的行为是为国争光，这一点在客观上是无庸置疑，在主观上，人物的思想感情里有没有这个目标呢？我看是不清楚的。她反复声称："不想当冠军就不是好运动员"，"不打成冠军不结婚"，甚至不惜牺牲任何代价，包括自己的健康和生命在内，用角色自己的话说，就是："我要用我的一生去赢这一场比赛！"她实践了容国团的遗言："我爱荣誉胜过生命。"可是，这个"荣誉"究竟属于谁？为什么一定要争当"冠军"？她的奋斗目标究竟是什么？这一切，影片的作者好象并不意图解答，甚至是有意回避了(？)，或者是因为这涉及人生哲学的问题，不是一部艺术作品所能完满表现的？那么，文艺是生活的反映，在生活的源泉里，广大的运动员在头脑里难道就不存在一个比较明确的"为国增光"的概念么？这一点是要提出来和作者商榷的。象现在这样沙鸥只提要当冠军，要得金牌，要夺奖杯，要有荣誉，这样的思想境界不仅含糊不清，而且有降低到只为个人的危险倾向，这是不够要求的。我并非要求作者说思想，贴标签，"拔高"人物，这在任何时候我们都要反对。但，为国家，为人民，也为自己；寓个人幸福于国家、社会、人民的幸福之中，这样一种幸福观与人生观，难道不是我们今天所应该承认和提倡的么？我这样说也许有些教条和强加于作者了，不，鉴于近年来社会上有些人似乎存在一种思想倾向，以"主观为自我，客观为别人"的观点为某种个人主义的思想行为作辩护，我们对此不能没有清醒的认识。基于这一点，我觉得影片《沙鸥》在思想意义上是有美中不足之处，较之原文学剧本是有所削弱了，虽然原文学剧本在这一点上也还不够理想。

在艺术处理上，《沙鸥》作者敢于创新，也还善于创新，有些地方表现手段运用得很好，很突出，除前已提到的外，在影片的其它部分还有不少成功之处，如某些艺术细节的运用和内心活动的体现，一般都比较自然，生动，能够顺理成章，没有故弄玄虚甚至耍弄技巧的弊病。但个别场景的处理，我认为有不尽确当之处，也提出来和作者探讨。例如沙鸥在某国际体育馆比赛失败，带着失望颓丧的心情拒绝了记者的访问，进入浴室后，浴室内淋浴的镜头似乎有些多余了。另外在回忆或回叙乃至幻觉等场景的表现上，有些地方不够清晰。一般，回忆和幻觉镜头多从人物的主观角度出发，回叙有两种，一是作者的叙述，一是人物的叙述，两者在主、客观地位上也有区别，如果不加区别，不通过一定的表现手段或媒介物，而是信手拈来，随意使用，就不免有打乱或模糊主客观界限的结果。这仅仅是个人的体会，并非出于什么条条框框的明文规定。《沙鸥》影片使用这类手法的地方较多，也不完全是属于意识流范畴的闪回或幻觉，我觉得在这一方面清理一下得失，对于我们更成熟地运用电影语言是有好处的。这不是为了别的，就为了使广大观众看电影时看得更清楚，听得更明白。例如：当影片开场不久，沙鸥接到沈大威来信后，在宿舍里看信沉思时，出现沙鸥和张丽丽在看容国团参加国际比赛获胜领奖的新闻电影，遇见了沈大威，这场戏是沙鸥的回忆，观众还可以理解；接着隔宿舍一个镜头，又出现训练馆张丽丽和沙鸥先后练球，再是沈大威锻炼身体并看沙鸥苦练扣球的场面，这是回想还是现实就不清楚；接着又是沙鸥在食堂吃饭不吃牛肉，沈大威和于教练加以劝导的场面，这是回想还是现实就更不清楚了。导演意图从沙鸥的发型和装束上以示区别，但作为观众不一定能够立即看清，相反，对于人物的外形和服装变化及其对时空的关系，也许感到更模糊了。因为电影就其特性来说是运动的艺术，不能停下来让观众仔细琢磨，一刹那的不明确都是不允许的。

另外，在人物刻划上，对小颜这个后起之秀似乎着力不够，人物形象显得有些薄弱了，这也是一个美中不足之处。

对于艺术作品要求“白璧无瑕”，这是不应该的，也是不现实的。对于影片《沙鸥》，我提出一些不足，并非吹毛求疵，求全责备，而是在欣赏赞美之余稍感欠缺；但，不论影片存在多少缺点，《沙鸥》作为一部优秀影片，是值得称赞的新人、新作、新收获，这是最主要之点，是肯定无疑的。我们应为之欢欣鼓舞，为之拍手叫好。也许，由于我这两年看到的新片太少，有如坐井观天，不知天高地厚，这就难免有片面性，甚至产生谬误，那我的意见就作为抛砖引玉，借以求教于各方面的行家和广大观众了。

耳目一新，新在哪里？——漫谈《邻居》新意

耳目一新，新在哪里？

——漫谈《邻居》新意

赵　明

获奖影片《邻居》，从它完成之日、初映之时起，就使我感到耳目一新，饶有诗意；可是新在哪里，诗从何来，我却未加深思，更没有探索一下它的究竟。经过前些日子的座谈讨论，特别是近期看了影片编导的文章后，我才有所领悟，并促使我在这里试作一粗浅的分析。

一、新在题材现实

《邻居》影片是现代题材。它描写一宿舍楼里的教职工生活，各种人物的道德风尚，思想情操，在他们的相互关系中反映出人情味和心灵美，以及我们时代的社会面貌，提出了一些人们关注的问题。按说，这类题材的作品，在近年来的电影创作中并非罕见，《巴山夜雨》即其一例。可《邻居》却给人以突出的现实感和新的启迪，这是为什么？因为它反映的不仅是人们所关心的问题，而且是人们最敏感也最棘手的住房问题和与此有关的不正之风——我们社会主义社会目前还确实存在的一种社会弊病。《巴山夜雨》反映的是“四人帮”时期人民的创痛，《邻居》反映的却是当前社会普遍存在并且若干年后仍会在不同程度上存在的现象，所以人们说它尖锐，是带有“爆炸性”的。《邻居》之“新”，首先就“新”在这里。如果《邻居》的作者缺乏胆识，要创造出这样一部既有一定分量、又有分寸的现代题材影片，那是不可能的。《邻居》获中国电影金鸡奖(最佳故事片)是当之无愧的；虽然影片获奖原因不仅仅是为了这一点。

据了解，影片的作者们在创作过程中，受到许多好心人的劝告，认为何必卷到现实矛盾里自讨苦吃？他们踌躇过，思考过，这是完全可以理解的。但出于艺术家的责任心，他们终于排除顾虑，热情满怀地进行写作和拍摄，这是难能可贵的。是什么精神支持作者这样做的呢？我感到主要在于对现实主义和对生活的信念。因为在我们社会里，现实主义和生活的现实进程在精神实质上是一致的，作家、艺术家只要能忠于生活，以社会主义精神真实地反映社会发展中的人和事，什么错误或危险就并不可怕了。我们主张革命现实主义，以示和旧现实主义以及所谓“新现实主义”的区别，意即在此吧。

关于房子问题，影片剧作者曾说：“至于住房分配上的某些特殊化现象，那是同我们党的优良传统格格不入的。今天，不是别人，正是我们党自己把反对不正之风提到了关系党和国家生死存亡的高度，号召人民帮助我们党清除病菌。作为党的文艺，不应去掩盖这些弊病，而是要按照党的政策去正视它，揭露它，从而鼓舞人民为改变它而同心同德地进行斗争。”(《电影剧作》82年第2期)剧本以生动的形象和感人的情节阐明了上述观点，再经过导演们的进一步加工、深化，包括情节的增添和细节的处理，使影片的现实意义有所增强，艺术力量也有所增进，而这正是影片《邻居》独具新意的成功因素之一。

二、新在返璞归真

返璞归真，诚如影片导演郑洞天所述：“影圈里关于返璞归真的大声疾呼已近三年不绝于耳，但跟人民群众的真实生活不沾边的作品还是层出不穷。”这句话的确切中了时弊。

前人有“未琢之玉，未炼之金，质美而不加文饰”之说。这话虽未必合乎科学和艺术道理，但用以比喻文艺创作应该忠于生活，强调生活的美，反对矫情伪饰，是不无道理的。犹如涓涓溪流本来清澈见底，经过环境污染会变成滚滚浊流一样，这几年电影生产上的庸俗化、商业化倾向，正在污染着电影复苏的园地。虽然它淹没不了奔腾向前的主流，但会以假乱真，以浑代清，使银幕和观众的心灵不免为污秽所沾染。那的确是不可容忍的。

而《邻居》和其他优秀电影一样，一反当前流俗，以朴素无华、真实自然而独具一格。它不求花哨，不靠矫揉造作，完全靠质朴的人物形象，通过

78

他们之间的矛盾和从中反映出来的社会问题，来叙述一个平凡、真实、亲切、动人的社会性故事；这个故事既不脱离人间烟火（相反，在一定意义上却是围着锅台转），而又充满了普通人的人情美和心灵美，从而在平易中见奇特，素朴中见丰采；在表现形式上并不眩目招眼，在立意审美方面也别具新意。这个“意”和“美”从何而来呢？也许就在于创作思想上的“返璞归真”，贵在一个“真”字。

我这样说不知道是否有些太武断了？

也许有人觉得我把《邻居》看成白璧无瑕、十全十美了，其实不然。但我确实不想吹毛求疵，说它还有这样那样的缺点，这倒是实话，因为这不是我写本文的目的。

有人认为影片结局“圈圈何必画得那么圆？”甚至还有人说：“现实主义还不够彻底”，这曾引起我的深思。难道住房问题只有表现得压根儿没法解决，象影片现在处理成有的乔迁，有的谦让，有的还要困居斗室等待将来，就不符合生活的真实么？北京市近年来新建了许多职工宿舍楼，它们总不会空关，所有住户也不至于都靠特殊关系才能进入吧？走后门、靠关系者有之，三代同堂、仍偏居一间陋室者有之，但总还有一个主流和支流的区别吧？对这些意见，我是不以为然的。

第一，我不反对对人物的“困难处境多描几笔”，包括方书记和袁亦方的处境在内；但当反对不正之风的社会舆论和党的政策措施已经家喻户晓，不少干部群众不断进行自觉抵制的今天，为影片设计一个差强人意、甚至有点儿理想化的结局，我认为是不算过分的。

第二，影片的结尾，正是一个“并不那么光明的尾巴”，如果刘力行病愈归来，冯卫东夫妇喜迁新居，那才是“大团圆”呢！《邻居》作者的分寸感强，正表现在这里，当然也不尽在这里。

第三，所谓“审美追求上的坚定性”，是否意指现实主义精神的执着？这不能不使我联想到“现实主义彻底”论者的观点，这种观点实际上是一种审美追求上的守旧性，不足为怪。

我之所以提出与上述观点不同的意见，主要在于我们对现实性和真实性的看法不同，或者是对革命现实主义的理解不同。高尔基说过：“我们还必须知道第三种现实——未来的现实。……我们应该设法把这第三种现实列入我们的日常现象，应该描写它。如果没有它，我们就不会理解社会主义现实主义方针是什么。”（《文学论文选》409页）这番话对我们是应该有启发的。

三、新在不落窠臼

有人说：如果《邻居》影片被认为是中国电影的创新之作，那么西方的新浪潮和东西方各国的各种新流派，以及中国的某些新电影又该怎样看待？为何要独独推崇《邻居》这样一部貌不惊人的平常作品呢？我以为，除了艺术上的反璞归真外，它还具有不落窠臼的特色。

事物的新旧是相对的，昔日之新可成为今日之旧，昔日之旧也可能成为今日之新。

《邻居》影片的表现形式及其对电影艺术表现手段的运用，基本上都是传统的手法，并没有什么创新，而这正是它不趋时尚，不同凡响的地方。剧作者说：“吃遍了山珍海味的人有时也想品尝一点素炒豆芽菜之类”，这个比喻是恰当的。

《邻居》不趋时尚，不落窠臼的地方可列举以下几条：

一、影片从头到底没有一支歌，极有限的几段也是有声源的音响，没有一点越出生活的原型……；

二、没有意识流、生活流的影迹，没有回忆，也没有幻想，而是实实在在，平铺直叙……；

三、没有爱情追逐，卿卿我我，却富有人情味、人性美……；

四、没有豪华布景，艳丽服装，也没有名山大川，花前月下，有的只是一间筒子楼和几间斗室，家常便服，锅碗瓢盆……；

五、没有变速镜头，变形画面，也没有卖弄技巧，耍光学噱头，而是平平常常，朴朴实实……。

指出以上几点，并非根本否定华丽或花哨的手法，也非抱残守缺，排斥新颖，而是鉴于某些影片片面追求表面效果，争奇斗艳，不惜丧失艺术的真实，从而陷入了形式主义的泥沼。《邻居》的艺术处理与之迥然不同，说明它的作者的确有“审美追求上的坚定性”的。

我觉得《邻居》的质朴和纯真，它所表现出来的艺术家的审美观，对于我们探求电影的民族化，也不无裨益。这个问题我没有研究，只能这么蜻蜓点水似的点一笔。

四、新在诗的情意

生活里到处有诗，文艺作品里更不能没有诗情。

《邻居》剧本原名《厨房交响曲》，可影片里极少音乐，却有诗，这也正是影片别具新意的一个方面。

乍看起来，《邻居》影片纯然是一种纪实性作品，是真实生活的再现。聚居在一所筒子楼里的一个单位的同事、亲人、战友，为了改善居住条件，渴求开辟一间集体厨房，可是房屋紧张，一时连这一点起码的要求也不易达到，经过一番折腾、龃龉甚至冲突，最后才由于组织上的安排和同志们的谦让，实现了这一可喜亦复可怜的愿望。最后不仅有了集体厨房，而且部分住户终于获得乔迁之喜。这一方面反映了我们国家物质建设上艰难困苦（包括某些部门的管理不善）的历程，一方面也反映了我们的干部和职工在精神道德风貌上的高尚，特别是刘力行这一中心人物，身患重病仍念念不忘邻居们的困难和苦恼，以自己的实际行动，无私的胸怀，关注着同志们的一切，他的精神境界闪耀着一个老共产党员的思想光辉。我们说有诗的情意，主要就出在这位老人的行动上。下面我举两例：

一、当明大夫和医院的专家们已经诊断老刘的病是不治之症，忧心忡忡地走出大楼遇见老刘后，二人有一段对话。

明锦华："你是要问我，关于你的病？"

刘力行："不，关于你。"

明锦华不解。

刘力行："你觉得章老师这个人怎么样？"

明锦华不语。

刘力行："是个难得的好同志啊。你呢？也是，不，更是一个好同志。……直说了吧，你是不是考虑一下和章老师……？不论从哪方面讲，你们都是合适的嘛！"

明锦华百感交集："我很感谢你的关心，可是老刘你……"

刘力行："我深知我的病情。明大夫，你不能这样孤独下去，你为生活总是付出，你也应该得到啊！"

明锦华忍着抽泣，终于忍不住跑去。

这里，"为生活总是付出"的难道不正是刘力行自己？这里正蕴藏着深切的人情味和浓郁的诗情。

二、影片结尾，集体厨房正在举行"告别宴会"时，在京治病的老刘托袁亦方捎来一封信，以此为代表来参加宴会。他在信中问候了自己的每一个邻居，这时，录音机里播放出深沉而饱含信念的钢琴奏鸣曲。

在乐声中，姥姥在流泪。

明玉朗问："姥姥，您怎么啦？"

姥姥轻声说："老刘，他一句也没提到他自己……"

人们愣住了……

姥姥啜泣着……

老刘，这个公而忘私的人，生命不长，但生命力常青，这不正是极其富有诗的情意，值得我们讴歌的么？

而在房子问题的有关情节中，也同样蕴含着诗意。例如当集体厨房贴着"今朝同做饭，来年共乔迁"的对联出现在第一次会餐时，外国友人艾妮丝祝酒说："今天，是我在中国最愉快的一天。我好象回到了延安。……不过没有这样好的饭菜……""来，为了你们美好的国家和人民，为了你们的昨天和今天，干杯！"刘力行也端起杯，并补充说："也为了明天，干！"

不错，这"明天"的宴会将更加丰盛了，不仅是一家的盛宴，一个窗口，而且是左右邻居，千家万户的窗口！"繁星般的灯火把春夜装扮得那样美好，那样深邃！"

我认为，这个结尾正是革命现实主义精神所在，这里正饱含着我们时代的诗情。

让我们在生活里发现诗的源泉，在文艺（电影）作品里开掘诗的意境吧！

《邻居》的新意也就在这里。

第五编

永生的怀念

忆抗敌演剧九队是怎样坚持战斗的——怀念周恩来同志

忆抗敌演剧九队是怎样坚持战斗的

——怀念周恩来同志

□赵明

1946年1月，周恩来在重庆鲁家崖50号接见演剧四、六、九队队长和新中国剧社代表时曾说：抗战八年，你们是三面作战，日寇的战火，国民党的迫害，生活上的贫病，你们终于坚持下来了，你们的工作是有成绩的。

演剧队究竟是怎样坚持下来的？总的来看，客观上是神圣的抗战事业，是亿万人民的觉醒，它迫使我们不得不投身战斗，坚持到底；自然，党的领导和群众的支持，更是不可缺少的动力。主观上我看主要有以下三个方面：

一、按照党的方针政策办事

演剧队1938年在武汉成立时，当时出任军委会政治部副部长的周恩来就曾明确指示我们：演剧队的任务就是"巩固部队，动员民众，坚持抗战"。并在一次报告中指出：当前要动员一切力量争取抗战的胜利，坚定抗战必胜的信心。在抗战八年中，我们就是本着周恩来同志的这个指示精神，也就是党的既定方针，坚持不懈地工作的。我们演出的剧目，唱的歌，几乎无一不是按照党的主张，宣传抗战，接触的前线部队和战区民众不计其数！当时局发生变化，国民党顽固派的反动面目逐渐暴露时，党的南方局又通过地下党同志指示我们：党在国统区的工作方针是隐蔽精干，长期埋伏，积蓄力量，以待时机，反对急躁与暴露。并进一步告诉我们，与顽固派斗争的策略是有理、有利、有节，利用国民党一切可以利用的法律、命令和社会习惯，稳扎稳打；在国民党军队中有中央军和地方军之分，应该广泛地开展抗日民族统一战线工作；要广交朋友，要发展进步力量，争取中间力量，孤立顽固势力，克服投降危险，争取时局好转。党的这些指示精神，及时地给我们指明了方向。当时我虽不是党员，但对于我们队在党的领导下按照党的方针政策办事，进行艰苦而有效的斗争是深有体会的。

1940年前后，我们队两次遭遇强迫参加国民党的事件，这是我们在国统区工作首先遇到的政治迫害。其它队也有同样遭遇。事前，地下党领导曾指示我们："遇到被强迫加入国民党时，能拖则拖，拖不下去的时候可以集体加入，但必须注意三点：一、必须向全体讲清楚，使大家有个思想准备，取得队内意见一致；二、个别队员坚决不愿参加和已被国民党监视有危险的人，应设法保护他们安全离队；三、最重要的是不要弄假成真。"1939年6月，我们在江西第十九集团军总部第一次遇到这个问题时，就是按照党的这个指示做的。

第二个难关是1941年遭遇的所谓"甄别谈话"和派驻特务打入我队的事件。战区政治部特别党部指定我们每个队员都去进行个别谈话，谈的内容主要是侦查"异党分子"，根据事前队内的布置，大家都尽可能回避政治问题，用为艺术而艺术的姿态对付。例如，当问道："你看见过共产党吗？""你见到共产党怎么办？"时，回答大都是"没有见过"，"要是见到了就报告队长"。殊不知我们的队长正是共产党员，而且是支部书记，国民

23

党顽固派却被蒙在鼓里。他们"甄别"不出来，就硬派两个特务打到我们队里来坐探，在我们的严密防范、监视、包围、争取下，终于使他们两个被分化，一个靠拢我们，他给特务组织打的报告，甚至先给我们队长过目，另一个因有偷窃行为，被我们轰跑了。这又是一次"争取中间，孤立顽固派"斗争的胜利。

1944年，在桂林举行的西南八省戏剧展览会是一次规模巨大的盛会。参加这个会，既可以观摩学习又可以扩大社会影响、检阅我们抗战演剧的战斗力，对我们演剧事业的推动力也是极大的。可是我们所属的战区司令长官薛岳和政治部主任都不支持，特别是政治部坚决反对。我们根据上级党"力争参加"的指示，千方百计，造成声势，首先在长沙举行队史资料预展，请战区政治部和文化新闻界人士"莅临指导"，并把展品送往战区干训团展览，征求意见，取得好评；同时还由队长亲自到南岳会见正在参与国民党高级将领军事会议的罗卓英将军和其他对我们比较熟悉的将领，说明参加西南剧展的好处。罗这时已是九战区副司令长官，他一贯对我们友善，其他将领也对我们有好感，在他们的热情支持下，战区政治部主任也就不得不同意了。

最大的困难莫过于拒演反共剧目和拒上反共前线的事件。这时已是解放战争初期（1947），我们根据周恩来同志在1946年的指示："如果全面内战爆发，要提高警惕，严防政治迫害。你们要拒绝去反共前线，拒绝排演反共戏剧，争取留大中城市，占领文化阵地，扩大社会影响，配合民主运动，准备迎接解放"，采取了多种措施，和国民党反动派软磨硬抗，并做了进可以留，退可以走的两手准备，直到国民党军土崩瓦解，上海解放。这中间的斗争也是相当复杂的。例如首先在驻地问题上，我们拒绝了驻守南京而改驻无锡和上海，这样可以避免反动当局的控制，保持一些活动的自由。当国防部新闻局发下一批所谓"勘乱"剧本，要求我们排演时，我们就以"这些剧本水平太差，无法排演"为由，置之不理；当他们下达调令，要我们去内战前线工作时，我们干脆以"经过八年抗战，队员大都已婚配成家，有子女拖累，难于跋涉"为由，请求免调。与此同时，便作了必要的撤离准备，将有的人员疏散到电影制片厂，有的到学校教书，有的筹组职业剧团，并将重要物资器材分散隐蔽，准备"溜之大吉"。实际上，国民党反动派日趋崩溃，当他"泥菩萨过江，自身难保"时，也就顾不上我们，我们也就胜利完成"迎接解放"的历史任务了。

二、民主团结，艰苦奋斗

"民主团结，艰苦奋斗"是演剧队的特殊品格。大家知道，演剧队是抗战初期的救亡团体和流亡青年发展组织起来的，一开始就接受了中国共产党以周恩来同志为代表的领导，所有成员都是爱国青年，其中颇不乏先进的革命斗士。他们能继承革命传统，发扬战斗作风，以良好的政治素质在各方面起到表率作用。由于战争环境和政治、经济等条件的限制和开展工作的需要，他们必须在组织上实行民主，思想行动上团结一致，在敌寇侵凌、反动迫害、经济窘困、生活艰苦的重重困难下，生存并战斗下去，这也是形势和任务所决定了的。

首先在组织上有地下党支部或党员的领导，行政领导除队长、队副由上级机关任命外，几个职能部门的负责人，也就是组成队务会的成员，都是由全体队员选举产生，每半年到一年改选一次。队务会是日常工作、生活和学习的领导机构，每个队员除参与各项业务活动外，都分配在各个生活小组，每当工作、生活告一段落时即开各种检讨会，开展批评与自我批评，从而解决矛盾，改进工作。民主生活开展得比较正常而且经常，对每个队员来说，都享有充分的民主权利。因此队员能爱队如家，无保留地将自己的一切都贡献给队所从事的演剧事业。

在经济生活上可以说是实行的"军事共产主义"。主管部门发下的经费，一部分留作演出活动费用和公积金，一部分作为大家的生活费，从队长到每个队员，甚至伙夫，都同等待遇。当有军衔级别时也不按等级发饷，一直是平均对待，集体供应伙食和部分服装，基本上是供给制。当队员有疾病或家庭困难时，团体的公积金可适当给予补助，还可以依靠社会力量和部分同情我们的进步人士帮助解决，所以大家虽然过着清贫困苦的生活，有时处于半饥饿状态，也能节衣缩食，勉力从公，紧密团结在一起，克服种种困难，亲如兄弟姊妹，把工作坚持下去。团体的凝聚力和队员的向心力一直是很牢固的。抗战八年，解放战争三年，人员进出流动的虽也不少，但骨干力量和基本队伍仍能大致保持，战斗力历久不衰，甚至愈战愈强，这的确不是偶然的。

在"三面作战"的历次战斗中，大家团结一致，艰苦奋斗，不乏成功的事例，如：当战区政治部要对我们进行政治测验和甄别谈话，侦查所谓“异党分子”时，事前大家彻夜准备，研究如何回避政治问题，伪装为艺术而艺术；有的赶紧翻阅《三民主义》，以便按照“能讲出几点孙中山的三民主义和莎士比亚的戏剧剧目就行”的自我要求，准备迎“战”。结果全队同志都在同一思想指导下，毫无破绽地度过了这一关。再如在生活上我们曾经受了湘、桂、黔三省大撤退的严重考验。1944年秋冬，日寇为了打通粤汉路并侵犯黔桂，第四次攻占长沙，向衡阳、湘桂沿线进攻，国民党军狼狈溃退，我们从衡阳经东安、柳州、宜山，到黔桂边境的下寨、麻尾，一路边工作，边撤退，冒着敌寇的炮火和飞机的滥炸，伤病交加，最后公私物资除一辆板车所能载负的幕布和部分演出器材，行军锅灶外，几乎全部丢光，象一群难民，混杂在十万人流中，在敌军尾追下奔赴贵阳。同志中有一部分人在抗战初期救亡演剧阶段，曾经历过徐州突围，这次撤退，其艰难困苦有过之而无不及。在下寨、麻尾期间，因经费无着，同志们为生活所迫，不得不勉强开设茶水站和食品铺，以零星收入维持两地同志和家属的伙食，其贫困和艰苦的情形可想而知。即使在这样艰苦的环境里，全体同志仍紧紧地抱成团，不远千里，携手并肩，大家分批轮番拉着板车，在人流车马的缝隙中前进。此行同志中被炸者二人，病倒者数人（1941年从湘北到赣北，徒步跨越幕阜山区，连续工作八个月，在江西吉安同时病倒者十余人），我就是在这次大撤退中身患重病，生命垂危，在同志们的悉心护卫下，化险为夷，恢复健康的一个。所以我曾深切地体会：演剧队无以为宝，要说有的话，那就是团结一致，艰苦奋斗。

三、钻研业务，不断提高

抗日战争八年，解放战争三年，在这11年中，我们一个队接触的观众人次不下百万，根据剧场效果和社会反映，无论是在战地或中小城市剧场，广大官兵、农民，知识界和普通市民，一般地说，都有口皆碑。当然，我们的演出——戏剧和音乐——不是没有缺点，不是没有不能尽如人意之处，这我们自己也明白。但是，如果没有一定的业务水平和较大的吸引力，感染力，没有将普及与提高相结合，寓教育于娱乐之中，“巩固部队，动员民众”及其它，那也是不可能的。

这里就涉及到演剧队的历史传统和艺术质量问题。我们队的主要成员多来自左翼剧联和剧联领导下的上海业余剧人协会和所属实验剧团，实验剧团的艺术质量，包括编、导、演、舞美等各方面都比较高超，其优良作风被一些人带到演剧队里，这就形成了一种传统，起初在以流动演剧为主的抗敌宣传中发挥作用，接着在“隐蔽精干，长期埋伏，积蓄力量，以待时机”阶段。以城市演出为主，以钻研技术，提高质量为中心的时候，就更加发挥作用了。钻研业务，不断提高的品格就是在这一历史发展过程中逐渐形成的。在以流动演剧为主的抗战初期，象所谓“好、一计、鞭子”和《烟幕港》、《家破人亡》等小型剧目，演出规模虽不大，舞台技术要求也不高，但由于主要演员有较丰富的演剧经验和严肃认真的作风，能带动年轻演员，凭借政治与业务的热情，努力探索，终于在集体创作中取得较优异的成绩，从而获得广大观众的好评，奠定了我们在战区立足较牢固的基础。1939年在江西，由水华导演的独幕剧《人命贩子》是典型的一例。水华导演以细致深刻见长，主要演员刁光覃和查强麟（夏淳）等当时都是新手，由于导演要求极其认真严格，曾使演员感到十分困窘。结果在勤学苦练下取得了突出的成就。1940年排演的《最后一颗手溜弹》是反映士兵战斗生活的独幕剧，由查强麟（夏淳）导演，这个剧在前方部队演出数十场，得到广大士兵的赞许，在流动演出过程中曾不断征求士兵们的意见，在他们的指点帮助下，反复排练，最后不但能得到他们的认可，还认为我们的演员一定是行伍出身，并以我们剧中人的名字，戏称他们的战友，“黄胜”（陈光复饰）“刘虎”（张普人饰），成为在连队士兵中风行一时的称号。这一切是和我们深入部队生活，同士兵交朋友，同时在业务上精益求精，切磋琢磨分不开的。

此后，在夏衍同志原则指示启迪下，我们划阶段地排演了多幕剧《一年间》，这是我们以提高质量，培养人才为明确目标的新起点。夏衍同志的意见：“要积极的保存力量，注意提高队伍的艺术才能和演出水平，可考虑排演多幕剧，在不能去前线时，也可在中、小城市，建立剧场艺术，搞点正规化。”于是我们集中全力，认真细致地排演了夏衍的四幕剧《一年间》，成为我们在战区演剧的划时期事件。这个剧不但在长沙市内和长官司令部演出，获得好评，而且还带到战地某些军部、师部流动演出，使比较熟识我们的部队观众不禁刮目相看。在排演过程中，结合斯坦尼斯拉夫斯基学说的学习和研讨，认真进行案头工作，探索人物创造的途径，在表、导演艺术上都提高了一步。在排演《一年间》前后，我们还编排演出了三幕五场剧《胜利进行曲》。这个剧是反映湘北某战役的现实题材，规模较大，群众场面较多，形式比较粗犷，是我们自己创作的剧本，人物形象鲜明，演出效果强烈，在部队和战区城市演出场次最多，普遍获得赞许，后来成为参加西南剧展的主要剧目之一。这个剧的风格和《一年间》迥然不同，是正面表现抗日战争，其宣扬鼓动力是比较大的。抗日战争胜利后，剧名改为《劫后余生》，改写了序幕和尾声，使主题更切合实际，增加了思想深度，这正是我们在业务上不断探索，不断提高的结果。

继《一年间》之后，我们又排演了夏衍的剧作《愁城记》和《水乡吟》，以及曹禺的《北京人》、《蜕变》，于伶的《杏花、春雨、江南》，陈白尘的《大地回春》、《春寒》等一系列名家剧作，都是多幕剧，有较高的艺术水平，对于我们磨练技术，提高质量，满足观众需求，巩固、扩大社会影响，显然是起了不小作用的。在这些剧目排演中，我们大都竭尽心力，精益求精，有的在培养锻炼年青演员上狠下功夫，有的在舞台技术，布景灯光的使用上力求精进（汽灯照明控制法就是在电力不足的条件下发明创造的），有的剧目反复排演，不断征求意见，反复修改，甚至在公演之前，还在幕后修改某些动作细节，以求演出尽可能完善。1945年排演的郭沫若名剧《孔雀胆》和集体创作《新年大合唱》是抗战胜利后的新剧目，前者演出场次很多，从四川演到武汉，演到江苏，由于剧作精湛和有一定的演出水平，曾获得普遍的好评，产生较重大的影响；后者是大型歌舞节目，在民族化、大众化方面有所创新，在重庆首演时就得到意外的赞许，后来在各地演出也颇受欢迎。最突出的是1947年在无锡、上海公演的21场剧《丽人行》，这个戏是由田汉编剧，洪深导演，在无锡、上海公演，曾轰动一时，在上海创造了我们队连续演出50场的最高纪录。许多专家和著名人士认为演出统一完整，风格质朴深沉，既保存了话剧30年来的优秀传统，又有可喜的大胆创新，是演剧队在艺术上的追求、创作上的整体感和集体品格的集中表现，对于我们全体同志的鼓舞是异常巨大的。

以上我所谈的三个方面，就是我们在主观上克“敌”制胜，发展成长的主要原因，在实践过程中不能说没有走过弯路，没有出现过问题，但这些依靠集体的力量多半能得到纠正，而在工作与生活上的主流是健康的，坚定的。1946年《武汉日报》社论有这样一段评语：“今天抗战胜利了，演剧九队也在抗战中长大了。他们长得更结实，锻炼得更坚强了。”“他们过着30多人的团体生活，以兄弟般的爱，把30多人集合成一个大家庭……，这是崭新的民主大家庭，维系这个家庭的不是血统，而是共同的志趣，共同的工作，共同的目标，共同的心。这是什么样的心呢？是艺术家的热忱，献身于社会，献身于祖国，献身于人民。”这个评语虽不免过奖，但我们之所以能够坚持战斗过来，除了党的领导和群众的支持以外，不依靠这些主观努力还能依靠什么呢？今天，我们回顾40多年前的这一段历史，更值得我们怀念和珍惜！

一个剧影后辈的缅怀

一个剧影后辈的缅怀

赵　明

送别夏公归来，百感交集，缅怀夏公的业绩和交往的情谊思绪万千，归结为两点，就是：一、夏公的著作是我们也是我个人从事剧影工作的典范；二、夏公对后辈的关怀、信任和教养不能忘怀。

我接触夏公著作是从他早期作品报告文学《包身工》开始的。那时我还很年轻，没有多少文学素养，只是觉得很感人，增加了不少工人生活的知识。对夏公剧作主要是在抗战前后，特别是在抗日战争中由于演出实践才加深了理解和体会。夏公剧作从此成为我们从事演剧活动的支柱，并影响了我所在的抗敌演剧队的演出风格，甚至成为我个人后来长期从事剧影创作的规范。《一年间》是1940年在长沙首演的。在此之前，由于战争环境和流动宣传的需要，我们演出的剧目多是独幕剧和街头剧之类的短小粗浅的作品。1940年下半年后，我们所在的战区战局比较稳定，为了锻炼业务，提高演剧水平，才选择了难度较大的多幕剧进行排练与演出。夏公的剧作《一年间》便成为我们划阶段的一个“大戏”，展开了我们演剧史的新的一页。排练前我们组织了导演团，由吕复、夏淳和我三人组成，吕复是执行导演，我和夏淳兼演两个角色。由于排练前先作了较细致的案头工作，排练中更是切磋琢磨，一丝不苟，所以大家的演技都有较显著的提高。加上舞台装置比较正规，在长沙市区和部队演出，获得了比较成功的声誉。

· 413 ·

从此我们建立了能够创造角色，进一步钻研演剧艺术的信心，这和夏公提供的比较深厚的剧作基础是分不开的。

1942年，为了进一步磨练技术，同时也为了培养青年演员，我们又选演了夏公剧作四幕剧《愁城记》。主要角色由较老练的同志吕复、于因、刁光覃扮演，年轻一代由江俊、梁菁、赵元扮演。这是一次大胆的尝试，江俊、梁菁、赵元在业务上都是新手，过去还没有演过比较重要的角色，通过细致的排演，主要是依靠剧作提供的人物形象很鲜明深刻，都取得了可喜的成就。排演前也组织了导演团，由我执行导演，在导演和表演水平上都有所提高，后来（1944年）和我们自己编写的多幕剧《胜利进行曲》一同参加在桂林举行的西南八省戏剧展览会演出，也获得了好评。

1943年我们又排演了夏公新作四幕剧《水乡吟》。这个戏的情节委婉动人，风格清新淡雅，描写知识分子的爱情和革命斗争生活，很有韵味，但戏剧冲突十分深沉而又含蓄，我们当时曾担心这样的“冷”戏不容易处理，不容易获得剧场效果。可是，由于剧作提供的人物刻画十分细腻，情景交融又十分妥帖，加上我们比较周密细致的排演和舞台技术的结合，最后竟意外地获得成功。当时我们正在探讨史丹尼体系倡导的“生活的演剧”和“演剧的真实”，理论与实践相结合，通过夏公剧作的排演与演出，从《一年间》到《水乡吟》，使我们更加深了这一方面的理解和体会。斯坦尼斯拉夫斯基谈到契诃夫的戏剧的时候曾经这样说过：“以庸俗的眼光来看契诃夫的作品，多觉得淡而无味；但更深的看它却意味深长，印象不灭，充满了永恒的生活的爱和不屈不挠的挣扎，俄罗斯生活诗的芬芳。”这段话用来形容夏公的剧作也很确切，我们从他的作品里也体会了无限生活的爱和诗的芬芳，它对于我们，特别是对我个人的创作生活，是起着极其深刻的影响的。

在电影方面，夏公的著作更是我们学习的典范。从《祝福》《林家铺子》到《革命家庭》、《烈火中永生》等电影剧本的改编创作，以及《写电影剧本的几个问题》、《杂谈改编》等理论专著，对我们都起了示范作用。我个人从事电影导演创作和导演教学，就是以这些夏公著作结合苏联电影专家的著作和我国老一辈电影导演的作品和经验为教材，进行工作的。以《祝福》为例，砍门槛的情节在拍出影片后曾有不同的反映，我当时就很欣赏，认为这是现实主义和革命浪漫主义相结合很精采的一笔，无形中对我起了潜移默化的作用。其实，夏公创作的这一特点，在他过去的话剧剧本和我的创作处理中就已不同程度地存在，在我若干年来从事电影创作改编的过程中也不乏这种影响，遗憾的是我还学习得很不够。

夏公对我们后辈的关怀信任和教养，我切身感受也很深刻。1944 年，当我在湘、桂、黔三省大撤退后期重病缠身，调到重庆，住在南山医院卧床治疗时，夏公通过吕复特为送给我一大盒美国友人专送给他的补品多种“维他命”丸，供我作病后营养之用，这种补品在当时是很珍贵稀有的，它成为我一日三餐饭后服用的珍贵补品，对我极度衰弱的身体起了相当大的康复作用。与此同时，他还送给我一本当时正在重庆上演的新作《离离草》剧本，供我在病中阅读，这个剧本的优美内容和篇首引用的唐诗“离离原上草，一岁一枯荣，野火烧不尽，春风吹又生”，曾留在我的记忆中，成为一种精神食粮。

夏公对后辈的关怀和信任也表现在对我们排演和修改《愁城记》剧本的支持和鼓励上。我们在长沙排演《愁城记》时，曾对剧中一对年轻人的性格作了适当的修改。用我们当时的话说，就是要使这一对年轻人不是狼狈地被赶出愁城，而是自觉地走出愁城，这样主题的积极性就较大，也较多时代感，对战时青年观众的教育意义也就较大。我们把这个意图信告在重庆的夏公，征求他的意见，他回信不但同意我们的意图，而且还亲切地鼓励我们说：“好吧，你们改吧。至少我对于你们还信任得过的。”这对我们是极大的支持和信赖。后来我们在排演《水乡吟》时曾作了较详尽的“导演阐述”和创作设计，他知道后就托人捎信给我们，要求给他审阅，他对我们年轻人的劳作是十分关注的。

在建国以后电影创作生产中，他是我们的领导，作为文化艺术的前辈和首长，对我们的教导更是与日俱增，我在电影导演工作中也身受他不少教益。例如对我导演的《团结起来到明天》和《凤凰之歌》、《绿洲凯歌》等影片，他就曾经发表过极其坦率而又中肯的指导意见，使我引为教训，历久不忘。1963年在我主持上海电影专科学校教学工作，安排导演系排演他的剧作《上海屋檐下》时，他就慨然允许并表支持。后来我把这个话剧剧本改为电影文学剧本，由于他视力不好，我特为录制了一套声带，供他审听，他不厌其烦地听了一遍，还提出宝贵的意见，给予鼓励。可惜，由于种种原因，主观上是我功力不足，既要忠实于原作，又要适当电影化，展开后景，分寸很难掌握；客观上是已有根据原作改编摄制的电视剧出现，未能如愿。这部剧稿是我改编夏公剧本唯一的习作，至今仍珍藏在我的箱笼里，留作纪念。

十年动乱中，有人曾将我描绘为一个“躲在夏公胯下施放暗箭”的人，我不明白箭射的目标是指什么，但不难想象，那是一种恶毒的攻击和侮蔑，真令人哭笑不得！现在回想起来，从另一角度看，那张漫画倒也道出了我和夏公的关系。我的确是在夏公手下扶植培养起来的人，也学会了一些以戏剧电影为武器作斗争的技艺，只是我还很不够成熟，而且也从不会放暗箭。

现在，我所尊敬的夏公已经离开我们仙逝了，我祝愿他老人家的英灵千古长青！

1995年4月30日

与田汉老相处的日子

·戏剧纵横·

与田汉老相处的日子

赵　明

我与田汉老相处的日子不算多，从30年代到60年代，断断续续，约有30年光景，由于偶然的境遇和共同的事业，从1935年到抗日战争期间，相处比较密切。这里我略述二三事，以资纪念。

铁窗相识　赠诗互勉

1935年3月，我在南京民众教育馆工作，代理吴天同志的戏剧干事职务。我刚去不久，就因为南京"左翼剧联"的组织被破坏，受牵连入狱，在当时的宪兵司令部拘留所被拘禁了3个月。在我被拘期间，我感到很荣幸的结识了曾经轰动一时的传奇人物、我党地下"打狗团"团长邝惠安及其战友，还有我素所崇敬的戏剧前辈，"左翼剧联"领导人田汉和阳翰笙、朱镜我等文化界老同志。我作为"左翼剧联"的一个成员，在上海没有和他们见过面，这时自然就心照不宣地和田汉老等逐渐接近起来了。我们被拘的牢房号称"乙所"，是国民党反动派实施怀柔政策，"优待"被拘者的场所，各个"号子"除了点名和夜晚睡眠时间外，一般都不关闭，难友们可以自由串门或在走廊里交往，当然这一切都是在监狱方面派的专人监视下进行的。"乙所"里读书空气很浓，难友们除能阅读某些中文书刊外，还能阅读某些外文（美、日、法等）书刊，书声朗朗，夹杂着琢磨铜币的"嚓嚓"声（这是难友们用破碗的碎片将铜币磨成鸡心或其它形状，用以馈赠亲友的一种特殊工艺品的操作声），不绝于耳。田汉老日文很好，我设法托人买来一本日语读本，常常就读于他的铺位上，从字母学起，不到3个月就学了大半本，在我出狱以后，已经能够查着字典阅读日文报纸《朝日新闻》了。

"乙所"虽属"优待"，但因为难友众多，人满为患，一个"号子"里上下两个铺位要住四个人，所以拥挤得很。我曾和阳翰老同睡过一个上铺，田老也是上铺，我去学日语，常常将另一难友挤下去，弄得他只能到走廊里去蹓跶。

"乙所"的走廊是难友们的活动场所，早晨起来都在走廊里作早操——原地跑步，由打狗团长邝惠安呼口令，大家随着口令声动作。田老当时岁数不大，锻炼身体还是比较积极的。晚饭后，没有事的难友都在走廊里活动，有时大家就席地而坐，摆"龙门阵"，聊天，阳翰老是这项活动的中心人物，他那幽默诙谐的四川语言常常使大家听得津津有味；田老有时放开嗓子唱京戏，他以高亢而苍凉的声调唱过《秦琼卖马》中："店主东带过了黄骠马，不由人珠泪双抛！"这种表面看来象是难友们苦中作乐的同乐晚会，实际上是蕴涵着多少悲愤辛酸！就在我们被拘期间，原"打狗团"团长邝惠安及其亲密战友先后被国民党反动派绞死或枪杀，凄风苦雨，我们都身历其境。但即使在此情此境中，田汉老并不悲伤，他曾以一个革命乐观主义者的心情宣称，他准备在此坐读10年书，给我留下极其深刻的印象。

—26—

同年6月，我在原南京剧联诸同志获释以后，也被交保释放。在我出狱之前，田汉老见我这个刚满20岁的青年人头上已萌生白发，颇有感慨，他在我那本《日语读本》的扉页上题诗一首作为送别。这首诗的第一句是"三月金陵对楚囚"，第二句可惜我记不清了，三、四句是："多为黎明啼尽血，等闲休白少年头。"这"等闲休白少年头"诗句后来就成为我的"座右铭"，一直鼓舞我努力向前。

《江汉渔歌》和戏曲启蒙

1938年，"国共合作"的军委会政治部在武汉成立。周恩来同志出任政治部副部长，在他直接领导下，郭沫若任第三厅厅长，阳翰笙任三厅秘书长，田汉任第六处处长，洪深任戏剧科科长，组建了10余个抗敌演剧、宣传队，分赴各战区从事抗日宣传工作。我当时是演剧二队的成员，随队在湖南（属九战区）工作过相当长一段时间。田汉老作为三厅六处负责人，他不仅要大力领导抗战演剧队频繁的话剧创作演出活动，同时也很重视以平剧、湘剧等为主的戏曲工作，特别是在戏曲改革方面下功夫。抗战以前，我很少接触戏曲，可以说完全是门外汉。在这段时间，由于和田老的接触以及和他所领导培植的平剧队、湘剧队之间的交往，对戏曲艺术逐渐产生了兴趣，这都是田汉老在这一方面的卓越实践给予启迪的结果。给我印象最深的当推平剧队演出的由田老新编的大型京剧《江汉渔歌》。此剧内容写渔民抗暴，配合抗战形势，富有时代战斗精神，情节感人，词曲优美，形式上也相当完整。看后使人荡气回肠，历久不忘。剧中主要演员老生徐敏初，旦角李雅琴，演技纯熟，尤以前者为突出。由于每次看他们的戏（包括一些传统剧目），我们和徐敏初还建立了较深的友谊，他常来我们队作客。田老曾要我为《江汉渔歌》新设计并制作一套布景，可惜当时由于我对京剧艺术缺乏研究，还不懂戏曲的舞台规律，只是给舞台添加了几块景片，稍加装饰而已，没有能完成这个任务。

湘剧是湖南地方的一个剧种，很有民族特色。田老是湖南长沙人，他对湘剧自然十分喜爱。我们受他的影响，不久也爱看湘剧了。湘剧的特点是粗犷泼辣和细腻深刻兼而有之，一些反映普通平民生活的讽刺小戏（多半是以丑角为主的喜剧），极其动人。这两个队由于和我们同在一个地区以及和田老的关系，无形中成了兄弟团体。比较频繁的业务交流，耳濡目染，戏曲艺术的优秀传统也就启发了我们的审美情趣；对我个人来说，更是得益匪浅。后来我对桂剧、川剧、昆曲以及其它地方剧种都比较关注，追本溯源，是和田老在这一方面的启蒙教育分不开的。

慷慨无私 热情豪放

田汉老性格热情豪放，洒脱不羁，心胸豁达，无我无私，处处显示出一个共产主义文化战士的精神风貌。30年代曾有人称他为"原始共产主义者"。夏衍同志在《田汉文集》的"代序"中说："在话剧界，'田汉请客'这句话，已经成为一句大家通行的歇后语了。"这就是："田汉请客——得自己掏钱！""在他心目中从来不考虑到钱的问题。"他有钱就大家花，没有钱就大家凑，这已经成为他的习惯了。按我自己的体会，他还有一个特点，就是请田汉吃饭，他从不称谢。我们演剧队请他吃馆子时固然如此，有一次我带他到亲戚家吃镇江狮子头，他也毫不客气地大吃一通，吃完了就"拍拍屁股走路"，其豪放不羁的性格于此可见一斑。

我们队驻留长沙期间，田老有一段时间曾和我们生活在一起。他和我们相处，从来没有以领导自居，处处象兄长对弟妹们一般，总是十分关切。当时我们这些年青的演剧队员，有的正沉缅于恋爱生活，不免多少影响工作，他有一次语重心长地说："我年纪不老，身体健康，我能够排除杂念，安心写作，你们年轻人为什么就不能安心工作呢（大意）？”当时我正陷身在爱情纠葛中，不能自拔，他的话对我是起了晨钟暮鼓的作用。所以我说，田老不仅是我们事业方面的老前辈，也是我们生活中的导师。

他精力充沛，气宇轩昂，年近五旬，仍精神抖擞，生气勃勃。有一次他带我们去登南岳，他足踏马靴，一路领先，直奔南天门外最高峰，使我们这些年轻的弟妹们都为之惊叹！后来他去四战区张发奎部访问，我们队派两个同志陪同，他们一同策马前进，他总是一马当先！这样一条“汉子”，本该“老当益壮”，继续施展他永不枯竭的才华，不料竟在十年动乱中被“四人帮”迫害致死，实在令人痛惜！

桂林盛会“再奋啼声”

1944年2—5月，在广西著名的“文化城”桂林，由欧阳予倩和田汉老等发起，在我党的文艺方针指引下，争取到当时广西省当局的赞助和广西艺术馆、新中国剧社以及在西南各省各战区的进步戏剧团体的全力支持、参与下，举行了一次盛况空前、规模宏大的西南8省戏剧展览会。到会的戏剧工作者近千人，演出话剧，歌剧，京剧，桂剧，及傀儡戏，舞剧，魔术，马戏等近80个剧目，在5个剧场演出，连演3个月，观众达10万人。在演出同时，还召开了西南戏剧工作者大会，举办了戏剧资料展览会，这次活动不仅轰动了西南8省，还震动了陪都，受到重庆文化戏剧界人士极大的关注。

田汉老在大会开幕那天作了题为《当前的客观形势与戏剧工作者的新任务》的讲话，列述7年来戏剧工作者艰苦奋斗英勇牺牲的史实，听众都为之动容。他还准备了一份7年来戏剧工作者的死亡名单，这份名单后来曾在报纸上发表，其中就有我们队的赵曙同志和史玲同志。他在讲话中还说，我国的“戏剧工作者全是一批大傻子，假如没有这批大傻子，便没有今天这个局面”；“但是这批傻子却没有得到政府及其他方面的了解，甚至弄到想做傻子也为环境所不许”。因此他呼吁政府和社会人士给戏剧工作者应有的爱护和工作上的支持。

同日，在桂林《大公报》上，他发表了一首题为《七年以来——颂西南第一届戏剧展览会》的诗，表达了他对大会的祝愿和对整个戏剧运动的期望。原诗节录于下：

“……
戏剧工作者
经过了无数的艰难，
我们仍继续在奋斗，
继续在呼唤。
但我们别忘了
敌人还不曾倒，
失土还不曾还。
祖国要求她的儿女们
贡献更多的血汗！
……
我们要把整个剧艺，
从内容到形式，
提高到更高的阶段。
使它与抗战建国，
以及全世界反法西斯运动，
紧密相关。
……
我们要和衷共济，
我们要沥胆披肝，
用我们集体的力，
使浩阔的波澜
推及全国，
使巍峨的铜柱
矗立西南！”

另外他还给大会写了一首《祝西南剧展兼悼殉国剧人》的七言诗，诗曰：

“壮绝神州戏剧兵，
浩歌声里请长缨。

—28—

耻随竖子争肥瘦，
堪与吾民共死生。
肝脑几人涂战野，
旌旗此日会名城。
鸡啼直似鹃啼苦，
祇为东方未易明。

联系到这首诗，我要记下一件与我个人关系至为密切的事：

大会闭幕后，5月下旬，当时任东南干训团教育长、原第九战区副司令长官兼前敌总指挥罗卓英将军，于参观剧展后，在桂林广东会馆宴请剧展主持人欧阳予倩和田汉老以及我们队的全体同志。罗卓英将军是我们队在湘、赣北前线流动演剧期间的老上级，老相识，我们之得以参加剧展，有他一臂之力。他和田老有多年交往，在抗战期间建立了友谊。席间有人提议即席赋诗，大家赞同，罗卓英首先录"旧句"，以示响应：

"开岁属庚辰，
天龙露巨麟。
东征恢故土，
书誓作宜春。"

（按：罗卓英的总部曾设在江西宜春，这首诗是述怀言志之作。）

欧阳予倩也当即题诗，书赠我队：

"逆浪旋风袭万愁，
几频危覆截中流。
艰难莫怨撑持苦，
喜共同舟竞上游。"

（按：这首诗是指我队为了参加西南剧展，曾遭到战区几番阻挠，终经艰难争取和各方声援，才得以如愿参与盛会。）

田老知道我们将离桂返湘，我乘兴向他索句，他写了一首诗给我，作为送别：

"举酒榕湖各慨慷，
送君明日返潇湘。
乾坤风雨尚昏晦，
再奋啼声催曙光。"

后面还有一个题跋：

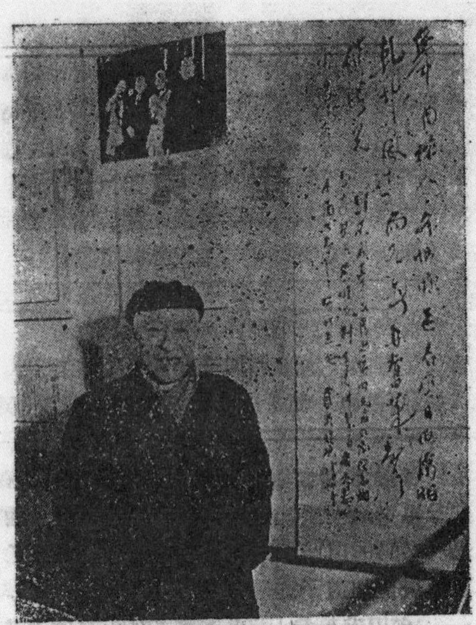

本文作者在田老赠诗手迹前留影。1984年摄于桂林"西南剧展"40周年纪念座谈会。

"剧展开幕，又得与赵明兄及九队同志相处达数月，与明兄别金陵时，曾有'各为黎明啼尽血'句，今犹此志也。写此互勉。"

这首诗对我个人来说，真是极大的鼓舞和鞭策！我的体会，这首诗是当年我在南京狱中向田汉老告别时他的赠诗的延续。时代不同了，但乾坤风雨——国民党统治区的气候依然晦暗，当年是"各为黎明啼尽血（这一点我作为一个革命者是有愧的）"，今天还要"再奋啼声催曙光"，前后两相对照，怎不发人深省。同时我还体会到，这首诗正是他给大会颂诗的主要精神体现，正因为"鸡啼直似鹃啼苦，祇为东方未易明"，所以更要"再奋啼声催曙光"。后来在西南剧展40周年纪念会上，我曾冒昧断言："剧展大会也可以说是一次'再奋啼声催曙光'的大会。"田汉老，这位卓越的诗人，爱国者，戏剧家的鲜明形象是璀璨不灭的。 1987年11月5日

（本文作者赵明系北京电影学院前副院长，现已离休）。

在“西南剧展”四十周年纪念座谈会上的讲话 *

北京电影学院前副院长、原剧宣九队队附

赵　明　同　志　的　讲　话

我的发言已经打印成文字，本来不想在这里多占时间了，但参加了这几天的会，听到许多同志的讲话，感触很深，昨天又看了资料展览，更是激动，所以还是要讲一下。

盛极一时的“西南剧展”距今四十周年了，回忆往事，似乎尚在眼前。记得剧展过后不久，田老曾经在一次会晤时送给我一首诗。这首诗昨天在资料展览上看到原件了。田老不仅做了这首诗，而且还手书了一个立轴，那是很珍贵的历史文物。这首诗是这么四句：

举酒榕湖各慨慷，
送君明日返潇湘。
乾坤风雨尚如晦，
再奋啼声催曙光。

诗的下面还有一个说明，因为他在南京被国民党拘留时，曾与我在一起。那时他也送过一首诗给我，其中有这么两句：“各为黎明啼尽血，等闲休白少年头。”当时我二十岁刚过，刚开始有了些白头发，这教导是非常亲切感人的。“西南剧展”后，他送给我们的诗，就是联系南京的往事写的。这几天，翻阅瞿白音、田念萱二同志一九五八年写的《回忆西南第一届戏剧览会》一文，文章开头引用的田汉的献诗也有这么两句：“鸡啼直似鹃啼苦，祗为东方未易明。”这些诗前后对照，不仅说明了我们当时所处的时代背景、环境特征和任务的艰巨性，而且说明了追求光明，争取解放是田老坚定不移的宿志，

115

"西南剧展"对于我们从事抗战演剧的广大戏剧工作者来说，正是一次"再奋啼声催曙光"的大会。仅以我们演剧九队争取参加这次盛会的艰苦过程作例子，也足以说明这一点。

九队是怎样参加"西南剧展"的呢？

剧展筹备委员会主任委员欧阳予倩曾以当时广西省政府主席黄旭初（大会会长）的名义，向九队所在地九战区司令长官薛岳发出邀请书，邀请他担任大会的名誉会长。同时邀请我们队参加剧展。其它有关战区和省政府的首脑都复信表示愿意"共襄盛举"了，可是薛岳却不予理采。这就为我们队参加剧展设下了难以逾越的障碍。我们队当时由名义上国共合作的军委会政治部配属九战区司令长官司令部政治部，我们的一切行动都要受战区政治部的约束。因此，当我们向战区政治部提出参加"西南剧展"的要求时，就遭到断然的拒绝。开始战区政治部以战区的划分为藉口，反对我们跨区活动（桂林属四战区范围），我们就以四战区的演剧四队曾来九战区长沙作"宣访"演出为由，要求回访四战区桂林。接着他们又藉口："怕你们的好演员到桂林后被人拉走"，"你们队的力量会被削弱"等等，还是阻止我们参加剧展。我们为此作了"一定回来"的保证。与此同时，我们集中力量，全力准备队史资料展览，将抗战以来的演剧宣传照片、图画、统计表、模型以及各种形象的和文字的资料整理、制作出来，在长沙市举行预展。我们一方面邀请战区主管部门"莅临指导"，一方面在长沙各界，特别是文化界造成声势，使社会舆论都同情、赞助我们，甚至使反动战区政治部内部的某些人也不禁表示赞扬，他们觉得我们这个队不错，到桂林会为战区争光。当时，我党地下组织的指示是："争取参加。"我们队全体同志的决心是："参加即是胜利。"在这个思想的指导下，我们队的同志不分昼夜地准备各种资料。这好比是一场战斗，真正做到了满腔热情，全力以赴，就连当时在队上年纪最小、只有十岁左右的小队员，都在短期内画出了二十多幅生活素描，作为我们战斗、生活的纪录。这些素描在预展中展出时，博得了不少观众的称赞。还有一件值得回叙的事情，就是我们的队长吕复同志曾在这"风雨犹如晦"的时候三上南岳，向某些九战区的著名将领——过去我们在战地演出时结识的比较开明的、可资利用的人士——发出呼吁。在他们的声援和社会舆论的影响下，当然最主要的还是在我们自己的努力下，战区政治部终于不得不勉强同意了。回忆当时我们所处的情境，又何尝不是“鸡啼直似鹃啼苦，祗为东方未易明”呢？当然，我们争取参加的目的，并不单单是为了参加一次剧展大会，而是为了更好地宣传抗日、宣传民主，巩固我们的阵地，扩大我们的影响，这一点我们是有足够认识的。

我们参加剧展的意义和收获有哪些呢？当时我们没有总结，因为剧展结束后便投入了湘桂大撤退这么一场战斗。在这里，只能以个人感受来谈一谈，不足或错误之处，请同志们补充纠正。

一，检阅了我们以抗敌演剧队和在桂林进步演剧团体为骨干的戏剧工作者的力量，巩固了我们的队伍，增强了我们的信心，使我们在为抗战服务、为人民服务的革命征途上愈益坚持团结，坚持抗战，坚持进步，坚持斗争，为争取抗日战争的最后胜利和人民民主而奋斗到底。这当然是今天回过头去看时所得到的认识，在当时不一定看得那么清楚。不过，那时主席的《讲话》已秘密地或半公开地传到我们这里，对提高我们的认识，已起了很大的作用。

近千人的大会，开得那么热情洋溢、气势磅礴，正如瞿、田二同志在一九八五年纪念剧展的文章中所说的：“对于企图以投降代替抗战，以分裂代替团结的国民党反动势力，客观上是一种严正的示威。”主观上，我说，正是一次壮丽的大会师，再动员！

在大会上，我们听了欧阳予倩和田汉两位老前辈的讲话和几个团队负责同志的工作报告，使我们懂得了广大戏剧工作者在各条战线上茹苦含辛、发扬蹈励的战斗，“不仅贡献了他们的聪明才智。健康和血汗，甚至还贡献了他们的宝贵生命（如坚持“戏剧游击战”的刘保罗和在徐州突围中牺牲的赵曙，还有为了抗议国民党反动派的控制和迫害而自我牺牲的李洪同志）。”戏剧工作者究竟是不是一批所谓“大傻子”呢？不，从抗战建国和广大人民群众的要求来看，他们正是一群热爱祖国，忠于人民，坚持进步，坚持斗争的“壮绝神州”的坚强战士！这些，戏剧工作者是应该引以自豪的。

九队当时所处的环境正如其它几个坚持在国统区战地工作的团队一样，反动统治的政治迫害，监视与破坏（派了两个特务打入队内，企图进行政治迫害和破坏，但他们没有得逞），工作上的限制（不让接近广大士兵）和生活上的窘困（经常是贫病交加），是被折磨得有些精疲力竭了。虽然斗志犹坚（如争取参加剧展的经过），但毕竟有些疲备或消沉。有些同志向往革命圣地延安（这是积极的表现），有的则向往大后方，对于坚守岗位，多少失去了一些坚定性。通过大会的启迪和再动员，受到了教育，得到了鼓舞，从而增强了信念，决心在今后的征途上，更坚定不移地和兄弟团队并肩战斗在各条战线上，度过那艰苦的战争年月和黑暗时期，直到抗战胜利，人民胜利。

剧展以后不久，日寇对湘、粤、桂、黔数省发动了进攻，我们没有能够返回长沙，就辗转在湘、桂、黔沿铁路各地，边宣传，边撤退，在国民党军狼狈溃退的洪流下、敌机的轰击下，度过了那一段极其艰苦而动乱的日子。我们之所以能够如此坚强团结，临危不惧，斗志昂扬，这一方面与我们长期所受的教育有关，一方面也与参加剧展所受到的鼓舞不无关系吧。

二，交流从事抗战演剧的宝贵经验。通过互相观摩、学习探讨，增长了业务知识，提高了业务水平和战斗力，也增强了信心。当时我们队因受环境限制，在工作上积蓄力量，磨炼技术，并以中、小城市演出为主。参加剧展使我们在这方面得到了锻炼，在业务上开阔了眼界，对于今后毕生从事戏剧艺术的探求，具有极深远的影响。我们和兄弟团队，特别是新中国剧社的同志们，在剧展进行中切磋琢磨，至今还留下难忘的印象。

九队参加剧展的两个剧目，一个是我们自己编写的反映我战区军民合作对敌展开火热斗争的三幕五场剧《胜利进行曲》，一个是夏衍编剧的反映孤岛青年苦闷和社会面貌的四幕剧《愁城记》。两剧风格迥异，前者粗犷泼辣，富有战斗气息，后者细腻深刻，具有质朴隽永的艺术特色。对这两个剧的演出，我们都抱着接受考验的心情，因为《胜》剧的确是比较粗，原是集体创作、突击排练出来的，虽经多次演出，比较熟练了，但毕竟是粗线条的、宣传鼓动色彩较浓的作品，能否满足作为西南文化中心的桂林市的观众要求，没有把握。《愁》剧在桂林曾有兄弟团队演出过，我们自已在这个剧目的排演与演出中虽有所探索与突破，有一定的水平，但拿到桂林的舞台上和观众见面，也是没有把握的。结果，两剧演出后都得到相当的赞誉，当时的评论权威所谓“评戏十人团”都给予成功的评价。当然也指出了我们的缺点和问题。这使我们深受鼓舞和教育，如果说在此之前，由于我们地处一隅，见闻比较狭窄，业务比较贫乏，信心有些不足，那么经过这次展览演出，经受了考验，信心是大大增强了。

三，促进了我们与广大戏剧工作者之间的联系，扩大了社会影响。当时我们所有戏剧团队分散在各战区或后方，各自为战，很少联系，大后方文化艺术界许多前辈又很少见面，而这次剧展使身居大后方和前方战区的戏剧工作者团聚在一起。大会能够开得热情洋溢，气势磅礴，盛况空前，在一定历史时期内也可称为绝后，确实不易。为了庆祝剧展开幕，邵荃麟同志曾在报上著文说：“……这次大会名义上虽然是展览，然而最重要的意义，恐怕还是从这盛大的演出中间，去认识和评价这几年来戏剧运动发展的成果，去接受抗战戏剧运动中的经验和教训，和从这里去重行肯定今后戏剧运动的方针和方向，以及研究戏剧艺术上的各种问题。”我觉得促进联系的意义也即在此。

原属军委政治部的几个演剧队——四、七、九队——集合在一起了。我们本属亲兄弟，但分属几个战区，不易见面，这次在桂林会师了。可惜配属六战区的六队（原八队）和其他兄弟队因交通阻隔和地区、建制的关系没能来。我们原叫二队，与六队在湖南曾以“二八队”见称，是亲密的伙伴，《胜利进行曲》最初的公演，就是二、八队联合举行的，这次未能重新合作，当然是憾事。

我们与戏曲团队平时更少联系，只是在湖南期间，由于田老的领导，与京剧、湘剧有过一些接触。我们很多同志以前很少看戏曲。这次剧展有京剧、桂剧等剧种，互相观摩，互通声气，也使我们在业务上获得了一次向传统学习的机会。

学校剧团是剧运的一个重要领域，这次也有所接触了。

其它还有傀儡戏、马戏、杂技等，各剧种展览演出共达三个月之久，真是一次盛大的节日和聚会。对于我们参加盛会的全体同志来说，精神鼓舞是极其巨大的。

现在回忆“西南剧展”能在抗日战争胜利之前的那么多艰难险阻的岁月里，在国统区胜利召开，不禁由衷地感谢剧展的创议人和主持者们的远见卓识和重大贡献。出面主持大会的欧阳予倩和田汉两位老前辈固然值得我们永远崇敬，甘当无名英雄、积极出谋献策的关键人物瞿白音同志也是值得我们称道的。他作为大会秘书长的辛勤劳动和一大批参与筹备工作的同志（主要是新中国剧社和广西艺术馆的同志）的辛勤劳动，都值得我们衷心感谢！至于中共地下党组织的秘密领导和政策、策略上的英明指导，不用说更值得我们崇敬和感谢。我们还应该感谢有关领导组织了今天这个纪念座谈会。在这次会上，有关党的领导等重大问题得到了明确，我个人认为这是一次很好的学习机会。

这里，我谨向已离开了我们多年的欧阳予倩先生和在十年动乱中含冤去世的田汉同志以及其他几位有关的领导同志致敬！也向一九七九年含恨去世的瞿白音同志致敬！瞿白音同志是在第四次全国文代会即将开幕，他正准备欣然赴会的前夕，在上海不幸去世的。建国以来，象全国文代会这样盛大的以及类似的文艺界的集会已经举行过多次，其规模和意义之巨大，当然不可同日而语，但作为文艺界的一支方面军，在特定的历史阶段，象“西南剧展”这样的集会，应该算作在革命征途上第一次胜利的大检阅而载入史册。关于这个问题，在这次纪念座谈会上，主持开幕式的郭铭同志以及其他几位领导同志都已经作了充分的、准确的估价，我完全同意。

今天，参加过“西南剧展”的“戏剧兵”们正分布在全国文艺战线的各个岗位上，有的已年逾古稀，退居二线，有的还在坚持工作，也有的已经离休，但在党的关怀和人民的期望下，无论处境如何，怎样为建设社会主义的文艺事业发挥余热，持续奋斗，使一生不负于时代和历史的要求，这仍是值得我们深思的问题。

以上只是个人的回忆和感想，不妥之处，欢迎批评指正。

令我永难忘怀的老战友

令我永难忘怀的老战友

赵　明

吕复同志是我最亲密的老战友，令我永远难以忘怀！

我是1935年在南京和吕复认识的，当时我们都是“左翼剧联”的盟员，由于叛徒的出卖，我们在宁的成员同时被捕，只有吕复机警地逃出了魔掌。1937年，在上海业余实验剧团时，他是演员，我是舞台装置。“八·一三”抗战爆发了，我们就成了救亡演剧队的战友，走上抗战演剧的征途。

1938年春，徐州突围时，我们以抗敌剧团的名义从武汉到徐州劳军，不巧碰上敌军四面包围了徐州。我们也处在重围陷于绝境。在当地老乡的协助下，在我游击队袭击日寇的战斗中，我们全体团员二三十人在吕复带领下，越过敌人交通线，在黑夜中，向未沦陷的地区突围。当时，吕复拉着我的手，穿过危险地段，辗转到武汉复命。在这次行动中，吕复表现得极其勇敢机智，使突围获得成功。后来不久，他即被任命为抗敌演剧队第2队队长，我作为他的助手，一直战斗到抗战胜利。

1944年秋、冬，日军在粤汉路、湘桂路发动进攻，国民党军队狼狈溃退，我们队随着“十万人流”从湘桂边境退到黔桂边境，边撤退，边工作，情况十分险恶。就在敌军炮火已经打到黔桂边境的六寨附近时，我由于处理一起车祸被留下来，直到完成任务才撤离。这时大队人员已分批撤走，我只身一人抱病搭乘一辆装满物资和难民的卡车，在战乱中紧急撤离，不幸途中病情恶化，好不容易才挨到贵阳归队。可是，这时我已精疲力竭，卧床不起了。当时，部领导要调我们赴重庆休整，吕复问我：“你是随队走，还是留贵阳治病？”我坚决回答：“跟着走，我死也要死在队里！”于是，我又拖着疲惫不堪的病体，随队向川黔公路转进了。车到遵义，因前面公路塌方，不能前进。全体同志在车站附近宿营，我就由一位同志陪着在卡车上过夜。不料半夜突然心跳加速，大汗不止，我感到生命垂危，忙叫通知队长。同志们都围着我卧病的卡车转，幸亏吕复当夜就设法请来了一位老医生进行急救，打强心针、输液，总算转危为安，使我度过了一次生死难关，得以和同志们一起继续战斗下去。

吕复在政治上坚定沉着，业务上多才多艺，待人接物和蔼可亲，在各方面都是我们的楷模。正如1946年周恩来同志在重庆接见演剧队部分领导同志时所说的：我们是三面作战，是在日寇的战火、国民党的迫害、生活上的贫病中坚持战斗过来的。在“巩固部队，动员民众，坚持抗战”既定任务中作出了不少成绩，这和我们全体同志的努力分不开，就我们队来说，是和吕复的坚强领导分不开的。

吕复一贯听党的话，按地下党的方针、政策办事，在国民党顽固派面前，能有理、有利、有节地斗争；在同志们面前，很善于说服启迪，团结大家共同奋斗。这样，才得以克服种种困难，渡过了重重难关，向既定的目标前进。

在业务上吕复是多面手，既能演，也能导，还能编，可以说是很全面的杰出人才。最突出的是《胜利进行曲》给改名《劫后余生》的创作。他搜集了长沙会战的丰富材料，用极短的时间突击创作，一面写作，一面排演（我是执行导演），在不到10天的有限时间内，就将这个三幕五场话剧搬上舞台，而且在战地部队和城乡流动演出中，连演百余场，还参加了在桂林举行的西南剧展，获得普遍的赞誉。……

吕复同志你将永远活在我的心中！

—41—

附录一　赵明告白 *

一、不懈的探索

我参加电影工作，至今已有近40年的历史了。在这一段岁月中，有20年是从事电影创作，其余时间多半用在学校工作和耗在史无前例的十年内乱上，因此我参加拍摄的影片不多，成功的很少，回顾起来实在惭愧！

旧社会出身的小知识分子，要想接受正规的电影教育，专攻电影业务是不可能的，由于热爱电影艺术，只能从电影院里看电影，自己琢磨学起；另外有一条路子，那就是跟前辈、专家当学徒。我就是顺着这条道走过来的。当然，我之所以能够走上这条道，同我过去十多年从事演剧活动有紧密联系。有许多我们大家熟悉的电影导演就在不同程度上和我一样走过相同的道路：从话剧到电影。这是我们中国的实际。

我从事电影创作的历史可划分为学徒阶段和习作阶段。从1947年前后到1949年中这 3 年，我主要是跟应云卫、陈鲤庭两位老师学习，名义上是副导演，实际上是小学生，是学徒，接受专业实践的启蒙教育。从1949年到 1965 年这 16 年中，从《三毛流浪记》到《年青的一代》，我主要是作为独立导演或联合导演，从事电影导演工作，探索电影艺术门径了。但是由于自己的功力不足，成就毕竟还是有限。如果电影艺术是一所瑰丽的殿堂，那我充其量只不过是刚踏进门槛，远远还没有登堂入室。这样说也许太玄乎了，但就我这十几年所拍的影片来看，虽然不能说没有成绩，可是距离主客观要求还很远，还存在不少缺陷；虽然每部影片的摄制，一般都经历了艰苦探索的过程，也有一定的收获，可是毕竟受水平和经验的限制，总达不到比较完美的境地。这里面的原因很多，要作具体分析也很不易，我在本文将试行这样作。由于存在以上情况，所以我把这个阶段划为习作阶段。是习作就不是成熟的创作，这两者的差距不能以作品数量来衡量，而是要靠质的飞跃来突破的。可惜，我用了十几年时间也没有突破这一点。

这个问题，我若干年来并没有真正觉察到，而是这次为了总结过去的历史经验，经过反复思量才悟到了的。原来，我作为一个电影导演，也被人称作“电影艺术家”的，仅仅度过了学徒和习作两个阶段，导演生涯就基本结束了。近年来偶有机会，也想重操旧业，进行一些新的探索，但是不幸得很，不是半途夭折就是彻底失败，简直象是命里注定了似的，我的导演创作只能以失败告终。

难道这一切都是命里注定了的么？究竟原因在哪里？我仍将进行不懈的探索。

附录二　赵明年谱

赵明，原名赵炳章，曾用名赵白夜。

1915 年

1 月 20 日，出生于江苏扬州大桥镇一个旧职员家庭。

1921—1928 年上半年（6—13 岁）

先后在扬州大桥镇大桥小学和私塾读书。在私塾主要学习四书五经，在大桥小学则接受了一些新知识，尤其是 1925 年的五卅惨案经老师讲述留下深刻印象。

1928 年 9 月—1930 年 7 月（13—15 岁）

由舅父俞钟骆带到上海，进入上海精勤学社读书。

1930 年 8 月—1931 年（15—16 岁）

因父亲失业，经济拮据，由亲戚介绍进入上海中法储蓄会当练习生、助理员。同时勤工俭学，在上海青年会夜中学、白俄绘画研究所夜班、人本剧团学习，半工半读。其间，除了在美术上发生很浓厚的兴趣外，还接触新文艺刊物，包括左翼刊物《文艺新闻》《文艺月报》和所谓“第三种人”的纯文艺刊物《现代》。戏剧方面接触辛酉剧社和上海剧戏协会的左翼戏剧的演出，受到不少启蒙。

1932年（17岁）

一•二八抗战发生后，参加红十字会的救护队，前往闸北前线救助伤兵，直至战事结束。战事过后仍在上海中法储蓄会工作。

由于白俄绘画研究所被日寇轰毁，见许啸天所负责的一个剧团招收团员，遂前往报名。该剧团还有金山、姚时晓等。因不满该剧团所演的剧目过于保守顽固，最终一部分团员自行排练“工场夜景”等剧，后脱离该团，另行组织剧社，参加学校演出。后赵明因劳累过度染了肺病，离团在医院和家乡休养了半年。

1933年（18岁）

父亲再次就业，家庭经济状况好转。赵明考入上海美术专科学校，学习西画，同时参加美专剧团，做业余的演剧活动。由于演的戏都相当进步，曾在巡回各大学演出时遭到特务学生的破坏和殴打。

入冬，剧团负责人王为一因被特务注意，离开了学校。赵明继其领导剧团，举行了一次公演。公演前校方和特务学生曾用种种卑鄙手段威胁、破坏，赵明始终坚持，依靠大家的团结，把公演胜利举行了。后来听说当时曾有“赤色工人”带了枪到场护卫，赵明很觉意外且感动，更增强了勇往直前的工作信念。

不久，和剧团里另几个同学被校方开除，但继续坚持参加校外演出。

1934年（19岁）

4月，在上海共和大戏院演《锁着的箱子》等剧，与金山等二十余人遭市警察局拘捕。被上海市警察总局拘留十余天后，父亲抵沪，与已是上海名律师的舅父俞钟骆出面运作，交钱保释。

随后，进入上海三和出版社做美术编辑，专编《摄影》杂志及《玲珑》画报的图片。又由上海美术专科学校同学徐韬介绍，参加左翼剧联，业余去沪西工厂区工人夜校为女工们拍戏。工人们的热情、友爱、认真负责，像一团火吸引着赵明，他带她们到工厂、农村演出，常常工作到深更半夜。

1935年（20岁）

2月，辞去上海三和出版社工作。

3月，经徐韬介绍到南京民众教育馆代理洪叶（即吴天，也是上海美术专科学校同学）

的戏剧干事职务。同时参加南京的剧联小组。刚去不久，就因南京左翼剧联的组织被破坏而受牵连，最终因拒不透露瞿白音居所而被捕入狱。

狱中，得知瞿白音等均已被叛徒出卖。羁押三月间曾一度与田汉、阳翰笙同牢房，阳翰笙的“摆龙门阵”（聊天）、田汉不时放声唱京戏等等，皆令赵明受益匪浅。

随田汉学日语，托人买来一本《日语读本》，从字母学起，三个月就学了大半本，到出狱时已经能查着字典阅读日文报纸《朝日新闻》。出狱前，田汉在那本《日语读本》的扉页上题诗“三月金陵对楚囚”“多为黎明啼尽血，等闲休白少年头”。这最后一句成为一直鼓励赵明的“座右铭”。

6月，父母亲及舅父均赶至南京，舅父俞钟骆是一个正派的国民党员，他通过国民党中央委员诸民谊的友谊关系，找了伪中央组织部调查科的负责人徐恩曾，做了三个连环保，赵明终于被释放，并随父母回扬州大桥镇。

余下半年，因仍在国民党特务监视下，恐回上海会于同志们不利，故在家乡继续读完《日语读本》，又订阅日文报纸，学习翻译，离群索居近一年。

1936年（21岁）

7月，由应云卫介绍进入上海明星影业公司第二制片厂美工科，担任布景助理工作。由于发现特务继续监视自己，故只做专业，不参加任何活动。

其间，作为美工科负责人马瘦红和杨镜心共同使用的主力，参与拍摄了《生死同心》《清明时节》《马路天使》《十字街头》。在《生死同心》里，导演应云卫让其扮演一个青年革命者、一个基本群众；在《十字街头》里，导演沈西苓让其扮演一个叫化子、一个六十多岁的老人。

特务放松监视后开始恢复戏剧活动，参加原左翼剧联领导的上海业余剧人协会所办的上海业余实验剧团，先后在《罗密欧与朱丽叶》《武则天》和章泯导演的《钦差大臣》《大雷雨》中负责舞台工作。

1937年（22岁）

2月，由明星二厂转入业余实验剧团，在美工科担任舞台装置，与徐渠合作进行一系列剧目的舞台美术工作。

7月，作为美术舞台装置，随业余实验剧团加入由夏衍和于伶领导的中国戏剧作家协会发起的有上海百余戏剧工作者参加、仅用三天完成排练的《保卫卢沟桥》。该剧连演三天，盛况空前。

8 月，参加由上海救亡协会组织的救亡演剧队第四队，队长陈鲤庭，队员有吕复、舒强、严恭、水华、张客、许之乔、李琳、汪洋等。下旬，乘木船一路沿苏州河在苏锡两地演出，主要剧目为《三江好》《最后一计》《放下你的鞭子》。除搞舞台装置外，也参加表演，如在《放下你的鞭子》里扮演青工，以及参加大合唱。

10 月，因南京的军事委员会政训处提出合作，考虑建立抗日统一战线，救亡演剧队改名为军事委员会政训处抗敌剧团，郑君里任团长，瞿白音、徐韬任副团长，赵明仍以舞台美术为主，在南京演出《我们的故乡》，后溯江西下，经芜湖，赴安庆，过九江，到武汉，一路边走边演。在湖北黄石港大冶矿区，集体讨论编写，由赵明执导了一部活报剧《同心协力打东洋》，无论是演出效果还是对剧团自身，都起到了一定的鼓舞作用。

1938 年（23 岁）

2 月，全队住在武昌专科学校，在武汉三镇街头进行大规模的流动宣传演出。公演王为一编导的大型活报剧《为自由和平而战》。

其间，赵明兼做秘书的同时，为后方医院的医护人员排演了集体编写的独幕剧《荣誉大队》。

不久，抗敌剧团归政治部三厅领导。台儿庄大捷后被三厅厅长郭沫若派往徐州战地劳军。

4 月，抗敌剧团兵分两路，团长郑君里和副团长徐韬留守，副团长瞿白音带队，团员赵明等二十余人，由武汉出发抵徐州，参观台儿庄巷战战场。

5 月，回徐州，排练本团创作的活报剧《台儿庄大捷》，上演保留剧目和新拍的《家破人亡》《打鬼子去》等，直至徐州遭日寇包围而撤离。

为突围，全体团员均农民打扮，一路险情不断，战友赵曙、张永牺牲。突围后又遭敌伪盘查，幸亏赵明在突围前将一张军委会政治部发给的抗敌剧团符号藏在鞋底，全队方得以脱身。

抵达泰州，考虑老家近在咫尺，请假离队回江都县大桥镇探望双亲。

抵老家，又遭双亲逼其先了却“终身大事”，一番周折方得以脱身抵沪。

9 月，抵沪方知抗敌剧团已回武汉，又筹措盘缠，独自乘海船，走香港，抵广州，转长沙，一路险象环生。

此时，抗敌剧团在长沙改名为抗敌演剧队，二队队长为吕复，赵明为队副，队员还有舒强、刁光覃、查强麟、水华、沙蒙、严恭、许之乔、朱琳、于因等。

11 月，广州和武汉失守，全队转移湘潭地区，为二〇〇师演出新排剧目《烟苇港》。后长沙大火，受政治部三厅周恩来副部长指派，吕复带演剧队二队大多数队员随洪深赶回长沙，参与救灾工作。赵明带二队部分同志留衡阳，与当地的一个话剧团联合排演，执导独幕剧《谣言》。

救灾工作结束后，抗敌演剧二队受派往江西南昌市向第十九集团军司令部报到。

1939 年（24 岁）

1 月，连续在十九集团军内及南昌市的巡回演出有三个月之久。又因十九集团军司令建议，编写了四幕话剧《木兰从军》。

5 月，因赣北战局变化，奉命南下，至吉安、宜春、分宜，到新余休整。休整期间，阅读成风，涉及艾思奇的《大众哲学》，托尔斯泰的《安娜卡列尼娜》《复活》，屠格涅夫的《罗亭》，高尔基的《母亲》，还有莎士比亚和莫里哀的作品，以及一本《邓肯传》。

其间，赵明负责导演了《一心堂》《水车转了》。

6 月，全队被强令集体参加国民党，人心浮动，幸好 4 月初周恩来曾途经吉安，与吕复有短暂见面及提示：要竭尽全力确保队伍完整为第一要务。吕复在请示上级党组织后，找赵明说明党的主张和意图，要求其协助做好全队人员工作，集体加入国民党。

7 月，为纪念七七事变和八一三事变两周年的演出，自编自导《水车转了》。

8 月，离开十九集团军总部，罗卓英总司令举行欢送会，并送一面锦旗“战场乐府”。

全队编印了一本歌集，取名为《战场乐府》。

9 月，抵长沙九战区政治部，为纪念九一八事变举行捐募寒衣公演《水车转了》和《闹元宵》。后得知日寇将进攻长沙的消息，紧急转移至衡阳。

10 月，抵衡阳，到 12 月底再返长沙，全队主要公演的剧目有《家破人亡》《三江好》《壮丁》《谣言》《人命贩子》《一心堂》《闹元宵》《水车转了》等。

1940 年（25 岁）

1 月，连续三个月在湘北前线巡回演出，所演剧目均为保留节目，至 3 月底返回长沙。

4 月，抗剧二队、八队合编的《阵中演剧》周刊在 14 日创刊，并作为《阵中日报》的副刊，编委有赵明、查强麟和八队的刘裴章、杜巴。该刊坚持到第二年 8 月，共出了 64 期。

6 月，作为前站人员，第二次赴湘北，深入前沿阵地，负责主持执导演出的剧目有《盐》《水车转了》《功城记》《烟苇港》《包得行》《人约黄昏》《最后一颗手榴弹》。

7 月，经反复申请后被批准与张溥仁深入五十二军二师鼓鸣山前线，与战士们同战壕值守，采访，谈心，在零星枪声中收集各种素材。又随一九五师转移南下，最终回到长沙。

在湘北战局相对稳定的情况下，演出之余学习章泯翻译的斯坦尼斯拉夫斯基的《演员的自我修养》《我的艺术生活》，探索演剧艺术。

为排演夏衍的四幕剧《一年间》，专门成立了导演团，赵明为导演团成员，吕复执导。这次实践为其后来的艺术发展奠定了很好的基础。

根据湘北一次战役提供的材料，吕复编剧、赵明导演《胜利进行曲》。演出规模和气势在公演后得到九战区军政首脑和社会各界的赞扬。该剧也成为演剧九队的保留剧目。

12 月底，在搜集新墙河前线军民英勇抗日故事的基础上，集体讨论，吕复执笔，赵明导演，排练完成三幕剧《保卫大湖南》，演出后声誉大振。

1941 年（26 岁）

3 月，在 1 月间国民党亲日派制造“皖南事变”后，三厅改组，演剧二队改名为演剧九队，全队顺利通过九战区政治部查找“异党分子”的“甄别谈话”。

4 月，全队开始第三次湘北和赣北前线的巡回演出，历时五个月之久，剧目有《一年间》《胜利进行曲》《盐》《人约黄昏》《最后一颗手榴弹》《捕拿》《烟苇巷》，收获好评不断。吕复、赵明、刁光覃还安排给部队政工人员及官兵讲《抗战戏剧》《戏剧导演》《戏剧表演》。

9 月，全队抵达吉安，十余人病倒，集体养病，间或赴江西泰安和湖南茶陵演出《胜利进行曲》。

12 月，落脚衡阳休整后决定成立导演团排演夏衍新作《愁城记》，由赵明执行导演。

1942 年（27 岁）

3 月，决定参加在衡阳举行的“出钱劳军运动”公演，其中有赵明执导的《盐》《烟苇巷》《愁城记》《胜利进行曲》。

这一年主要活动在衡阳、长沙等城市，《愁城记》反复排演，无论是演员表演艺术上，还是舞台艺术和技术方面，都得到了明显的进步提高，为排练多幕戏剧打下了很好的基础。《愁城记》和《胜利进行曲》成为保留剧目，一同参加在桂林举行的西南八省戏剧展览演出，获得一致好评。

1943年（28岁）

2月27日，被任命为戏剧工作者大会论文审查委员会委员。

3月，排演夏衍的《水乡吟》，赵明导演，于4月中旬开始公演。回顾执导和排演这部剧的过程时赵明称："今天是我生命上划阶段的一天，在艺术和生活上将接受一次严酷的考验。"为执导《水乡吟》，赵明第一次做了详尽的导演手册，包括剧本分析、导演构思、舞台设计、场面调度、工作要求。但在全剧公演后，他终因患上肺结核而不得不退下来，与病疾抗争半年之久。

12月，重返演剧队，开始接受导演于伶的《杏花春雨江南》，准备元旦在战区司令长官司令部礼堂演出。

1944年（29岁）

1月，《杏花春雨江南》几经审批，终于获准在长沙银宫戏院公演。连演五天，共五场。

2月，携全部队史资料先去桂林，筹备西南剧展资料展览。月底，终获得九战区批准全队赴桂林。执导的《胜利进行曲》和《愁城记》参加西南剧展。在四战区干训团演出《杏花春雨江南》。

5月中旬，西南剧展结束。全队离桂返湘，抵达衡阳，传来日寇第四次进攻长沙的消息，全队坚持劳军演出《胜利进行曲》并协助组织作撤退准备。

6月，日寇在湖南发动进攻，打通粤汉路，向桂林、柳州一线进逼，全队获准撤往柳州，寄居四战区。

7月，参加"保卫柳州"宣传演出和国旗献金大游行活动后，正式归属四战区政治部。

8月，参加四战区政治部组织的一系列宣传演出活动，并赴拉堡一八八师和永福总部演出《胜利进行曲》，在伤兵医院进行慰问演出，代伤病员写信。

9月，桂林被围，柳州告急，全队不得不撤退。全队分三批，赵明为第三批领队，以"第四战区战时工作队"的名义，率领冯超、陈家松、蒋军等十二名队员留驻柳州，对城防部队开展宣传工作，并在地方上做募捐工作。

10月，全队抵达宜山，参加战区政治部主办的献金献枪保卫家乡运动，在街头出时事壁报，坚持《阵中日报》的出版工作，赵明还编导演出活报剧《你往哪里逃？》。

11月，战事迫近，全队过独山，以一辆小板车为交通工具，轮流推车，长途步行向贵阳进发。赵明因协助驻军处理车祸，独自留下，直至敌军炮火打到六寨才随运输总队的最后一辆卡车撤离。途中，从站在卡车驾驶楼的踏板上随车通行，到不得不弃车步行于难民之中，餐风露宿，病困交加，终在全队抵达贵阳后数天到达。但已彻底病倒，战友们将其绑在卡车车头送至重庆黄角垭东山协和医院。此时已是 12 月下旬。

1945 年（30 岁）

1 月，因肺病和肠道疾病入院医治。

4 月，经过医生护士的治疗护理、各方朋友的关心帮助，特别是夏衍和金山赠送新药，15 日即出院，在重庆綦江归队。

6 月，导演四幕剧《小人物狂想曲》。由于青年军刚刚成立，全队投入在二〇二师和二〇四师的演出，往返于綦江、万县、重庆之间。

8 月 15 日，日本宣布无条件投降，抗日战争结束。九队完成了抗敌演剧宣传的历史使命。

9 月，全队抵达万县。自此直至 12 月中，为二〇四师和万县各界进行一系列的庆祝胜利的演出，其中《胜利进行曲》演出九场，《杏花春雨江南》演出五场。

10 月，随郑君里赴重庆曾家岩五十号八路军办事处，在此遇见由延安来渝的王明、江青、陈波儿，见到了周恩来，聆听了周恩来关于国共谈判的论述和分析。

1946 年（31 岁）

1 月，队长吕复向队副赵明和几个队委委员传达周恩来的指示，继续留在国统区，拒绝去反共前线，拒绝排演反共戏剧，占领文化阵地，扩大社会影响，配合民主运动，准备迎接解放。全队奉命将队名改为军委会政治部演剧队第九队。

2—5 月，在万县赣华西苑公演《小人物狂想曲》十场。将几部多幕剧带到二〇四师和文家坪、万家坝、李家河等地为部队和地方演出。演出之余，赵明两次因公事外出目睹国民党挑起的一场反苏反共的大游行，以及校场口事件的全程。

6 月，全队分成两批离开万县，赴汉口。赵明负责第二批，于 14 日入住汉口大华饭店。时隔八年，演剧队重返武汉，轰动非凡，除一系列的拜会和迎庆之外，全队将所有的保留节目一一向公众演出。其中，武汉各报对《胜利进行曲》进行了大量的报道和评论，还为《小人物狂想曲》的演出举办讨论会。

8 月，全队放探亲假，赵明坐货轮回乡探望双亲。

9 月，全队归属第一绥靖区司令部，离汉东下，在无锡落脚。

10 月，全队赴常州，在常州大戏院首演由《胜利进行曲》改名的《劫后余生》。随后，由导演陈鲤庭带队的中央电影摄影场《遥远的爱》摄制组到无锡拍摄外景，九队应邀参加外景拍摄工作，赵明协助做导演助理工作。

12月，昆仑电影公司特邀九队全队出演《八千里路云和月》中的角色，赵明作为导演史东山的助理协助工作。该片工作结束后，赵明离开演剧队，回沪从影。

1947年（32岁）

上半年，作为上海国泰影片公司的特约人员、应云卫导演的副导演，参与电影《无名氏》全片拍摄和后期制作工作。

下半年，作为上海中央电影摄影场二厂的特约人员、陈鲤庭导演的副导演，参与电影《幸福狂想曲》全片拍摄和后期制作工作。

1948年（33岁）

上半年，在上海启明影片公司协助应云卫导演完成电影《鸡鸣早看天》的拍摄。

下半年，正式加盟上海昆仑影业公司，作为陈鲤庭的副导演参与电影《丽人行》的摄制工作。

是年，经昆仑影业公司袁应华（中共上海地下组织的主要成员）介绍，与丁为奋结婚。

年底，由中共地下文委筹备成立党的外围组织——上海剧影工作者协会，赵明参加筹备迎接解放的人民宣传队的工作。

1949年（34岁）

1月，经陈鲤庭推荐，在昆仑影业公司与严恭联合导演阳翰笙根据漫画家张乐平的漫画改编的电影剧本《三毛流浪记》。4月开拍，8月结束。

9月，儿子赵放人出生。

10月1日，《三毛流浪记》在上海五家电影院同步公映。完成影片《三毛流浪记》的摄制工作后转入中央电影局、上海电影制片厂做导演工作。抵北京参加中央电影局举办的学习班期间，接受上海电影制片厂拍摄由编剧黄钢所作的电影《团结起来到明天》的任务返回上海。该片讲述在上海解放前后工人在中共上海地下组织的领导下护厂保厂的惊险故事。

12月，《三毛流浪记》在全国正式公映。这是中华人民共和国第一部国产电影。

1950年（35岁）

全年，在上海电影制片厂筹备拍摄《团结起来到明天》。

1951 年（36 岁）

初春，电影《团结起来到明天》公映。同期，赵明第一次向党组织提出加入中国共党的申请。

4 月，和黄钢、贾霁、葛鑫为准备新剧本《守卫国山》赴大连、烟台、青岛等地体验生活。

10 月，与葛鑫一起参加皖北土改。

12 月，由皖北转到治淮工地，随上海文艺界治淮工作队参加皖北漴潼河疏浚工程，体验生活，又随民工回乡，深入怀远县乡区了解情况。

1952 年（37 岁）

2 月，由怀远县回到上海。

3 月，到中央电影局接手新任务，与杜印、王滨、葛鑫一起为准备拍摄影片《在新事物面前》到鞍山钢铁公司体验生活，并参与钢铁厂工会文教工作。

6 月，调京筹备参加第七届国际电影节的工作。

7 月，随中国电影艺术工作者代表团出国，参加在捷克举行的国际电影赛会。参会期间，《团结起来到明天》参加了捷克举办的国际电影节展映并获得好评。归途访问苏联两周，参观苏联电影工业，会见若干位苏联电影大师，增长不少电影专业知识，于 9 月底回国。

1953 年（38 岁）

1 月，参加治淮和厂里的一批演员、导演同赴苏北三河闸体验生活，并参加了石工大队的工作。

3 月，出席全国电影美术工作会议。

8 月，女儿赵苏来（后改名赵苏红）出生。

9 月，参加第二次全国文代会。

10 月，在上海电影制片厂接受拍摄以工人为题材的电影《三年》的任务，该片反映了解放初期纱厂工人与不法老板之间的清算和斗争。

是年，在《文艺月报》1953 年 8 月号上发表《克服导演艺术处理上的概念化、公式化倾向》一文。

1954 年（39 岁）

上半年，主要完成电影《三年》的拍摄工作。

9 月，电影《三年》全片工作基本完成，公映后影片被称为现实主义电影，情节和人物性格堪称完美。

10 月，加入中国共产党。

1955 年（40 岁）

在上海电影制片厂接受拍摄电影《铁道游击队》的任务，进入前期筹备以及小说改编电影文学剧本的工作，深入山东一带采访当年铁道游击队成员等，年底完成电影文学的第三稿和导演分镜头稿等工作。

1956 年（41 岁）

年初，继续筹备拍摄《铁道游击队》的工作。5 月初开拍，10 月底完成并进入后期制作，12 月下旬公映。

1957 年（42 岁）

在江南电影制片厂接受拍摄电影《凤凰之歌》的任务，于当年内完成。该片由黄梅戏《王金凤》改编而来，反映一位农村妇女在合作化时期成长的故事。

1958 年（43 岁）

上半年，在江南电影制片接受拍摄《引路人》的任务，在筹备看景途中因翻车受伤，不得不终止该项目。

下半年，响应拍摄艺术性纪录片的号召，在江南电影制片厂拍摄了两部工业题材的影片《爱厂如家》和《钢城虎将》。

1959 年（44 岁）

接受上海海燕电影制片厂和上海天马电影制片厂拍摄故事片《绿洲凯歌》的导演工作。这是中华人民共和国第一部全部由少数民族演员主演的电影。该片为中华人民共和国十年大庆的献礼片。

与吕复共同整理，在《中国话剧运动五十年史料集》上发表《演剧九队十一年》一文，总结了抗敌演剧九队在抗日战争和解放战争期间的成长历程。

1960 年（45 岁）

上半年，与蒋君超和俞仲英联合执导拍摄故事片《风流人物数今朝》，该片由上海天马电影制片厂、上海海燕电影制片厂联合出品。

下半年，接受上海市电影局安排到上海电影学校创办导演系并任系主任。

1961 年（46 岁）

上半年，在上海电影专科学校（由上海电影学校更名）任导演系系主任。

下半年，任上海电影专科学校副校长兼导演系系主任。

被选为中国电影工作者协会第三届理事。

1962 年（47 岁）

继续担任上海电影专科学校副校长兼导演系系主任。

1963 年（48 岁）

10 月，接受上海天马电影制片厂邀请，作为导演筹备拍摄故事片《年青的一代》。同时，作为上海电影专科学校导演系毕业班导师，带领导演系和表演系的第一届应届毕业生参与该片拍摄，以此作为学生毕业作业。

1964 年（49 岁）

被国务院任命为北京电影学院副院长。

1965—1966 年（50—51 岁）

6 月，带上海电影专科学校美术系 61 班并入北京电影学院，任副院长、教授。

8 月，《年青的一代》公映，影片在应届大学毕业生和年轻人中获得极大的反响，掀起了一个学肖继业、做肖继业式的革命接班人的热潮。

1970 年（55 岁）

5 月初，因儿女均已上山下乡离京，准备随北京电影学院去部队整训，故向学院革委会请假回沪探亲、安排多病的妻子到上海静养等。

5 月中返京，与电影学院全校师生去保定第三十八军整训。

1974年（59岁）

1月，由沪返京，到中央五七大学任副校长，负责导演系和表演系的日常教学安排等工作。

3月，妻子丁为奋病故。

5月，为了解导演进修班深入生活、开门办学情况，走访井冈山、武汉、长沙，与湖南潇湘电影厂各方接触。其间，登爱晚亭，赴岳麓山，旧地重游，回顾三十年前在抗敌演剧队战斗过的一景一地，百感交集。

6月初，返京，继续在中央五七大学负责导演戏和表演系教学工作。

1975年（60岁）

全年继续在中央五七大学负责导演系和表演系的教学工作，其间带领表演系深入矿区体验生活。

11月，到长春电影制片厂检查导演系毕业班学生实习情况，落实毕业生工作。

12月下旬，上级决定将并入中央五七大学的原电影学院导演系和表演系重新回归北京电影学院，赵明也返回北京电影学院并继续做副院长工作。

1976年（61岁）

2月，利用寒假，与女儿赵苏红一同访延安，去西安，缅怀周恩来总理。

5月，接触了上海电影制片厂的《樟树泉》文学本及北京电影制片厂的《铁路七八九》文学本后，考虑到对铁路题材的熟悉度，接受北京电影制片厂的邀请，作为导演参与了对剧本的完整修改，确定片名修改为《搏斗》。

10月，《搏斗》摄制工作终止。返回北京电影学院参加研究探讨建立规范化的教学学制以及各系教材的恢复和制定。

1977年（62岁）

8月，作为北京电影学院和北京电影制片厂联合摄制的故事片《火娃》的艺术指导，离京抵广西林溪拍摄地。

11月初，抵桂林，后经上海返京。其间与上海电影制片厂厂长徐桑楚接触，拟作为导演参与故事片《忠诚》的拍摄工作。

1978年（63岁）

2月，与实验话剧院演员姚向黎结婚。

10月，国庆节，演剧九队在京成员聚会，提议举办庆祝演剧队五十周年纪念活动。

11月，接受北京电影制片厂邀请担任电影《泪痕》的导演工作。

被选为中国电影工作者协会第四届名誉理事。

1979年（64岁）

1月，完成《泪痕》分镜头初稿，拍摄前的各项工作逐步推进。

4月，复查外景，在山西汾阳县翻车，多处重伤，不得不停止《泪痕》的导演工作。

1980年（65岁）

上半年，负责指导北京电影学院表演系组织拍摄故事片《百合花》。

下半年，入住小汤山疗养院治疗。

在《戏剧艺术》1980年第3辑上发表《“剧联”与上海美专剧团》一文。

1981年（66岁）

4月，从小汤山疗养院出院，恢复工作，参与北京电影学院表演系和导演系的教学工作，并参与电影《沙鸥》的研讨等。

5月，《三毛流浪记》在戛纳电影节期间举办的中国电影日放映并获得好评，又在巴黎多家影院连续放映六十天。

8月，《三毛流浪记》在法国两家影院上映一个月。

《三毛流浪记》荣获葡萄牙国际电影节优秀影片奖。

1982年（67岁）

全年主要参与建立北京电影学院导演系和表演系的教学及师资的配备完善工作，组建学院教委会等。

在《北京电影学院学报》上发表《新人、新作、新收获——评影片〈沙鸥〉的艺术成就及其它》《耳目一新，新在哪里——漫谈〈邻居〉新意》两篇文章。

1983年（68岁）

与司徒兆敦联合导演拍摄电影《青山夕照》。

《三毛流浪记》荣获第12届菲格腊·达·福日国际电影节评委奖。

1984年（69岁）

上半年，赴桂林参加西南剧展四十年纪念活动，发表讲话并在《西南剧展》上发表文章。

下半年，电影《青山夕照》上映。赴上海电影制片厂参加上海电影制片厂建厂三十五周年纪念活动。办理离休。

1985—1986年（70—71岁）

根据自己所经历的抗敌演剧队生活写作了一个电影剧本，但此后并没有发表，而是开始着手考虑写一部总结和回顾多年来的文艺工作历程的自传。

在《新文化史料》1986年第4期上发表《夏衍剧作和我们演剧九队——为夏衍从事革命文艺创作五十五年而作》一文。

1987年（72岁）

在上海市文化局党史资料征集领导小组主编的《八千里路云和月》上发表《在艺术创作道路上摸索前进》和《难忘的演剧生活》两篇文章。

1988年（73岁）

10月，在儿子赵放人陪同下前往武汉，参加抗敌演剧队五十周年纪念活动。

1991年（76岁）

自传体回忆录《剧影浮沉录》由文津出版社出版。

1993年（78岁）

荣获北京电影学院首届“金烛奖”。

1994年（79岁）

2月，荣获中国电影导演协会荣誉会员称号。

1995 年（80 岁）

在《北京电影学院学报》1995 年第 1 期上发表《我的电影生涯》一文。

在文化艺术出版社出版的《忆夏公》上发表《一个剧影后辈的缅怀》一文。

1996 年（81 岁）

在《新文化史料》1996 年第 2 期上发表《抗敌演剧队九队是怎样坚持战斗过来的》一文。

1997 年（82 岁）

香港在庆祝回归前夕专门发行了电影《三毛流浪记》海报明信片。

1999 年（84 岁）

7 月，荣获中国电影家协会颁发的“中国电影家赵明从影五十年”纪念章。

9 月 4 日，逝世。

附录三　文献出处一览

P18　难忘的演剧生活

原载中共上海市文化局党史资料征集领导小组主编、演剧九队队史编辑委员会编：《上海文化史料选辑·八千里路云和月——演剧九队回忆录》，北京出版社 1988 年版，第 128—154 页

P45　我当电影学徒的时候

原载《电影艺术》1985 年第 11 期

P175　处女作：《三毛流浪记》——从漫画到电影

原载赵明：《剧影浮沉录》，文津出版社 1991 年版，第 128—133 页

P181　摄制《团结起来到明天》——一次重大的试炼

原载《大众电影》1951 年第 19 期

P183　独立拍片第一部：《团结起来到明天》——一次重大的试练

原载赵明：《剧影浮沉录》，文津出版社 1991 年版，第 133—139 页

P406　我在《铁道游击队》拍摄中的心情

原载《大众电影》1956 年第 21 期

P411 《铁道游击队》——从小说到电影

原载赵明：《剧影浮沉录》，文津出版社1991年版，第139—146页

P456 《凤凰之歌》——追求独特风格中的偏差与失误

原载赵明：《剧影浮沉录》，文津出版社1991年版，第147—153页

P633 彩色故事片《绿洲凯歌》（《上影画报》）

原载《上影画报》1959年总第28期

P635 绿洲红旗高举——评《绿洲凯歌》（李超）

原载《电影艺术》1960年第1期

P644 谈《绿洲凯歌》的导演构思（赵明）

原载《电影艺术》1960年第4期

P647 《绿洲凯歌》——建国十周年献礼片，又一次新的探索

原载赵明：《剧影浮沉录》，文津出版社1991年版，第153—166页

P963 评影片《年青的一代》（胡思升）

原载《电影艺术》1965年第5期

P969 《年青的一代》——从话剧到电影

原载赵明：《剧影浮沉录》，文津出版社1991年版，第166—186页

P1005 克服导演艺术处理上的概念化、公式化倾向

原载《文艺月报》1953年8月号

P1013 新人、新作、新收获——谈影片《沙鸥》的艺术成就及其它

原载《电影新作》1981年第5期

P1018　耳目一新，新在哪里？——漫谈《邻居》新意

原载《电影新作》1982 年第 4 期

P1023　忆抗敌演剧九队是怎样坚持战斗的——怀念周恩来同志

原载《新文化史料》1996 年第 2 期

P1027　一个剧影后辈的缅怀

原载王蒙、袁鹰主编：《忆夏公》，文化艺术出版社 1996 年版

P1031　与田汉老相处的日子

原载《新文化史料》1988 年第 1 期

P1035　在“西南剧展”四十周年纪念座谈会上的讲话

原载《纪念“西南剧展”四十周年纪念文集》，纪念“西南剧展”四十周年座谈会办公室 1984 年版，第 115—120 页

P1041　令我永难忘怀的老战友

原载《新文化史料》1994 年第 6 期

P1042　赵明告白

原标题为《不懈的探索》，载赵明：《剧影浮沉录》，文津出版社 1991 年版，第 123—124 页

图书在版编目（CIP）数据

赵明电影创作文稿影印汇编：上下 / 黄望莉主编．-- 上海：上海大学出版社，2023.6
ISBN 978-7-5671-4681-5

Ⅰ．①赵… Ⅱ．①黄… Ⅲ．①电影制作－中国－文集 Ⅳ．① J904-53

中国版本图书馆 CIP 数据核字（2023）第 089262 号

责任编辑　刘　强
技术编辑　金　鑫　钱宇坤
装帧设计　柯国富

赵明电影创作文稿影印汇编（上下）

主编　黄望莉　副主编　罗子盈

出版发行　上海大学出版社
社　　址　上海市上大路99号
邮政编码　200444
网　　址　www.shupress.cn
发行热线　021-66135112
出 版 人　戴骏豪

印　　刷　上海颛辉印刷厂有限公司
经　　销　各地新华书店
开　　本　787mm×1092mm 1/16
印　　张　67.75
字　　数　1355千字
版　　次　2023年6月第1版
印　　次　2023年6月第1次
书　　号　ISBN 978-7-5671-4681-5/J · 626
定　　价　398.00元（上下）